Architektur für den Wahnsinn

Schriftenreihe zur Medizin-Geschichte des Landes Brandenburg, Bd. 11

Herausgegeben vom Landesamt für Soziales und Versorgung für die Landeskliniken Brandenburg/Havel, Eberswalde, Lübben und Teupitz sowie für die Ruppiner Kliniken GmbH

Jens Fehlauer

Architektur für den Wahnsinn

Die „Land-Irren-Anstalt Neustadt-Eberswalde" (1862 – 1865) von Martin Gropius

be.bra wissenschaft verlag

Bibliografische Information der Deutschen Bibliothek
Die Deutsche Bibliothek verzeichnet diese Publikation in der Deutschen Nationalbibliografie;
detaillierte bibliografische Daten sind im Internet über http://dnb.ddb.de abrufbar.

© be.bra wissenschaft verlag GmbH
Berlin-Brandenburg, 2005
KulturBrauerei Haus S
Schönhauser Allee 37, 10435 Berlin
post@bebraverlag.de
Redaktion des Bandes: Matthias Zimmermann
Redaktion der Reihe: Dr. Kristina Hübener
Umschlaggestaltung: havemannundmosch, bureau für gestaltung, berlin
Satz: Eleonora & Michael Haas, Berlin
Schrift: Walbaum 9,5 pt, DIN Mittelschrift
Druck und Bindung: Hubert & Co., Göttingen

ISBN 3-937233-22-9
ISSN 1611-8456

www.bebraverlag.de

Inhalt

Vorwort

Die Landesklinik Eberswalde ist die älteste der ehemaligen „Irrenanstalten" der Provinz Brandenburg. 1862–65 im Auftrag der kurmärkischen Landarmendirektion vom Berliner Baumeister Martin Gropius errichtet, erlebte das Haus eine wechselvolle Geschichte. So diente das Hauptgebäude z. B. nach dem Zweiten Weltkrieg als russisches Militärhospital, während der Anstaltsbetrieb in den benachbarten Erweiterungsbauten fortgeführt wurde. Im Jahr 2002 konnte das Stammhaus nach umfangreicher Sanierung als moderne Fachklinik für Neurologie und Psychiatrie wieder eröffnet und bezogen werden.

Die vorliegende Untersuchung entstand im Rahmen des Forschungsprojekts „Fürsorge und Wohlfahrtsstaatlichkeit in der Provinz Brandenburg im 19. und 20. Jahrhundert – das Beispiel der Anstaltsfürsorge", das an der Universität Potsdam angesiedelt ist. Im Juni 2004 wurde die Arbeit im Fachbereich Kommunikations- und Geschichtswissenschaften der Technischen Universität Berlin als Dissertation eingereicht und im gleichen Jahr verteidigt.

Kristina Hübener gab als Initiatorin und Leiterin des Forschungsprojektes den Anstoß, über die „Land-Irrenanstalt" Eberswalde zu arbeiten. Sie hat auch die Aufnahme in die Schriftenreihe zur Medizin-Geschichte des Landes Brandenburg im be.bra-Verlag angeregt. Nicht nur dafür, sondern vor allem für ihre nachhaltige und kompromisslose Unterstützung in allen Phasen der Arbeit danke ich ihr.

Unabdingbare Voraussetzung für das Gelingen der Arbeit war die breite Unterstützung und Förderung der Arbeit durch die Landesklinik Eberswalde. Besonders Verwaltungsleiterin Monika Born und die damalige leitende Chefärztin Angelika Grimmberger traten dem geplanten Promotionsvorhaben sehr aufgeschlossen gegenüber und ermöglichten eine Arbeitssituation, in der eine volle Konzentration auf das Vorhaben möglich wurde.

Robert Suckale hat mich darin bestärkt, das Projekt gerade in seiner ungewöhnlichen Konstellation voranzutreiben. Sein immer offenes Ohr und seine Hinweise haben dazu beigetragen, die Probleme, die bei der Erarbeitung des Manuskriptes auftraten, in den Griff zu bekommen. Dank gebührt auch Wolfgang Wolters für seine klarsichtige Begleitung der Arbeit und Adrian von Buttlar für seine Bereitschaft, das Verfahren als Gutachter zu begleiten.

Sabine Witt hat nicht nur alle Höhen und Tiefen der Arbeit miterlebt, sondern war trotz der Belastung mit ihrer eigenen Arbeit immer ein hilfsbereiter und unersetzlicher Begleiter. Für ihre Geduld und ihre Unterstützung bin ich zutiefst dankbar. Claudia Marcy, Ute Jochinke, Jörg Wunder, Ulf Jacob und Henrich Rauschning gaben viele Hinweise und diskutierten das Thema in anregender Weise. Anke Wunderwald, Sybille Haseley und Josef Drobinoha haben Korrektur gelesen und vor allem auch technisches Equipment in selbstloser Weise zur

Verfügung gestellt. Schließlich möchte ich Christian Haertel vom be.bra-Verlag für die verlagsseitige Betreuung danken.

Die Drucklegung als Band 11 der Schriftenreihe zur Medizin-Geschichte des Landes Brandenburg wurde durch den Projektträger, das Landesamt für Soziales und Versorgung, die Landeskliniken Brandenburg/Havel, Eberswalde, Lübben und Teupitz sowie die Ruppiner Kliniken GmbH großzügig gefördert, so dass das Erscheinen der Promotionsschrift gesichert war.

In die vorliegende Druckfassung sind die hilfreichen Hinweise der Prüfungskommission eingeflossen.

Jens Fehlauer   Berlin im Frühjahr 2005

Einleitung

„Der Architekt ist auf dem weiten Wege von der Idee bis zur Ausführung vielfach auf fremde Hülfe angewiesen; es wird ihm selten gelingen, gleich beim
ersten Versuch seinen Gedanken die erfüllende allseitig ansprechende Form
zu geben [...]."[1]

Diese Überlegungen, die Martin Gropius in Zusammenhang mit dem Bau
der „Provincial-Irren-Anstalt" Eberswalde geäußert hat, waren eigentlich auf
die Problematik des Eisenbaus – und hier auf die Konkurrenz von Architekt
und Ingenieur – gemünzt. Der Kern der Problematik, die Zusammenarbeit des
Architekten mit und Abhängigkeit von entsprechenden Fachleuten trifft gerade
auch auf den Krankhausbau zu.

Die immer spezifischeren Anforderungen an Funktionalität und technischer
Ausstattung bedingte einen zunehmenden Einfluss von Fachleuten anderer
Disziplinen auf das Baugeschehen. In diesem Prozess arbeitsteiliger Differenzierung wurde auch der Architekt zum „Fachmann", zum Spezialisten. Die
professionelle und kreative Umsetzung der durch das Bauprogramm vorgege-
benen Planungskoordinaten wurde eine wesentliche Aufgabe des Baumeisters,
die gerade durch die Beschränkung der künstlerischen Mittel ein hohes Maß
an Kreativität erforderte.

Die 1862–1865 errichtete Eberswalder Anstalt stand am Ende eines zwanzig-
jährigen Planungsprozesses. Um die sehr heterogenen Einflüsse freizulegen,
die auf den Bauprozess gewirkt haben, sollen die politischen, sozialen und medizinischen Rahmenbedingungen untersucht werden, die die Voraussetzung
bilden, unter denen die „Irrenheil- und Pflegeanstalt" Eberswalde entstand.

Ausgangspunkt ist die staatliche Fürsorgepolitik, die mit den „Preußischen
Reformen" am Anfang des Jahrhunderts einen wesentlichen Impuls für den Bau
von Heil- und Pflegeanstalten gab. Das Reformwerk beruhte auf miteinander
verzahnten Maßnahmen, die in sozialer, wirtschaftlicher, bürokratischer und
militärischer Hinsicht eine Modernisierung des gesamten Gemeinwesens an-
strebten. Der ehrgeizige Versuch, „die Regierung durch die Kenntnisse und das
Ansehen aller gebildeten Klassen zu verstärken, sie alle durch Überzeugung,
Theilnahme und Mitwürkung bei den Nationalangelegenheiten an den Staat
zu knüpfen, den Kräften der Nation eine freie Thätigkeit und eine Richtung auf
das Gemeinnützige zu geben"[2], trug dazu bei, dass sich die ständische Verfasst-
heit der Gesellschaft, wenn auch langsam, aufzulösen begann. Die Reformen

---

1 Martin Gropius, Die Provinzial-Irren-Anstalt zu Neustadt-Eberswalde, Berlin 1869, S. 16.
2 Nassauer Denkschrift, in: Freiherr vom Stein. Briefe und amtliche Schriften, Bd. 2, T. 1, Nr. 354,
S. 380ff.; siehe dazu Gerhard Ritter, Stein. Eine politische Biographie, 4. Aufl., Stuttgart 1981,
S. 184f.

legten „die Grundlagen des modernen Staates und der modernen Gesellschaft in Deutschland [...]; Erfolg und Misserfolg der Reformen haben die Geschichte der Deutschen bis 1848, ja bis in die 60er Jahre hinein bestimmt"[3].

Vor dem Hintergrund der politischen Umwälzungen und ihren Auswirkungen auf die gesellschaftliche Modernisierung entwickelte sich auch die staatliche Fürsorgepolitik, die einen institutionellen und rechtlichen Rahmen schuf, welcher den Bau von großen Versorgungseinrichtungen für „Geisteskranke" ermöglichte.

Schufen die politischen Ereignisse die Grundlage für die Entwicklung des Anstaltswesens, so stellten die Fortschritte in der medizinischen Behandlung „Geisteskranker" den eigentlichen Motor dar, der den Anstaltsbau maßgeblich beeinflusste.

Noch bis in das 18. Jahrhundert hinein galten „Irre" als unheilbar. Als Störer der öffentlichen Ordnung stellte man sie mit Kriminellen auf eine Stufe und verbrachte sie in Zucht-, städtische Armen- und Arbeitshäuser, wo sie oft in Eisen gelegt ihr Dasein fristeten. Oder man verwahrte sie in „Irrenabteilungen" von Hospitälern, pferchte sie in „Tollkoben" und „Narrentürme", brachte sie in „Narrenkolonien" fernab menschlicher Ansiedlungen unter.[4] Gerade die „Tollhäuser" dienten als Auffangbecken für Verbrecher und Straffällige jeglicher Couleur aber auch anderer gesellschaftlicher Randgruppen wie Waisen, Bettler und Landstreicher. Die Unterbringung in diesen Verwahranstalten hatte ursprünglich einen erzieherischen und keinen strafenden Charakter, doch bleibt die Trennlinie zwischen beiden unscharf. Das wichtigste Erziehungsmittel war Arbeit, die Tätigkeit des Spinnens konnte so zu einem Synonym für das „Irresein" werden.[5]

Erst mit der Verbreitung aufklärerischen Gedankenguts rückte das Schicksal dieser Menschen stärker in das Blickfeld der Öffentlichkeit, deren Reaktionen noch von Furcht, zunehmend aber auch von Mitleid geprägt waren: „Geschieht ihm Unrecht, dem tückischen Mörder und Brandstifter, dem frechen Räuber, dem ruchlosen Diebe? Wie anders ist's mit dem unglücklichen Kranken, dem die geistige Willkür fehlt, und der also nicht zurechnungsfähig ist, folglich auch nicht gestraft werden darf!"[6] Ausgehend von den humanistischen Idealen des 18. Jahrhunderts gewann die Auffassung, dass es sich beim „Irresein" um eine Krankheit des Geistes handele, die zudem heilbar sei, an Bedeutung. Die Pflege und Heilung der Kranken konnte so als wichtige soziale Aufgabe deklariert werden.

Aus dieser Sichtweise heraus entwickelte sich in den 1830er Jahren erstmals ein eigenständiges medizinisches und bauliches Konzept für Heil- und

---

3 Ebd., S. 31.
4 Ein Tollhaus ist „ein Gebäude, darinn gemeiniglich tolle und rasende Arme aufgenommen werden, die entweder nicht so viel Vermögen haben, dass sie auf eine andere Art verpfleget werden können, oder auch keine so nahen Anverwandten haben, die sich ihrer annehmen können" Johann Heinrich Zedler, Grosses-vollständiges Universal-Lexicon aller Wissenschaften und Künste, 44. Nachdr., Graz 1962, Sp. 1140, zitiert nach Doris Kaufmann, Aufklärung, bürgerliche Selbsterfahrung und die Erfindung der Psychiatrie in Deutschland 1770–1850, Göttingen 1995, S. 126.
5 Dirk Blasius, Umgang mit Unheilbaren. Studien zur Sozialgeschichte der Psychiatrie, Bonn 1986, S. 95.
6 Über die Verlegung der vorzüglich zur Aufnahme geisteskranker Personen bestimmten königlich-sächsischen Landes-Versorgungs-Anstalt zu Waldheim in die Gebäude des Schlosses Colditz von D. Hayner, Dresden 1829, in: GStA PK, Rep. 76, VIII A, 3506, Bl. 45–56, hier Bl. 46.

Pflegeanstalten, die „relativ verbundene" Heil- und Pflegeanstalt. Entstanden aus dem Typ des Korridorkrankenhauses etablierte sich die Bauform in den 1840er Jahren und dominierte den Anstaltsbau bis zur Reichsgründung. Erst das Aufkommen eines neuen Bausystems um 1870, der „Pavillonbauweise", schuf eine Alternative zum überkommenen System aus dem Vormärz.

Vor der Folie dieser übergeordneten Bedingungen wird die Rolle des Architekten der Eberswalder Anlage beleuchtet. Martin Gropius hat hier seinen ersten großen Bauauftrag erhalten. Noch ohne seinen späteren Partner Heino Schmieden sammelte Gropius Erfahrung in der Entwicklung komplexer Funktionsbauten. Das Eberswalder Projekt bildete somit einen wichtigen Ausgangspunkt für seine weitere Entwicklung als Architekt. Zusammen mit Schmieden hat Gropius entscheidend an der Einführung des „Pavillonsystems" im Krankenhausbau mitgewirkt. Mit dem Städtischen Krankenhaus im Friedrichshain baute das Büro erstmals in Deutschland eine Gesamtanlage dieses Typs in Deutschland und Gropius avancierte zu dem meistbeschäftigsten Architekten im Krankenbau seiner Zeit.

In Hinblick auf diese Entwicklung soll die Stellung der Eberswalder Anlage im Œuvre von Martin Gropius respektive Gropius & Schmieden eingeordnet werden.

Forschungsstand, Literatur und Quellen

Die „Irrenheil- und Pflegeanstalt" Eberswalde hat in der Forschung bislang kaum Beachtung gefunden. Die Beschäftigung mit der Geschichte der Einrichtung wurde durch die Existenz zweier deutscher Staaten im „Kalten Krieg" erschwert. Der Komplex wurde zudem nach 1945 als sowjetisches Militärhospital genutzt und war damit weit gehend unzugänglich. Erst nach dem Abzug der russischen Truppen im Jahre 1994 konnte der Bau gewissermaßen neu entdeckt werden.[7]

Das Forschungsinteresse wurde nicht zuletzt auch durch die Geringschätzung der Architektur des 19. Jahrhunderts beeinflusst. Die Auseinandersetzung mit dem „Historismus" schuf allerdings neues Interesse.[8] Hinsichtlich der Erforschung der Nutzarchitektur des 19. Jahrhunderts lässt sich eine gewisse Vorliebe für Ingenieurskonstruktionen und das Baumaterial Eisen konstatieren.[9]

---

7 Vgl. Gropius in Eberswalde, Der Martin-Gropius-Bau der Landesklinik Eberswalde, hrsg. von der Landesklinik Eberswalde, Berlin 2002 und Ilona Rohowski, Eberswalde, Die ehemalige Provinzial-Irrenheil- und Pflegeanstalt – Ein Krankenhaus nach den Plänen des Berliner Architekten Martin Gropius, in: Brandenburgische Denkmalpflege 4, 1995, S. 19–29. Vgl. auch dies., Stadt Eberswalde (= Denkmaltopographie Bundesrepublik Deutschland, Denkmale in Brandenburg Bd. 5.1), Worms am Rhein 1997, S. 152–156.
8 Vgl. Hermann Beenken, Der Historismus in der Baukunst, in: Historische Zeitschrift 2, 1938, S. 27–68 und ders., Das Neunzehnte Jahrhundert in der deutschen Kunst. Aufgaben und Gehalte, Versuch einer Rechtfertigung, München 1944. Später in einer ganzen Reihe von Arbeiten besonders Michael Brix und Monika Steinhäuser (Hrsg.), Geschichte allein ist zeitgemäß. Historismus in Deutschland, Giessen 1978. Ebenso Valentin Wolfgang Hammerschmidt, Anspruch und Ausdruck in der Architektur des späten Historismus in Deutschland 1860–1914 (= Europäische Hochschulschriften, Reihe XXXVII, Architektur 3), Frankfurt am Main u.a. 1985.
9 Beispielsweise Johann Friedrich Geist, Passagen. Ein Bautyp des 19. Jahrhunderts (= Studien zur Kunst des 19. Jahrhunderts, Bd. 5), München 1969 oder der Bahnhofsbau bei Ulrich Krings, Bahn-

Eberswalde, Provinzial-Irrenanstalt, Hauptgebäude, Ansicht mit Sowjetstern.

Die konstruktiv-technische Bewältigung sowie das räumliche Erlebnis der Ingenieurkonstruktionen konnten mit einem höheren Interesse rechnen als das traditionelle Bauen mit historischem Formenvokabular.[10] In dieser Haltung erschien die Architektur immer dort negativ, wo sie die Konstruktion versteckt beziehungsweise verkleidet. Diese Sichtweise übernahm den Funktionalismusbegriff der klassischen Moderne und übertrug ihn auf das 19. Jahrhundert. Der rationale Einfluss des Ingenieurs auf die Architektur wurde so zum Gradmesser der Fortschrittlichkeit. So gesehen konnten die Ingenieurbauten als das „alleinige positive Vermächtnis" des 19. Jahrhunderts erscheinen.[11]

Betrachtet man allerdings die Bauaufgabe des Krankenhauses, spielen andere Determinanten eine Rolle. Zwar wurde auch zu diesem Bereich geforscht, allerdings weniger aus kunstgeschichtlicher sondern vielmehr aus medizinhistorischer Perspektive. Die Arbeiten von Dieter Jetter zur Geschichte des Krankenhaus- und Anstaltsbaus im 19. Jahrhundert leisteten einen ersten Überblick zur Entwicklung der Gattung.[12] Jetter verfolgt darin, unter Berücksichtigung

hofsarchitektur. Deutsche Großstadtbahnhöfe des Historismus (=Studien zur Kunst des 19. Jahrhunderts, Bd. 46), München 1985.
10 Reinhard Dauber, Stadtpalais, Landhaus und Stadttor. Zur Ikonographie der Bahnhofsarchitektur im 19. und frühen 20. Jahrhundert, in: Architectura 20 (1990), S.77–90, hier S.77.
11 Krings, Bahnhofsarchitektur, S.66, bezeichnet die Ingenieurbauten als alleiniges positives Erbe des 19. Jahrhunderts.
12 Vgl. Dieter Jetter, Geschichte des Hospitals. Westdeutschland von den Anfängen bis 1850 (= Sudhoffs Archiv, Beih. 5), Wiesbaden 1966; ders., Zur Typologie des Irrenhauses in Frankreich und Deutschland (1780–1840), (= Geschichte des Hospitals, Bd. 2), Wiesbaden 1971; sowie ders., Grundzüge der Krankenhausgeschichte (1800–1900), Darmstadt 1977; ders., Das europäische Hospital.

institutioneller Aspekte, einen im weitesten Sinne funktionsgeschichtlichen Ansatz. Allerdings werden die Beiträge durch das eingegrenzte Untersuchungsgebiet als auch durch die sehr persönlich gefärbte Kritik des Autors in ihrer Reichweite und Aussagekraft eingeschränkt.[13]

Dagegen stellen die Arbeiten von Axel Hinrich Murken einen wissenschaftlich fundierteren Überblick zur Entwicklung des Krankenhausbaus im 19. Jahrhundert dar.[14] Gegenüber Jetter verfolgt Murken einen breiter angelegten kulturhistorischen Ansatz mit Schwerpunkt auf dem Bau allgemeiner Krankenhäuser. Demgemäß wird der Anstaltsbau nur am Rande erfasst. Ähnliche Tendenzen lassen sich auch an anderen Arbeiten beobachten.[15]

Erst in jüngster Zeit hat ein Projekt am Historischen Institut der Universität Potsdam den Forschungsstand zum Fürsorge- und Anstaltswesen in Brandenburg in zum Teil interdisziplinär angelegten Studien erheblich erweitert und vertieft.[16] Nicht zuletzt haben die Arbeiten im Kontext der Denkmalpflege einen wichtigen Beitrag zum Kenntnisstand einzelner Bauten und Bautenensembles geleistet.[17]

Von der Spätantike bis 1800, Köln 1986; zuletzt ders., Grundzüge der Geschichte des Irrenhauses, Darmstadt 1981.

13 Besonders die ehemaligen preußischen Gebiete bleiben ein Desiderat in Jetters Topografie. Die anfängliche Vermutung, die Bearbeitung von Objekten jenseits des „Eisernen Vorhangs" zur Zeit des „Kalten Krieges" sei problematisch gewesen, konterkariert Jetter aber, indem er nach einem geheimen Schlüssel Objekte aus den ehemals preußischen Gebieten bearbeitet, andere aber weglässt. Wichtige Bauten wie zum Beispiel Neuruppin werden nicht beachtet. Die unverhohlen negative Bewertung der Personen und Bauten, die einen Bezug zu Preußen haben, bleibt der einzige erkennbare Maßstab seiner Auswahl.

14 Axel Hinrich Murken, Das Bild des deutschen Krankenhauses im 19. Jahrhundert (= Studien zur Geschichte des Krankenhauswesens, Bd. 12), Münster 1977 sowie ders., Die bauliche Entwicklung des deutschen Allgemeinen Krankenhauses im 19. Jahrhundert (= Studien zur Medizingeschichte des 19. Jahrhunderts, Bd. 9), Göttingen 1979; vgl. auch ders., Grundzüge des deutschen Krankenhauswesens von 1780 bis 1930 unter Berücksichtigung von Schweizer Vorbildern, in: Gesnerus 39, 1982, S. 7–45 und zuletzt ders., Vom Armenhospital zum Großklinikum. Die Geschichte des Krankenhauses vom 18. Jahrhundert bis zur Gegenwart, Köln 1991.

15 Beispielhaft sei hier nur Dieter Schiffczyk, Die intellektuelle Revolution im europäischen Krankenhausbau um 1800. Zur systematischen Entwicklung neuzeitlicher Bauformen vor dem Hintergrund des mittelalterlichen Hospitaltypus (= Europäische Hochschulschriften, Reihe XXXVII, Architektur, Bd. 4), Frankfurt am Main u.a. 1985 erwähnt. Trotz des viel versprechenden Titels werden in der Hauptsache französische Bauten, zudem in sehr knapper Form, behandelt. Vgl. auch ders., Bauform – Bausystem – Typologie. Zur Geschichte des Krankenhausbaues, in: Bauwelt 97, 1988, S. 514–526.

16 Die in der Reihe zur „Medizin-Geschichte des Landes Brandenburg" publizierten Bände haben außer auf die Geschichte der Institutionen auch den Blick auf die sozial- und medizingeschichtliche und nicht zuletzt architektonische Entwicklung gerichtet. Vgl. Kristina Hübener, Die Entwicklung der Anstaltsfürsorge in der preußischen Provinz Brandenburg, in: Archiv für Kommunalwissenschaften, Jg. 2, 1993, S. 263–279 sowie auch Brandenburgs Landeskliniken in staatlicher Hand. Geschichte – Gegenwart – Zukunftsperspektiven (= Schriftenreihe zur Medizin-Geschichte des Landes Brandenburg, Bd. 1), hrsg. vom Landesamt für Soziales und Versorgung für die Landeskliniken Brandenburg/Havel, Eberswalde, Lübben und Teupitz, Potsdam 2001. Zur Geschichte der Anstalten in der Zeit des Nationalsozialismus vgl. Kristina Hübener (Hrsg.), Brandenburgische Heil- und Pflegeanstalten in der NS-Zeit (= Schriftenreihe zur Medizingeschichte des Landes Brandenburg, Bd. 3), Berlin 2002. Zu einzelnen Einrichtungen vgl. Gropius in Eberswalde, Der Martin-Gropius-Bau der Landesklinik Eberswalde, hrsg. von der Landesklinik Eberswalde, Berlin 2002 sowie Landesklinik Teupitz, Geschichte – Architektur – Perspektiven, hrsg. von der Landesklinik Teupitz, Berlin 2003. Vgl. auch Architektur und Psychiatrie im Wandel. Beiträge zum Martin-Gropius-Bau der Landesklinik Eberswalde, hrsg. v. Angelika Grimmberger und Jens Fehlauer (= Schriftenreihe zur Medizin-Geschichte des Landes Brandenburg, Bd. 5), Berlin 2004.

17 Vgl. Kristina Hübener, Brandenburgs provinziale Anstaltsfürsorge und Fürsorgebauten im 19. und 20. Jahrhundert. Ein Überblick, in: Brandenburgische Denkmalpflege 4, 1995, H. 2, S. 4–18 und Rohowski, Provinzial-Irrenheil- und Pflegeanstalt, S. 19–29. Vgl. auch dies., Topographie Stadt Eberswalde, S. 152–156. Zur ersten preußischen Anstalt in Neuruppin vgl. Matthias Metzler, Stadt Neuruppin (= Denkmaltopographie der Bundesrepublik Deutschland, Denkmale in Brandenburg, Bd. 13.1), Worms am Rhein 1996, S. 150f. und Christof Baier, Neuruppin. Das Land-Irrenhaus (1796–1801), in: Brandenburgische Denkmalpflege 9, 2000, H. 1, S. 66–77. Zu den Berliner Einrichtungen vgl. Berlin

Martin Gropius (1828 –1880). „einer der ersten erfolgreichen Privatarchitekten".

Ebenso wie die Baugattung war auch der Architekt Martin Gropius lange Zeit ein Desiderat der Forschung. Als ein Protagonist der Berliner Schule, der mit seiner materialgerechten und oft einfachen Architektursprache in der Tradition Schinkels und der Bauakademie stand, wurde er bereits im letzten Drittel des 19. Jahrhunderts stark kritisiert und dies präjudizierte im Folgenden auch die Rezeption der Bauten.

Trotz der Bedeutung, die gerade Martin Gropius bis zu seinem Tode 1880 für das Berliner Baugeschehen hatte, geriet sein Werk in Vergessenheit. Erst durch Manfred Klinkotts biografisch angelegte Arbeit wurde Gropius wieder aus der Versenkung geholt.[18] Eva Börsch-Supan hat dagegen in ihrem materialreichen Werk zur Schinkelnachfolge die übergreifenden Zusammenhänge der Berliner Schule thematisiert.[19] Da allerdings der Zeitraum ihrer Untersuchung um 1870 endet, findet ein Großteil des Gropius'schen Werkes nur im – allerdings sehr ausführlichen – Anhang Berücksichtigung.[20]

und seine Bauten, T. 7, Bd. A, Krankenhäuser, hrsg. vom Architekten- und Ingenieur-Verein Berlin, Berlin 1997.
18 Manfred Klinkott, Martin Gropius und die Berliner Schule, Diss. Berlin 1971. Erstmals wurde hier auch ein ausführliches Werkverzeichnis des Architekten erstellt.
19 Vgl. Eva Börsch-Supan, Berliner Baukunst nach Schinkel 1840–1870 (= Studien zur Kunst des neunzehnten Jahrhunderts, Bd. 25), München 1977. Allerdings wird dem Bereich des Monumentalbaus respektive dem Villenbau mehr Beachtung geschenkt als dem Nutzbau. Vgl. auch dies., Der Renaissancebegriff der Berliner Schule im Vergleich zu Semper, in: Gottfried Semper und die Mitte des 19. Jahrhunderts, Symposium vom 2.–6. Dezember 1974 veranstaltet durch das Institut für Geschichte und Theorie der Architektur an der Eidgenössischen Technischen Hochschule Zürich (= Geschichte und Theorie der Architektur, Bd. 18), Basel 1976, S.153–173.
20 Bezüglich des Œuvres von Gropius bezieht sich Börsch-Supan, Berliner Baukunst, S.577f. auf Klinkotts Angaben.

Klinkott hat sich noch ein zweites Mal mit der Berliner Schule befasst und das Thema stärker unter einer materialästhetischen Problemstellung betrachtet.[21] Martin Gropius widmete der Autor hier ein eigenes Kapitel, in dem auch die Eberswalder Anstalt unter einer werkimmanenten Fragestellung behandelt wurde.[22] In jüngerer Zeit war es vor allem Hans Dieter Nägelke, der mit seiner Arbeit über die Kieler Hochschulbauten neue Erkenntnisse zum Wirken der Architektengemeinschaft Gropius & Schmieden vorlegte.[23]

Im Gegensatz zur kunsthistorischen Forschung hat sich die Medizin- und vor allem die Sozialgeschichte mit dem Themenkomplex Geisteskrankheit und Fürsorge im 19. Jahrhundert in weitaus größeren Umfang auseinandergesetzt. Besonders die Arbeiten von Michel Foucault haben das Thema Geisteskrankheit über die Grenzen der historischen Forschung hinaus bekannt gemacht.[24] Foucaults Thesen von der großen Einschließung der „Irren" im 19. Jahrhundert als Ausgrenzungs- und Disziplinierungsmechanismus gewannen einen gewichtigen Einfluss in der sozialhistorischen Forschung.[25] Allerdings blieb die daraus erwachsene Schlußfolgerung einer totalen und vor allem linearen Entwicklung der Sozialdisziplinierung umstritten.[26]

Entgegen der Annahme der „großen Einschließung" blieb die Zahl der „Irren" in den staatlichen Einrichtungen, die ihrerseits in begrenzter Anzahl vorhanden waren, besonders in der ersten Hälfte des Jahrhunderts gering: Ein weitaus höherer Anteil, besonders die nicht mittellosen „Irren", wurde weiterhin im Familienverband versorgt. Ebenso kümmerten sich trotz der Säkularisierungswelle kirchliche Einrichtungen um die Geisteskranken.[27]

Die Leitthese der Sozialdisziplinierung habe, so die Kritik, bislang eher den makroskopischen Blick gefördert, der zwar die großen Entwicklungslinien erkennen lasse, die Widersprüche und Brüche in der Umsetzung der Fürsorgepolitik aber eher verdecke. Die Frage nach den historisch Handelnden und den betroffenen Subjekten bliebe oft hinter der erkenntnisleitenden Fragestellung

21 Manfred Klinkott, Die Backsteinbaukunst der Berliner Schule, Von Karl Friedrich Schinkel bis zum Ausgang des Jahrhunderts (= Die Bauwerke und Kunstdenkmäler von Berlin, Beih. 15), Berlin 1988. Die Ausführungen zu Gropius entsprechend weitgehend der ersten Publikation.
22 Ebd., S.246.
23 Vgl. Hans Dieter Nägelke, Der Gropius-Bau der Kieler Universität. Architektur zwischen regionaler Identität und preußischer Politik, Kiel 1991 und in einem weiter gefassten Rahmen ders., Hochschulbau im Kaiserreich. Historische Architektur im Prozess bürgerlicher Konsensbildung Diss. Univ. Kiel, Kiel 2000. Vgl. auch ders., Martin Philipp Gropius 1824–1880. Architekt zwischen Schinkelschule und Historismus, in: Architektur und Psychiatrie im Wandel, S.17–33.
24 Vgl. Michel Foucault, Wahnsinn und Gesellschaft. Eine Geschichte des Wahns im Zeitalter der Vernunft, Frankfurt am Main 1996 sowie ders., Die Geburt der Klinik. Eine Archäologie des ärztlichen Blicks, München 1978 als auch ders., Überwachen und Strafen. Die Geburt des Gefängnisses, Frankfurt am Main 1977.
25 Vgl. Robert Castel, Die psychiatrische Ordnung. Das goldene Zeitalter des Irrenwesens, (zuerst Paris 1976), Frankfurt am Main 1983. Castel ergänzt Foucaults Blickwinkel der sozialen Ausgrenzung der Geisteskranken um die Metamorphose der „Irrenfürsorge" von einer sozialen Problematik zu einer technokratischen Verwaltungsaufgabe. Vgl. auch Christian Sachße und Florian Tennstedt, Geschichte der Armenfürsorge in Deutschland vom Spätmittelalter bis zum Ersten Weltkrieg, Stuttgart 1980 sowie dies. (Hrsg.), Soziale Sicherheit und soziale Disziplinierung, Frankfurt am Main 1986.
26 Vgl. kritisch dazu Martin Dinges, Frühneuzeitliche Armenfürsorge als Sozialdisziplinierung? Probleme mit einem Konzept, in Geschichte und Gesellschaft 17, 1991, S.5–29.
27 Ebd., S.27, Dinges kritisiert, dass das Sozialdisziplinierungsparadigma die obrigkeitliche Fürsorgeinstitutionen zum allein entscheidenden Indikator der Modernisierung stilisiert, es aber lediglich eines unter mehreren gesellschaftlichen Lösungsangeboten der Fürsorgeproblematik gewesen sei.

zurück, die in dieser Hinsicht differenziert und erweitert werden sollte.[28] Neben diesem jüngeren sozialgeschichtlichen Ansatz existiert eine ältere Tradition der Psychiatriegeschichtsschreibung, die sich vorwiegend auf die Darstellung der Institutionen konzentriert bzw. mit dem Wirken großer Ärztepersönlichkeiten beschäftigt.[29] Hier rücken auch die Bauten immer wieder ins Blickfeld, und oft werden Jubiläen zum Anlass genommen, die Geschichte einer Institution aufzuzeichnen.[30] Ergänzt wird dieser Bereich durch Forschungen, die einem weiter gefassten sozialgeschichtlichen Ansatz nachgehen.[31]

In jüngerer Zeit ist zu beobachten, dass sich die Forschung vor allem mit der Fürsorgepolitik in der Zeit des Nationalsozialismus auseinandersetzt.[32]

Hinsichtlich der Quellen zur Eberswalder „Land-Irren-Anstalt" stellt sich ein uneinheitliches Bild dar: Die Bauakten sind aufgrund des unvollständigen Bestandes des Eberswalder Bauamtes sowie des weitgehenden Verlustes des Hausarchivs der Landesklinik Eberswalde verloren. Im Kreisarchiv Barnim sind vor allem Vorgänge überliefert, welche die Rolle der Stadt Eberswalde bei der Planung und Ausführung des Bauvorhabens beleuchten.

Im Brandenburgischen Landeshauptarchiv befinden sich Bestände zur Fürsorgepolitik der Kommunallandstände, mittels derer sich der langjährige Planungsverlauf seit den 1840er Jahren nachvollziehen lassen. Zudem tut sich hier

---

28 Vgl. Kaufmann, Aufklärung, S.131f., kritisiert die Einseitigkeit des Sozialdisziplinierungsparadigmas gerade bei den Vertretern einer „kritischen" oder antipsychiatrischen Geschichtsschreibung, die vorwiegend auf der Grundlage von normativen Quellen argumentierten. Dabei würde aber die Frage nach der Praxisrelevanz ungeprüft vernachlässigt werden. Differenziert hinsichtlich der Anwendung des Paradigmas der Sozialdisziplinierung auch Dirk Blasius, Der verwaltete Wahnsinn. Eine Sozialgeschichte des Irrenhauses, Frankfurt am Main 1980 und ders., Umgang mit Unheilbarem.
29 Vgl. Theodor Kirchhoff, Deutsche Irrenärzte. Einzelbilder ihres Lebens und Wirkens, 2 Bde., Berlin 1921–1924 und ders., Grundriß einer Geschichte der deutschen Irrenpflege, Berlin 1890 oder Carl L. Ideler, Carl Wilhelm Ideler und seine Stellung in der Entwicklung der Psychiatrie, in: Allgemeine Zeitschrift für Psychiatrie und psychisch-gerichtliche Medizin 51, 1894, S.851–883; vgl. auch Max Fischer, Christian Friedrich Wilhelm Roller – 100. Geburtstag, Halle 1902. Neuere Beiträge mit zum Teil weiter gefassten Fragestellungen bei Claudia Huerkamp, Der Aufstieg der Ärzte im 19. Jahrhundert. Vom gelehrten Stand zum professionellen Experten, Das Beispiel Preußens, Göttingen 1985 und Ulf Jacobsen, Wissenschaftsbegriff und Menschenbild bei Wilhelm Griesinger, Ein Beitrag zur Geschichte des ärztlichen Selbstverständnisses im 19. Jahrhundert (Diss. Univ. Heidelberg), Heidelberg 1986. Vgl. auch die Handbücher von Dietrich von Engelhardt und Fritz Hartmann (Hrsg.), Klassiker der Medizin, Bd. 2: Von Philippe Pinel bis Viktor von Weizsäcker, München 1991 und dies., Biografische Enzyklopädie deutschsprachiger Mediziner, 2 Bde., München 2002.
30 Vgl. E. Bratz, Festschrift zum 50jährigen Bestehen der Anstalt Dalldorf (Hauptanstalt der Wittenauer Heilstätten), Berlin 1929 sowie 100 Jahre Karl-Bonhoeffer-Nervenklinik (1880–1980), hrsg. von der Karl-Bonhoeffer-Nervenklinik, Berlin 1980.
31 Vgl. Maison de Santé. Ehemalige Kur- und Irrenanstalt, Ausstellungskatalog hrsg. vom Bezirksamt Schöneberg, Berlin 1989 und auch Peter Haiko, Harald Leupold-Löwenthal und Mara Reissberger, Die Weiße Stadt – der Steinhof in Wien. Architektur als Reflex der Einstellung zur Geisteskrankheit, in: Kritische Berichte 9, 1981, H. 6, S.10ff. Vgl. auch Cornelia Berens, Das Hauptproblem war niemals die Heilung. Zur Entstehung der psychiatrischen Großkrankenhäuser in der zweiten Hälfte des 19. Jahrhunderts, in: Eckstein. Journal für Geschichte 5, 1994, S.27–30. Für den Bereich der Provinz Brandenburg war es vor allem Karen Bellin, Der Aufbau des medizinischen Betreuungssystems für psychisch Kranke in Preußen in der ersten Hälfte des 19. Jahrhunderts unter besonderer Berücksichtigung der ersten kurmärkischen „Irrenanstalt" in Neuruppin 1801–1865 (zugleich Habil.-Schrift), Leipzig 1990, die sich anhand der ersten preußischen Einrichtung mit der Thematik auseinandergesetzt hatte.
32 Vgl. Gabriela Deutschle u.a. (Hrsg.), Wissen und Irren. Psychiatriegeschichte aus zwei Jahrhunderten – Eberbach und Eichberg (= Historische Schriftenreihe des Landeswohlfahrtsverbandes Hessen, Quellen und Studien, Bd. 6), Kassel 1999; Gerhard Lötsch, Von der Menschenwürde zum Lebensunwert. Die Geschichte der Illenau von 1842–1940, Kappelrodeck 2000; Totgeschwiegen 1933–1945. Zur Geschichte der Wittenauer Heilstätten, seit 1957 Karl-Bonhoeffer-Nervenklinik (= Reihe Deutsche Vergangenheit „Stätten der Geschichte Berlins", Bd. 17), hrsg. von der Arbeitsgruppe zur Erforschung der Geschichte der Karl-Bonhoeffer-Nervenklinik, wiss. Beratung Götz Aly, Berlin 2002.

Eberswalde. Gropius-Bau. Gesamtansicht. 2004.

ein umfangreicher (und unverzeichneter) Planbestand auf, der überwiegend Bestandszeichnungen aus den 1920er Jahren enthält. Leider gibt es gerade hinsichtlich des konkreten Bauvorgangs ab 1860 Lücken in der Überlieferung. Besonders die Akten der Landarmendirektion und der für die Entwicklung von Eberswalde eingesetzten Baukommission sind davon betroffen.[33] Zum Teil kann dieses Manko durch die Akten der Potsdamer Regierung und der beteiligten staatlichen Behörden in Berlin aus den Beständen des Geheimen Staatsarchivs ausgeglichen werden. Jedoch existieren auch hier keine Bauakten, so dass zeitnahe Planzeichnungen letztlich nur in den zeitgenössischen Publikationen[34] zu finden sind.

Die recht durchwachsene Quellenlage wird durch die schlechte und vor allem fragmentarische Überlieferung des Nachlasses von Martin Gropius nicht verbessert. Die wenigen originalen Zeichnungen, Entwürfe und Skizzenbücher sind – wenn nicht in Privathand[35] – im Planarchiv der TU Berlin erhalten.[36] Unter letzteren Objekten befinden sich jedoch keine Krankenhausbauten.[37] Aufgrund dieser Situation ergibt sich nicht zuletzt die Anforderung, den Planungsverlauf soweit als möglich ohne die konkreten Bauakten und weitestgehend ohne Originalmaterial von Martin Gropius zu rekonstruieren.

Anders verhält es sich mit den noch heute existierenden Bauten von Martin Gropius: Hier haben vor allem die Krankenhausbauten mehr oder minder gut den Lauf der Zeit überstanden, während die kunstgewerblichen Arbeiten und

33 Die Akten der so genannten Königsmarck-Kommission fehlen leider für den relevanten Zeitraum. Erst 1866, ein Jahr nach Eröffnung der Einrichtung ist eine (!) Akte vorhanden. Dort werden allerdings vor allem Fragen der (Nach)Finanzierung verhandelt.
34 Vgl. Martin Gropius, Die Provinzial-Irren-Anstalt zu Neustadt-Eberswalde, in: Zeitschrift für Bauwesen 19, 1869, S.147–190, Bl. 1–13, und ders., Die Provinzial-Irren-Anstalt zu Neustadt-Eberswalde, Berlin 1869. Vgl. auch Reprint in: Gropius in Eberswalde, S.65–97.
35 Vgl. Klinkott, Martin Gropius, S.111f.
36 Vgl. Nägelke, Martin Philipp Gropius, in: Grimmberger und Fehlauer, Architektur und Psychiatrie im Wandel, S.17–33, hier S.17: „Die Skizzenbücher verzichten auf jede Erläuterung und sind nur vage in den Zusammenhang seiner Bauprojekte zu bringen."
37 Laut Auskunft der Plansammlung der TU Berlin (Dieter Radicke) befindet sich keine einzige Zeichnung zu den Krankenhausbauten von Gropius & Schmieden in den Beständen. Zu den nachgewiesenen Plänen und Zeichnungen vgl. Börsch-Supan, Berliner Baukunst, S.577f.

17

Villenbauten fast komplett verloren gingen.[38] Die Pracht- bzw. Monumental-
bauten wurden während des Zweiten Weltkrieges stark beschädigt und bis auf
das ehemalige Berliner Kunstgewerbemuseum, das heute als Ausstellungshaus
den Namen eines seiner Architekten trägt, nicht wieder aufgebaut.

Die baumonografische Darstellung der Eberswalder „Irrenanstalt" steht im
Zentrum der vorliegenden Arbeit. Mit Blick auf die späteren Krankenhausbauten des Büros Gropius und Schmieden wird zudem die Stellung des Baus
innerhalb dieses Werkzusammenhangs beleuchtet und im Kontext der bauty-
pologischen Entwicklung eine vergleichende Einordnung im deutschen Anstaltsbau dieser Zeit vorgenommen. Die insgesamt kulturhistorische Betrach-
tungsweise erklärt sich in der Mehrdimensionalität des Entstehungsprozesses
dieser „Architektur für den Wahnsinn" am Schnittpunkt von Architektur- und
Medizingeschichte.

---

38 Vgl. Rohowski, Topographie Stadt Eberswalde, S. 152–156 und vgl. auch Denkmale in Berlin,
Ortsteil Mitte, (Denkmaltopographie Bundesrepublik Deutschland), hrsg. vom Landesdenkmalamt
Berlin, Petersberg 2003, S. 479 ff., sowie Baudenkmale in Berlin, Bezirk Friedrichshain, hrsg. vom
Senator für Stadtentwicklung und Umweltschutz, Berlin 1996, S. 48 und S. 104 f.

Entwicklungslinien der Medizin- und Sozialpolitik in Preußen

Die Preußischen Reformen waren ein vielschichtig angelegtes Reformwerk, das auf die verschiedensten Bereiche wie Wirtschafts-, Gesellschafts-, Verwaltungs- und selbst auf Kulturpolitik zielte: Mit unterschiedlicher Schwerpunktsetzung und wechselndem Erfolg veränderten sie in den Bereichen der Steuer- und Zollgesetzgebung, der Judenemanzipation, der kommunalen Selbstverwaltung, des Bildungswesens, der Heeresorganisation, der Agrarwirtschaft und des Gewerbes die überkommene Ordnung.

Zielrichtung der gesellschaftspolitischen Reformen war es, das feudal-ständische Gesellschaftssystem, das auf Geburtsrecht und Grundbesitz beruhte, hin zur Rechtsgleichheit aller Staatsbürger zu reformieren. Nicht mehr die Geburt sollte den Platz eines Menschen in der Gesellschaft festlegen, sondern seine Leistungsfähigkeit und ökonomische Potenz.

Die Wirtschaftsreformen befreiten Gewerbe und Handel von ständischen und feudalen Barrieren und schufen trotz vieler Widerstände das Fundament für den immensen Aufschwung der preußischen Wirtschaft, vornehmlich in der zweiten Jahrhunderthälfte.[1]

Durch die Reformen im Agrarsektor und Gewerbewesen entstand ein neuer Freiraum, der die Aktivierung von wirtschaftlichen Kräften wie privater Initiative und Unternehmensgeist, die Förderung von Mobilität, Produktivität und Konkurrenz begünstigte. Die wirtschaftspolitischen Reformen schufen damit eine wichtige Voraussetzung für den Übergang zur „Industriellen Revolution", die sich in Preußen um die 1840er Jahre vollzog.[2] Die Zeit davor war durch eine Kapitalisierung und damit Produktionssteigerung der Landwirtschaft geprägt, die zunächst schneller als der industrielle beziehungsweise gewerbliche Sektor expandierte.[3] Nach einer ersten Beschleunigung im dritten Jahrzehnt wurde der Aufschwung jedoch in der Rezession und Agrar- und Hungerkrise von 1846/47 abgebremst. In der „Städteordnung", welche die Rechtsgleichheit bei Erwerb des Bürgerrechts und die Selbstverwaltung der Städte festschrieb, wurde die kommunale beziehungsweise bürgerliche Selbstverwaltung gestärkt. Dies ging mit der Reform der Staatsregierung sowie der Verwaltungs-

---

1 Peter Brandt (Hrsg.): An der Schwelle zur Moderne. Deutschland um 1800 (= Gesprächskreis Geschichte, Bd. 31), Bonn 1999, S. 59.
2 Wolfram Siemann, Vom Staatenbund zum Nationalstaat (1806–1871), München 1995, S. 167–171; Wilhelm Abel, Agrarkrisen und Agrarkonjunktur. Eine Geschichte der Land- und Ernährungswirtschaft Mitteleuropas seit dem hohen Mittelalter, Hamburg und Berlin 1978, S. 238, S. 268 ff.
3 Vgl. Rürup, Deutschland im 19. Jahrhundert, S. 33 f., S. 55 ff.

strukturen der mittleren und unteren Ebenen, also der Provinzen, Städte und Landgemeinden, zusammen.[4]

Die Reformen modernisierten die Regierungs- und Verwaltungsstruktur nach französischem Vorbild durch Einrichtung eines Staatsrates unter Vorsitz des Königs als oberstem Regierungsorgan mit fünf nachgeordneten Ministerien.[5] Die Staatsgeschäfte führte jetzt ein Premierminister. Die Mittelinstanzen wurden durch Schaffung der Oberpräsidien, die als Kontrollinstanz den Ministerien verantwortlich waren, ebenfalls neu organisiert. Die vormalige Eigenständigkeit der Provinzen wurde mit einer festgelegten Reihenfolge der Instanzen von oben nach unten eingeschränkt.[6]

Als neues ausführendes Organ der Staatsverwaltung ersetzten „Regierungen" die alten Kammerbehörden. Mit der Rationalisierung der Staatsgeschäfte ging eine Verbürgerlichung des Verwaltungsapparates einher: „Leistungswissen und Bewährung durch Arbeit als Kriterien beruflichen Aufstiegs begünstigten die [...] Bürgerlichen. Mehr als irgendwo sonst näherten sich in der Bürokratie die Vertreter des Bürgertums und die des – häufig erst im Verlauf des 18. Jahrhunderts nobilitierten und in der Regel nichtresidierenden – Adels so weit einander an, dass sie zumindest funktional eine einzige Führungsschicht bildeten, deren Arbeitsweise und Normengefüge im wesentlichen nichtständisch waren."[7] Eine weiterreichende Entmachtung des landständischen Adels durch die von Stein angestrebte Aufhebung der gutsherrlichen Gerichtsbarkeit und Polizeigewalt, sowie die Reformierung der Verwaltung auf Kreisebene wurde allerdings von den Ständen verhindert.

Ein weiterer Reformpunkt war die Neugliederung des Staatsgebietes, das zunächst in zehn Provinzen aufgeteilt wurde, die jeweils aus zwei bis drei Regierungsbezirken mit entsprechenden Land- und Stadtkreisen bestanden. An der Spitze der Provinz stand als Vertreter der Ministerialinstanz ein Oberpräsident. Die jeweiligen Regierungsbezirke leitete ein Regierungspräsident, während auf der untersten Ebene den Kreisen ein Landrat vorstand.[8]

Die Neuordnung der Staats-, Provinzial- und Kreisverwaltungen blieb allerdings bis zur Reichsgründung 1871 unvollständig: „Keiner Diskussion bedarf das Scheitern der Landgemeinde- und Kreisreform in den östlichen Provinzen Preußens, denn die obrigkeitlichen, öffentlich-rechtlichen Funktionen der feudalen Adelskaste (Patrimonialgerichtsbarkeit, niedere Polizeigewalt, Kirchenpatronat, Gemeindeverwaltung) blieben ebenso erhalten wie die gutsherrliche

---

4 Dazu gehören auch Maßnahmen der Reformierung der Finanz- und Steuersachen, unter anderem allgemeine Steuerabschöpfung, Konsolidierung des Haushaltes und der Staatsschuld. Allerdings blieb der grundbesitzende Adel in der Steuerreform durch die Einführung einer allgemeinen, gestaffelten Einkommenssteuer und einer allgemeinen Vermögens- und Konsumtionszahlung ohne generelle Grundsteuerabgabe weiterhin privilegiert. Vgl. Brandt, An der Schwelle zur Moderne, S. 59.
5 Vgl. hier und im folgenden Verwaltungsgeschichte Ostdeutschlands 1815–1945. Organisation – Aufgaben – Leistungen der Verwaltung, hrsg. von Gerd Heinrich, Friedrich-Wilhelm Henning und Kurt G.A. Jeserich, Stuttgart, Berlin und Köln 1993, für die hier vornehmlich in den Blick zu nehmenden Mark Brandenburg vor allem S. 709–736.
6 Brandt, An der Schwelle zu Moderne, S. 63.
7 Ebd., S. 14.
8 Vgl. Friedrich Beck, Die brandenburgischen Provinzialstände 1823–1872/75, in: Kurt Adamy und Kristina Hübener (Hrsg.), Geschichte der brandenburgischen Landtage. Von den Anfängen 1823 bis in die Gegenwart (= Brandenburgische Historische Studien, Bd. 3), Potsdam 1998, S. 6.

Dominanz in den Organen der Kreisverwaltung, das heißt den Kreisständen und dem Landratsamt."[9]

Obwohl diese „Revolution von oben" durch die Aktivitäten der bürgerlichen Reformkräfte geprägt war, verlief sie nie ganz im Sinne ihrer Protagonisten. Der Verwaltungs-, Rechts- und zunehmend auch Verfassungsstaat war und blieb ein Obrigkeitsstaat. Die altständischen Kräfte gewannen nach einer kurzen Schwächeperiode erneut an politischem Gewicht und intervenierten gegen die Beschneidung ihrer traditionellen Rechte und Interessen zunehmend erfolgreicher. Ungeachtet der Tatsache, dass ein gewichtiger Teil der reformerischen Vorstellungen nicht umgesetzt werden konnte, waren langfristig die Weichen für die Modernisierung Preußens gestellt.

Mit der Neugliederung des Staatsterritoriums durch die Verordnung vom 30. April 1815 veränderte sich auch das Gebiet der alten Mark Brandenburg.[10] Die dabei neu geschaffene Provinz Brandenburg umfasste die Kurmark ohne die der Provinz Sachsen zugeschlagene Altmark, die Neumark[11] und als drittes das bisher sächsische Markgraftum Niederlausitz.[12] Die Provinz Brandenburg war zunächst in drei Regierungsbezirke aufgeteilt: Berlin, Potsdam und Frankfurt/Oder. Davon wurde Berlin jedoch schon 1821 wieder aufgelöst und dem Potsdamer Bezirk als Stadtkreis eingegliedert, wo er bis zu seiner erneuten Ausgliederung 1875 verblieb.[13]

---

9   Brandt, An der Schwelle zur Moderne, S. 63.
10 Vgl. zur Geschichte und Struktur der brandenburgischen Verwaltung grundlegend Verwaltungsgeschichte Ostdeutschlands, S. 709–736. Zur Kommunalverwaltung vgl. Friedrich Beck, Die kommunalständischen Verhältnisse der Provinz Brandenburg in neuerer Zeit, in: Heimatkunde und Landesgeschichte. Zum 65. Geburtstag von Rudolf Lehmann (= Veröffentlichungen des Brandenburgischen Landeshauptarchivs, Bd. 2), S. 106–134, Weimar 1958; vgl. ders., Provinzialstände, in: Adamy und Hübener, Brandenburgischen Landtage, S. 1–80; sowie Kristina Hübener, Adel in der leistenden Verwaltung der Provinz Brandenburg. Die Landesdirektoren und das Beispiel der Anstaltsfürsorge (1876–1930), in: Adel und Staatsverwaltung in Brandenburg im 19. und 20. Jahrhundert, Analyse und historischer Vergleich (= Potsdamer Historische Studien, Bd. 2), hrsg. von Kurt Adamy und Kristina Hübener, Berlin 1996, S. 145–166. Vgl. auch Kristina Hübener, Zum Wohl und Wesen vieler Unglücklichen, Das soziale Engagement der kurmärkischen Stände in Eberswalde, in: Landesklinik Eberswalde (Hrsg.), Gropius in Eberswalde, S. 31–40. Vgl. ebenso Manfred Botzenhart, Landgemeinde und staatsbürgerliche Gleichheit. Die Auseinandersetzungen um eine allgemeine Kreis- und Gemeindeordnung während der preußischen Reformzeit, in: Bernd Sösemann (Hrsg.), Gemeingeist und Bürgersinn. Die preußischen Reformen (= Forschungen zur brandenburgischen und preußischen Geschichte, Beih. 2), Berlin 1993, S. 85–105; Horst Matzerath, Kommunale Leistungsverwaltung. Zu Bedeutung und politischer Funktion des Begriffs im 19. und 20. Jahrhundert, in: Kommunale Leistungsverwaltung und Stadtentwicklung vom Vormärz bis zur Weimarer Republik, hrsg. von Hans Heinrich Blothevogel, Köln, Wien 1990; Wolfgang R. Krabbe, Kommunalpolitik und Industrialisierung. Die Entfaltung der städtischen Leistungsverwaltung im 19. und frühen 20. Jahrhundert, Stuttgart u.a. 1985.
11 Ohne die an die Provinz Pommern abgetretenen Kreise Schievelbein, Dramburg und eines Teils des Kreises Arnswalde, unter Einbeziehung des Kreises Schwiebus und einiger Orte des Kreises Sagan von der Provinz Schlesien und der Stadt Schermeisel von der Provinz Posen.
12 Die Niederlausitz mit den Ämtern Belzig, Dahme, Jüterbog, Finsterwalde und Senftenberg sowie die Herrschaften Baruth und Hoyerswerda (das 1825 an die Provinz Schlesien fiel).
13 Berlin schied nach der Reform und Neuordnung des Provinzialwesens vom 29. Juni 1875 aus dem Provinzialverband – mit der 1920 erfolgten Bildung von Groß-Berlin de facto aus der Provinz Brandenburg – aus, vgl. dazu auch Richard Dietrich, Verfassung und Verwaltung, in: Berlin und die Provinz Bandenburg im 19. und 20. Jahrhundert (= Veröffentlichungen des Historischen Kommission zu Berlin, Bd. 25), Berlin 1968, S. 181ff., Werner Vogel, Brandenburg in: Grundriß der deutschen Verwaltungsgeschichte, hrsg. von W. Hubatsch, Reihe A: Preußen, Bd. 5, Marburg 1975; ders., Verwaltungsgeschichte der Provinz Brandenburg, in: Kristina Hübener (Hrsg.), Preußische Verwaltungen und ihre Bauten 1800 bis 1945, Potsdam 2001, S. 9–15, sowie Berthold Schulze, Die Reform der Verwaltungsbezirke in Brandenburg und Pommern 1809–1818 (= Einzelschriften der Historischen Kommission für die Provinz Brandenburg und die Reichshauptstadt Berlin, Bd. 3), Berlin 1931. Vgl. auch Kurt Adamy (unter Mitarbeit von Kristina Hübener), Die preußische Provinz Brandenburg im Deutschen Kaiserreich (1871–1918), in: Brandenburgische Geschichte, hrsg. von Ingo Materna und Wolfgang Ribbe, Berlin 1995, S. 503–560.

Mit dieser Neugliederung der bislang ständisch-landschaftlich verwalteten Gebiete verband sich die Zielvorstellung Hardenbergs, durch Schwächung der ständischen Korporationen einen Modernisierungsschub zu bewirken. Doch forderte dies den entschiedenen Widerstand der Stände heraus, die zwar die Neugliederung nicht gänzlich verhindern konnten, aber auf dem Gebiet der Verfassungsreform erfolgreicher agierten. Denn das Verfassungsversprechen des preußischen Königs vom 22. Mai 1815, das als formeller Abschluss und Höhepunkt des Reformwerkes gedacht war, wurde nicht verwirklicht.

Gerade auf der Ebene der kommunalen Selbstverwaltung blieben die ständischen Korporationen trotz der Eingriffe in ihre traditionellen Macht- und Organisationsstrukturen stark.[14] Dies wurde besonders an der 1823 von Friedrich Wilhelm III. erlassenen Verordnung zur Einrichtung der Provinzialstände deutlich, die die regional zersplitterten altständischen Organe neu konstituierte. In der Kurmark war – im Gegensatz zum Markgraftum Niederlausitz – zwischen 1653 und 1807 kein offizieller Landtag mehr einberufen worden. Dennoch hatten die Stände sowie ihre Vertretungen und Aktivitäten nicht aufgehört zu existieren.

Das Gesetz über die Restitution der Kommunalstände vom 5. Juni 1823 stellte einen großen Erfolg der altständisch-konservativen Gruppierungen dar. Innerhalb der neuen Provinz Brandenburg besaßen sie nunmehr nicht nur eine repräsentative Funktion, sondern fungierten als Interessenvertretung der im Landtag repräsentierten Gruppen. In diesem waren zwar die Städte und der ländliche Grundbesitz (Bauern) vertreten, aber Standesherren und Ritterschaft dominierten die Versammlung eindeutig.

Die Instanz der Provinzialstände war analog zur territorialen und verwaltungstechnischen Neugliederung Preußens durch die Verordnungen vom 30. April 1815 gedacht. Der Provinzialverband der Mark Brandenburg wurde demnach durch seine kommunalständischen Landschaftsverbände Kurmark, Neumark und Niederlausitz gebildet. Zusätzlich gehörte die verwaltungsmäßig der Provinz Sachsen zugeordnete Altmark in ständischer Beziehung dem neuen Provinzialverband der Mark Brandenburg an.

Die alten Rechte der Landschaftsverbände wurden – entgegen dem ursprünglichen Reformgedanken – nicht angetastet. Der Provinzialverband war daher von Anfang an durch diesen Antagonismus der ihn bildenden Körperschaften geprägt.

Neben den zur Verwaltung von Steuern eingesetzten Kreisausschüssen gehörten auch die Kreistage als kommunale Vertretungskörperschaften zur ständischen Selbstverwaltung.[15] Angehörige der Kreisstände waren die adligen Besitzer der Rittergüter, die Immediatstädte, die geistlichen Stiftungen und die Universität Frankfurt. Zu den gewährten Rechten der Stände gehörten schon

---

14 Vgl. Verwaltungsgeschichte Ostdeutschlands, S. 731 f. Folglich versandete auch Hardenbergs Gendarmerie-Edikt von 1812, das die Aufhebung des Landratsamts und dessen Ersatz durch einen vom König zu ernennenden, explizit nicht dem einheimischen Adel entstammenden Kreisdirektor vorsah. Nach der offiziellen Restituierung des Landratsamts 1815 wurden zwischen 1825 und 1828 schließlich noch die Kreisordnungen für die acht preußischen Provinzen erlassen – die Vormacht des kreiseingesessenen Adels blieb hierbei ebenfalls unangetastet. So verteidigte der Adel das Besetzungsrecht für das Landratsamt erfolgreich und bekam die Majorität in der Kreisversammlung (Kreistag) garantiert, vgl. Brandt, An der Schwelle zur Moderne, S. 63 f.
15 Verwaltungsgeschichte Ostdeutschlands, S. 733 f.

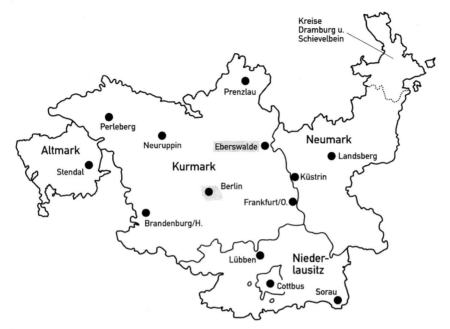

Übersichtskarte der vier kommunal-ständischen Verbänden der Mark Brandenburg und des Margraftums Niederlausitz 1823–1875 mit markierten Klinikstandorten.

im 18. Jahrhundert die Selbstverwaltung ihrer Institutionen, das Betreiben ständischer Kreditinstitute und die Betätigung auf dem Gebiet des Feuersozietäts- und Landarmenwesens. Daran änderte auch der neue Provinzialverband zunächst wenig, denn ihm stand im Wesentlichen nur eine beratende Funktion ohne Haushaltsrecht zu.

Gesetzentwürfe, welche die gesamte Provinz Brandenburg betrafen, mussten den Provinzialständen zur Beratung vorgelegt werden und ihre Mitglieder hatten das Recht, Eingaben oder Beschwerden an den König zu richten. Die widersprüchliche Konstellation mit den neuen Provinzialständen und den älteren kommunalen Landständen wird gerade in dem Bestreben der ersteren deutlich, kommunale Angelegenheiten „in eigener Regie" zu übernehmen.[16]

Das Organ der kommunalständischen Verbände war der alljährlich zusammentretende Kommunallandtag, der für die Kurmark in Berlin stattfand. Zu den dort verhandelten Aufgaben des Verbandes gehörte das weit gespannte Feld der Fürsorge- und Wohlfahrtsangelegenheiten.[17] Dazu zählten das Landarmenwe-

16 Vgl. Beck, Die kommunalständischen Verhältnisse, in: Heimatkunde und Landesgeschichte, S. 109.
17 Zur Armenfürsorge vgl. maßgeblich Sachße und Tennstedt, Geschichte der Armenfürsorge sowie Jürgen Reulecke, Die Armenfürsorge als Teil der kommunalen Leistungsverwaltung und Daseinsfürsorge im 19. Jahrhundert, in: Kommunale Leistungsverwaltung und Stadtentwicklung, S. 71ff. In Hinblick auf das brandenburgische Fürsorge- und Anstaltswesen vgl. Kristina Hübener, Das Fürsorgewesen als Verwaltungsaufgabe des brandenburgischen Provinzialverbandes im Kaiserreich, in: Jahrbuch für Berlin-Brandenburgische Kirchengeschichte 58, 1991, S. 327–331; dies., Entwicklung der Anstaltsfürsorge, S. 263–279; sowie dies., Brandenburgs provinziale Anstaltsfürsorge, S. 4–18, sowie dies., Leistende Verwaltung und Anstaltsfürsorge in der Provinz Brandenburg (1876–1933), in:

sen mit den Bereichen des Korrigendenwesen, der Fürsorge für Geisteskranke, Taubstumme und Blinde. Des Weiteren zählten auch die Landesmelioration, die Feuersozietät und das Betreiben ständischer Kreditinstitute zum Aufgabenbereich des Verbandes.[18]

Das ständische Fürsorgewesen in der Kurmark Brandenburg beruhte auf dem Allgemeinen Landrecht von 1794[19], das zwei „Gruppen" von unterstützungsbedürftigen Personen unterschied. Solche, die von der Gemeinde unterstützt werden mussten und jene, die durch Vermittlung des Staates in öffentlichen Einrichtungen untergebracht werden sollten. Unter „Von Armenanstalten und anderen milden Stiftungen" heißt es dazu, dass der Staat „für die Ernährung und Verpflegung derjenigen Bürger zu sorgen [hat], die sich ihren Unterhalt nicht selbst verschaffen, und denselben auch von anderen Privatpersonen, […] nicht erhalten können. […] Denjenigen, welchen es nur an Mitteln und Gelegenheit, ihren und der Ihrigen Unterhalt selbst zu verdienen, ermangelt, sollen Arbeiten, die ihren Kräften und Fähigkeiten gemäß sind, angewiesen werden."[20]

Die Gemeinden hatten nur diejenigen Armen zu unterstützen, die ausdrücklich als Bürger anerkannt waren oder die zu den „gemeinen Lasten" der Gemeinde beigetragen hatten. Die Unterstützungspflicht oblag, abgesehen von der Alimentationspflicht der Verwandten, zunächst denjenigen Körperschaften, deren Mitglied der Fürsorgebedürftige war. Die größeren Verbände, wie der Landarmenverband, sollten Zwangsarbeits- und Korrektionshäuser, aber auch Blindeninstitute, Krankenhäuser errichten und überhaupt subsidiär eintreten, sofern die einzelnen Gemeinden ihren Verpflichtungen nicht nachkommen konnten. Die Gemeinden durften arbeitsfähigen Personen den Aufenthalt nicht versagen, und durch dreijährigen Aufenthalt erwarb man einen festen Wohnsitz in der Gemeinde und damit die Versorgungsberechtigung als „Ortsarmer". Die Verklammerung der Zuständigkeit der Fürsorgeaufgaben mit der territorialen Gliederung der Landschaften wurde 1842 im gesamten preußischen Staatsgebiet über das Armenrecht eingeführt.[21] Überall dort, wo keine Organisationen bestanden, wurden Landarmenverbände gebildet, die die Aufgabe der „Fürsorge für Geisteskranke, Schwachsinnige, Epileptiker, Taubstumme, Blinde und Krüppel, sowie die Versorgung der Landarmen"[22] erhielten.

Brandenburgs Landeskliniken in staatlicher Hand. Geschichte – Gegenwart – Zukunftsperspektiven (= Schriftenreihe zur Medizin-Geschichte des Landes Brandenburg, Bd. 1), hrsg. vom Landesamt für Soziales und Versorgung für die Landeskliniken Brandenburg/Havel, Eberswalde, Lübben und Teupitz, Potsdam 2001, S. 13–28.
18 Zu den Aspekten der Sozialpolitik grundlegend Alwin Gladen, Geschichte der Sozialpolitik in Deutschland, Wiesbaden 1974; Florian Tennstedt, Sozialgeschichte der Sozialpolitik in Deutschland, Göttingen 1981; W. Schieder und V. Sellin (Hrsg.), Sozialgeschichte Deutschlands, 4 Bde., Göttingen 1986; Jürgen Kocka (Hrsg.), Sozialgeschichte im internationalen Vergleich, Darmstadt 1989; Gerhard A. Ritter, Der Sozialstaat. Entstehung und Entwicklung im internationalen Vergleich, München 1989 sowie Christoph Sachße, Der Wohlfahrtsstaat in historischer und vergleichender Perspektive, in: Geschichte und Gesellschaft 16, 1990, S. 479–490.
19 Allgemeines Landrecht für die preußischen Staaten von 1794. Mit einer Einführung von Hans Hattenhauer, 2. erweiterte Auflage Neuwied u.a. 1994, S. 669 ff. Zum Allgemeinen Landrecht vgl. auch Gerd Roellecke, Von der Lehnstreue zum Allgemeinen Landrecht. Preußens geliehene Modernität, in: Patrick Bahners und Gerd Roellecke (Hrsg.), Preussische Stile. Ein Staat als Kunststück, Stuttgart 2001, S. 15–31.
20 Allgemeines Landrecht für die preußischen Staaten von 1794, II. T., 19. Titel, Von Armenanstalten und anderen milden Stiftungen, §§ 1 und 2.
21 Vgl. Kurt Jeserich, Die preußischen Provinzen, Berlin-Friedenau 1931, S. 198 f. Ebenso das Kapitel Armenwesen, in: Handwörterbuch der Staatswissenschaften, Bd. 1, S. 926 ff.
22 Ebd., S. 198 f.

Vom „Irren" zum Geisteskranken:
Die Etablierung der Psychiatrie

„So verwahrte mann sie, die zum erhabenen Gebrauch ihrer Vernunft bestimmten, edelsten aller erschaffenen Wesen wie seltene Bestien aus africa zur Schau, oder hebt sie wie leblose Inventarienstücke 3, 4, 10, 30 und mehrere Jahre auf [...] ohne zur Hebung ihrer Krankheit, ohne zur Wiederherstellung ihrer Besinnkraft das mindeste beizutragen."[1]

Das Zitat des Berliner Pastors Heinrich Balthasar Wagnitz aus dem Jahr 1792 wirft ein Schlaglicht auf die Situation der „Irren" seiner Zeit, die von sozialer Ausgrenzung nach ordnungspolitischen Gesichtspunkten geprägt ist. „Irre" – auch als „Dolle" und „Blöde" bezeichnet – galten unterschiedslos als nicht heilbar und entbehrten jeglicher spezifischer medizinischer Betreuung. Es galt die Maxime, dass die Gesellschaft vor dem „Irren" geschützt werde und nicht der Kranke selbst zu schützen sei.[2] Wagnitz plädierte für eine Entflechtung des Fürsorgesystems, das im absolutistischen Staat durch Vermischung von Zucht-, Armen- und „Irrenhäusern" geprägt war. Vieles von dem, was Wagnitz Ende des 18. Jahrhunderts forderte, sollte sich erst Jahrzehnte später durchsetzen. Vielfach wurden „Wahnsinnige" noch zur Unterhaltung und Belustigung zur Schau gestellt. Einer gewissen Faszination für das „Andersartige" erlegen, pilgerte man zu den „Irren- und Tollhäusern"[3], um die Insassen zu besichtigen, sie zu reizen und sich an ihren Affekten zu ergötzen. Unter einem eher „wissenschaftlichen" Aspekt waren solche Besichtigungen auch Teil einer Bildungsreise.[4] Doch „das Lachen, das hundert Jahre früher die Irrenhausbesucher ankam, ist ihm [dem Besucher] vergangen, das Tollhaus kein Panoptikum menschlicher Absonderlichkeiten mehr, sondern ein Dschungel, in den Vernünftige hereingerissen werden und der sich auch in ihnen selbst ausbreiten konnte"[5].

Es mehrten sich jene Stimmen, die eine Änderung des unwürdigen Zustands der „Irren" durch Errichtung von Anstalten ausschließlich für Geisteskranke forderten. Abgelehnt wurde besonders die Praxis der gemeinsamen Unter-

---

1 Heinrich Balthasar Wagnitz, Historische Nachrichten und Bemerkungen über die merkwürdigsten Zuchthäuser in Deutschland, nebst einem Anhange über die zweckmäßige Einrichtung der Gefängnisse und Irrenanstalten, 2 Bde., Halle 1792–94, hier Bd. 2, 1794, S. 242 f., zitiert nach Baier, Neuruppin, S. 66. Vgl. auch M. Schrenk, Über den Umgang mit Geisteskranken. Die Entwicklung der psychiatrischen Therapie vom „moralischen Regime" in England und Frankreich zu den „psychischen Curmethoden" in Deutschland, Heidelberg und New York 1973.
2 Vgl. Dirk Blasius, Einfache Seelenstörung. Geschichte der deutschen Psychiatrie 1800–1945, Frankfurt am Main 1994, S. 17.
3 Kaufmann, Aufklärung, S. 111, S. 112 f.
4 Ebd., S. 120 f.
5 Ebd., S. 119. Kaufmann bezieht sich dabei auf den 1794 verfassten „Erlebnisbericht" des Aufklärers, Pädagogen und „Erfahrungsseelenkundlers" Friedrich Pockels über die Zustände im Zucht- und Irrenhaus in Celle.

Johann Gottfried Langermann (1768–1832).

bringung von Geistesgestörten und Kriminellen. 1805 verfügte der preußische Staatsminister Karl August von Hardenberg erstmals eine Trennung von Zucht- und „Tollhäusern".[6] Das bis dahin in das Zucht- und Arbeitshaus integrierte Bayreuther „Tollhaus" wurde in eine separate Anstalt umgewandelt und nun als „Psychische Heilanstalt für Geisteskranke" neu eröffnet.[7] Seine Leitung oblag Johann Gottfried Langermann (1768–1832)[8], der dort seit 1797 praktizierte und hier neuere Erkenntnisse der „Irrenheilkunde" anwendete. 1810 nach Berlin gerufen, übernahm er als Staatsrat die oberste Leitung der preußischen Medizinalangelegenheiten. In dieser Funktion beeinflusste er sowohl die Ausrichtung der neu gegründeten Berliner Universitätsklinik als auch die Organisation des staatlichen Fürsorgewesens in Preußen. Darüber hinaus wirkte er bei den Anstaltsneugründungen in Siegburg (1825) und Leubus (1830) mit.[9]

6   Hardenbergs Initiative geht dabei maßgeblich auf einen Bericht von Johann Gottfried Langermann zurück, der im Auftrage des Ministers zwischen 1803 und 1804 den Zustand der Bayreuther Einrichtung untersucht hatte, vgl. Karen Bellin: Aus den Anfängen der Psychiatrie in der ersten Kurmärkischen Irrenanstalt in Neuruppin 1801–1865, in: Zur Geschichte der Psychiatrie im 19. Jahrhundert, hrsg. von Achim Thom, Berlin 1984, S. 43–48, hier S. 46, vgl. auch Kirchhoff, Deutsche Irrenärzte, Bd. 1, S. 44. Hardenbergs Verfügung wurde publiziert in: Allgemeine Zeitschrift für Psychiatrie und psychisch-gerichtliche Medizin, 2, 1845, S. 569–600.
7   Vgl. Jetter, Typologie des Irrenhauses, S. 119 f.
8   Zu Johann Gottfried Langermann (1768–1832) vgl. Kirchhoff, Deutsche Irrenärzte, Bd. 1, S. 42–51. Vor seiner Bayreuther Zeit absolvierte Langermann ein Studium der Rechtswissenschaft, Philosophie, Geschichte in Leipzig, dann in Jena auch der Naturwissenschaft und Medizin, in der er 1797 die Doktorwürde erlangte. Als „Psychiker" lehnte Langermann rigoros ab, dass die Ursache der Geisteskrankheiten im Gehirn liege. Dementsprechend plädierte er für eine psychische Behandlung, die in der Hauptsache in Nervenreizungen und in der Disziplinierung der Affekte bestand, folglich durchaus Zwangsmittel anwandte, vgl. ebd., S. 47 f.
9   Kirchhoff, Deutsche Irrenärzte, Bd. 1, S. 50.

Johann Christian Reil (1759–1813).

Doch die Reform des Fürsorgewesens war ein langwieriger Prozess, der nicht linear verlief.[10] Langermann selbst musste in den 1820er Jahren leicht resignierend feststellen, „dass die Idee der Irrenheilanstalten noch gar nicht richtig gefasst worden ist. Solange man glaubt, dass man aus dem ordinären Menschentroß die Ärzte und Beamten zur Verwaltung solcher Anstalten nehmen und anstellen könne, täte man besser, man ließe es beim alten"[11].

Angeregt durch Balthasar Wagnitz kritisierte Johann Christian Reil[12] 1803 in seinem Buch „Rhapsodien über die Anwendung der psychischen Curmethode auf Geisteszerrüttung" die Zustände in den deutschen Zucht- und „Tollhäusern" und schlug eine Behandlung der psychisch Kranken vor, die das englische „Retreat" zum Vorbild nahm und Behandlungsmethoden vorschlug, die auf die Methoden des antiken Autoren Celsus[13] bezogen waren. Reil ist mit seinen

10 Diesen Prozess hat Dörner in Anknüpfung an Adorno und Horkheimer als Emanzipation und Integration der „Irren", also als eine Bändigung sprengender, auflösender und destruktiver Kräfte beschrieben, vgl. Blasius, Umgang mit Unheilbarem, S. 25.
11 Allgemeinen Zeitschrift für Psychiatrie und psychisch-gerichtliche Medizin, 2, 1845, S. 605, vgl. Kirchhoff, Deutsche Irrenärzte, Bd. 1, S. 49.
12 Zu Johann Christian Reil (1759–1813) vgl. Kirchhoff, Deutsche Irrenärzte, Bd. 1, S. 28–42. Sein Medizinstudium absolvierte er bis 1782 in Göttingen und Halle, wo er 1787 Extraordinarius wurde und ein Jahr später die Professur seines Lehrers Goldhagen übernahm. 1810 folgte er einem Ruf an die neu gegründete Friedrich-Wilhelm-Universität (heute Humboldt-Universität) in Berlin. Studien zum Zentralen Nervensystem und zur Gehirnstruktur. 1796 gründete er die Zeitschrift Archiv für Physiologie und veröffentlicht im ersten Heft seine berühmt gewordene, von der Kant'schen Philosophie geprägte Abhandlung „Von der Lebenskraft"; 1803 erschienen seine „Rhapsodien über die Anwendung der psychischen Curmethode auf Geisteszerruettungen". Reil stellte die Psychiatrie der Chirurgie und Heilkunde als gleichwertiges Feld der Medizin zur Seite.
13 Von dem schriftstellerischen Werk des römischen Enzyklopädisten Aulus Cornelius Celsus (1. Jahrhundert nach Christus) sind nur seine acht Bücher zur Medizin erhalten, deren dritten Band er den Geisteskrankheiten widmete. Gleichzeitig ist Celsus damit der früheste römische medizinische Autor. Seine Klassifizierung in akute und chronische Krankheiten (Manie, Melancholie, Insania) beruht auf der Viersaftlehre, nach der das Gleichgewicht der Körpersäfte Blut, Schleim, Galle die Gesundheit bestimmt, Krankheiten folglich körperlich bedingt sind. Interessant ist nun,

Veröffentlichungen zu den Wegbereitern der Medizin seiner Zeit zu zählen. Zur Geisteskrankheit heißt es: „Ein zuverlaessiges Heilverfahren dieser Krankheit ist nach dem jetzigen Stand unseres Wissens nicht moeglich. Die Natur desselben und ihre Causalverhaeltnisse sind uns wenig bekannt und die Wirkungen der psychischen Mittel so relativ, dass wir auf nichts Bestimmtes rechnen koennen. [...] Daher sollte man vorerst gute Koepfe, die Genie, Scharfsinn, Erfindungsgeist und Philosophie haben, durch Uebung zu einer gelaeuterten Empirie ausbilden. [...] Diese wuerden mit Behutsamkeit das Bekannte auf die vorkommenden Faelle anwenden, ihren Irrthum bald einsehen, dadurch zu entgegengesetzten Methoden geleitet werden und nach und nach von ihren gemachten Erfahrungen allgemeine Ideen absondern, die als kuenftiges Regulativ in der Behandlungsart der Irrenden dienen koennten.“[14]

Bei der Organisation einer „Irrenanstalt" plädierte Reil für eine strikte Trennung von Heil- und Verwahranstalten. Bei den ersteren Anstalten sollte auch die Bezeichnung „Tollhaus" vermieden und sie stattdessen Pensionsanstalt beziehungsweise Hospital genannt werden. Diese sollte in „schöner" und „anmutiger" landschaftlicher Umgebung liegen und aus einer gewissen Anzahl kleinerer Häuser bestehen. Zur Selbstversorgung waren Landwirtschaft und Viehzucht vorgesehen. Die Leitung sollte durch ein Gespann von Arzt und Aufseher (Beamter) erfolgen.[15] Da Reils psychologische Deutung der Geistesstörungen noch eine sehr oberflächliche war und er – wie die meisten seiner Zeitgenossen – in der Unterwerfung des kranken Willens die erfolgversprechendste Heilmethode sah, beinhaltete sein Therapieansatz weiterhin Zwangsmaßnahmen.[16] Um den Verstand zu „trainieren" ließ er die Kranken verschiedenen Reizen der Sinnesorgane und wechselnden Empfindungen angenehmer aber eben auch unangenehmer Art wie Schmerz aussetzen.[17]

„Die romantische Medizin versuchte um 1800 als Denkansatz, Krankheiten und deren Verläufe quantitativ zu beobachten, zu registrieren und zu vergleichen, ohne das Streben zur unbestechlichen naturwissenschaftlichen Untersuchung und Begründung ihrer Ursachen erkennen zu lassen. Die Vertreter der romantischen Medizin bildeten keine einheitliche Gruppierung, sondern wandelten wie Reil ihre methodischen Grundsätze ab. Kennzeichen für die romantische Medizin sind am ehesten solche Postulate wie Einheit von Natur und Geist, Leib und Seele und der Versuch, den Menschen in ein universelles System der Natur einzuordnen.“[18]

dass Celsus die einzelnen Krankheitsbilder genau studierte und entsprechend sehr gezielte psychologische Heilmethoden empfahl, die meist in einer maßvollen Stimulierung von Gemütsreaktionen bestand. Nur bei „gänzlich verrückten Kranken" sollten ihm zufolge Zwangsmittel zur Anwendung kommen, und die Kranken in Form einer Schocktherapie in „Furcht und Schreck" versetzt werden, vgl. Leibbrand und Wettley, Wahnsinn, S. 108–118. Vgl. auch Schmitt, Psychiatrie und Geisteskranke, S. 44; Jetter, Geschichte des Irrenhauses, S. 84 und als jüngste Publikation Christian Schulze, Aulus Cornelius Celsus – Arzt oder Laie? Autor, Konzept und Adressaten der De medicina libri octo (zugleich Diss. Universität Bochum), Trier 1999.
14 Johann Christian Reil, Rhapsodieen ueber die Anwendung der psychischen Curmethode auf Geisteszerruettungen, Halle 1803, S. 218f.
15 Vgl. Kirchhoff, Deutsche Irrenärzte, Bd. 1, S. 40.
16 Ebd., S. 37.
17 Vgl. Ebd., S. 38f.
18 Bernhard Meyer, „Ewig in der Welt Gedächtnis". Der Mediziner Johann Christian Reil (1759–1813), in: Berlinische Monatsschrift, H. 7, 2000, S. 67–72, gefolgt von einem Gedicht auf Reil von Theodor Fontane, Contenti estote! (Seid genügsam!).

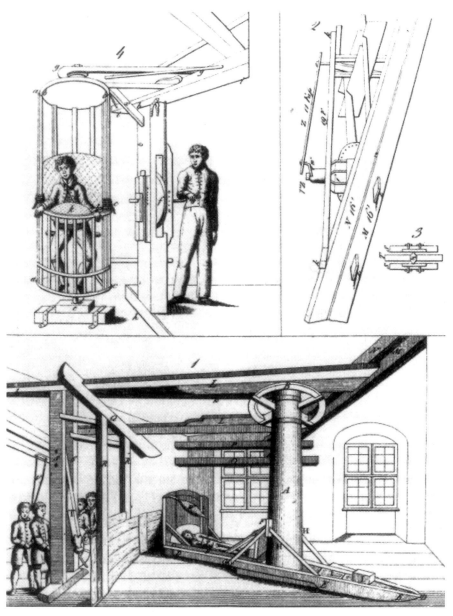

Drehmaschinen nach Horn: Figur 4: Drehstuhl, Figur 2: Maschinerie für das Horn'sche Drehbett, Figur 1: Drehmaschine.

Die Entwicklung in Deutschland unterschied sich von England und Frankreich in so fern, als das „Irrenproblem" hauptsächlich in der Sphäre des Staates und seiner Reformtätigkeit verhandelt wurde. Die Tätigkeit der preußischen Reformer setzte in der ersten Jahrhunderthälfte die Maßstäbe für die psychiatrische Theorie und Praxis. Hier gingen nicht wie in England und Frankreich wissenschaftliche und publizistische Überlegungen und Diskussionen der bürgerlichen Öffentlichkeit der staatlichen Reformtätigkeit voraus, sondern in Deutschland war letztere die Richtschnur für das „Sichtbarwerden der Irren" und die Wahrnehmung derselben als gesellschaftliches und soziales Problem: „Keine medizinische Theorie kennzeichnet die Anfänge der deutschen Psychiatrie; sie blieb bis weit in den Vormärz hinein von einer eher administrativ als wissenschaftlich vermittelten Philosophie (Kant) abhängig."[19]

Die Fortschritte auf therapeutischem Gebiet und die Ausdifferenzierung der Psychiatrie als medizinische Disziplin gaben schließlich wichtige Impulse für einen Wandel in der Behandlung Geisteskranker. Eine der ersten Anstalten mit dem Anspruch nicht nur der Aufbewahrung sondern auch der Heilung von Geisteskranken zu dienen, war die 1798–1800 erbaute „Irrenheilanstalt" der Provinz Brandenburg in Neu-Ruppin. Die Ausrichtung der Anstalt kommt auch in der Formulierung des Reglements zum Ausdruck, den Unheilbaren ein „sicherer Aufbewahrungsort", den Heilbaren aber ein „Krankenhaus" zu sein.[20] Entsprechend den Leitvorstellungen einer menschenfreundlichen Behandlung wurde vom Personal gefordert, auf alle „überflüssigen" Zwangsmaßnahmen, also den willkürlichen Einsatz von Gewalt zu verzichten. Der Weg zum speziell ausgebildeten Fachpersonal war allerdings noch weit. Erste Verbesserungen in dieser Richtung wurden von Theodor Fliedner angestoßen.[21] Fliedner, einer der Wegbereiter der kirchlichen Krankenpflege, gründete 1836 die erste Diakonissen-Ausbildungsstätte Deutschlands in Kaiserswerth bei Düsseldorf, die in der Folgezeit Pflegepersonal für allgemeine Krankenhäuser und „Irrenanstalten" ausbildete.

Die menschenfreundliche Behandlung und Betreuung der Patienten stand auch bei den nachfolgenden Einrichtungen im Mittelpunkt.[22] Mit der 1825 in Siegburg in Westfalen eröffneten Anstalt wurde schließlich die schon länger erhobene Forderung nach vollkommener Trennung der heilbaren und chronisch

---

19 Ebd., S. 33.
20 Land-Armen- und Invaliden-Reglement für die Kurmark, Berlin 1791, in: GStA PK, I. HA, Rep. 77, tit. 781, Nr. 4, Bd. 1.
21 Theodor Fliedner wurde 1800 in Eppstein im Taunus geboren und starb 1864 in Kaiserswerth bei Düsseldorf. Dort war er seit 1822 als evangelischer Pfarrer tätig gewesen und hatte nach englischem Vorbild zahlreiche soziale Einrichtungen begründet, die noch heute in der Trägerschaft des evangelischen sozialen Hilfswerks der Diakonie fortbestehen. Bestanden auf Betreiben des Hamburger Pastors Johann Hinrich Wichern, Begründer der Inneren Mission bereits Ausbildungsstätten für männliche Diakone, so beispielsweise die Diakonenanstalt Duisburg, so geht die Einrichtung von Diakonissenhäusern auf Fliedner zurück: In Kaiserswerth richtete er 1836 ein Diakonissenmutterhaus ein, in der Frauen für Lehr- und Pflegedienste ausgebildet wurden, und nach dessen Vorbild zahlreiche Diakonissenhäuser weltweit entstanden. Damit ist Fliedner nicht nur einer der Gründungsväter des Diakonischen Werks sondern auch Wegbereiter weiblicher Mitarbeit in der evangelischen Kirche. Vgl. hierzu u.a. Klaus D. Hildemann, Uwe Kaminsky und Ferdinand Wagen, Pastoralgehilfenanstalt – Diakonieanstalt – Theodor Fliedners Werk, 150 Jahre Diakoniegeschichte (= Schriftenreihe des Vereins für Rheinische Kirchengeschichte, Bd. 114), Köln 1994.
22 Zu diesen Anstalten zählte neben Bayreuth vor allem die 1811 im sächsischen Sonnenstein bei Pirna gegründete Anstalt. Vgl. Ilona Rohowski, Vom Verwahren zum Pflegen und Heilen. Die Eberswalder Anstalt als Zeugnis der Medizin- und Architekturgeschichte, in: Landesklinik Eberswalde (Hrsg.), Gropius in Eberswalde, S. 13–30, hier S. 19 f.

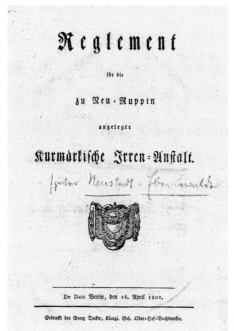

Neuruppin, Land-Irrenanstalt, Reglement 1802, Frontispiz.

Kranken umgesetzt.[23] Dies sollte durch ein strenges Aufnahmereglement gewährleistet werden. Die Einrichtung von so genannten Pensionärsabteilungen für vermögende Kranke verwies auf den Charakter der Anstalt als „bürgerliches Institut in einer proto-bürgerlichen Gesellschaft"[24].

Auch ältere, bereits bestehende Einrichtungen wurden zu Heilanstalten umgewandelt. Die Konzentration auf die Gruppe der „Heilbaren" bedeutete auf der anderen Seite für die chronisch Kranken, dass sich ihre Verhältnisse nur wenig besserten. Sie wurden möglichst räumlich getrennt von den „Heilbaren" untergebracht. Ihr Domizil wurde als Pflegeanstalt bezeichnet, dort blieben sie oft ohne spezielle psychiatrische Behandlung und wurden bei Bedarf mittels körperlicher Zwangsmaßnahmen ruhiggestellt.

Treibende Kraft der Siegburger Anstalt war der Arzt Carl Wigand Maximilian Jacobi (1775–1858).[25] Jacobi trat im Gegensatz zu Langermann vehement für die Befreiung der „Irren" nicht nur von mechanischem Zwang, sondern auch von jeglicher moralisch-religiösen Schuldzuweisung ein: „Der Arzt hat, soweit es nur die Umstände gestatten, sich lediglich als weiser, umsichtiger Modera-

---

23 Zu Siegburg vgl. Blasius, Einfache Seelenstörung, S. 28 ff. sowie ders., Der verwaltete Wahnsinn.
24 Vgl. Blasius, Umgang mit Unheilbarem, S. 48.
25 Zu Carl Wigand Maximilian Jacobi (1775–1858) vgl. Kirchhoff, Deutsche Irrenärzte, Bd. 1, S. 83–94. Er absolvierte sein Studium in Jena, Göttingen und Edinburgh und promovierte 1797 in Erfurt. Jacobi praktizierte zunächst in Aachen und Holstein, und ließ sich nach einem erneuten mehrmonatigen Aufenthalt in England, diesmal in London, in München nieder. Über sein Elternhaus war Jacobi schon seit 1774 mit Johann Wolfgang von Goethe bekannt.

Maximilian Jacobi (1775–1858).

tor zu verhalten und nur in dem Maß handelnd einzugreifen, als es die Dring-
lichkeit der gegebenen Verhältnisse unbedingt erfordert."[26] Jacobis engagiertes
Eintreten für eine vollkommen zwangsfreie Behandlung der Kranken geht auf
seine Eindrücke in England zurück, die er während seines Studiums in Edinburgh, sowie bei einem Aufenthalt 1802/03 in London sammelte. Bald danach
begann seine Beratertätigkeit, zunächst als Obermedizinalrat für das bayrische
Sanitätswesen, ab 1816 als Regierungs- und Medizinalrat im Rheinland. 1820
schließlich suchte man auch in Berlin seinen Rat bezüglich der Neugründung
von „Irrenanstalten". Maßgeblich dürfte eine gerade beendete Reise Jacobis
durch acht deutsche Einrichtungen gewesen sein,[27] über deren Bericht sich
Langermann, der seit 1810 das preußische Medizinalwesen fachlich beriet, sehr
positiv geäußert hatte.[28] Nachdem der Neubau in Siegburg beschlossen war,
vertraute man Jacobi die Planung an und berief ihn zu ihrem ersten Leiter.[29]
In Zusammenhang mit dieser Aufgabe äußerte sich Jacobi 1822 zu Fragen der
„Irrenbehandlung" und zur Form und Lage der Anstalten sowie deren Funktion
und Einrichtung. Er plädierte dafür, die sozialen Stände und Gewohnheiten der

26 Vgl. Maximilian Jacobi, Die Hauptformen der Seelenstörungen in ihren Beziehungen zur Heilkunde, Bd. 1: Die Tobsucht, 1844 (unvollendet, weitere geplante Bände nicht erschienen), S. 787,
zitiert nach Kirchhoff, Deutsche Irrenärzte, Bd. 1, S. 89.
27 Weitere Reisen durch Nord- und Süddeutschland wie nochmals nach England sollten 1823/24
und 1834 folgen, vgl. ebd., S. 84.
28 Ebd.
29 Die endgültige Ernennung zum Direktor verzögerte sich, offenbar aufgrund der heftigen Kritik
seitens des Provinziallandtags an der Notwendigkeit und finanziellen Ausstattung der Anstalt und
vor allem der Person Jacobis, bis 1831, vgl. ebd., S. 84 und S. 92. Zu dem Problem der Vermittelbarkeit
des medizinischen und sozialen Ansatzes des Siegburger Projekts vgl. auch Blasius, Umgang mit
Unheilbarem, S. 46 f., sowie ders., Der verwaltete Wahnsinn, S. 26–37.

Geisteskranken zu berücksichtigen.[30] Damit entwarf Jacobi ein Grundsatzprogramm, das für den Anstaltsbau prägend wurde. Die Umsetzung seiner Vorstellungen schilderte Jacobi in seinem Werk „Ueber die Anlegung und Errichtung von ‚Irrenheilanstalten' mit ausführlicher Darstellung der ‚Irrenheilanstalt' zu Siegburg"[31], das 1834 erschien und auch in England für Aufsehen sorgte und fortan als Kompendium zu diesem Thema galt.

Alle baulichen Konzepte der Zeit, die spezifisch der Heilung von Geisteskranken dienen sollten, waren durch den (illusorischen) Glauben an die Beherrschbarkeit der Krankheit geprägt. Die Trennung von „heilbaren" und „unheilbaren" Kranken löste nicht das Problem der Versorgung letzterer. Es kam vielmehr zu einer Überbelegung der dafür vorgesehenen Pflegeanstalten, da ein beständiger Rückfluss von nicht „therapierbaren" Kranken aus den Heilanstalten einsetzte. Diese Zustände wurden schließlich über die medizinischen Fachkreise hinaus zum Anlass genommen, das System der „Irrenversorgung" zu reformieren.

Die romantische Reformpsychiatrie vertrat die Überzeugung, dass nur eine umfassende Mobilisierung gesellschaftlicher Ressourcen – medizinischer, finanzieller und administrativer – dazu führen würde, dass das Phänomen der Geisteskrankheit, respektive der damit verbundenen sozialen Frage zum Verschwinden gebracht werden könne.[32] Die „relativ verbundene" Heil- und Pflegeanstalt wurzelte in dieser Überzeugung und etablierte die Anstaltspsychiatrie als maßgeblichen Faktor der Fürsorgepolitik. Medizinisch geriet das Konzept allerdings seit den 1840er Jahren zusehends in Konflikt mit einer stärker utilitaristisch und naturwissenschaftlich orientierten Psychiatrie.[33]

Gefördert durch die politische Situation des Vormärzes nahm die „Irrenfrage" immer stärker den Charakter einer sozialen Frage an. Der staatlich verordnete ethische Rigorismus kantischer Provenienz schien zur Lösung einer sozialen Problematik nicht mehr auszureichen.[34] Aus medizinischer Sicht wurde der Anspruch formuliert, nicht mehr nur die Befreiung der „Irren" von den „Ketten" und des mechanischen Zwanges zu betreiben, sondern die Kranken gerade von der moralischen Anklage der Selbstverschuldung ihrer Leiden freizusprechen. Damit sollte der Isolationshaltung der Romantiker entgegengewirkt und eine Annäherung der Kranken an die Gesellschaft bewirkt werden.

Bereits in den 1840er Jahren hatten sich über die Frage nach den Ursachen der Geisteskrankheit zwei schulbildende Hauptrichtungen herauskristallisiert: Die eine ging aufgrund einer eher psychologischen Argumentation davon aus, dass die Geisteskrankheit eine Erkrankung der Seele oder der Persönlichkeit sei. Die Vertreter dieser Richtung wurden demzufolge als „Psychiker" bezeichnet.[35] Dem gegenüber argumentierten die so genannten „Somatiker" in einem

---

30 vgl. Kirchhoff, Deutsche Irrenärzte, Bd. 1, S. 87.
31 Maximilian Jacobi, Über die Anlegung und Einrichtung von Irren-Heilanstalten, mit ausführlicher Darstellung der Irren-Heilanstalt zu Siegburg, Berlin 1834. Ein zweites Werk, das nicht minder einflussreich wurde war ders., Über die Einrichtung der Irrenanstalten, Berlin 1838.
32 Blasius, Umgang mit Unheilbarem, S. 101.
33 Ebd., S. 29.
34 Ebd., S. 34.
35 Zu den „Psychikern" zählten unter anderen Johann Christian August Heinroth (1773–1843) und Karl Wilhelm Ideler (1795–1860). Heinroth lehrte vor allem in Leipzig, in den 1810er Jahren erschienen seine Beiträge zur Krankheitslehre, 1818 das Lehrbuch der Störungen des Seelenlebens, vgl.

strenger naturwissenschaftlichen Sinne. Ihnen zufolge lag Geisteskrankheit in einer physischen, körperlichen also somatischen Erkrankung des Gehirns begründet. Der Kranke könne daher per se keine moralische Verantwortung für sein Leiden tragen, wie es die „Psychiker" darstellten.[36] Maximilian Jacobi hatte mit seiner Schrift „Beobachtungen über die Pathologie und Therapie der mit dem ‚Irresein' verbundenen Krankheiten" von 1830 die These aufgestellt, dass das „Irresein" nur Symptom einer somatischen Krankheit sei. Damit war allen Theoremen eine entschiedene Absage erteilt, die von einer wie auch immer gearteten Selbstverschuldung des „Irreseins" ausgingen.

Allerdings setzte sich die kritische Haltung der „Somatiker" gegenüber den anthropologischen und theologischen Grundannahmen der zeitgenössischen Psychiatrie erst Mitte des Jahrhunderts endgültig durch. Die 1860er Jahre waren geprägt von Auseinandersetzungen um die Reform der Psychiatrie. Aus den verschiedenen Auffassungen zur Ursache der Geisteskrankheit folgten ebenso unterschiedliche Auffassungen darüber, wie die Erkrankten zu behandeln und zu heilen waren. Dies betraf zum einen die Therapiemethoden wie auch – in einem allgemeineren Sinne – den Umgang der Gesellschaft mit den Kranken. Hinter der Etablierung der Anstaltspsychiatrie in der ersten Hälfte des 19. Jahrhunderts stand die erklärte Absicht, eine Verbesserung der Betreuung, der medizinischen Behandlung und Versorgung der Geisteskranken zu erreichen. Dennoch blieb zunächst auch in dem neuen Anstaltstypus mit der Einrichtung der „Tobhäuser" für chronisch Kranke ein letzter Rest der älteren Behandlungsweise erhalten. Wenngleich sich die medizinische Sicht gegenüber den Kranken verändert hatte, blieb das Problem der fehlenden gesellschaftlichen Akzeptanz der „Irren". Besonders Wilhelm Griesinger (1817–1868) suchte naturwissenschaftlich nachzuweisen, dass psychische Krankheiten Erkrankungen des Gehirns seien und psychische Störungen nicht lediglich ein Anhängsel oder bloße Folge von anderen Krankheiten darstellten. Daraus folgte die entschiedene Ablehnung, dass sündhaftes Verhalten und gotteslästerlicher Unglauben für die Erkrankungen verantwortlich seien.

Griesinger war einer der ersten jener Psychiater in Deutschland, die sich erfolgreich für die gewaltfreie Behandlung psychisch Kranker einsetzten. Bis zur Mitte des 19. Jahrhunderts waren Zwang und Gewalt bei der Behandlung und Unterbringung psychisch Kranker weiter an der Tagesordnung. Schläge mit Ruten, Stöcken und Peitschen gehörten immer noch zu den eingesetzten Maßnahmen wie Drehstühle, Sturzbäder mit kaltem Wasser, Zwangsstehen oder die Einreibung der Kopfhaut mit Brechweinstein, wodurch sich schmerzhafte Geschwüre bildeten.

Definierte man die Geisteskrankheit als eine physisch bedingte Erkrankung des Körpers, gab es streng genommen keinen Grund, die Patienten zu isolieren und von der Gesellschaft zu trennen. Das bestehende Modell der Anstaltspsychiatrie, also einer autarken, von der Öffentlichkeit großteils abgeschlossenen Anstalt, geriet damit in Erklärungsnot. Hier setzte Griesingers Forderung an,

Leibbrand und Wettley, Der Wahnsinn, S. 492–496. Zu Karl Wilhelm Ideler vgl. Kirchhoff, Deutsche Irrenärzte, Bd. 1, S. 152–157.
36 Einer der Hauptverfechter dieser Lehrmeinung war der Siegburger Anstaltsdirektor Maximilian Jacobi (1775–1858) vgl. Kirchhoff, Deutsche Irrenärzte, Bd. 1, S. 83–94.

Wilhelm Griesinger (1817–1868), Stahlstich von Lindner, um 1860.

die Kranken nur so lange wie tatsächlich notwendig zu hospitalisieren und so bald wie möglich in die Gesellschaft zu reintegrieren.[37] Darüber hinaus propagierte er, die Kranken in weitgehender Freiheit in „landwirtschaftlichen Arbeitsgemeinschaften", in so genannten „agrikolen Kolonien", zu beschäftigen oder auch in Pflegefamilien unterzubringen. Die schrittweise Rückführung in die Gesellschaft, die Stärkung ihres Selbstwertgefühls durch Ausbildung und sinnvolle Nutzung der Arbeitskraft, ging auf Modelle zurück, die Griesinger in England gesehen hatte. Vor allem William Ch. Ellis, der ärztliche Direktor des County Asylum in Hanwell, versuchte damit, die verhängnisvolle Spirale zwischen Armut und Geisteskrankheit zu durchbrechen.[38]

Die von Griesinger angestoßene Diskussion um Stadt- und Landasyle stellte die etablierte Anstaltspsychiatrie vollends in Frage. Es sei gar nicht notwendig, die Kranken „in den theuern geschlossenen Anstalten unterzubringen. Die Hauptformen, welche hier in Betracht kommen […] bestehen in der Unterbringung der Kranken in kleinen, einfachen Häusern nach Art der Fabrikarbeiterstädte z.B. in Mülhausen im Elsass, ferner in Errichtung von Arbeitercolonieen, in denen die Kranken mit Landbau beschäftigt werden, endlich in familialer Pflege d.h. Einmiethung der Kranken bei kleinen Familien."[39]

Die 1876 gegründete Landes-Heil- und Pflegeanstalt Alt-Scherbitz der Provinz Sachsen war dann der erste Versuch einer Umsetzung der Reformgedan-

37 Schmitt, Psychiatrie und Geisteskranke, S. 59.
38 Vgl. Klaus Dörner, Bürger und Irre, Frankfurt am Main 1984, hier S. 113.
39 Ernst Plage, Zur Reform des Irrenhauswesens, in: Wochenblatt für Architekten und Ingenieure, 1882, S. 213 ff. und S. 223–226, hier S. 213. Zu den Arbeiterkolonien vgl. ebd., S. 214, erste Anlage war der Landwirtschaftshof Sainte-Anne bei Paris als Annex zur Anstalt Bicêtre, 1852 errichtet. Ebd., S. 215, dort auch mit weiteren Nennungen.

ken.[40] Das Modell der Stadt- und Landasyle und der Landwirtschafts-Kolonien wurde hier durch eine kleine Zentralanstalt im geschlossenen System und frei um diese herum gruppierten einzelnen Kolonialhäuser verwirklicht. Wesentliches Merkmal der Anlage war die im Vergleich zu anderen Anstalten äußerst geringe Zahl der Isolierzimmer. Diese hatte man „lange, ehe der Kampf gegen die Isolierbehandlung einsetzte, fast gar nicht mehr benutzt […] weil die Isolierbehandlung mit den freien Prinzipien von Alt-Scherbitz von vornherein unvereinbar schienen"[41].

Der zweite Punkt in der Diskussion um die Reform der Psychiatrie war mit dem Begriff des „no restraint"[42] verbunden. Die Ablehnung aller Zwangsmittel hatte sich zunächst in England durchgesetzt und wurde in der deutschen Rezeption vor allem mit dem Namen John Conolly[43] verbunden. Das Verdienst, die zwangsfreie Behandlung erstmals angewandt zu haben gebührte aber eigentlich dessen älterem Kollegen Robert Gardiner Hill (1811–1878). Dieser hatte im öffentlichen Lincoln-Asylum nach mehrjährigen Beobachtungen und Einzelstudien bereits in den 1830er Jahren die Zwangsmaßnahmen vollständig aufgehoben. In einem Bericht von 1839 konstatierte er, „nachdem die Zwangsanwendungen […] auf 0 reduziert waren stiegen die Heilungsquoten, erfolgten keine Suizide mehr, hörten die Zwischenfälle auf, herrschte Ruhe in der Anstalt, wurden Leidenschaftsausbrüche selten, gab es keine Ressentiments und kein Rachebedürfnis gegen die Wärter mehr, […] und waren alle Insassen much more happy"[44].

Mit diesen revolutionären Ideen konnte sich Hill aber nicht gegen die gesellschaftlichen Ressentiments seiner Zeit behaupten. Die dagegen protestierende Wärterschaft, die sich als Leidtragende des Modells verstand, setzte dem Versuch ein Ende.[45] In seiner Nachfolge forderte Conolly erneut einen humaneren Umgang mit den Patienten und gestand ihnen mehr persönliche Freiheiten zu.[46] Das „no restraint System" konzipierte die „öffentliche Anstalt als einen Ort des sozialen Friedens, der Sauberkeit, Sittsamkeit und des bürgerlichen Glücks"[47], seine Durchsetzung geschah jedoch nur sehr langsam.

In Deutschland erfolgte die Einführung des „no restraint"-Systems zuerst durch Ludwig Meyer in Göttingen. Meyer hatte bereits 1862 öffentlich die Abschaffung der Zwangsmittel gefordert und schließlich in seiner Anstalt durchgesetzt.[48] Kurze Zeit später hat auch Wilhelm Griesinger das „no restraint", das er bereits 1864 in Zürich angewandt hatte, an der Berliner Charité eingeführt.[49] Hatte er in seiner Schrift „Pathologie und Therapie der Geisteskranken" noch

---

40 Vgl. Dr. Paetz, Landes-Heil- und Pflegeanstalt der Provinz Sachsen Rittergut Alt-Scherbitz, in: Bresler, Deutsche Heil- und Pflegeanstalten, Bd. 1, S. 344 f.
41 Ebd., S. 345.
42 Es gibt unterschiedliche Schreibweisen, neben „no restraint" auch „non-restraint" oder „non-restraint".
43 John Conolly hatte 1847 in London das erste Haus für „Idioten" errichten lassen, 1855 wurde in Earlswood in einem schlossartigen Gebäude ein weiteres Asyl für „Idioten" eröffnet, an dem Conolly einige Jahre praktizierte, vgl. Dörner, Bürger und Irre, S. 112.
44 Robert Gardiner Hill, Total abolition of personal restraint in the treatment of the insane, London 1839, zitiert nach Dörner, Bürger und Irre, S. 114 f.
45 Ebd., S. 115.
46 Zur erfolgreichen Umsetzung des Hillschen Prinzips durch Conolly vgl. ebd., S. 116 f.
47 Blasius, Umgang mit Unheilbarem, S. 29.
48 Schmitt, Psychiatrie und Geisteskranke, S. 58.
49 Ebd., S. 59.

Ludwig Meyer.

Zweifel bekundet, dass man bei der Behandlung der Kranken ohne Zwangsmittel auskommen könne, revidierte Griesinger seine Meinung 1861 in der
zweiten Auflage des Buches grundlegend. Nun vertrat er vehement die Ansicht,
dass man vollständig ohne Zwang heilen könne. 1867 erschien das erste Heft
der von Griesinger herausgegebenen Zeitschrift „Archiv für Psychiatrie und
Nervenkrankheiten". Sein darin publizierter Artikel „Irrenanstalten und deren
Weiterentwicklung in Deutschland" wirkte als Initialzündung für einen lang
andauernden Streit um die Reform der Psychiatrie in Deutschland.

Ein weiteres Feld der Auseinandersetzung bildete die Etablierung der klinischen Psychiatrie gegenüber der Anstaltspsychiatrie. Die Dominanz der Anstaltspsychiatrie kritisierte Griesinger nicht nur in Hinblick auf die Ausbildung,
sondern auch hinsichtlich der medizinischen Konzeption. Er bemängelte, dass
bei den vorhandenen Anstalten sämtliche Patienten, also frisch Erkrankte,
chronische Fälle, gefährliche und ungefährliche Patienten, Arbeitsfähige und
Sieche zusammen in einer Einrichtung untergebracht wurden. Er vertrat die
Ansicht, dass für viele Kranke diese Art der Unterbringung nicht notwendig und
für andere gar schädlich sei. Sein Gegenmodell sah eine funktionale Entflechtung der zentralen Anstalt aus sich ergänzenden Komponenten vor. Neben der
Familienpflege und der Einrichtung von Land- und Stadtasylen sollten auch
so genannte landwirtschaftliche Kolonien eine angemessenere und zugleich
kostengünstigere Behandlung der Kranken ermöglichen.[50]

---

50 Wilhelm Griesinger, Ueber Irrenanstalten und deren Weiter-Entwickelung in Deutschland, in:
Archiv für Psychiatrie und Nervenkrankheiten, Bd.1, 1868/69, S.8–43, hier S.28f. und S.36f. Vgl.
auch Ingo Schubert, Zur Geschichte und Entwicklung progressiver Formen der Familienpflege, der

In der zeitgenössischen Einschätzung der Vorgänge von Albert Guttstadt spiegeln die erbittert geführten Auseinandersetzungen auch die allgemeine Unsicherheit über die Weiterentwicklung der Psychiatrie und des Anstaltsbaus wider: „Es lässt sich eben nicht ganz im Allgemeinen sagen, ob es besser sei, Anstalten zu gründen, welche heilbare Irre gemischt mit einer gewissen Auswahl unheilbarer enthalten sollen, oder solche, welche allein für heilbare Fälle bestimmt sind und ihre sämmtlichen unheilbaren wieder abgeben. Es kommt bei dieser, wie bei so vielen andern praktischen Fragen des Anstaltswesens sehr viel auf die Bewohnerzahl des Landes, auf die Zahl der vorhandenen Irren, auf die Möglichkeit, schon vorhandene Gebäude zu benutzen, auf Geldmittel, über die man disponiren kann, auf besondere Zwecke an, die man etwa mit der Anstalt verbinden will (z.B. klinischen Unterricht), und das Meiste hängt am Ende doch von der Art und Ausführung und von dem Geiste ab, den das Ganze durch die leitenden Persönlichkeiten gewinnt."[51]

Tatsächlich stießen Griesingers Reformideen, gerade bei den etablierten Anstaltspsychiatern auf geringe Akzeptanz. Seine Bemühungen um den Bau einer neuen städtischen Anstalt in Berlin scheiterten an den Vorbehalten gegen das „no restraint".[52]

Agrarkolonie und Arbeitstherapie in der Psychiatrie der zweiten Hälfte des 19. Jahrhunderts – dargestellt u.a. am Beispiel Altscherbitz, in: Thom, Geschichte der Psychiatrie, S. 84–97, hier S. 93 ff.
51 Albert Guttstadt, Die Geisteskranken in den Irrenanstalten während der Zeit von 1852 bis 1872 und ihre Zählung im Ganzen Staat am 1. December 1871 nebst Vorschlägen zur Gewinnung einer deutschen Irrenstatistik, in: GStA PK, I. HA, Rep. 76, VIII A, Nr. 3550, Bl. 63 (S. 3).
52 Heinrich Laehr fühlte sich durch Griesingers Äußerungen zu der Streitschrift Fortschritt? Rückschritt! Reform-Ideen des Herrn Griesinger in Berlin, Berlin 1868, provoziert, die Griesinger wiederum mit der Schrift Zur Kenntnis der heutigen Psychiatrie in Deutschland, Eine Streitschrift gegen Dr. Laehr, Leipzig 1868, beantwortete.

Die erste kurmärkische Heil- und Pflegeanstalt: Das „Land-Irrenhaus" Neuruppin

Eine der ersten Anstalten in Deutschland, die von Anfang an ausschließlich für psychisch Kranke bestimmt war, entstand 1798–1801 in Neuruppin.[1] Sie war das Ergebnis der im letzten Drittel des 18. Jahrhunderts in Preußen in Gang kommenden Reformbestrebungen unter aufklärerischem Einfluss, die „Irrenfürsorge" in staatliche Regie zu nehmen.[2] Die Verwahrung der „Irren" in kommunalen Einrichtungen wie Gefängnissen, Armenasylen und Spitälern wurde zunehmend als problematisch wahrgenommen. Es setzte sich die Auffassung reformorientierter Kräfte durch, dass das „Irresein" potentiell heilbar sei. Gewährte man aber den „Irren" den Status eines Kranken, so musste die bisherige Art und Weise der Versorgung als kontraproduktiv erscheinen, da die Patienten mit nicht psychisch Kranken oder Kriminellen zusammen untergebracht waren. Dieser Zustand vernichte alle Chancen einer Heilung bereits im Ansatz, so der Tenor der aufklärerischen Reformer. Eine positive Beeinflussung und Behandlung der Kranken könne nur in einer Trennung der „Irren" von gewöhnlichen Kranken und vor allem auch von Kriminellen erfolgen.

Ein erstes Projekt wurde unter Friedrich II. für die westfälischen Territorien Preußens 1771 mit der Begründung angestoßen, dass es eine spezielle Anstalt für „die unglücklichen Personen, welche in Melancholie gerathen, oder sonst wahnsinnig geworden, und um ihren Verstand gekommen sind [...] in den mehrsten Provintzien [...] ermangelt, wohin solche Personen zu ihrer Erhaltung und Pflege gebracht und aufbewahrt werden können"[3]. Zunächst wegen leerer Armen- und Kirchenkassen zum Erliegen gekommen, wurde es zwar 1786 wieder aufgegriffen, jedoch aufgrund des an- und hinhaltenden Widerstandes der örtlichen Landräte nicht ausgeführt.[4] Hier zeigte sich deutlich die Problematik der überkommenden Ansicht, die Aufgabe der „Irrenfürsorge" hauptsächlich in der sicheren Aufbewahrung der Kranken anzusehen und als logistisch-ökonomisches Problem zu begreifen. Dieser Widerstand gegen die besondere Behandlung der „Irren" speiste sich nicht zuletzt aus der finanziell angespannten Lage der Kommunen, die durch die steigende Zahl der Versor-

---

1 Zur Geschichte der Anstalt grundlegend Bellin, Der Aufbau des medizinischen Betreuungssystems. Zur Architektur der Anlage vor allem Baier, Neuruppin. Vgl. auch Metzler, Stadt Neuruppin, S. 150 f.
2 Vgl. Kaufmann, Aufklärung, S. 147.
3 Königliches Reskript vom 12. 11. 1771 an die Mindenische Kriegs- und Domänenkammer, Staatsarchiv Münster (STAMS), KDK Minden Nr. 388, zit. nach Kaufmann, Aufklärung, S. 146 f.
4 Kaufmann, Aufklärung, S. 148 f. konstatiert, dass drei der Landräte der betroffenen Kreise Minden, Ravensberg, Tecklenburg und Linden nur wenig befähigt und der gestellten Aufgabe nicht loyal gegenüberstanden. Nur der Mindener Landrat, Ludwig Freiherr v. Vincke, unterstütze das Vorhaben im Sinne einer Reform und staatlichen Kontrolle der „Irrenunterbringung", die damit auch einen gesundheitspolitischen Zweck annimmt.

Neuruppin, Land-Irrenanstalt, F. P. Berson, 1796–1801, Männerflügel, Foto Zustand 1996.

gungsfälle im Landarmenwesen in der zweiten Hälfte des 18. Jahrhunderts entstanden war.[5] Die Bereitschaft, zusätzliche Mittel für die bislang überwiegend in familiären Händen gelegene Versorgung der „Irren" bereitzustellen, war eher gering. Denn die „Irrenversorgung" richtete sich vornehmlich auf den Teil der Kranken, der als heilbar angesehen wurde. Die chronisch Kranken, also die für die öffentliche Sicherheit als gefährlich eingestuften Personen, waren bereits überwiegend in kommunaler Verantwortung „versorgt". Daher waren die staatlichen Bestrebungen zur Reform des „Irrenwesen" – gerade unter dem Aspekt der zusätzlichen Kosten – zunächst nur schwer vermittelbar, da es sich vornehmlich auf diejenigen konzentrierte, die keinen Anlass zur Beschwerde gaben und die man im Familienverband gut aufgehoben glaubte.

Dass aber eine Reform des „Irrenwesens" als immer dringlicher empfunden wurde, zeigt der Bericht über den Zustand desselben in Berlin. Die Situation in den staatlichen Einrichtungen war durch den Brand des so genannten „Tollhauses" in Berlin 1798 verschärft worden. Die Geschichte dieses Hauses in der Krausenstraße war symptomatisch: „In Berlin wurden Geisteskranke seit 1701 im großen Friedrichshospital mit Waisen beiderlei Geschlechts, mit Invaliden und endlich auch Bettlern und Kranken aufgenommen; Heilversuche wurden dort mit ihnen nicht angestellt. Als im Jahre 1726 ein dortiger Insasse, der 1718 geisteskrank gewordene Kaufmann Ernst Gottlieb Faber, ohne Erben

5 Ebd., S. 156.

gestorben war, fiel sein Vermögen dem damals königlichen Armendirektorium zu. Der Verstorbene hatte auch ein Haus in der Kraussenstrasse besessen, und dieses wurde nach zweckmässigen Veränderungen 1728 als Irrenanstalt eröffnet. Freilich kam dahin mit Irren allerhand Gesindel, faule und unnütze Leute, die aber dort angehalten wurden in Wolle zu arbeiten. Seit 1754 wurde dieses Gesindel dem Arbeitshause überwiesen. Formey sagt 1796 in seiner medicinischen Topografie von Berlin über den Aufenthalt der ‚Irren', „dass sie so eng zusammenlagen, dass die Atmosphäre verdorben und der Geruch unerträglich war. Dieses war zumal im Winter der Fall, wo zur Einsparung des theuren Holzes diese Unglücklichen noch mehr zusammengepresst wurden. usw. Die Berliner aber pilgerten Sonntags nach der Kraussenstrasse, wie sie heute nach dem zoologischen Garten gehen, um sich über die Sprünge und das Geheul der Tollen zu belustigen."[6]

Aufgrund dieses immer wieder festgestellten und beklagten schlechten Zustandes der öffentlichen (nicht der privaten oder familiären) „Irrenversorgung" fanden die Reformideen um die Jahrhundertwende immer mehr Verbreitung und Anerkennung. Die Situation der Geisteskranken begann sich aber nur langsam und uneinheitlich zu verbessern. Der Bau der „Land-Irrenanstalt" in Neuruppin war ein erster Schritt hin zur Verbesserung der öffentlichen „Irrenversorgung" und steht in einem größeren Zusammenhang staatlicher Modernisierungsbemühungen „am Ende des 18. Jahrhunderts auf dem Gebiet allgemeiner Daseinsfürsorge einen sachlich und institutionell verfestigten Handlungsraum"[7] zu schaffen. Die Reorganisation des Landarmen- und Invalidenwesens, bei der es um eine effektivere Versorgung und damit Kontrolle der untersten sozialen Schichten ging, war Teil dieses Prozesses. In dem 1791 veröffentlichten Reglement wurde von Friedrich Wilhelm II. die Neueinrichtung von bis zu fünf Landarmen- und Invalidenhäusern in der Kurmark hauptsächlich unter ordnungspolizeilichen Aspekten gefordert. Es wurde ein Mangel an öffentlichen Anstalten konstatiert „in welchen der Invalide versorgt, und der Bettler beschäftigt" werden könne, um „Unser getreuen Unterthanen ein Mittel [zu geben], sich der vagabondirenden Bettler auf ein bequeme und zuverlässige Art zu entledigen" als auch die öffentliche Versorgung der Invaliden und Armen zu gewährleisten.[8] Neben einem staatlichen Beitrag wurden die Kosten der Einrichtungen von „Beyträgen von den verschiedenen Ständen, die Feuer und Heerd haben, so wie sie in der Churmark an dieser Anstalt Theil nehmen werden"[9] und von den Einwohnern der Einzugsbereiche der jeweiligen Häuser, die in der Zuordnung von Kreisen geschah, bestritten.

Von den fünf in Aussicht gestellten Häusern wurden bis 1795 jedoch nur drei verwirklicht. Es hatte sich herausgestellt, dass die Häuser in Strausberg, Wittstock und Brandenburg den geforderten Zweck, die „zur allgemeinen Land-

6 Albert Guttstadt, Die Geisteskranken in den Irrenanstalten, S. 3, ebenso in: GStA PK, I. HA, Rep. 76, VIII A, Nr. 3550, Bl. 60–88v, hier Bl. 63. Vgl. auch Johann Ludwig Formey, Versuch der medizinischen Topographie von Berlin, Berlin 1796.
7 Peter Michael Hahn, Die Neumark als Beispiel für die Verwaltung der Provinz Brandenburg vor 1815, in: Verwaltungsgeschichte Ostdeutschlands, S. 681–707, hier S. 696.
8 Land-Armen- und Invaliden-Reglement für die Kurmark, Berlin 1791, in: GStA PK, I. HA, Rep. 77, tit. 781, Nr. 4, Bd. 1.
9 Ebd.

plage gewordene Bettelei" zu beseitigen übererfüllten, da sie 1795 nicht einmal zur Hälfte belegt waren.[10]

Dieser Umstand, der offenbar auf einer Fehleinschätzung des Bedarfs beruhte und auch der ertragreiche Arbeitseinsatz der Insassen hatte dazu geführt, dass der Landarmen-Direktion „nicht unbeträchtliche(n) Überschüsse(n) erwachsen sind, diese nach dem Beschlusse der Stände, zur Einrichtung einer höchstnöthig befundenen Land-Irren-Anstalt angewendet werden soll"[11]. Bereits 1793 hatte der Kammerpräsident Otto Carl Friedrich von Voß, der gleichzeitig den Vorsitz der Landarmendirektion innehatte, angeregt, eine besondere Anstalt für die Unterbringung der „Gemüthskranken" einzurichten, die „zu ihrer Sicherheit und zu der des Publikums"[12] dienen sollte. Durch die günstige Finanzsituation wurde das Vorhaben von den kurmärkischen Ständen positiv aufgenommen, da hier das gewichtigste Argument entfiel, das noch die landständischen Opposition in der Provinz Westfalen gegen den Bau einer „Irrenanstalt" ins Feld geführt hatte.

Zunächst wurde beschlossen, den Zustand vorhandener Anstalten „in Berlin und andern Orts" zu erkunden, um über die Art und Weise, wie eine solche Anstalt auszusehen hätte und wie sie betrieben und organisiert werden müsste, nähere Informationen zu bekommen. 1795 erfolgte dann der grundlegenden Beschluss zur Einrichtung einer „Land-Irrenanstalt" für die Kurmark. Aber auch hier wurde noch keine Entscheidung über den Standort oder die Betriebsform festgelegt. Diskutiert wurden einfache Erweiterungen der drei vorhandenen Land-Armenhäuser, als auch der Vorschlag, das Brandenburger Landarmenhaus aufzulösen, deren Insassen auf die anderen beiden Häuser zu verteilen und es gänzlich für die „Irrenversorgung" umzunutzen.[13] Alle diese Vorstöße scheiterten jedoch an den partikularen Interessen der betroffenen Kreise, die den Bestand und vor allem die ordnungspolizeiliche Funktion der erst kürzlich in Betrieb gegangenen Landarmenhäuser erhalten wollten. Es stellten sich bald Meinungsverschiedenheiten über den Zweck und den Umfang der neuen Anstalt ein. Während die einen die „Irren" weiterhin in beziehungsweise an den Landarmenhäusern unterbringen wollten, wurde dagegen eingewendet, dass es weder für die Armen noch die Invaliden hinnehmbar sei, dass die Landarmenhäuser mit einer „Irrenanstalt" verbunden werden.[14]

10 Ebd. Zu den Belegungszahlen und zur ökonomischen Situation in der jährlichen „Nachweisung von dem Zustand der Landarmen- und Invalidenhäuser", die mit im Landarmen-Reglement von 1791 eingeführt waren und mit der Eröffnung der Straussberger Anstalt 1793 einsetzten vgl. Kommentar zur Belegung der Anstalten im Bericht der Landarmen-Direktion an die Kurmärkischen Stände vom 2 Januar 1796, in: GStA PK, II. HA, Generaldirektorium Kurmark, Tit. CCII, Sect. c, Nr. 26, vol. I., vgl. auch Baier, Neuruppin, S. 67.
11 Nachweisung von dem Zustande der Land-Armen- und Invaliden-Häuser bis zum letzten Januar 1796, in: GStA PK, I. HA, Rep. 77, tit. 781, Nr. 4, Bd. 1. Vgl. auch Baier, Neuruppin, S. 67 f.
12 Bericht über die Anlage einer Irrenanstalt bei Berlin an Minister von Raumer vom 29. Oktober 1854, in: GStA PK, I. HA, Rep. 76, VIII A, Nr. 3678, Bl. 6v. Vgl. auch A. Wallis, Geschichtliche und statistische Nachrichten über die ständische Land-Irrenanstalt der Kurmark zu Neu-Ruppin, in: Allgemeine Zeitschrift für Psychiatrie und psychisch-gerichtliche Medizin 2, 1845, S. 475.
13 Vgl. Bellin, Der Aufbau des medizinischen Betreuungssystems, S. 28 und S. 30 ff.
14 Vgl. ebd. und Kaufmann, Aufklärung, S. 156, Anmerkung 107. Der Einspruch der Landarmendirektion gegen eine Verbindung der Unterbringung von Invaliden und Irren an den Kriegs- und Domänenminister Frh. v. Werder vom 24. August 1796, in: GStA PK, II. HA, Generaldirektorium Kurmark, Tit. CCII, Sect. c, Nr. 26, vol. 1.

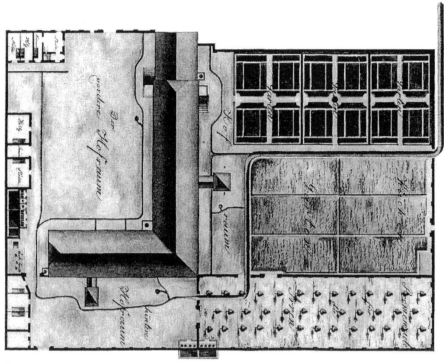

Neuruppin, Land-Irrenanstalt, F. P. Berson, 1776–1801, Lageplan, aquarellierte Federzeichnung, 1799.

Damit zeigte sich ein ganz grundsätzliches Problem. Es existierten keine einheitlichen oder gar verbindlichen Vorgaben, welcher Personenkreis überhaupt für die neue Anstalt in Frage kam. Zahlen über den betroffenen Personenkreis fehlten. Erst wenn diese vorlagen, konnte man überhaupt daran gehen, einen Bedarf an Unterbringungsplätzen und damit auch eine mögliche Betriebsform zu formulieren. Daher wurden in allen Kreisen der Kurmark Erhebungen gemacht, begleitet von Erläuterungen, wer in die Anstalt aufgenommen werden sollte und wer nicht.

Da es nur unzureichende Informationen über die soziale Lage gab – die angewendeten Erhebungen und vor allem die Schlüsse, die man daraus zog, waren in den wenigsten Fällen bereits empirisch abgesichert[15] – stand dem Informationsbedürfnis eine schlechte Erhebungs- und Auswertungspraxis gegenüber.

Der Glaube an die Aussagekraft der Daten verleite dazu, so eine zeitgenössische Kritik, „allmählig, alle Angaben auf bestimmte Zahlen zu bringen, und die Maasregeln der Regierung auf arithmetische Operationen zu reduciren"[16].

Um eine Planungsgrundlage zu haben, wurde in einer Enquête versucht, den Bedarf an Plätzen in der neuen Einrichtung zu ermitteln. Dabei wurden

15 Vgl. Hahn, Neumark, in: Verwaltungsgeschichte Ostdeutschlands, S. 681.
16 August Wilhelm Rehberg, Über die Staatsverwaltung deutscher Länder und die Dienerschaft des Regenten, Hannover 1807, S. 14, zit. nach Hahn, Neumark, in: Verwaltungsgeschichte Ostdeutschlands, S. 682.

überwiegend diejenigen erfasst, für die die Kommunen zuständig waren, also so genannte Landarme. Insgesamt ergab die Umfrage in den Kreisen der Kurmark 112 männliche und 110 weibliche Personen, die für die Aufnahme in eine „Irrenanstalt" in Frage kämen.[17] Zur Qualifikation „eignen sich nicht nur rasende Personen, welche zu ihrer und anderer Sicherheit ausgeschlossen werden müssten; sondern auch solche, welche so wahnsinnig sind, dass sie zur Verhütung besorglicher Unglücksfälle unter besonderer Aufsicht und Wartung genommen werden müßten. Ausgeschlossen wären aber bloß melancholische verrückte Leute, welche zwar den vollen Gebrauch ihrer Vernunft verloren haben, gleichwohl aber der menschlichen Gesellschaft nicht schädlich oder gefährlich sind."[18] Das Hauptaugenmerk lag also dabei eindeutig auf dem die öffentliche Ordnung störenden oder als gefährlich eingestuften „Irren". Ein Teil dieser Personen war bereits in kommunalen Einrichtungen untergebracht. Diejenigen, die privat versorgt wurden und meist weniger störend auffielen, waren bei dieser Zählung nur sehr unvollkommen berücksichtigt. Man kam zu dem Schluss, dass für die geplante kurmärkische „Irrenanstalt" 100 Plätze ausreichend seien.

Die Entscheidung für einen Standort fiel schließlich auf die Stadt Neuruppin, da sich offenbar die Rahmenbedingungen für den Neubau einer solchen Anstalt sehr günstig darstellten. Nach dem großen Stadtbrand von 1787 war ein umfangreiches Wiederaufbauprogramm mit Geldern aus einem Retablissementfonds gestartet worden.[19] Als positiv für die Ansiedlung wurde der wirtschaftliche Effekt bezeichnet, der bei der Versorgung einer solch großen Einrichtung für die Stadt zu erwarten wäre.[20] Ein Argument, das uns später wieder begegnen sollte.

Das Grundstück lag in einem neu erschlossenen Baugebiet am südlichen Rand der Stadt in der Nähe des Ruppiner Sees (heute Schifferstrasse 5b)[21]. Diese Gegend war erst 1788 von der erweiterten Ringmauer umschlossen worden.[22] Der Bauplatz lag zwar am Rande der Stadt, stand aber in unmittelbarer Nachbarschaft zu „bürgerlichen" Häusern. Um den Betrieb der Anstalt störungsfrei gegen dieses Umfeld abzugrenzen, wurde die Anlage mit einer eigenen Mauer umgeben.

Die Auswahl des Baumeisters für die Anstalt erfolgte bereits, bevor der Standort festgelegt worden war. Die Stände entschieden 1796, den Geheimen Oberbaurat François Philipp Berson mit dem Vorhaben zu betrauen.[23] Bemerkens-

17 Angaben nach Wallis, Geschichtliche und statistische Nachrichten, S. 476 f., vgl. Kaufmann, Aufklärung, S. 158.
18 zit. nach Bellin, Der Aufbau des medizinischen Betreuungssystems, S. 31; vgl. ebenso GStA PK, II. HA, Generaldirektorium, Kurmark, Tit. CCII, Sect. c, Nr. 26.
19 Aufgrund der Verwendung von Hilfsgeldern aus den Wiederaufbaufonds und der Einbeziehung eines vorhandenen Hauses errechnete man eine wesentlich günstigere Lösung als beispielsweise in der Stadt Brandenburg. Vgl. Baier, Neuruppin, S. 68 und Bellin, Der Aufbau des medizinischen Betreuungssystems, S. 32.
20 So die Argumentation der Landarmen-Direktion gegenüber der Kurmärkischen Kammer, in: GStA PK, II. HA, Generaldirektorium Kurmark, Tit. CCII, Sect. c, Nr. 26, vol. 1, vgl. Baier, Neuruppin, S. 68.
21 Vgl. Metzler, Stadt Neuruppin, S. 150 f.
22 Vgl. ebd., S. 24. Das Stadtgebiet wurde im Südwesten durch diese Maßnahme um fast ein Drittel erweitert.
23 Zu Berson (1754–1835) grundlegend Christof Baier, François Philipp Berson. Ein preußischer Architekt und Baubeamter zwischen Praxis und Theorie, Magisterarbeit (Humboldt-Universität

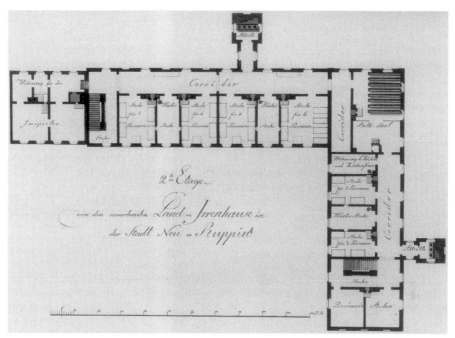

Neuruppin, Land-Irrenanstalt, F. P. Berson, 1796–1801, Grundriss 2. OG., aquarellierte Federzeichnung 1799.

wert ist die Begründung, warum nicht der regional zuständige Landbaumeister herangezogen werden sollte. Unter dem Hinweis auf die „Wichtigkeit der Sache für die Provinz" sollte ein höher qualifizierter Baumeister ausgewählt werden, der „Kenntnisse von den Bedürfnissen einer solchen Anstalt", also Sachkompetenz, aufweisen sollte.[24] Da Berson in seiner Funktion als „Revisor" beim Oberbaudepartement in Berlin bereits die fachliche Aufsicht bei den kurz zuvor errichteten Landarmenhäusern ausgeübt hatte, wurden ihm die „genauesten Kenntnisse" in dieser Sache bescheinigt. Berson hat sich nach seiner Beauftragung eingehend mit der Problematik des Irren- und Krankenhausbaues auseinandergesetzt. Durch Konsultationen mit dem Berliner Arzt Ernst Ludwig Heim[25] hatte er eine wichtige Quelle, die die Konzeption seines Entwurfes für Neuruppin beeinflusste.[26]

Berlin, Mschr., Berlin 1996) und ders., Baubeamter und Architekt im Widerstreit. Zum Beispiel der Geheime Oberbaurat F. P. Berson, in: Mathematisches Calcul, S. 37–48.
24 Bericht an das Departement des Staatsministers von Werder vom 24.08.1796, in: GStA PK, II. HA, Generaldirektorium Kurmark, Tit. CCII, Sect. c, Nr. 26, vol. 1, zit. nach Baier, Neuruppin, S. 68.
25 Baier, Neuruppin, S. 68 ff. weist den Kontakt Bersons zu Heim nach, der ein angesehener Arzt seiner Zeit war und, so Baier, ein besonderes Interesse an der Heilung Geisteskranker zeigte. Als fachliche Kapazität wurde er beim 1795 eskalierenden Streit um den Neubau der Berliner Charité zusammen mit Johann Ludwig Formey in die Untersuchungskommission berufen und war damit an der Planungsänderung des wichtigsten preußischen Krankenhausbaues seiner Zeit beteiligt. Vgl. hierzu auch Murken, Vom Armenhospital zum Großklinikum, S. 38–42.
26 Baier, Neuruppin, S. 70, sieht hier eine der Quellen von Bersons Entwurf, vor allem aufgrund der Analogie der Grundrisslösungen zwischen dem 1800 vollendeten Mittelbau der Charité und Neuruppin. Eine zweite Quelle macht Baier in dem Inspektor des Strausberger Landarmenhauses aus, der, so die Äußerung Bersons, aufgrund seiner Erfahrungen beim Betrieb solcher Anstalten die Ausstattung maßgeblich bestimmt hatte.

Die Bauarbeiten wurden 1798 begonnen und konnten, nach einigen Verzögerungen, 1801 abgeschlossen werden. Der Neubau war an ein vorhandenes, zweistöckiges Wohnhaus angebaut, das die Verwaltungsräume und die Dienstwohnungen des Inspektors und des Chirurgus aufnahm. Der Neubau selbst war als Zweiflügelanlage mit drei (!) Stockwerken über einem hohen Souterrain ausgeführt. Die Geschlechter waren in den beiden Flügeln getrennt untergebracht. Der Männerflügel zählte elf Achsen, während derjenige der Frauen sechs aufwies. In beiden Abschnitten gab es ein Treppenhaus, das die vertikale Erschließung leistete. Auf der Männerseite befand sich zusätzlich der Haupteingang mit einer einläufigen Freitreppe.

Das Erdgeschoss besaß eine horizontale Putzbänderung, die Fensteröffnungen des ersten Obergeschosses wurden von Blendbögen überfangen, die ein Schlußsteinmotiv zeigten. Das zweite Obergeschoss hat kleinere Fensteröffnungen, die eine einfache Putzrahmung aufwiesen. Walmdächer mit Fledermausgauben schlossen das Bauwerk ab.

Sowohl der durch die beiden Flügel gebildete Hof, als auch ein Bereich hinter dem Gebäude war durch eine extra Mauer abgetrennt. Letzterer war als Aufenthaltsbereich der Kranken, als Promenade für die „Irren" gedacht.[27]

Die Organisation der Stockwerke erfolgte einhüftig, wobei die Zimmer zum Hof orientiert waren. Der Korridor diente gleichzeitig als Aufenthaltsraum (besonders bei ungünstiger Witterung), war aber gegen den anderen Flügel verschlossen. Das Souterrain beherbergte zum einen ökonomische Funktionen wie Küche, Speisekammer, Wasch- und Badestube und Leichenkammer untergebracht. Zum anderen diente es aber der „Aufbewahrung" der besonders unruhigen oder „tobsüchtigen" Patienten in speziellen Holzverschlägen. Eine zeitgenössische Beschreibung berichtete dazu: „Diese Behältnisse sind Abschläge von Mauerwerk, acht Fuß lang und sechs Fuß breit, und mit einem Fenster versehen. Zwei solcher Abschläge sind in einem Zimmer. Über der Tür eines jeden ist eine Öffnung, durch welche von dem vor den beiden Abschlägen stehenden Öfen die Wärme vermittelst eiserner Röhren hineingeleitet wird. Neben dem ersten Zimmer ist eine Wärterwohnung, auf welche wieder zwei Zimmer, jedes mit zwei Abschlägen folgen. In jedem Behältnis befindet sich eine starke Bettstelle mit breiten, ledernen Riemen, die erforderlichen Falls angezogen und nachgelassen werden können, wo der Patient um die Brust, um die Hände und die Füße festgeschnallt wird, so dass er sich weder selbst noch anderen Schaden tun kann. In der Mitte der Bettstelle und des Strohsackes, auf welchem der Rasende liegt, ist eine Öffnung, durch welche er ohne aufzustehen, die Bedürfnisse der Natur befriedigen kann, die obere Hälfte der Bettstelle ist der Lehne eines Großvaterstuhls ähnlich, die nach Erfordern vor- und rückwärtsgestellt werden kann, um den Unglücklichen nicht bloss in liegende, sondern auch in eine sitzende Stellung bringen zu können."[28]

Das Erdgeschoss enthielt Dienst- und Wohnräume des Personals der mittleren Ebene, wie dem Hausvater und der Hausmutter oder der Oberwäscherin.

---

27 Bericht über einen Besuch der Neuruppiner Anstalt im zweiten Jahr ihres Bestehens, in: Deutsche Justiz- und Polizei-Fama, Bd. II, Nr. 123, Tübingen 1802, S. 375 ff., zit. nach Bellin, Der Aufbau des medizinischen Betreuungssystems, S. 57 f.
28 Ebd.

Die Unterbringung der Kranken erfolgte überwiegend in den beiden oberen Stockwerken. Hier war zwischen den Kranken- jeweils ein Wartzimmer für das Aufsichtspersonal angeordnet.

Dieser Grundriss mit seiner einhüftigen Organisation, der Einbettung der Patientenzimmer durch Wart- beziehungsweise Aufsichtsräume, die Funktion der Flure als Wandelgänge sowie die Einrichtung eines Aufenthaltsraumes im Gelenk der beiden Flügel folgte den Grundsätzen des modernen zeitgenössischen Krankenhausbaus.[29] Dies war Ausdruck der neuen Einstellung zu „Irren", denen der Status von Kranken zuerkannt wurde. Selbst der Kapellenraum, als Bestandteil der allgemeinen Krankenhäuser beziehungsweise Spitäler selbstverständlich, spricht für die Wandlung der Einstellung zu Geisteskranken. Denn die Einrichtung von derartigen Beträumen war selbst auf reformerischer Seite umstritten. Wagnitz meinte dazu: „Für Irrende gehört kein Betsaal und kein öffentlicher Gottesdienst. Denn es ist das erste Wahrzeichen von ächter Gottesverehrung, das man ihm vernünftig dient."[30]

Diese Anzeichen einer funktionalen Ausrichtung am Krankenhausbau ließen den Einfluss reformerischer Gedanken deutlich werden. Auf dieser Ebene bewegte sich die Neuruppiner Anstalt auch entschieden weg von den Aufbewahrungs- und Verwahrungseinrichtungen früherer Zeit. Konterkariert wurde diese Feststellung allerdings durch die Zellen beziehungsweise Verschläge im Souterrain für die „Rasenden". Hier war nur wenig Unterschied zu älteren Einrichtungen zu erkennen. Die als nicht heilbar eingestuften Patienten profitierten nicht in demselben Maße von der humaneren Behandlung wie die übrigen Kranken.

Die anlässlich des Neubaues entwickelte „Instruction" und das Reglement der Anstalt waren Kennzeichen der „Zwitterstellung zwischen alter Tollhausverwahrungsaufgabe und neuem Heilungsanspruch"[31]. Das „Land-Irrenhaus" hatte nach §1 der General-Instruction eine „doppelte Bestimmung", nämlich dorthin verbrachte „Gemüthskranke [...] zu ihrer eigenen Sicherheit und zu der des Publikums in guter Bewahrung gehalten, und so weit es möglich ist" sie von ihrer Krankheit zu heilen. „Für die Unheilbaren soll es daher ein sicherer Aufbewahrungsort, für die Heilbaren aber ein eigentliches Krankenhaus seyn."[32] Andere Personen wie Arme, Bettler oder Arbeitsfaule oder solche, die durch einen kriminellen Hintergrund einer Sicherheitsverwahrung bedurften, waren von einer Aufnahme ausgeschlossen.

Die Bestimmungen zum Umgang mit den Kranken zeichneten sich durch eine Diktion aus, die eine möglichst rücksichtsvolle, „menschenfreundliche"

---

29 Baier, Neuruppin, S. 73, verweist auf den Charité-Neubau, der fast gleichzeitig entsteht. Aber auch das von Theodor August Stein wesentlich später errichtete und 1847 eröffnete Krankenhaus Bethanien in Berlin folgte dieser funktionalen Anordnung der Zimmer. Vgl. dazu Max Hittenkofer, Das Krankenhaus, in: Zeitschrift für Bauhandwerker 14, 1870, S. 131, Bl. 20, sowie Murken, Vom Armenhospital zum Großklinikum, S. 43 ff., der hier das Allgemeine Krankenhaus in Bamberg (1787–89) als ein frühes Beispiel für die einhüftige Konstruktion mit alternierend angelegten Krankensälen und Funktionsräumen nennt.
30 Heinrich Balthasar Wagnitz, Historische Nachrichten und Bemerkungen, Bd. 2, S. 259 f., zitiert nach Baier, Neuruppin, Anm. 45.
31 Kaufmann, Aufklärung, S. 156 f.
32 Hier und nachfolgend General-Instruction für das Land-Irrenhaus zu Neu-Ruppin vom 29. Januar 1801, in: GStA PK, I. HA, Rep. 77, tit. 781, Nr. 4, Bd. 1.

Behandlung forderte. „Ernst, Strenge und Zucht" wollte man nur dort angewendet wissen, „wo die Erhaltung der Ruhe und Ordnung im Hause" es notwendig mache. Allerdings wurde hier angefügt, dass diese Behandlungen in Ausnahmefällen auch „zur Beförderung der Chur" angewandt werden dürften. In §7 hieß es etwa, dass „Tollstühle und Kasten gewöhnlich nicht, allenfalls auf kurze Zeit" angewandt werden sollten. Diese Tendenz, den Kranken grundsätzlich eine menschenfreundliche Behandlung zukommen zu lassen, aber auf überkommene Behandlungsmethoden nicht zu verzichten, wurde auch bei den so genannten Unheilbaren deutlich. Grundsätzlich sollten keine „überflüssigen Zwangsmittel" zum Einsatz kommen und vor allem „der Gebrauch von Ketten [...], deren Gerassel die Tollen nur noch verwirrter und wüthender macht, wird gänzlich untersagt". Um aber den „Tobenden in eine sich selbst und andern unschädliche Lage zu bringen" waren durchaus Zwangsmittel vorgesehen. Die Vorschriften gaben dem ungeschulten Personal der Anstalt sogar Verhaltensregeln gegenüber den Kranken. Darüber hinaus war das Personal dazu angehalten, die Kranken einer steten Beobachtung zu unterziehen, um darauf aufbauend die Behandlung und den möglichen Heilerfolg der Patienten günstig zu beeinflussen.

Doch trotz der Ausrichtung auf die Heilung der Kranken, hatte die Anstalt keinen hauptamtlichen Arzt, sondern nur einen Chirurgus.[33] Dieser war für die „medicinische Pflege und Behandlung der Irren", also die Überwachung des physischen und „moralischen" Wohlbefindens der Kranken, zuständig. Etwa für die Festsetzung einer speziellen Diät einzelner Patientengruppen. Aber auch „der Gebrauch geistiger Getränke imgleichen das Tabakrauchen" fiel unter seine Zuständigkeit. Selbiges „darf den Irren anders nicht, als wenn es von dem Chirurgus [...] als Arzeneymittel vorgeschrieben wird [...] leztere nur in freyer Luft unter specieller Aufsicht eines Wärters gestattet werden".

Die Leitung des Hauses und Entscheidungsgewalt lag dagegen in den Händen eines Inspektors, also eines Verwaltungsbeamten, der unter der Oberaufsicht des Direktors, in der Regel der Landrat des Ruppiner Kreises, stand. Die Unter- und beziehungsweise Nachordnung der medizinischen Kompetenz unter die Ordnungs- und Leitungskompetenz der Verwaltung gründete nach wie vor auf einem erheblichen Misstrauen gegenüber den „Irren". Trotz aller reformerischen Absichten war die Sorge um die Aufrechterhaltung der öffentlichen Ordnung, als deren Störenfried die „Irren" immer noch angesehen wurden, oberste Priorität staatlichen Handelns. Das „Irrenwesen" wurde dabei als Teil der in kommunaler Verantwortung gelegenen Landarmenversorgung angesehen, wie die Klassifizierung im Jahresbericht der Landarmendirektion deutlich machte, die 1801 von einer Ausgabensteigerung sprach, die unter anderem auf die „vermehrte Anzahl der Armen, besonders an Blödsinnigen, deren Aufnahme neuerlich beschlossen worden" war, zurückzuführen sei.[34] Bei dem kurz nach der Eröffnung der Anstalt publizierten Reglement wurde diese Ein-

---

33 Der Chirurgus war um 1800 im Gegensatz zum wissenschaftlich gebildeten und „gelehrten" Arzt meist ein handwerklich ausgebildeter Wundarzt, der eine lange Tradition in der „medizinische(n) Versorgung der unteren Ränge" der Gesellschaft, besonders auf dem „platten" Land hatte. Vgl. Huerkamp, Der Aufstieg der Ärzte im 19. Jahrhundert, S. 35.
34 Nachweisung des Zustandes der kurmärkischen Landarmen- und Invalidenhäuser für den Zeitraum vom 1. Juny 1799 bis dahin 1800, in: GStA PK, I. HA, Rep. 77, tit. 781, Nr. 4, Bd. 1.

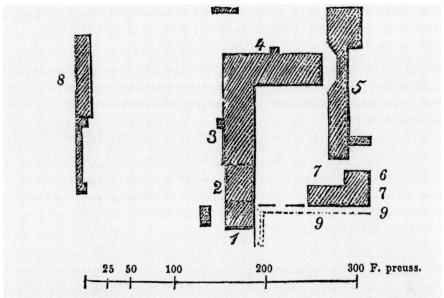

1. Oekonomiegebäude; 2. Beamtenwohnung etc.; 3. Männer-Abtheilung; 4. Frauenabtheilung, beide dreistöckig; 5. Holz- u. Torf-ställe, Brodkammer etc.; 6. Wohnhaus für Unheilbare; 7. Bäckerei u. Pförtnerwohnung; 8. Fabrikationsgebäude; 9. Strasse.

Neuruppin. Land-Irrenanstalt, schematischer Lageplan nach Laehr.

schätzung noch einmal verdeutlicht, wenn es heißt, dass die Anstalt dazu dienen sollte, „die den Obrigkeiten und Communen vorzüglich lästig fallenden Irren [...] daselbst in Sicherheit gebracht und gepflegt werden". Allerdings wird hier aber auch wörtlich vom „Krankenhaus" für die Heilbaren gesprochen.

Das „Land-Irrenhaus" sollte also vor allem bedürftigen und mittellosen Personen dienen, deren Versorgung (sowieso) von der Kommune übernommen werden musste und die nicht familiär oder bei Privatpersonen versorgt werden konnten. Desgleichen galt für Kranke, auch „Unheilbare", dass, solange sie als „ungefährlich" galten, nicht in die Anstalt verbracht werden sollten. Die kommunale Fürsorge sollte also keineswegs in Konkurrenz zur privaten treten, sondern sie lediglich ergänzen.

Daher legte man besonderes Augenmerk auf die rechtlichen Modalitäten der Einweisung. Um „Vorsätzlichen Missbrauch dieser Anstalt" zu vermeiden, gab Friedrich Wilhelm III. seiner Hoffnung Ausdruck, dass nicht „aus eigennütziger oder sonst unredlicher Absicht Personen, deren Unterhaltung oder Umgang ihm aus anderen Gründen beschwerlich fällt, unter dem Vorwand der Verrücktheit in das Irren-Haus" abgeliefert werde.[35] „Sollte aber dennoch

---

35 Ebd., Reglement für die zu Neu-Ruppin angelegte Kurmärkische Irren-Anstalt vom 16. August 1802.

dergleichen entdeckt werden, so soll den Schuldigen die für solche Beraubung der Freyheit schon im allgemeinen Landrecht bestimmte Strafe treffen.“[36] Einen Antrag auf Aufnahme durfte demnach nur von der Obrigkeit, dem Land- oder dem Steuerrat gestellt werden. Zudem musste eine gutachtliche Äußerung von zwei sachverständigen Ärzten unter Hinzuziehung eines Predigers erstellt werden. Erst aufgrund des Urteils dieser Kommission sollte entschieden werden, ob der Patient in die Anstalt eingewiesen oder häuslicher Pflege anheim gestellt werden sollte.

Die Patienten konnten durch ihre Angehörige besucht werden. Auch Besuche, die der Weiterbildung oder der wissenschaftlichen Erkenntnis dienten, waren gestattet. Dagegen war die Öffentlichkeit, deren Neugier und Sensationslust immer wieder als besonders schädlich für die Kranken angeprangert wurde, von der Anlage ausgeschlossen. Sonntägliche Vergnügungen bei Spaziergängen zum „Tollhaus“ waren damit nicht mehr möglich.

Um den Zustand der Patienten zu verbessern, wurden sie zur Beschäftigung angehalten – allerdings durfte diese nicht zur Erwirtschaftung eines Gewinns dienen. Die Finanzierung der Anlage erfolgte durch Überschüsse des Fonds der Land-Armenanstalten. Es war vorgesehen, dass die Anstalt Kapital ansammelte, um ihren Unterhalt nach und nach von dessen Zinsen zu bestreiten. Da die Anlage eine kommunale Finanzierung hatte, wurde auch die Aufnahme von Personen außerhalb der Kurmark eingeschränkt. Auswärtige sollten nur in Ausnahmefällen berücksichtigt werden.

Die kurmärkische „Land-Irrenanstalt“ nahm mit 18 männlichen und 16 weiblichen Patienten ihren Betrieb im Jahre 1801 auf.[37] Dass es hier erstmals gelungen war, ein auf „humanen“ Formen der Aufbewahrung und wenn möglich Heilung der Geisteskranken ausgerichtetes Bauwerk in Verbindung mit einem spezifischen, administrativen System zu errichten, machte die Anlage in den Augen vieler reformorientierter Zeitgenossen vorbildlich. Dennoch entzündete sich gerade ein Jahrzehnt nach ihrer Eröffnung Kritik an der Einrichtung. Durch die politischen Umstände der napoleonischen Besetzung hatte der Reformflügel der Verwaltung in Preußen starken Auftrieb erhalten. Die Modernisierungsbestreben gegen den altständischen Einfluss betrafen auch das Medizinal- und Fürsorgewesen. Da auch die Ansichten über die „Irrenbehandlung“ in dieser Zeit neu formuliert worden waren, nimmt es nicht wunder, dass die Neuruppiner Anstalt bald nach ihrer Eröffnung kritisiert werden konnte. Die Auseinandersetzung mit der Einrichtung erwies sich aber auch ex negativo für die weitere Entwicklung der „Irrenbehandlung“ in administrativer und medizinischer Hinsicht förderlich.

Dies lässt sich besonders an der Person von Johann Gottfried Langermann festmachen. Langermann war als reformorientierter Arzt 1805 auf Betreiben

36 Vgl. Bellin, Der Aufbau des medizinischen Betreuungssystems, S. 39 f.
37 Nachweisung des Zustandes der kurmärkischen Landarmen und Invalidenhäuser für den Zeitraum vom 1sten Juny 1800 bis dahin 1801, imgleichen des Irrenhauses zu Neu-Ruppin für den Zeitraum vom 1sten März bis 1sten Juny 1801, in: GStA PK, I. HA, Rep. 77, tit. 781, Nr. 4, Bd. 1. Kaufmann, Aufklärung, S. 158, bezieht sich mit der Zahl von 39 Eingelieferten auf die 1845 publizierten Angaben von Wallis, Geschichtliche und statistische Nachrichten, S. 476 f.

Hardenbergs mit der Leitung des Bayreuther „Irrenhauses" betraut worden.[38] Hier, im erst 1792 an Preußen gefallenen Kreis Ansbach-Bayreuth, entstand unter dem maßgeblichen Einfluss von Hardenberg ein Laboratorium für die „innenpolitische Modernisierung" des preußischen Staates.

Die Versorgung der „Irren" war in Bayreuth durch ein eigenes „Tollhaus" gewährleistet, das dem Zuchthaus angegliedert war. Diese „Irrenabteilung" dem Zugriff der Justizverwaltung zu entziehen und der Medizinalabteilung des Kultusministeriums zuzuordnen, war auf administrativer Ebene ein entscheidender Schritt hin zu einer fachlichen Professionalisierung der obersten Verwaltungsebene, die der Anerkennung der „Irren" als Kranke auf der medizinischen Ebene folgte. Eine der Primärforderungen Langermanns war, dem Arzt als professionellen Fachmann Anerkennung und mehr administrativen Einfluss bei der „Irrenbehandlung" zu verschaffen.

Bei der durch Langermann reformierten Bayreuther „Irrenabteilung" war aber nicht wie in Neuruppin neu gebaut, sondern das separat stehende „Tollhaus" des Zuchthauskomplexes einfach in eine eigenständige Anstalt umgewandelt worden. Der Reformaspekt lag hier mehr auf dem Gebiet der medizinischen Behandlung. Durch die Diversifikation der Patienten nach den bereits bekannten Krankheitsbildern und den auf medizinischen Erkenntnissen basierenden Heilungsversuchen nach der „psychischen Churmethode" war das Bayreuther „Tollhaus" zur ersten psychiatrischen Heilanstalt in Deutschland geworden.[39]

Auf Betreiben Hardenbergs wurde Langermann im Jahr 1810 Leiter der Medizinalabteilung des Preußischen Kultusministeriums. In dieser Funktion war er eine treibende Kraft bei der Reformierung des preußischen „Irrenwesens". Noch 1810 nahm Langermann eine Visitation der Neuruppiner Anlage vor und publizierte seine Erkenntnisse. Er nutzte dabei die Neuruppiner Anstalt als Folie, um seine Reformvorstellungen auch einem größerem Publikum zugänglich zu machen. In seinem Bericht über die „Irrenanstalten im Allgemeinen und die Irrenanstalt Neuruppin insbesondere" wurden die in den Bau eingeflossenen Reformvorstellungen kritisch mit der Anstalts- und der Behandlungsrealität konfrontiert.[40] Seine vom Standpunkt der „psychischen Churmethode" geleitete Sicht sah die vermischte Unterbringung der Heilbaren und Unheilbaren generell als sehr nachteilig für die Behandlung (der Heilbaren) an. Neuruppin hatte seiner Meinung nach entschieden zu viele unheilbare Patienten, die eigentlich in einer gesonderten Pflegeanstalt untergebracht werden müssten. Daher kam Langermann zu dem Schluss, dass die Mängel[41], die er für den

38 Zu Hardenbergs Rolle bei der „Irrenreform" in der Bayreuther Anstalt und seine Beziehung zu Langermann vgl. Gunter Herzog, Krankheits-Urteile. Logik und Geschichte der Psychiatrie, Rehburg-Loccum 1984, S. 135 f. und Hermann F. Weiss, Friedrich von Hardenberg und Johann Gottfried Langermann, in: Zeitschrift für Deutsche Philologie 117, 1998, S. 173–188.
39 Die Durchsetzung und Verbreitung dieser „psychischen Churmethode" wurde vor allem durch Johann Christian Reills „Rhaspodieen" gefördert.
40 Johann Gottfried Langermann, Ueber die Irrenanstalten im Allgemeinen und die Irrenanstalt Neuruppin insbesondere, Berlin 1810, in: Allgemeine Zeitschrift für Psychiatrie und psychisch-gerichtliche Medizin 44, 1888, S. 146 ff. Vgl. dazu auch Kaufmann, Aufklärung, S. 159 und Bellin, Der Aufbau des medizinischen Betreuungssystems, S. 51–55.
41 Bemängelt wurde die ungünstige Lage innerhalb der Stadtmauer, das somit beengte Grundstück und die Bauart des Hauses – der Bau lag offenbar in einer Senke, was bei starken Regenfällen und infolge der Nähe zum Ruppiner See zu ständigen Feuchtigkeitsproblemen im Souterrain bei

Standort, den Bau selbst und vor allem für die kaum auf medizinischen Erkenntnissen ausgerichtete Anstaltsorganisation konstatierte, dazu führten, die Eignung des Neuruppiner Hauses für moderne Heil- und Pflegezwecke in Frage zu stellen. Als Vertreter des therapeutischen Idealismus naturphilosophischer Prägung, stellte er in der Anstalt Bedingungen fest, die ihn an ein Arbeitshaus für „Halbgeheilte" denken ließen.[42]

Auch wenn Langermann hier in durchaus politischer Absicht argumentierte,[43] machten seine Ausführungen dennoch die Problematik der „Irrenversorgung" in Neuruppin deutlich. Die Kritik am Fehlen eines Arztes am Hause, mithin die nicht vorhandene medizinisch geleitete Behandlung der Kranken, war wohl der gravierendste Vorwurf, den Langermann machte. Andere Kritikpunkte wie die räumliche Situation relativierten sich, wenn man die geringe Auslastung im ersten Jahrzehnt des Betriebes in Rechnung stellt. Viel stärker als alle formalen und funktionalen Gegebenheiten des Bauwerkes wirkte sich die Bewusstseinslage der verantwortlichen Personen auf den Betrieb aus. Dies unterstrich die Forderung der Reformer nach ärztlicher Mitbestimmung und Ausweitung der medizinischen Kompetenz. Langermanns richtungsweisende konzeptionelle Umstellung des Bayreuther „Tollhauses" konnte auch in einem nicht dafür optimierten Bauwerk erfolgen. Als er aber die Anstalt 1810 verließ, um sich in Berlin neuen Aufgaben zu widmen, verschlechterte sich die Situation in St. Georgen wieder. In der ersten nach der „psychischen Churmethode" arbeitenden Heilanstalt kehrten die alten Zustände vor der Umstellung zurück.

Die neuen Ansätze, auf die griffige Formel der „psychischen Churmethode" gebracht, wurden in der ersten Hälfte des Jahrhunderts zur Behandlung von Geisteskranken richtungsweisend. Die Fokussierung auf die „Heilbaren" führte jedoch dazu, die „Unheilbaren" abzusondern und möglichst an einem anderen Ort unterzubringen. Das hatte für den Betrieb von Fürsorgeeinrichtungen weitreichende Folgen, da ein erhöhter räumlicher und organisatorischer Aufwand nötig wurde.[44] Dieser Umstand erwies sich in vielen Fällen als Hinderungsgrund für eine Anpassung beziehungsweise Veränderung der bestehenden Einrichtungen und Verhältnisse. Das lässt sich auch an der Neuruppiner Einrichtung feststellen, die über sechs Jahrzehnte die einzige „Irrenanstalt" der Kurmark blieb.

den Krankenzellen für Unruhige führte –, fehlende Räume zum Tagesaufenthalt der Kranken, und damit eine Funktionsmischung von Wohnen und Schlafen, die zu schmalen und zum Aufenthalt ungeeigneten Flure, die unzureichende Differenzierung der verschiedenen Patientengruppen und schließlich das Fehlen einer kontinuierlichen Betreuung durch einen im Anstalt wohnenden Arzt, vgl. Langermann, Ueber die Irrenanstalten, nach Bellin, Der Aufbau des medizinischen Betreuungssystems, S. 54.
42 Ebd.
43 Langermann wurde 1810 zum Leiter der Medizinalabteilung des Preußischen Kultusministeriums berufen und war damit für die Reorganisation des preußischen „Irrenwesens" zuständig. Die Veröffentlichung zu Neuruppin hatte für Langermann wohl gerade am Beginn seiner Tätigkeit den Zweck einer programmatischen Standortbestimmung seiner Reformvorstellungen. Vgl. Kaufmann, Aufklärung, S. 177 ff. Langermann initiierte den Bau der reinen Heilanstalten in Siegburg (1825) und Leubus (1830). Vgl. zu Siegburg ausführlicher Blasius, Der verwaltete Wahnsinn, S. 26–37.
44 So wurden den reinen Heilanstalten, wie beispielsweise Siegburg, eigenständige Pflegeanstalten, hier Andernach, zugeordnet. Ebenso der Heilanstalt Leubus die Pflegeanstalt Plagwitz. Vgl. Jetter, Geschichte des Irrenhauses, S. 36.

War die Situation um 1810, zumindest was die Räumlichkeiten betraf, noch als unproblematisch zu bezeichnen, hatte sich dieser Zustand knapp ein Jahrzehnt später deutlich verändert. Da die Zahl der Patienten stark angestiegen war, wurde die ursprüngliche Kapazitätsgrenze von 100 Krankenplätzen bald überschritten. Die Belegungszahlen verblieben im Folgenden auf dauerhaft hohem Niveau.[45] Damit wurde es unmöglich, auch nur ansatzweise eine Trennung der Heilbaren und unheilbaren Kranken im Sinne der Forderungen Langermanns durchzuführen. Trotzdem wurde auch in Neuruppin versucht, eine möglichst durchgängige Trennung der verschiedenen Krankengruppen zu erreichen. Da aber der Platzmangel durch die ständig steigenden Patientenzahlen nach 1820 nicht besser wurde, entwickelte sich unter der Langermannschen Maßgabe eine Art Verschiebepraxis. Konnten die „somatisch Kranken" zunächst noch durch den Ankauf eines eigenen Hauses neben der Anstalt von den „Irren" getrennt werden, wurden die „völlig unheilbar Blödsinnigen" aus Platzmangel zunehmend „in das Landarmenhaus bei Wittstock versetzt".[46]

Die Verschlechterung der Zustände wurde zwar erkannt, man sah sich aufgrund der schlechten finanziellen Gesamtsituation des Staates jedoch nicht in der Lage, eine Neuorganisation oder gar einen Neubau zur differenzierten Unterbringung der Kranken durchzuführen. Dies änderte sich erst nach der Erholung der ökonomischen Situation und der Wiederherstellung der ständischen Verantwortung über das kurmärkische Fürsorgewesen im dritten Jahrzehnt.

Die von Langermann in Preußen präfigurierte Aufteilung der Geisteskranken in Heilanstalten und Pflegeanstalten wurde jetzt zunehmend kritisch gesehen. Als Langermann 1832 starb, ist von seinem Nachfolger Heinrich Damerow (1798-1866) ein neuer Anstaltstypus favorisiert worden, die so genannte „relativ verbundene" Heil- und Pflegeanstalt. Hier waren erstmals nach der Prämisse „Die Irrenanstalt ist selbst Mittel zur Heilung" spezifische Anforderungen an Organisation und Funktion einer „Irrenanstalt" definiert.[47] Neben diesen Aspekten wurde aber auch eine alte Forderung Langermanns nach Ablösung des Verwaltungsbeamten durch einen Facharzt in der Anstaltsleitung durchgesetzt. Dagegen änderten sich die Grundsätze der Behandlung und der medizinischen Methoden zunächst nur wenig, obwohl dies selbstbewusst verkündet wurde.

Damerow hatte, ähnlich wie sein Vorgänger Langermann, die Neuruppiner Anstalt visitiert und 1833 einen Bericht an das Ministerium geliefert. Besonders kritisch sah Damerow die Situation bezüglich der „ärztlichen Wirksamkeit" des Anstaltsarztes, der nach wie vor nur nebenamtlich am Hause tätig war.[48] Desgleichen wurde die Willkür des Inspektors „nach seinem Ermessen und ohne den Arzt zu fragen, ein kaltes Bad mit Übergießungen als Strafmittel zu gebieten" scharf kritisiert. Denn „der Oberinspektor ist nicht, kann nicht und soll nicht psychischer Arzt seyn für die noch Heilbaren. Dazu ist er nicht gebildet;

45 Bereits 1819 sollen nach Angabe von Wallis, Geschichtliche und statistische Nachrichten, S. 476 f. über 100 Patienten im Hause untergebracht worden sein.
46 Bericht über die Anlage einer Irrenanstalt bei Berlin an Minister von Raumer vom 29. Oktober 1854, in: GStA PK, I. HA, Rep. 76, VIII A, Nr. 3678, Bl. 6–13.
47 Roller, Die Irrenanstalt nach allen ihren Beziehungen, S. 85.
48 Gutachten Damerows vom 10. Juni 1833 über seine Visitation in Neuruppin vom 18.–23. Mai 1833, in: GStA PK, I. HA, Rep. 76, VIII A, Nr. 3666, Bl. 36–46. Vgl. auch Bellin, Der Aufbau des medizinischen Betreuungssystems, S. 75 ff.

Heinrich Philipp August Damerow (1798–1866).

danach ist selbst seine Bildung nicht; das ist also nicht seine Sache." Unter den vorgefundenen Umständen kann, so konstatierte Damerow, das ‚Irrenhaus' nur als „Irren-Versorgungsanstalt" bezeichnet werden, da derjenige, „welcher für die Verpflegung der Irren sorgt, der Oberinspektor nämlich, wirklich in der That Nr. I der Anstalt ist, der Arzt Nr. II, abgesehen selbst von den dies Verhältniß bestätigenden Bestimmungen, daß der Oberinspektor in der Anstalt wohnt und 800 RTh hat, der Arzt dieselbe hingegen nur besucht und 300 RTh hat".

Die von Damerow festgestellte Rückständigkeit gerade im administrativen Bereich hatte zunächst keine Folgen. Vielmehr wurde in den zuständigen Gremien unter Hinweis auf die finanzielle Situation die Einstellung eines hauptamtlichen Anstaltsarztes abgelehnt. Stattdessen ist dem Arzt vor Ort die Weiterbildung auf dem Gebiet der „Irrenheilkunde" anempfohlen worden.[49] Auch die schlechte Praxis der Abschiebung der „Tobsüchtigen" und stark unruhiger Kranker in das Landarmenhaus Wittstock, obwohl dies „dem eigentlichen Zwecke dieser zur Besserungsanstalt bestimmten Anlage entgegen ist", blieb erhalten. Aber nicht nur in dieser Hinsicht zeigten sich Probleme, auch die innerstädtische Lage und die daraus resultierend Konfrontation des bürgerlichen Umfeldes mit den Geisteskranken erzeugte Konflikte. Der Magistrat der Stadt Neuruppin beschwerte sich 1835 über die Verfügung der Potsdamer Regierung „wegen Beschäftigung unschädlicher Irren außerhalb der dortigen Anstalt"[50]. Diese, der Verbesserung der Behandlungspraxis dienende Bestimmung stieß

49 Stellungnahme des Kuratoriums für Krankenhaus-Angelegenheiten vom 22. Oktober 1833 an das Kultusministerium, in: GStA PK, I. HA, Rep. 76, VIII A, Nr. 3666, Bl. 47–53. Vgl. auch Bellin, Der Aufbau des medizinischen Betreuungssystems, S. 78–81.
50 Eingabe des Magistrat von Neuruppin an die Königliche Regierung in Potsdam, in: GStA PK, I. HA, Rep. 77, tit. 2790, Nr. 4.

auf den Unmut vor Ort. Im weiteren Verlauf der Auseinandersetzung wurde dann von der Stadt die Gefährdung der öffentlichen Ordnung und Sicherheit durch die mangelhafte Aufsicht und Kontrolle der „Irren" auf dem Weg zu ihrer Arbeitsstelle und zurück beklagt. In der Argumentation des Magistrats fand sich die Ansicht wieder, dass die „Irrenanstalten" weniger eine medizinische, sondern primär eine ordnungspolitische Funktion zukäme. Das Verhältnis der bürgerlichen Öffentlichkeit zu den „Irren" hatte sich gegenüber dem Beginn des Jahrhunderts nur sehr geringfügig geändert.

Es kam erst Bewegung in die Sache, als der langjährige Inspektor der Anstalt verstarb. Jetzt setzte eine Auseinandersetzung ein, bei der es vordringlich um die Neubesetzung der Anstaltsspitze ging. Dahinter verbarg sich aber die schon länger schwelende Auseinandersetzung der reformorientierten Verwaltung und der Mediziner mit den Kräften, die einer Veränderung der „Irrenversorgung" skeptisch gegenüberstanden.

Bei der Nachfolgeregelung in Neuruppin wollte der örtliche Landrat von Ziethen den status quo erhalten. Er stellte im Sinne der Kritiker fest, dass die Anlage keineswegs als Heilanstalt, sondern vielmehr als „Irren-Bewahr-Anstalt" anzusehen sei. Daraus zog er den Schluss, dass ein Inspektor zur Leitung der Anstalt ausreiche. Man habe eine Einrichtung, die „in ihrer jetzigen Organisation ihrem Zweck entspreche und dem Bedürfnisse der Provinz genüge". Kurioser Weise hatte von Ziethen die Diskussion um die Ablösung der absolut getrennten durch die „relativ verbundenen" Anstalten dahingehend benutzt, um die Vorzeichen der Neuruppiner Anstalt zu ändern. Er vertrat die Meinung, dass die organisatorische Rückständigkeit der „Irrenversorgung" in Neuruppin gar keine sei, da eine „absolute Trennung der Irren-Anstalten in Heil- und bloße Pfleg- (Aufbewahrungs-) Anstalten" nach den jüngeren Erkenntnissen „unstatthaft und unthunlich" wäre und „die frühere Ansicht darüber durch Vernunft und Erfahrung gründlich widerlegt" sei.[51]

Die Kritiker hielten dagegen die Berufung eines Arztes zur Leitung der Anstalt für unabdingbar, um die bereits von Damerow bescheinigte schlechte medizinische Versorgung der Patienten zu verbessern. Zudem sollte dies nur der erste Schritt sein, um die Mängel der Neuruppiner Anstalt abzustellen. Denn die Überfüllung war und blieb das Hauptproblem. Im Gegensatz zu Ziethens Ansicht erfüllte die gemischte Unterbringung keineswegs die Anforderungen einer optimierten Unterbringung der Krankengruppen nach ihren spezifischen Behandlungsbedürfnissen, wie es in den neueren „relativ verbundenen" Anstalten der Fall war.

Der Kommunallandtag folgte schließlich der Argumentation, dass nur ein hauptamtlich tätiger Arzt in der Neuruppiner Anstalt eine Verbesserung der Behandlung der Kranken herbeiführen könne. Mit dem Verweis auf die Rückständigkeit der „Irrenversorgung" im Vergleich zu anderen Provinzen (siehe Siegburg oder Leubus), sollten jetzt auch in der Kurmark „die Fortschritte der Wissenschaft" berücksichtigt werden und ein Arzt die leitende Funktion der

---

51 Hier und nachfolgend: Bericht der Ständischen Land-Armen-Direktion der Kurmark über die künftige Stellung des Vorstehers an der Land-Irren-Anstalt zu Neu-Ruppin vom 11. November 1840, in: GStA PK, I. HA, Rep. 76, VIII A, Nr. 3666, Bl. 194–199v. Vgl. auch Bellin, Der Aufbau des medizinischen Betreuungssystems, S. 86 ff.

„Irrenanstalt" übernehmen. Begünstigt wurde diese Entscheidung von der finanziell entspannten Lage der Landarmen-Kasse. Und „da die zu bringenden Opfer an sich und im Verhältnis zu dem zu erwartenden Nutzen im Betrage nicht als erheblich erscheinen, endlich aber auch diese Opfer, dies lässt nicht ohne Grund hoffen, bei verbesserter Organisation in größerer Konkurrenz der Aufnahme vermögender Geisteskranken einigen Ersatz (zu) finden". Die Stellung des Arztes wurde gegenüber dem Inspektor aufgewertet. Nun war der Verwaltungsbeamte dem Mediziner nachgeordnet.

Nach Empfehlung der Landarmendirektion beschloss der Kommunallandtag, Dr. Wallis als dirigierenden Arzt in Neuruppin zu berufen. Mit seiner 1841 erfolgten Einsetzung wurde eine der neuen Organisationsform angepasste, wenngleich provisorische „Instruction" gültig. Darin brachte man die Überzeugung zum Ausdruck, dass die medizinische Betreuung das „erste Haupt-Moment" für die Heilung der Kranken sei.[52]

Unterstützt durch die reformorientierten Kräfte in der Landarmendirektion und der staatlichen Verwaltung, begriff Wallis diese neue Ausrichtung als Chance und versuchte, die Umgestaltung und Modernisierung der Anstalt weiter zu treiben.[53]

---

52 Bericht der Landarmendirektion der Kurmark über die Einsetzung von Wallis im November 1841, nach Bellin, Der Aufbau des medizinischen Betreuungssystems, S. 97.
53 Nach Ansicht von Damerow wurde in Neuruppin mit der Berufung von Wallis ein „frischer Anfang" gemacht und er gab seiner Hoffnung Ausdruck, dass die Bemühungen von Wallis von Erfolg bekrönt werden, Damerow in der Einleitung zur Erstausgabe der Allgemeinen Zeitschrift für Psychiatrie und psychisch-gerichtliche Medizin 1, 1844, o. S.

Planungen zu einer neuen „Irrenanstalt" der Kurmark Brandenburg

Die Abschiebung so genannter Unheilbarer von den Heilanstalten in die Landarmenhäuser wurde nicht nur in der Kurmark sondern auch in der Stadt Berlin praktiziert. Damerow stellte 1844 der Berliner Kommune hinsichtlich der „Irrenversorgung" ein noch schlechteres Zeugnis aus als dem benachbarten Landschaftsverband. Hinsichtlich letzterem verlieh er seiner Hoffnung Ausdruck, dass der neue leitende Arzt in Neuruppin, Dr. Wallis, für einige Bewegung in der Sache sorgen werde. Dagegen sei in Berlin die Versorgung der Geisteskranken nach wie vor in einem bedauerlichen Zustand. Besonders symptomatisch für die mangelhafte Organisation und ungeklärte Kompetenzfrage sei das Hin- und Hergeschiebe der Kranken zwischen den beteiligten Einrichtungen. So wurde ein „Unheilbarer" bei einem „Tobsuchtanfall" aus dem Armenhaus in die „Irrenabteilung" der Charité eingeliefert, aus der er nach Ende des akuten Anfalles wieder als „Unheilbarer" in das Armenhaus zurückkehrte. Damerows Fazit lautete: Einzig durch die Errichtung einer neuen „Irren-Heil- und Pflegeanstalt" für die Residenzstädte Berlin und Potsdam könne dieser Zustand verbessert werden, denn eine Erweiterung bestehender Einrichtungen würde die anstehenden Probleme auf längere Sicht nur verschleppen, aber nicht wirklich bewältigen. Da das Fürsorgewesen in den Provinzen und Städten höchst unterschiedlich gehandhabt wurde, schlug Damerow sogar eine Verstaatlichung der „Irrenfürsorge" vor. Seiner Meinung nach war es nur durch eine Vereinheitlichung auf medizinischer, administrativer und auch juristischer Ebene möglich, einen Fortschritt zu erzielen. Damit wandte er sich explizit gegen das fest in landständischer Hand liegende provinziale Fürsorgewesen. Diese eindeutige Stellungnahme, die er programmatisch in der ersten Ausgabe der „Allgemeinen Zeitschrift für Psychiatrie"[1] veröffentlichte, war gewissermaßen das Startsignal für die Reform und die Reorganisation des „Irrenwesens" in Preußen, die Mitte der 40er Jahre angestoßen wurden, und als deren Sprachrohr Damerow zählen kann.

Die Reformbemühungen wurden durch die Ereignisse der Revolution von 1848 gebremst. Erst im Verlauf der 50er Jahre, nach der Normalisierung der Verhältnisse, kehrten sie wieder auf die Tagesordnung zurück. Die Auseinandersetzungen zogen sich in unterschiedlicher Intensität und Ausprägung bis zur Reichsgründung hin, im Falle Berlins gar noch darüber hinaus.[2]

In Neuruppin war der neue dirigierende Arzt Dr. Wallis bald nach seiner Ernennung in die Offensive gegangen und hatte die vormals geäußerte Kritik

---

1 Hier und nachfolgend: Damerow, Einleitung, o. S.
2 Siehe das Beispiel der städtischen „Irrenanstalt" Dalldorf bei Berlin.

an der Einrichtung und den Behandlungsmethoden dahingehend verändert, dass selbst Damerow, der weiter aktiv blieb, der Anstalt mehr den Charakter einer Heilanstalt zubilligte. Zudem wurde nun offenbar stärker darauf geachtet, nur noch solche Kranke aufzunehmen, denen man Heilungschancen einräumte. Die als unheilbar klassifizierten Kranken wurden ohne Umweg in das Landarmenasyl nach Wittstock gebracht. Diese aus Sicht der Mediziner immer noch unbefriedigende Situation führte bei Wallis bald dazu, einen Ausbau der bestehenden Anstalt zu betreiben. Ein erstes Anzeichen dafür war, dass die Landarmendirektion 1843 beim Magistrat der Stadt eine Geländeerweiterung über die Stadtmauer hinaus beantragte. Der direkt vor der Mauer liegende Bereich, die so genannte „Communikation", sollte dafür genutzt und die Ringmauer nach diesem Plan entsprechend erweitert werden. Doch stieß das Ansinnen beim Magistrat der Stadt offenbar auf wenig Gegenliebe, da dieser erst nach einer Mahnung seitens der Landarmendirektion den Antrag überhaupt auf die Tagesordnung setzen ließ. Widerstände gegen das Projekt entzündeten sich zum einen an dem Kostenaufwand, den ein Grundstückserwerb und die Stadtmauerversetzung bedeutet hätte; zum anderen wurde die als äußerst wichtig erachtete Frage nach der „Betriebssicherheit", also der „strengen Durchführung der Isolierungsfrage"[3] aufgeworfen. Nach eingehender Prüfung entschied auch der Kommunallandtag „unterm 14ten December 1844 [...] von einer dem Bedürfniß entsprechenden Vergrößerung der Ruppiner Irren-Anstalt gänzlich abzusehen". Das Vorhaben wurde jedoch nicht fallengelassen, sondern es wurde beschlossen, sich „einen anderweitigen Plan zur Errichtung einer neuen Provinzial-Irren-Heil- und Pflege-Anstalt" vorlegen zu lassen.[4] Daraufhin beauftragte man den ärztlichen Leiter der Neuruppiner Anstalt, seine Vorschläge zu überarbeiten und „einen Plan zur Erbauung einer neuen, dem jetzigen Standpunkte der Psychiatrie entsprechenden, „relativ verbundenen" Provinzial-Irren-Heil- und Pflegeanstalt für 350 Kranke zu entwerfen"[5]. Wallis legte schließlich 1845 einen umfassenden Entwurf vor, den er zusammen mit dem Baurat Steudener[6] erarbeitet hatte. In dem ausführlichen Bauprogramm war den „irrenärztlichen" Erfordernissen oberste Priorität eingeräumt, und Wallis bezog sich hier explizit auf die Modellanstalten in Halle, unter der Leitung von Heinrich Damerow, und Illenau, die von Christian Friedrich Wilhelm Roller dirigiert wurde. Der äußeren Gestaltung maß man hingegen nur eine untergeordnete Rolle zu. Der Entwurf wurde von der Landarmendirektion als derart wichtig erachtet, dass man eine gedruckte Fassung herstellen ließ und diese noch 1845 dem Kurmärkischen Kommunallandtag vorlegte.

---

3 Bellin, Der Aufbau des medizinischen Betreuungssystems, S. 105 f.
4 Bericht der Regierung Potsdam an den Minister von Raumer vom 29. Oktober 1854 über die Errichtung einer neuen Irren-Anstalt bei Berlin, in: GStA PK, I. HA, Rep. 76, VIII A, Nr. 3678, Bl. 6–13, hier Bl. 10.
5 Hier und nachfolgend Wallis, Entwurf zu einem Neubau einer Provinzial-Irren-Heil- und Pflege-Anstalt für die Kurmark Brandenburg, Berlin 1845, in: GStA PK, I. HA, Rep. 76, VIII A, Nr. 3672, 38 Seiten.
6 Steudener hatte bereits 1835–1838 den Umbau des ehemaligen Zisterzienserklosters Owinsk zur „Irrenanstalt" für die Provinz Posen durchgeführt und war in den 1830er und 1840er Jahren ein gefragter Experte im Anstaltsbau, besonders in der technischen Ausstattung solcher Ausrichtung. Vgl. Provinzial-Irrenanstalt Owinsk, in: Bresler, Deutsche Heil- und Pflegeanstalten, Bd. 1, S. 280–286.

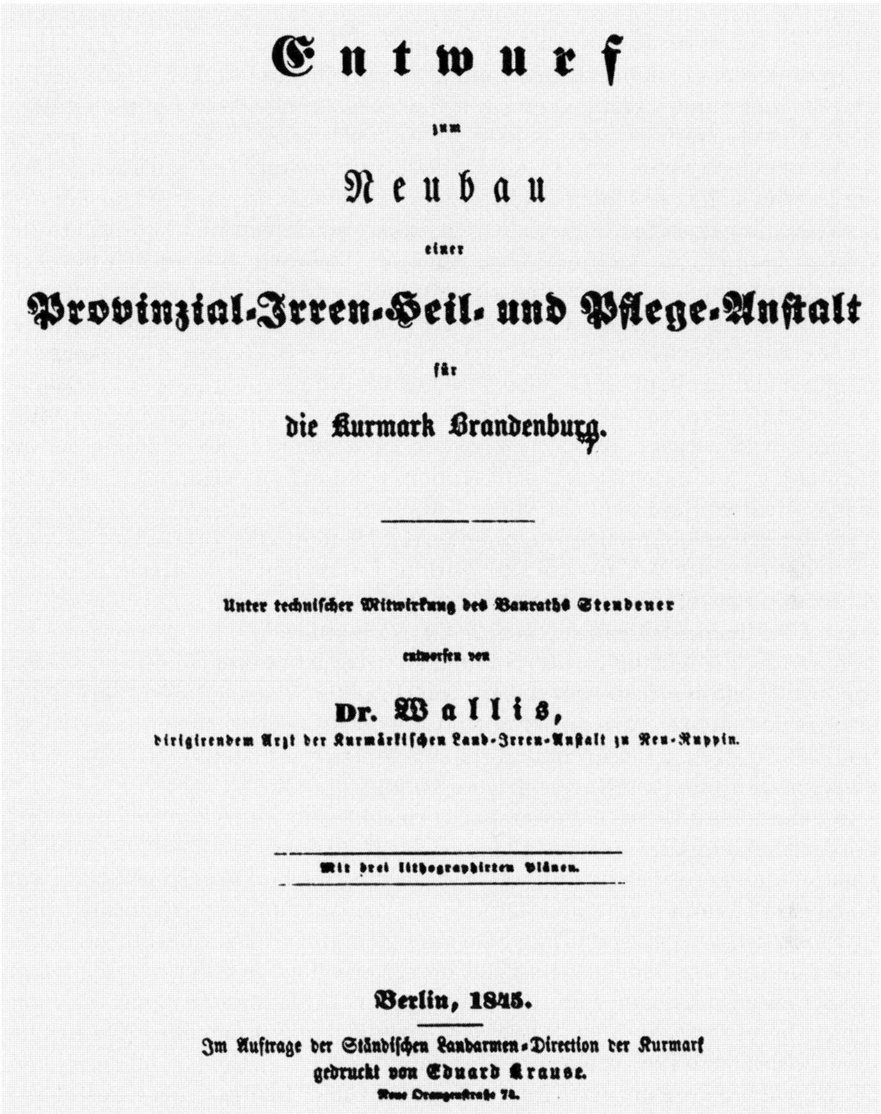

Entwurf

zum

Neubau

einer

Provinzial-Irren-Heil- und Pflege-Anstalt

für

die Kurmark Brandenburg.

Unter technischer Mitwirkung des Bauraths Stendener

entworfen von

Dr. Wallis,

dirigirendem Arzt der Kurmärkischen Land-Irren-Anstalt zu Neu-Ruppin.

Mit drei lithographirten Plänen.

Berlin, 1845.

Im Auftrage der Ständischen Landarmen-Direction der Kurmark
gedruckt von Eduard Krause.
Neue Orangenstraße 71.

Wallis, Entwurf zum Neubau einer Provinzial-Irren-Heil- und Pflege-Anstalt für die Kurmark Brandenburg, 1845, Frontispiz.

In dem Bauprogramm betonte Wallis die Bedeutung einer funktionalen Architektur, die er in Anlehnung an Roller als ein Mittel im Heilungsprozess bezeichnete. Um dieser Aussage Nachdruck zu verleihen, widmete sich Wallis zu Beginn seiner Ausführungen der Frage nach der optimalen Bauform einer „Irrenanstalt". Diese habe sich nach dem Zweck der Anstalt zu richten, „den Kranken ihre moralische und bürgerliche Freiheit wieder zu geben, oder wenigstens das rein Menschliche im Wahnsinne zu wenden, zu bilden und zu erhalten".

Um die Neuerungen und die Notwendigkeit der neuen Anlage zu verdeutlichen, beschrieb Wallis zunächst die bestehende Neuruppiner Einrichtung und analysierte dabei auch Probleme, die über die einzelne Anstalt hinausgingen und die kommunale „Irrenversorgung" oder staatliche Sozialpolitik betrafen. Beim Bau der Neuruppiner Anstalt gab man seinerzeit eine Zählung der zur Aufnahme geeigneten „Irren" in der Provinz in Auftrag. Der extrapolierte Bedarf erwies sich aber schon knapp 18 Jahre später als überholt. Wallis erklärte ihn damit, dass einige Vorurteile gegenüber der Anstalt hätten ausgeräumt werden können. Es habe eine Zeit gedauert, bis auch in breiteren Bevölkerungsschichten der Unterschied zu den alten, verrufenen „Tobhäusern" und Verwahreinrichtungen erkannt und akzeptiert wurde. Offenbar hatte sich das im Reglement beziehungsweise in der „Instruction" bezeichnete Aufgabenverständnis dahingehend verschoben, bedürftige Kranken zu pflegen und dabei als Ergänzung zur privaten oder familiären Pflege zu dienen. Sobald die Angehörigen sicher waren, dass ihre kranken Verwandten nicht in einem der berüchtigten „Toll- oder Tobhäuser" landen, sondern unter „menschenfreundlichen" Bedingungen gepflegt wurden, kamen zunehmend mehr Anfragen und Aufnahmegesuche, auch für nicht bedürftige Patienten.

Mit dem Ankauf von zwei benachbarten „Bürgerhäusern" wurde 1819 eine räumliche Erweiterung der Anlage geschaffen, die aber neue Probleme hervorrief. Wallis beklagte, die „Totalität" der Anstalt sei gestört worden und erschwere die „Isolierung von der Außenwelt in noch höherem Maße [...] als dies schon die Lage der Anstalt an sich mit sich brachte"[7]. Bereits neun Jahre später erfolgte der nächste Ausbau, der mit der Aufstockung der beiden Bürgerhäuser und der Errichtung „eines neuen Hauses in der Promenade der Anstalt" den Platzbedarf freilich auch nicht decken konnte.

Die räumliche Enge aber war nach Ansicht von Wallis mitverantwortlich für die mangelnden Heilungserfolge in der Neuruppiner Anstalt. Da man die Patienten nicht ausreichend nach Stadium und Verlauf der Krankheiten und Störungen räumlich aufteilen konnte, war die Anwendung „moderner" Heilmethoden schwierig, wenn nicht gar undurchführbar. Die geringe Quote der in den Jahren des Bestehens entlassenen „Geheilten" und der hohe Anteil an „dauerhaften" Patienten gab der Neuruppiner Anlage denn auch eher den Charakter einer Pflegeanstalt mit Verwahraufgaben als den einer Heilanstalt. Diese bereits von Langermann und seinem Nachfolger Damerow festgestellte Diskrepanz von Anstaltsrealität und ursprünglicher Intention der Einrichtung, beanstandete auch Wallis. Mit seiner Berufung als ärztlicher Leiter hatte sich die Anstaltsarbeit verstärkt der Heilung zugewandt. „Da konnte es nicht ausbleiben, daß die vorzugsweise in dem Raummangel, dem beschränkten Terrain, der ungünstigen Lage und unzweckmäßigen Konstruktion der Gebäude begründeten Uebelstände der Anstalt in so grellen Widerspruch traten zu den Anforderungen, welche die theoretische und praktische Psychiatrie auf ihrem gegenwärtigen Standpunkte an ein derartiges Institut macht, daß eine vollstän-

---

7 Wallis, Entwurf, S. 3.

dige Reorganisation der Land-Irren-Anstalt als ein unabweisliches Bedürfnis anerkannt werden mußte."[8]

Die erste Projektierung eines Neubaus

Die Größe der Anstalt war bereits durch den Beschluss des Kommunallandtages definiert worden. Wallis begründete den Bedarf von 350 Plätzen mit einer überschlägigen Berechnung: Die beiden ständischen Einrichtungen in Neuruppin und Wittstock versorgten bis zu 280 Personen.[9] Um aber eine Reservekapazität für zukünftige Krankenzahlen zu haben, bestimmte Wallis das Verhältnis von Einwohnerzahl im Einzugsgebiet des kurmärkischen Landarmenverbandes zu den „geisteskranken Individuen". Nach einer „mittleren Annahme" von 1.000 zu 1 entstand die Zahl von 800 Kranken, was die angepeilte Größe der neuen Anstalt bei weitem übertraf. Um diese hohe Zahl herunterzurechnen, verwies Wallis auf die Erfahrungen in der Provinz Westfalen. Dort hatte es 1818, 1825 und 1834 Zählungen der Geisteskranken gegeben, bei denen festgestellt wurde, dass etwa die Hälfte der erfassten Kranken für die Aufnahme in öffentlichen Anstalten „qualifiziert" gewesen sei. Die andere Hälfte könne „ohne Nachteil für sich selbst und das Publikum der Sorge ihrer Angehörigen überlassen werden".[10] Übertragen auf die kurmärkischen Verhältnisse halbierte Wallis die Zahl der in Frage kommenden Personen auf 400. Zudem zeigten die Erfahrungen, so Wallis weiter, dass nur bei drei Viertel dieser Gruppe tatsächlich eine Aufnahme in eine öffentliche Anstalt erfolge, die übrigen Kranken würden zumeist in Privatanstalten versorgt oder auch in den Familien „zurückgehalten" werden. Um aber die negativen Erfahrungen bei der Neuruppiner Anstalt zu berücksichtigen, die bewiesen „wie unsicher und trügerisch selbst auf speciellen Zählungen beruhende Annahmen für die spätere Zukunft sind"[11], erhöhte Wallis die Zahl nochmals um 50 und ermittelte letztlich einen Bedarf von 350 Plätzen für die Kurmark. Die Differenz von 280 aktuell benötigten und 350 projektierten Plätzen hielt er für ausreichend, um gegenüber dem zukünftigen Bevölkerungswachstum und der Zunahme der Geisteskranken gewappnet zu sein. Dies sah er selbst dann gewährleistet, wenn die kurmärkische Einrichtung Kranke aus den Residenzstädten Berlin und Potsdam aufnehmen müsste, was schnell der Fall sein könnte, da es in beiden Städten an „selbstständigen Irren-Anstalten" mangele. Seine Überschlagsrechnung verglich Wallis zur Vorsicht mit der Situation in anderen deutschen Ländern. So führte er zum einen das Großherzogtum Baden mit 1,2 Millionen Einwohnern an, das in Illenau eine Anlage für 450 Kranke betrieb, zum anderen die Provinz Sachsen, die bei einer ähnlichen Einwohnerzahl, einen Bedarf von 400 bis 450 Plätzen für den Hallenser Bau berechnete. Beide Einrichtungen waren die modernsten ihrer Zeit und galten für den Funktionstypus der „relativ verbundenen" Heil- und Pflegeanstalt als vorbildlich.

8 Ebd., S. 4.
9 Ebd., S. 6.
10 Ebd., S. 5.
11 Ebd.

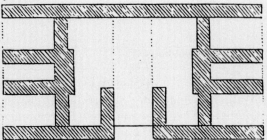

Die Anstalt zu Illenau

nähert sich am meisten der Linienform, erinnert aber zugleich durch das parallele Gegenüberliegen der Heil- und Pflege-Anstalt an die H-Form, und an den schmalen Seiten, durch das Einschieben der Tobsüchtigen-Gebäude in Quadratform zwischen beide Anstalten, an die Form der in einen gewissen Verband gebrachten einzelnen Vierecke.

Die Irren-Anstalt bei Halle hingegen

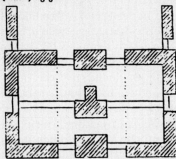

besteht, das Oekonomie- und die Tobsüchtigen-Gebäude abgerechnet, aus sechs, in Form eines Vierecks

Wallis und Steudener, Plan für den Bau einer kurmärkischen Irrenanstalt 1845, schematische Darstellung der Anstalten Illenau und Halle.

Das Raumprogramm entwickelte Wallis nach den Maßgaben, welche Roller in Illenau und Damerow in Halle kurz zuvor beispielhaft umgesetzt hatten. Grundlegendes Ordnungsprinzip war die Gliederung der Anlage in zwei Hauptabteilungen, die der Heilung beziehungsweise der Pflege der Kranken dienten. Für eine Zusammenlegung heilbarer und unheilbarer Kranken unter gemeinsamer Verwaltung, Bewirtschaftung und medizinischer Betreuung sprachen vor allem die günstigeren Unterhaltskosten. Einen weiteren Vorteil der Bauform sah Wallis darin, dass eine Verlegung innerhalb einer Anstalt schnell und unkompliziert erfolgen könnte, da die bisherige „Verschiebepraxis" zwischen den Einrichtungen entfalle.

Die genaue Bestimmung der Krankenplätze in den verschiedenen Abteilungen gestaltete sich jedoch als sehr schwierig, da durch den „Mangel bestimmter Kriterien die Annahme der Ärzte in Bezug auf Heil- oder Unheilbarkeit der Seelenstörungen an sich schwankend und von einander abweichend sind"[12]. Daher bezog sich Wallis hier auf die aus Neuruppin vorliegenden Daten, wonach etwa zwei Drittel aller Patienten so genannte Unheilbare waren. Dieses

12 Ebd., S. 7.

Wallis und Steudener, Plan für den Bau einer kurmärkische Irrenanstalt, 1845, Situationsplan.

Verhältnis übertrug er auf das Neubauprojekt, das somit 130 Plätze für „Heilbare" und 220 für „Unheilbare" erhalten sollte. Allerdings merkte Wallis an, dass die hohe Zahl der Unheilbaren im Neuruppiner Anstaltsbetrieb durch die schlechten Bedingungen verursacht seien, die eine erfolgreiche medizinische Betreuung der „Heilbaren" behindern.[13]

---

13 Ebd., S. 7–11. Vgl. auch Kristina Hübener, Zum Wohl und Wesen vieler Unglücklichen, in: Landesklinik Eberswalde (Hrsg.), Gropius in Eberswalde, S. 35.

Da „die Vermehrung der Irren-Anstalt aus sich selbst keineswegs als ein erfreuliches Ereignis angesehen werden kann"[14], war die strikte Trennung der Geschlechter die zweite Hauptdeterminante der Planungen. Die Anstalt gliederte sich daher räumlich grundsätzlich in eine Frauen- und eine Männerseite, die ihrerseits in eine Heilanstalt und eine Pflegeanstalt unterteilt waren. Zwischen den beiden Hauptabteilungen der Geschlechter, und damit sprichwörtlich im Zentrum der Anlage, sollten die administrativen Funktionen angesiedelt werden.

Innerhalb der Heil- und Pflegeanstalt erfolgt die Unterbringung getrennt nach dem Verhalten der Kranken und dem Charakter ihrer Krankheit, das heißt, die Patienten wurden nach der „Komplikation" der Krankheit und dem damit verbundenen pflegerischen Aufwand in „ruhig und reinlich" sowie „unruhige und unreinliche" klassifiziert. Die letzte Gruppe unterteilte man nochmals in „schädlich und störend" und „tobsüchtig und unreinlich". Wallis bezeichnete es als unerlässlich, durch eine „Trennung des Ungleichartigen von einander eine gewisse Ordnung in dieses Chaos der verschiedenartigen Personalitäten zu bringen"[15]. Bei epileptischen Kranken sei beispielsweise eine Trennung von anderen „Irren" deswegen angeraten, weil „die epileptischen Krämpfe durch den bloßen Anblick derselben leicht von dem einen Individuum auf das andere übertragen werden"[16].

„Wichtiger aber noch als der Charakter der Seelenstörung ist [...] für die Klassifikation der Kranken der Unterschied nach den Ständen und der hierdurch bedingten Verschiedenheit in Bezug auf Erziehung, Bildung und Gewohnheiten:"[17] Wallis ging sogar soweit zu behaupten, dass eine Gleichsetzung der sozialen Klassen die Heilungschancen gerade der höheren Stände negativ beeinträchtige. Denn die „Aufhebung des freien Vernunftgebrauches und des darauf beruhenden religiösen Sinnes" würde dem Kranken gerade dasjenige Vermögen berauben, „welches ihn allein in den Stand setzen könnte, einen solchen Wechsel mit Fassung, Ergebung und Gleichmuth zu ertragen".[18] Daher sei besonders in der Heilanstalt die Trennung der Patienten nach höheren, mittleren und niederen Ständen unabdingbar. Die dort untergebrachten Patienten müssten, so Wallis, jedoch auch nach dem Charakter der Erkrankung klassifiziert und behandelt werden. Das oberste Gebot dabei wäre die Trennung der „ruhigen und sittlichen" von den „störenden und belästigenden" Patienten.[19] Für die Unheilbaren, besonders die „unruhigen und unreinlichen", sollte das Aufteilungsschema aber nur bedingt zur Anwendung kommen, da hier von vorneherein Einzelisolierung vorgesehen war.

Aus dieser Gliederung nach sozialen, medizinischen und pflegerischen Gesichtspunkten ergibt sich eine Unterteilung in kleinste Einheiten. Ergänzt durch gesonderte Bereiche für körperlich Kranke und für „Tobsüchtige" entstanden so insgesamt 23 Abteilungen, die manchmal nur mit wenigen Kranken belegt werden sollten.

---

14 Wallis, Entwurf, S. 7.
15 Ebd., S. 8.
16 Ebd., S. 9.
17 Ebd., S. 10.
18 Ebd.
19 Ebd., S. 13.

Auf der Grundlage dieser doch recht komplizierten Anforderungen zur Unterbringung der Patienten hat Wallis ein spezifisches Raumprogramm entwickelt. Die Erschließung des Ganzen sollte in einer Art und Weise geschehen, dass „bei sonstiger Trennung der Heilbaren von den Unheilbaren, der Männer von den Frauen nach Wohnungen, Höfen und Gärten, dennoch eine leichte und bedeckte Kommunikation aller dieser Abtheilungen mit den Central-Gebäuden, insbesondere dem der Administration, bestehe, und hierbei möglichst eine freie Uebersicht des gesammten Gebietes der Anstalt von den Central-Gebäuden aus gewonnen werde"[20]. Dabei sollten auch die Gärten oder Freibereiche streng voneinander getrennt sein. Die Anordnung der einzelnen Kompartimente dürfte aber nicht willkürlich erfolgen, sondern müsse in einem Bezug zum Mittelpunkt der Anstalt stehen. Je ruhiger und sittlicher die Kranken und je höher der gesellschaftliche Stand, desto näher durften ihre Räumlichkeiten am Verwaltungsgebäude im Zentrum der Anlage liegen. Umgekehrt sollten „die Tobsüchtigen und Unreinlichen aber völlig isoliert in den entferntesten Endpunkten des Ganzen in leicht kommunicierenden selbstständigen einstöckigen Gebäuden untergebracht werden"[21].

Um diese Raumbedingungen zu erfüllen, wäre eine einfache und zweckmäßige Architektur am besten geeignet. Allerdings lehnte Wallis alle Bautypen und –formen, wie etwa kreuzförmige Anlagen, ab, die aus der Gefängnisarchitektur stammen.[22] Ebenso sollten geschlossene Höfe, stark vergitterte Fenster und mehr als zwei Stockwerke vermieden werden, da sie ebenfalls an Gefängnisse erinnerten. Im Folgenden diskutierte Wallis die Vor- und Nachteile der unterschiedlichen Baumassenverteilungen, wobei er drei Grundfiguren unterschied: Zum einen ein Verband aus Vierecken, zum anderen die H-Form und schließlich die Linienform. Da bei der geforderten Größe von 350 Plätzen der Flächenbedarf beachtlich und die Baukosten entsprechend hoch wären, erschien Wallis jedoch keines der Schemata geeignet. Erst eine Kombination dieser drei Grundformen würde eine optimale Anordnung ermöglichen, die alle Bedürfnisse einer „relativ verbundenen" Heil- und Pflegeanstalt erfüllen und gleichzeitig platzsparend und damit kostengünstiger sein konnte.

Als Beispiele für eine solche Kombination führte Wallis die Anstalten Illenau und Halle an, bei denen durch flexible Verwendung der Grundformen eine individuelle Synthese geschaffen worden sei, die optimal den Anforderungen der „relativ verbundenen" Anstalt und des Standortes entspräche. Bei beiden Lösungen vermerkte Wallis positiv, dass die Wirtschaftsfunktionen im Zentrum der Anlage angeordnet sind. In Halle lobt er darüber hinaus die Anordnung der Gebäudeteile für die „Tobsüchtigen", die „ganz für sich bestehende, aber mit der übrigen Anstalt durch verdeckte Gänge communicirende Baulichkeiten bilden".

In seinem eigenen Vorschlag versuchte Wallis nun, durch Kombination von Grundformen einen eigenständigen Anstaltstyp zu entwerfen. Die gesamte Anlage sollte auf einem 60 Morgen großen Gelände errichtet werden. Zwischen

20 Ebd., S. 14.
21 Ebd.
22 Gemeint ist hier das 1834 begonnene und erst 1846 eröffnete „Irrenhaus" in Erlangen. Vgl. Jetter, Geschichte des Irrenhauses, S. 55–66.

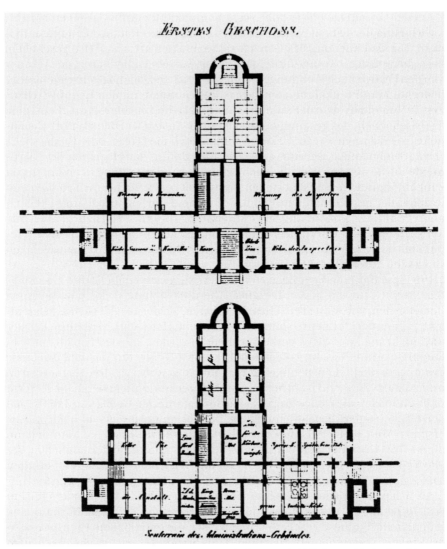

Wallis und Steudener, Plan für den Bau einer kurmärkische Irrenanstalt, 1845, Hauptgebäude, Grundrisse vom Souterrain und 1. OG.

den spiegelbildlich aufgebauten Geschlechter-Bauabschnitten platzierte er das dreigeschossige Verwaltungsgebäude, das Verwaltungs- und Versorgungsaufgaben übernehmen sollte und mit den beiden Hauptabteilungen durch zweistöckige Gänge verbunden war. Das Wohnhaus des Direktors war hinter der gesamten Anlage vorgesehen, seine Lage sollte einen vollständigen Überblick über die Anstalt in ihrer „ganzen Ausdehnung" ermöglichen.

Die Krankenabteilungen waren überwiegend zweigeschossig und dreiflügelig um einen Hofraum gruppiert. Die weitere funktionale Ausdifferenzierung folgte dann dem Schema der Trennung in Heil- und Pflegeanstalt, die wiederum nach sozialem Stand und Krankheitssymptomen der Patienten weiter unterteilt wurden. Gemeinsam genutzte Einrichtungen aller Patienten eines Geschlechtes, wie z.B. Bäder, wurden an zentraler Stelle am Übergang zum Verwaltungsbau angeordnet. Zwischen den Flügelenden der Heil- und der Pflegeanstalt bildeten die „Beschäftigungs-Lokale" einen gewissen Abschluss der Hofräume. Dieser jeweils nur durch einen Gang mit der Heilanstalt verbundene Bau enthielt auf der Männerseite Werkstätten, auf der Frauenseite eine Wäscherei. Der nicht vollständig umbaute, aber durch einen Gitterzaun geschlossene Hof war zudem durch eine Mauer geteilt. Im Zentrum des Hofes der Frauenseite sollte das Dampfkesselhaus für die Wäscherei untergebracht werden.

Die Gebäude der „Tobsüchtigen" und „Störenden" waren als eingeschossige Bauten den jeweiligen Geschlechterabteilungen vorgelagert. Auch hier war die Verbindung zu den Krankenabteilungen durch einen gedeckten Gang vorgesehen.

Zu jeder Krankenabteilung existierte eine umgrenzte Freifläche, die als „Erholungs-Garten" für die jeweilige Krankengruppe dienen sollte. Dabei legte Wallis besonderen Wert auf die vollkommene „Isolierung" der einzelnen Bereiche, die gleichwohl durch den Einsatz eines „vergitterten Verschlusses [...] die Aussicht ins Freie gewährt" und damit den Aufenthalt in diesen Bereichen angenehmer gestaltete. Die übrigen Areale der Anstalt, die von einem Graben und einer Hecke umgrenzt wurden, sollten als landwirtschaftlich genutzte Eigenbedarfsflächen kultiviert werden, damit die „Bedürfnisse des Instituts [...] soviel als möglich durch die Hände und die gemeinschaftliche, verständig geleitete Thätigkeit der Irren selbst beschafft werden"[23] konnten. Am Haupteingang der Anstalt waren schließlich zwei Torbauten vorgesehen, in denen neben dem Pförtner und dem Nachtwächter auch die Anstaltsbäckerei und die hauseigene Brauerei samt den dazu gehörenden Dienstwohnungen unterkommen sollte.

Die Gestaltung der Krankenabteilungen ging von den beiden Grundelementen Korridor und Wohnraum aus. Der Korridor hatte nicht nur die Aufgabe, die gesamte Anstalt zu erschließen, sondern diente bei schlechter Witterung auch als Bewegungsraum für die Kranken. Deshalb ist er mit neun Fuß auch entsprechend breit dimensioniert. Um eine gute Belichtung und Belüftung zu gewährleisten, wurde eine einhüftige Anordnung bevorzugt. Der Korridor war in den Krankenabteilungen immer an die Innen- beziehungsweise Hofseite gelegt und „seine Wände müssen mit Kalk weiß gestrichen, und der Fußboden durchgängig gedielt und mit einem hellen Firniß überzogen sein"[24]. Die Wohnräume waren dagegen nach außen zu den Gärten hin orientiert. Wallis forderte, wenn möglich, die Trennung von Wohn- beziehungsweise Aufenthaltsräumen und Schlafräumen. Letztere sollten im zweiten Stockwerk, erstere nur im Erdgeschoss angeordnet sein. Dabei war die Anzahl der Patienten, die in einem Zimmer untergebracht werden sollten, nach dem sozialen Stand gestaffelt. Bei den höheren Ständen sollten es maximal zwei Personen, bei den mittleren Ständen drei bis „wenige Kranke" und in den anderen Abteilungen höchstens 15 Patienten sein. Einzelunterbringung hielt Wallis nur bei den „Tobsüchtigen" für angemessen, alle anderen Kranken sollten gemeinschaftlich untergebracht

---

23 Wallis, Entwurf, S. 23.
24 Ebd., S. 22.

und betreut werden: „Der Haupt-Zweck der Irren-Anstalt ist der, dem Irren die verlorene Fähigkeit, in Gemeinschaft mit seinen Mitmenschen seiner Natur-bestimmung gemäß zu leben, womöglich wiederzugeben, und dieser Bestimmung wird sicherlich weniger durch anhaltende Isolierung des Kranken, als vielmehr durch Gewöhnung desselben an eine ununterbrochene und unmittelbare Gemeinschaft mit seinen Genossen entsprochen werden.“[25]

Eigene Speisesäle waren nur für die höheren und mittleren Stände vorgesehen, da sie dies nach ihren früheren Gewohnheiten so erwarten dürften und somit eine leichtere Beaufsichtigung gewährleistet wäre. Bei den niederen Ständen sollten die größer dimensionierten Aufenthaltsräume gleichzeitig auch als Speisesäle dienen.

Die Gestaltung und Ausstattung der Räume variierte je nach Bedürfnissen. Bei den höheren Ständen sollten die Wände aufwändiger verputzt und gestrichen werden, während bei den „unreinlichen" Kranken die nackte Ziegelwand lediglich mit einem Ölfarbanstrich zu versehen wäre. Als Fußbodenbelag sprach sich Wallis durchgängig für Holzdielenboden aus, da Steinfußböden „bei manchem ihnen eigenen Vorzügen für unsern nördlichen Himmelstrich nicht passen" würden.[26]

Aufgrund der Flucht- und Verletzungsgefahr mussten auch Fenster und Türen speziellen Sicherheitsaspekten genügen, besonders dort, wo die „stark unruhigen" Kranken untergebracht wurden. Obwohl der Eindruck eines Gefängnisses bei der Gestaltung der Anstalt tunlichst zu vermeiden war, plädierte Wallis dennoch für „die natürlichste und älteste Bewahrung der Fenster durch eiserne Gitter, […] sowenig diese auch der Zertrümmerung der Scheiben wehren, und obgleich sie den Kranken Gelegenheit sich aufzuknüpfen darbieten"[27]. Indem die Gitter dicht vor dem Fenster analog der Sprossung angebracht und auch denselben Anstrich erhalten sollten, sollte der Anschein eines Gefängnisses zumindest abgemildert werden. „Wenn diese Gestalt der Fenster auch nicht gerade der Idee der Schönheit vollkommen entspricht", wäre diese Lösung doch der beste Kompromiss zwischen funktionaler Erfordernis und dem Anspruch einer humanen Behandlung der Kranken, die nicht zuletzt auch in der äußeren Gestalt der Anlage zum Ausdruck kam. Allerdings machte Wallis auch hier Einschränkungen und ging auf das Verhalten und die Behandlung der verschiedenen Krankengruppen ein. Beispielsweise hielt er eine Vergitterung bei den Räumen der ruhigen und heilbaren Kranken nicht für zwingend notwendig, da diesen Patienten jene „custodia liberalis" entgegengebracht werden sollte, die eine solche Maßnahme überflüssig erscheinen ließe.

Die Funktionalität und Rentabilität der Anlage waren für Wallis maßgeblich von der technischen Ausstattung, also Heizung, Lufterneuerung, Beleuchtung, Wasserversorgung, Wäschereinigung, Badeeinrichtung sowie dem „Kochapparat" bestimmt. In allen Bereichen stellte er die neuesten Apparaturen den älteren Einrichtungen gegenüber und bewertete sie unter funktionalen und ökonomischen Gesichtspunkten. So plädierte Wallis wegen der einfacheren

---

25 Ebd., S.23.
26 Ebd.
27 Ebd., S.24.

Handhabung bei günstigerem Heizmaterialverbrauch für den Einsatz einer Wasserdampfheizung. Desgleichen hielt er eine Gasbeleuchtung für zweckmäßig, da der Unterhalt, die Feuergefahr und die Verschmutzung geringer seien als bei der herkömmlichen Beleuchtung mit Öllampen.[28]

Auf die hygienischen Verhältnisse wurde besonderes Augenmerk gelegt. Neben dem Aspekt der „Luftreinigung", also der allgemeinen Belüftung der Räume, hatten die Wasch- und Reinigungseinrichtungen einen hohen Stellenwert. Da die Beschäftigung der weiblichen Patienten mit der Wäschereinigung als „eine nur zu häufige Quelle des Erkrankens nachgewiesen"[29] worden wäre, sollten durch den Einsatz eines Apparates zur Dampfwäsche die menschliche Arbeitskraft möglichst zurückgenommen werden. Mit dem dazu notwendigen Dampfkessel konnte gleichzeitig auch die entsprechende Heizung der gesamten Anstalt betrieben werden.

Nicht zuletzt durch den Einsatz dieser Gerätschaften war eine ausreichende Frischwasserversorgung ein zentraler Punkt im Bauprogramm der Anlage, und Wallis sah einzig in der Ansiedlung nahe eines Flusslaufes die Lösung dieses Problems. Dessen Wasser sollte durch eine mit Dampfkraft betriebene Pumpe in ein Zentralreservoir auf dem Dach des Verwaltungsgebäudes geschafft werden. Von dort würde es dann mittels Druckleitungen in alle Abteilungen beziehungsweise Räumlichkeiten mit Wasserbedarf weitergeleitet werden. Ohne maschinelle Hilfe oder nur durch „gewöhnliche Brunnen" wäre der Bedarf an Wasser, den Wallis mit 40 000 Quart angab, nicht zu decken.

Jede Unterabteilung der Anstalt sollte einen vom Korridor aus zugänglichen Abtritt besitzen. Die Örtlichkeiten waren in beiden Stockwerken in den Ecken des Baues angeordnet und in den Hof hineingebaut. Durch einen abgedeckten Abwasserkanal wurden sie mit den im Hof befindlichen Gruben verbunden. Zur Vermeidung von üblen Gerüchen sollten diese luftdicht verschlossen und mittels eines Rohres, das über das Dach hinausgeführt wird, entlüftet werden. Ein speziell dafür aufgestellter Ofen sollte den Abluftkanal erwärmen, um einen beständigen Luftzug zu ermöglichen, der die schlechte Luft aus den Gruben abführt.[30]

Die Versorgung der Anstalt erfolgte vom Verwaltungsgebäude aus, in dessen Souterrain die Anstaltsküche mit entsprechenden Arbeitsräumen und die Speisekammer eingerichtet waren. Dagegen beherbergte das Erdgeschoss Büroräume und Beamtenwohnungen für den Hausvater sowie den Ökonomie-Inspektor oder Rendanten. Die zweite Etage sollte neben der Apotheke und dem pathologischen Kabinett die Wohnungen des zweiten Arztes und des Anstaltsgeistlichen aufnehmen. Der Arbeitsplatz des letzteren war als einfache Saalkirche mit halbrund vorspringender Apsis rückwärtig an den Hauptbau angesetzt. Um auch hier eine Trennung der Geschlechter zu gewährleisten,

---

28 Ebd., S. 26. Wallis verwies auf englische Beispiele wie Wakefield und Hanwell bei London, die entweder auf Gasbeleuchtung nachgerüstet oder von vorneherein damit ausgestattet sind. Wallis bezog sich bei allen Vergleichen zu anderen Einrichtungen auf die Angaben von Maximilian Jacobi, Über die Einrichtung der Irrenanstalten.
29 Ebd., S. 27. Als vorbildlich für eine Dampfwäscheeinrichtung nannte Wallis wiederum Hanwell bei London.
30 Ebd., S. 25.

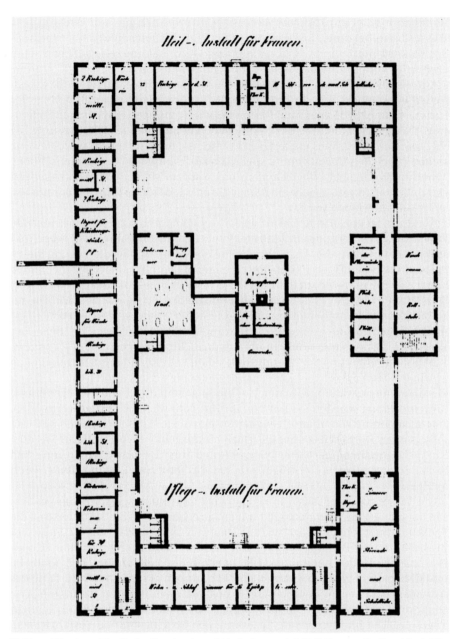

Wallis und Steudener, Plan für den Bau einer kurmärkische Irrenanstalt, 1845, Frauenseite, Grundriss 1. OG.

sollte der über zwei Geschosse reichende Raum Galerien (für die Frauen) enthalten.

Das dritte Obergeschoss war der Unterbringung von „heilbaren" Kranken der höheren Stände vorbehalten und nach Geschlechtern in zwei Hälften geteilt. Dementsprechend wurde die Etage durch getrennte Aufgänge erschlossen, die als Treppentürme seitlich an den Baukörper anschließen und in die doppelge-schossigen Verbindungsgänge vermittelten. Diese Gänge verlängerten sich in den Verwaltungsbau und erschlossen ihn auf allen Etagen zweihüftig.

Etwas abgerückt, aber durch Gänge mit dem Verwaltungsgebäude verbun-den, schlossen sich dann beidseitig die L-förmigen Trakte der Heilanstalt an. Der Abstand und die Orientierung zum Verwaltungsbau klassifizierten die Wertigkeit der Krankenräume. In den der Mittelachse am nächsten liegenden Abschnitten hatten die höheren Stände ihre Räumlichkeiten. Je weiter die Ent-fernung vom Verwaltungsgebäude, desto niedriger wurde der soziale Stand der untergebrachten Patienten angesetzt. Gleichzeitig nahm auch der „Störfaktor" der Patienten zu. Diese Regel galt sowohl innerhalb der Abteilungen, als auch in der Anordnung derselben im Verbund der Anstalt. So waren die Räume der heilbaren Kranken der höheren Stände an der langen Front zum Ehrenhof angeordnet, durch den der öffentliche Zugang zum Administrationsgebäude führte. Dagegen sollten die Zimmer derselben Krankengruppe, jedoch des mitt-leren und niederen Standes zur anderen Seite des Verbindungsganges, auf der Rückseite des Verwaltungsbaues mit Blick auf die Kirche orientiert sein. Am Ende des Flügels und am Übergang zum Arbeitshaus folgten dann, durch ein Treppenhaus getrennt, die Aufenthaltsräume der störenden „Heilbaren". Im zweiten Stockwerk und analog zu dieser beschriebenen Auf- und Unterteilung waren die Schlafräume eingerichtet.

Die drei Flügel der Pflegeanstalt für die „unheilbaren" Kranken bildeten den südlichen Abschluss der Frauen- wie der Männerseite. Ein Flügel schloss naht-los an den langen Ehrenhofflügel der Heilanstalt an und verlängert ihn somit. Von außen betrachtet bildeten beide Teile somit eine einheitliche Fassade; im Innern aber waren Heil- und Pflegeanstalt strikt getrennt und lediglich über eine Schleuse miteinander verbunden.

Während dieser und der Parallelflügel dreigeschossig geplant waren, sollte der Verbindungstrakt zwischen beiden – wie bei der Heilanstalt – nur zwei Stockwerke aufweisen. Die Wertigkeit und Funktion der Räume wurden auch hier in Relation zum Zentrum der Anlage, dem Verwaltungsbau, bestimmt. Im ersten Bereich, der sich an die Heilanstalt anschloss, folgten zunächst die Räume der höheren, dann diejenigen der mittleren und niederen Stände. Im Verbindungsbau waren Räume für epileptische Kranke vorgesehen, während im letzten Flügel, der zugleich am weitesten vom Hauptgebäude entfernt war, die „Störenden" unter den „unheilbaren" Patienten untergebracht werden soll-ten. Wie in der Heilanstalt lagen auch hier im Erdgeschoss die Wohn- und Auf-enthaltsräume und im Obergeschoss die Schlafräume der jeweiligen Patienten-gruppen. Eine Ausnahme stellte lediglich der mittlere Flügel dar, in dem die Wohn- und Schlafräume der Epileptiker auf einer Etage untergebracht waren, und im Obergeschoss eine separate Abteilung für „Blödsinnige" eingerichtet werden sollte. Deren Schlafsäle lagen im dritten Geschoss des angrenzenden Flügels, über den „Störenden". Auf der Frauenseite war in der zweiten Etage des Verbindungstraktes eine eigene Abteilung für „blödsinnige Kinder" geplant.

Die Räume für das Wartpersonal waren nur vereinzelt, an strategischen Stel-len wie den Flurenden oder am Übergang von der Heil- zur Pflegeanstalt, einge-

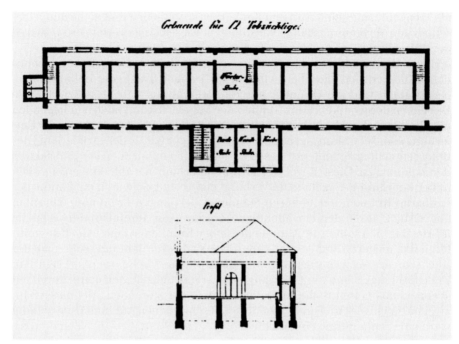

Wallis und Steudener. Plan für den Bau einer kurmärkische Irrenanstalt, 1845, Tobhaus. Grundriss und Schnitt.

fügt, „da die Wärter resp. Wärterinnen gemeinsam mit ihren Pflegebefohlenen wohnen und schlafen müssen"[31].

Für körperlich Erkrankte waren eigene Räume über der Badeanstalt vorgesehen. Letztere war in Verlängerung des Verbindungsgangs zum Verwaltungsbau in den äußeren Hof hineingebaut. Die Einrichtung sollte auf jeder Geschlechterseite von den Patienten der Heil- und der Pflegeanstalt gemeinsam genutzt werden. Den Bädern gegenüber, auf der anderen Hofseite lagen die so genannten Beschäftigungshäuser. Auf der Männerseite waren hier Werkstätten für verschiedene handwerkliche Tätigkeiten geplant. Neben einer Schuhmacherei und Schneiderei, der Schmiede und Schlosserei, waren Räume für Zimmermannsarbeiten, wie Tischlerei und Drechslerei enthalten. Auf der Frauenseite lag die Wäscherei mit einer Plätt- und Flickstube, einer Rollstube und der eigentlichen Waschküche. Das obere Stockwerk sollte ausschließlich zum „Schnelltrocknen" der Wäsche genutzt werden.

Am weitesten vom Verwaltungsbau entfernt befanden sich die Gebäude der „Tobsüchtigen". Sie sollten dem gesamten Komplex als isolierte, eingeschossige Bauten vorgelagert werden, die nur durch einen Gang mit der Pflegeanstalt, genauer mit der Abteilung der „Störenden" verbunden waren. Ihre innere Struktur bestand aus Einzelzellen, denen ein breiter Hauptgang vorgelagert war, der auch zum Aufenthalt der Kranken diente. Hinter den Zellen waren Wartungsgänge in zwei Etagen vorgesehen, die Galerie sollte die Visitation der

31 Ebd., S. 33.

Kranken von oben durch Oberlichter in den Zellen ermöglichen. Gleichzeitig waren diese Oberlichter auch die einzige natürliche Lichtquelle in den ansonsten fensterlosen Zellen.[32] „Das Licht, welches die Zellen durch ihre Fenster erhalten, ist bei der getroffenen Einrichtung zwar nur erborgt, dadurch aber, daß die außen befindlichen großen Fenster der Gallerie nur in einer Entfernung von fünf Fuß den Zellenfenstern genau gegenüberstehen, dennoch hell genug, um die Gemächer in keiner Weise unfreundlich und düster erscheinen lassen."[33] Da eine Beheizung und Warmwasserversorgung vom entfernt liegenden Maschinenhaus unrentabel erschien, wurde ein eigener Ofen im Souterrain des Isolierhauses installiert.

Wallis schloss seine Ausführungen mit dem Bedauern, dass kein Kostenanschlag vorgelegt werden könne, da „selbst die approximative Berechnung und Festsetzung desselben bis zum Drucke dieses Entwurfes von dem damit beauftragten Bau-Beamten nicht zu beschaffen gewesen" wäre. „Behufs der Vorlage an den hohen Kommunal-Landtag der Kurmark"[34] müsse die Landarmendirektion in diesem Punkt noch nachträglich sorgen.

Die Kommission zum Neubau der „Land-Irrenanstalt" und die Standortfrage

Gewissermaßen in Ergänzung zur baulichen Projektion von Dr. Wallis wurde auf dem 20. Kommunallandtag am 3. Dezember 1845 durch Einsetzung einer Kommission zur Reorganisation des „Irrenwesens" die Grundlage für die Modernisierung auch der administrativen Strukturen geschaffen. Um das weitere Vorgehen zu planen, sollten zunächst die „Land-Irrenanstalt" Neuruppin sowie die Landarmenanstalten Strausberg, Wittstock und Prenzlau einer Revision unterzogen werden. Da man in der Kurmark noch keine Erfahrungen mit der von Wallis propagierten Lösung hatte, war die Zurückhaltung gegen die neuartige Anstaltsform und die damit zusammenhängenden Behandlungsmethoden groß. Durch die Anforderung „eines im Bauwesen, namentlich in Erbauung und Ermittlung von ‚relativ verbundenen' Irren-Heil- und Pflege-Anstalten, persönlich und praktisch bewährten Technikers" und des Weiteren eines ärztlichen Gutachtens „über die Isolierungsfrage bei […] relativ verbundenen Irren-Heil- und Pflege-Anstalten von der Außenwelt"[35] suchten die Mitglieder des Kommunal-Landtages ihren Informationsbedarf zu befriedigen. Das geforderte ärztliche Gutachten wurde kurz darauf von Heinrich Damerow geliefert.[36] Darin äußerte er sich sehr positiv über den Entwurf von Dr. Wallis, mahnte aber gleichzeitig eine umfassendere Lösung der anstehenden Probleme an. Damerow verstand hierunter die Koordination und Zusammenfassung der „Irrenversorgung" der Kurmark mit den Städten Berlin und Potsdam unter der

---

32 Ebd., S. 35. Lediglich eine kleine Lüftungsöffnung in der Tür zum Korridor, die bei Bedarf geöffnet werden konnte, stellte eine weitere Lichtquelle dar.
33 Ebd.
34 Ebd., S. 38.
35 Bericht der Kommunallandtagskommission zur Reorganisation der Kurmärkischen Landarmen-Institute vom April 1846, in: GStA PK, I. HA, Rep. 76, VIII A, Nr. 3672, o. Bl.
36 Ebd., datiert vom 21. Mai 1846.

Neuruppin um 1640, Postkarte.

Prämisse der Vereinheitlichung des „Irrenwesens" unter staatlicher Oberaufsicht.

Zu der geplanten Revision der Anstalten des kurmärkischen Landarmenverbandes in Neuruppin, Wittstock, Straußberg und Prenzlau sollten nach Damerow Baufachleute hinzugezogen werden. Neben einem nicht namentlich genannten Mitglied der königlichen Oberbaudeputation sollten der Baumeister Spott und der bereits bekannte Baurat Steudener sowie Professor Strauß dem Revisionsgremium angehören. Die drei letztgenannten waren beim Bau der Hallenser Anstalt, in der Damerow dirigierender Arzt war, beteiligt gewesen. Sie sollten nach Damerows Vorstellung auch den Wallis'schen Entwurf weiter ausarbeiten. Auch der ordnungspolitische Aspekt beziehungsweise die Sicherheitsfrage der neuen Anstaltsform schien noch nicht ausreichend beantwortet zu sein, denn man wollte nun zusätzlich den Direktor der „Irrenabteilung" der Berliner Charité über seine Ansichten zur Isolierung bei „relativ verbundenen" Heilanstalten befragen.[37]

Zwar wurde empfohlen, das Projekt von Wallis weiter zu verfolgen, die Frage der Finanzierung blieb jedoch ungeklärt, so dass in diesem Landtag keine verbindliche Entscheidung für einen Neubau getroffen wurde. Damit blieb die Variante der örtlichen Erweiterung in Neuruppin weiterhin in der Diskussion. Dennoch schien diese Lösung keine reellen Chancen zu besitzen wie die Widerstände in der Stadt und die schwierige bauliche Lage der alten Anstalt zeigten.

Der Entscheidungsprozess zog sich durch das anhaltende Informationsbedürfnis in die Länge. Und die weiterhin ungeklärte Finanzierung mag das ihre dazu beigetragen haben, dass der Kommunallandtag nicht auf einen schnellen Beschluss hinarbeitete. Aber der Neuruppiner Direktor engagierte sich umso mehr für „sein" Projekt und unternahm an allerhöchster Stelle einen weiteren

37 Ebd., Briefwechsel zwischen Innenministerium und dem Neuruppiner Assistenzarzt Ideler im Juni 1846.

Versuch, den Neubau voranzubringen. In einem Schreiben an den König vom 19. August 1846 versuchte er mit der Übersendung des Entwurfes noch einmal die Entscheidungsfindung zu beschleunigen. Sein Schreiben, das er „im Auftrag der Stände", genauer der ständischen Landarmendirektion, an Seine Majestät den König richtete, betraf wohl die kritische Frage der Finanzierung. Indem die Aufmerksamkeit des Staatsoberhauptes auf die notwendige Beseitigung der Missstände in der „Irrenversorgung" unter Verweis auf die Opferbereitschaft der Stände gelenkt wurde, sollte gewissermaßen Druck auf die Beschlussfreudigkeit des Landtages ausgeübt werden. Zugleich gab die Landarmendirektion ihrer Hoffnung Ausdruck, eine staatliche Finanzierungsbeihilfe zu erhalten. Die Stände hätten erkannt, so Wallis, „dass die vorhandenen Einrichtungen zur Heilung und Pflege der Geisteskranken weder den Ansprüchen der Humanität und Wissenschaft noch dem gegenwärtigen provinziellen Bedürfnisse entsprechen und demgemäß den hochherzigen Entschluß gefasst, unter Darbringung größter Opfer ein Institut ins Leben zu rufen, das der Würde der Provinz angemessen, allen Anforderungen vollkommen entspricht und selbst den großartigsten Schöpfungen dieser Art würdig an die Seite gestellt werden kann. Diesem Beschlusse des vorjährigen Kommunal-Landtags der Kurmark verdankt die Schrift ihren Ursprung welche Ew. Königliche Majestät ich alleruntertänigst darzubringen mich erkühne, indem ich von der Überzeugung innigst durchdrungen bin, dass Eure Königliche Majestät einem Unternehmen allerhöchstem Schutz und ihre Hilfe huldreichst verleihen werde, an welcher sich das Wohl und Wesen so vieler Unglücklichen knüpft."[38]

Doch auch dieser Vorstoß erzielte nicht die erhoffte Wirkung: Weder gab es eine Zusage des Staates, einen finanziellen Beitrag zu leisten, noch wurde der Kommunallandtag zu einer Entscheidung bedrängt. Die finanziellen Unwägbarkeiten und unzureichende Kenntnisse über die neueren Methoden der „Irrenbehandlung" – besonders die Sicherheitsfrage – wogen schwer. Dabei waren sich hinsichtlich des letzten Punktes offenbar nicht nur die Abgeordneten des Landtages unsicher. Auch an übergeordneter Stelle bestand ein erhebliches Wissensdefizit, wie die Initiative des Innenministeriums zeigt, welche im Jahr 1847 Inspektoren damit beauftragte, einen Bericht über die Zustände in den öffentlichen „Irrenheilanstalten" der Niederlande zu erstellen.[39]

Die lange Verhandlungs- und Entscheidungsphase gelangte Anfang des Jahres 1847 an den Punkt, die Frage des Standortes zu diskutieren. Obwohl es keine offiziellen Aufforderungen zur Bewerbung gab, gingen bei der Landarmendirektion Anfragen einiger Städte ein, die sich als potentielle Standorte empfahlen.[40] Die Absicht, eine neue „Irrenanstalt" in der Kurmark zu errichten, traf

38 Schreiben von Wallis an den König vom 19. August 1846, in: GStA PK, I. HA, Rep. 89, Sig. 2.2.1., Nr. 24362, Bl. 7.
39 Bericht des Ministerium des Innern über die im Jahre 1847 in den Irren-Heil-Anstalten der Niederlande getroffenen Untersuchungen und die Berichte der zur Besichtigung der öffentlichen Irren-Anstalten ernannten Inspektoren, in: GStA PK, I. HA, Rep. 76, VIII A, Nr. 3508, Bl. 110–124 und Bl. 208–252v. In dem Bericht kamen die Einrichtungen in Herzogenbusch, Dordrecht, Amsterdam, Utrecht, Rotterdam, Mastricht, Delft, Haarlem, Deventer, Zupthen und Gravenhage zur Sprache. Des Weiteren wurde auch der gedruckte Jahresbericht der Anstalten ins Deutsche übersetzt.
40 Vermutlich wurden die Sachlage und die Absichten durch Mitglieder des Kommunallandtages in Umlauf gebracht. So hatte die Stadt Neuruppin weiterhin Interesse an der Sache gemeldet, auch der Magistrat von Biesenthal bei Berlin interessierte sich für das Projekt, wie eine Anfrage vom 12. April 1847 belegt, in: GStA PK, I. HA, Rep. 76, VIII A, Nr. 3672, o. Bl. Offenbar wurde bereits im März 1847

offenbar auf reges Interesse. So wandte sich auch der Bürgermeister der Stadt Eberswalde, Knoenagel, im Februar 1847 an die Landarmendirektion und bat um nähere Informationen: „Nach der Mittheilung des Zimmermeister Guewikow wird der Bau eines Irrenhauses beabsichtigt, es aber noch nicht bestimmt sei wo die Anlage stattfinden soll. Ich halte es für die hiesige Stadt von höchstem Interesse, wenn ein solches Institut hier seine Bestimmung erhielte […]. Nach der Äußerung des Guewikow werden an 40 M. Land verlangt, diese sind hier, Einschluß von gutem Boeden zu Gartenanlagen und zweckmäßig gelegen, vorhanden […]. Dieses Terrain liegt gleich vor der Stadt in der Höhe der Eisenbahn und der Chaussee auch am Finowkanal wie eine Handzeichnung, die ich einzureichen mir vorbehalte näher ergibt, für das Institut selbst ist die Anlage hier von mehrseitigem Vortheil. Holz ist in der Nachbarschaft, Ziegeleien liegen vor der Stadt […].“[41] Dieses Engagement der Städte erhöhte den Druck im Kommunallandtag, endlich eine Entscheidung zu fällen. Da man jedoch nur einmal per annum zusammentrat und zudem die Frage des Kostenaufwandes weiterhin ungeklärt war, wurde die Eberswalder Anfrage erst ein Jahr später durch die Landarmendirektion beantwortet. Aus dem Schreiben geht hervor, dass man noch immer die bloße Erweiterung der Anlage in Neuruppin als Alternative zum Neubauvorschlag von Wallis diskutierte. Jedoch war das Projekt mittlerweile von ursprünglich 350 geforderten Plätzen auf eine Anstalt für noch nur noch 275 Patienten zusammengeschmolzen, die, wie es eindringlich hieß, „mit geringsten Kostenaufwand zu errichten sei“[42]. Um die ganze Sache überhaupt kalkulierbar zu machen, wurden die interessierten Städte aufgefordert, ein konkretes Angebot zu unterbreiten. „Erforderlich ist ein Raum von 40–60 Morgen, auf welchem nicht nur die Gebäude errichtet werden können, sondern gleichzeitig zu Gartenanlagen und Feldbestellung zu benutzen ist, dessen Lage eine nähe fließenden Wassers darbietet, so diese gesund und in allen sonstigen Beziehungen zur Anlage eines Krankenhauses geeignet sein muß.“[43] Es wurde zudem nochmals auf die wirtschaftliche Attraktivität des Projektes hingewiesen, das „nicht nur den Bau einer solchen Anstalt selbst, sondern den jährlichen Bedarf derselben der betreffenden Stadt verschafft“. Außerdem wurde eine baldige Besichtigung der geeigneten Flächen in Aussicht gestellt. „Euer Wohlgeboren ersuchen wir demnach, nach diesen Anleitungen uns gefälligst so bald als möglich mit den näheren Vorschlägen bekannt zu machen, da wir dann ohne Verzug mit den weiteren Einleitungen vorschreiten werden.“[44]

Das Schreiben zog weitere Aktivitäten in Eberswalde nach sich, wie Anfragen an die Besitzer einzelner Grundstücke zeigen. Nach erfolgter Besichtigung durch die Landarmendirektion ernannte diese einen Beauftragten vor Ort, der bereits im Februar Vorverhandlungen mit den Besitzern der in Aussicht genommenen Fläche zu führen begann. Allerdings wurde auf dem Ende 1847

auch in der Presse über das Projekt und die Bemühungen der Städte um einen Zuschlag berichtet, wie aus einer Anfrage an den Eberswalder Magistrat unter Bezug auf den Stettiner Anzeiger Nr. 33 vom 17. März 1847 hervorgeht, Kreisarchiv Barnim, Historisches Archiv (H.A.) Nr. 281, 8820, Bl. 2.
41 Ebd., Bl. 1.
42 Ebd., Bl. 3, Schreiben der Landarmendirektion an Bürgermeister Knoenagel vom 9. Februar 1848.
43 Ebd.
44 Ebd.

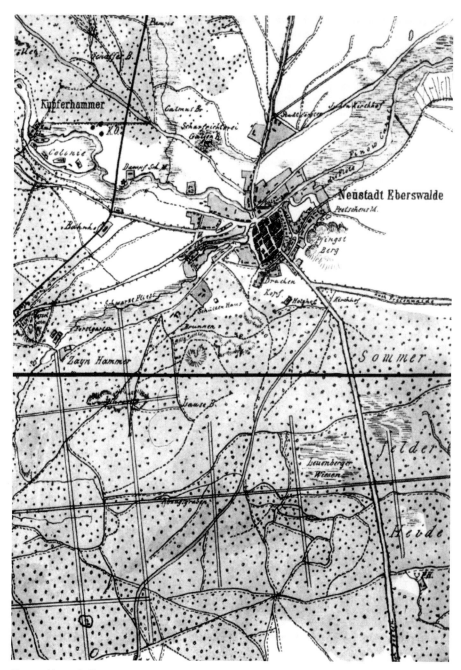

Plan von Neustadt-Eberswaldeund Umgebung, 1862.

stattfindenden Kommunallandtag entgegen allen durchgeführten Maßnahmen beschlossen, das Projekt wegen der zu unsicheren Finanzierbarkeit einzustellen. Die revolutionären Ereignisse des Jahres 1848 stoppten zudem alle weiteren Bemühungen und brachten die Planungen endgültig zum Erliegen.

Als die Stadt Eberswalde trotz aller widrigen Umstände im darauf folgenden Jahr die Verhandlungen wieder aufnehmen wollte, gab der Kommunallandtag in seiner ersten Antwort eine höchst pessimistische Einschätzung der Lage, die deutlich von den tagespolitischen Ereignissen im Vorfeld der Verabschiedung der Reichsverfassung geprägt war: Unter Bezug auf die unsicheren Verhältnisse und Zeiten, wurde dem Magistrat mitgeteilt, dass noch keine Entscheidung gefallen sei.[45] Man bezweifelt sogar, ob die Institution des Kommunallandtages überhaupt in der alten Form weiter bestehen werde und nicht durch eine neue Institution ersetzt würde, die dann über einen Standort Eberswalde zu entscheiden hätte.

Die Stadt blieb allerdings hartnäckig und hakte in einem weiteren Schreiben an das Innenministerium nach. Dort beschwerte man sich unter Bezug auf die seit zwei Jahren laufenden Bemühungen, dass die Stadt bereits in Vorleistung gegangen, jedoch bis dato keinerlei Fortschritt erzielt worden sei.[46] Obwohl die Kurmärkische Landarmendirektion die nächste Umgebung von Eberswalde als geeignet zur Erbauung der neuen „Irrenanstalt" befunden hatte und deshalb Unterhandlungen mit der Stadt geführt wurden, stünde ein endgültiger Beschluss des Kommunallandtages noch immer aus. Die Stadt bat den Minister schließlich, die Angelegenheit weiter in ihrem Sinne zu verfolgen.

Nach der endgültigen Niederschlagung der Revolution war allerdings keine Rede mehr von neuen Institutionen. Mit der beginnenden Restauration kehrte eine neue „Normalität" ein. Dass unter dieser Oberfläche aber nicht alles beim alten geblieben war, zeigte ein Schreiben des Kultusministeriums an die Stadt Eberswalde, „daß von der Errichtung einer neuen Irrenanstalt für die Provinz Brandenburg für jetzt Abstand genommen und daher über die Wahl eines Ortes für eine solche Anstalt zur Zeit kein Entschluss zu fassen ist"[47].

Das ambitionierte Projekt war damit zwar auf unbestimmte Zeit verschoben, jedoch keineswegs ad acta gelegt. Das – vorläufige – Scheitern lag vor allem in dem hohen finanziellen Aufwand begründet, den ein Neubau erforderte. Die politischen Wirren der Zeit waren lediglich der Vorwand, das ganze Vorhaben aufzuschieben.

Der Plan einer zentralen Provinzialanstalt

Bereits 1850 wurde durch den Kultusminister von Ladenberg in einem Schreiben an den König erneut der Gedanke aufgegriffen, eine zentrale Anstalt für

---

45 Ebd., Bl. 11, Schreiben datiert vom 23. März 1849, ohne Briefkopf, unterschrieben mit Zwehm.
46 Ebd., o. Bl., Schreiben an den Minister des Innern vom 3. April 1849.
47 Ebd., Bl. 12, Schreiben des Ministers der geistlichen, Unterrichts- und Medicinal-Angelegenheiten an den Magistrat von Eberswalde vom 3. Mai 1849. Vgl. auch Schreiben mit demselben Wortlaut und Datum aus dem Ministerium des Innern, in: GStA PK, I. HA, Rep. 76, VIII A, Nr. 3672, o. Bl.

die Provinz Brandenburg und die Stadt Berlin zu schaffen.[48] Anlass war ein zur Disposition gestelltes, brachliegendes Grundstück der Charité bei Köpenick, das an den Königlichen Forstfiskus veräußert werden sollte. Auf dem bereits 1829 erworbenen Gelände war eine eigenständige „Irrenabteilung" der Klinik geplant, die aber nie zur Ausführung kam.[49] Die Verkaufsabsichten förderten noch einmal den alten Plan zu Tage, der jetzt an die aktuelle Sachlage angepasst wurde. Die Initiative ging wohl von der Charité aus und wurde dann im Kultusministerium aufgegriffen. Der Vorschlag sah eine eigenständige „Irrenanstalt" vor, die jedoch unter der Aufsicht der Charité stehen und damit eine universitäre Klinik darstellen sollte.

In seiner Antwort erkannte der König den Bedarf einer neuen Anstalt für die Provinz grundsätzlich an, wies aber auf die unklaren Zuständigkeiten hin und benannte damit das Kardinalproblem der Sache: Welche der beteiligten Institutionen soll welchen Einfluss haben und wer soll es finanzieren? Nach eingehender Prüfung der Angelegenheit kam man im Ministerium zu dem Schluss, dass das in Aussicht genommene Grundstück ungeeignet sei, da die Erschließung sehr aufwändig wäre und zudem die Erweiterung der nahe gelegenen Stadt Köpenick mit ihren Industrie- und Gewerbegebieten nicht die „wünschenswerte Abgeschiedenheit" für eine „Irren-Heil-Anstalt" biete.[50] Ferner war der Status der Einrichtung zu diskutieren. Denn ein klinischer Betrieb, wie er der Charité vorschwebte, war nicht mit der Forderung nach einer vollkommen eigenständigen Anstalt vereinbar, wie sie die kurmärkische Landarmendirektion vertrat. Dieser Zwiespalt deutete bereits den grundsätzlichen Konflikt zwischen der Universitäts- und der Anstaltspsychiatrie an, die zunehmend in Konkurrenz zueinander gerieten, deren Auseinandersetzung aber erst ein Jahrzehnt später voll zum Ausbruch kam.[51] Das Projekt der Erbauung einer „Irrenanstalt" für die Provinz Brandenburg und Berlin und zugleich die Errichtung einer entsprechenden Lehreinrichtung wurde aus ministerieller Sicht zwar als wünschenswert angesehen, aber aufgrund der Haushaltslage als nicht realisierbar bewertet. Um die Situation der in der „Irrenabteilung" der Charité befindlichen Kranken zu verbessern, wurden verschiedene kleinere Maßnahmen in Aussicht gestellt[52] und 1851 der größte Teil des Köpenicker Grundstückes an den Forstfiskus verkauft.

Auch in der Provinz Brandenburg wurde an einer Fortführung des Neubauvorhabens gearbeitet. In einer Anfrage des Kultusministeriums an den Oberpräsidenten der Provinz Brandenburg 1851 über die Zahl der öffentlichen

---

48 Der Bericht Ladenbergs datiert vom 2. Oktober 1850. Die Antwort des Königs in: GStA PK, I. HA, Rep. 76, VIII A, Nr. 3678, Bl. 1.
49 Hinweis auf das Charité-Projekt im Schreiben des Oberpräsidenten von Flottwell an den Staats- und Minister der Geistlichen, Unterrichts- und Medicinal-Angelegenheiten von Raumer vom 29. Oktober 1854, in: GStA PK, I. HA, Rep.76, VIII A, Nr. 3678, Bl. 6–13, hier Bl. 12. Vgl. auch GStA PK, I. HA, Rep. 89, Sign. 2.2.1, Nr. 24362, Bl. 10–14, hier Bl. 13f.
50 Antwort Ladenbergs an den König vom 15. November 1850, in: GStA PK, I. HA, Rep. 76, VIII A, Nr. 3678, Bl. 2f.
51 Dieser dann öffentlich ausgetragene Streit ist mit den Opponenten Wilhelm Griesinger und Heinrich Laehr verbunden.
52 Etwa die Verlegung der zusammen mit den Geisteskranken untergebrachten Strafgefangenen in einen Erweiterungsbau des Gefängnisses, oder die Verlegung der über der „Irrenabteilung" befindlichen Syphilis-Station in anderweitige Räumlichkeiten. Ladenburg spricht davon, letztere in ein besonderes Krankenhaus zu verlegen, vgl. Ladenburg in seinem Schreiben an den König, in: GStA PK, I. HA, Rep. 76, VIII A, Nr. 3678, Bl. 2f.

„Irren-Heil-Einrichtungen" konnten nur zwei Anstalten genannt werden: Die unter ständischer Leitung stehende Einrichtung in Neuruppin und eine weitere, privat geführte im Weichbild von Berlin.[53] Diese nach wie vor unbefriedigende Versorgungssituation verstärkte im Folgenden die Bemühungen nicht nur der Potsdamer Regierung. Auf dem 22. Kommunallandtag im Dezember 1852 wurde das Projekt von Dr. Wallis erneut beraten. Mit Verweis auf die noch immer ungeklärte Finanzierung kam man jedoch nicht über die Beschlusslage von 1847 hinaus. Zur Verbesserung der „Irrenversorgung" wurden vielmehr provisorische Maßnahmen wie restriktivere Handhabung der Aufnahmekriterien empfohlen, die aber keine grundlegende Änderung der Lage bewirkten. Da auf kommunalständischer Ebene kein Weiterkommen möglich schien, versuchte die Potsdamer Regierung erneut den Weg der Kooperation mit Berlin unter Bezugnahme auf das kurz zuvor veräußerte Grundstück bei Köpenick.[54]

In einem Schreiben an den Kultusminister suchte der Oberpräsident von Flottwell 1854 dafür die Unterstützung der staatlichen Stellen nicht nur in ideeller Hinsicht.[55] Obwohl Berlin ja nicht zur Provinz gehörte, sollte eine gemeinsam zu nutzende Einrichtung in der Nähe der Stadt die staatlichen Stellen dazu bewegen, einen finanziellen Beitrag zu leisten: „Die Kosten einer solchen Anlage von vorwiegend provinziellem Interesse würden nach meiner Meinung zum größeren Theile aus ständischen Mitteln aufzubringen, dieses Ziel jedoch, wenn man nach den bisherigen Verhandlungen auf die Zukunft schließen kann, ohne einen bedeutenden Zuschuß aus der Staatskasse nicht zu erreichen sein." Um das Bedürfnis nach einer neuen „Irrenanstalt" zu untermauern, resümierte von Flottwell zunächst den status quo der „Irrenfürsorge" unter besonderer Berücksichtigung des Wallis-Projektes von 1845. Dabei verwies er noch einmal auf die Überbelegung der Neuruppiner Einrichtung und auf den „Missbrauch" des Wittstocker Arbeitshauses als Verwahranstalt. Für die Provinz Brandenburg wurde die Zahl der in beiden Einrichtungen untergebrachten Personen im Jahr 1854 mit 280 angegeben. Von diesen waren etwa 180 „im öffentlichen Interesse" für die Unterbringung in eine besondere „Irrenanstalt" vorgesehen.

Desgleichen wurde die Situation in Berlin mit der Charité, dem städtischen Arbeitshaus und privaten Einrichtungen als vollkommen unzureichend bewertet. In einer 1854 erfolgten Erhebung waren für die Charité 96, im Arbeitshaus 134 und 147 privat untergebrachte „Irre" ermittelt worden.[56] Daraus leitete sich, so die Potsdamer Regierung, ein Bedarf von 200 Plätzen in Berlin und für die gemeinsame Anstalt von Provinz und Stadt der Bedarf von 400 Plätzen ab. Die

<hr />

53 Antwort der Königlichen Regierung an den Minister der Geistlichen (vgl. Fußnote 49), Unterrichts- und Medicinal-Angelegenheiten von Raumer vom 11. Oktober 1851, in: GStA PK, I. HA, Rep. 76, VIII A, Nr. 3549, Bl. 43–44v.
54 Das zuvor noch vom Ministerium als ungeeignet abgelehnte Köpenicker Grundstück sah der Oberpräsident aufgrund neuer Gutachten als durchaus geeignet an. Die Lage wurde allerdings durch den bereits erfolgten Verkauf kompliziert. Als Lösung schlug er einen Teilrückkauf vor. Ebenfalls am 29. Oktober 1854 ergeht ein Schreiben des Oberpräsidenten an den Geheimen Kabinettsrat, in dem gefordert wird, die Suche nach einem geeigneten Grundstück „für den Bau einer Irren-Heil-Anstalt in der Nähe von Berlin" weiter zu forcieren, in: GStA PK, I. HA, Rep. 89, Sign. 2.2.1, Nr. 24362, Bl. 9.
55 Hier und nachfolgend: Schreiben des Oberpräsidenten von Flottwell an den Staats- und Minister der Geistlichen, Unterrichts- und Medicinal-Angelegenheiten von Raumer vom 29. Oktober 1854, in: GStA PK, I. HA, Rep.76, VIII A, Nr. 3678, Bl. 6–13. Vgl. auch GStA PK, I. HA, Rep. 89, Sign. 2.2.1, Nr. 24362, Bl. 10–14.
56 Diese Angaben beruhen offenbar auf der Erhebung des Statistischen Amtes im Königlichen Polizeipräsidium zu Berlin für das Jahr 1854. Vgl. 100 Jahre Karl-Bonhoeffer-Nervenklinik, S. 14f.

gegenüber dem Wallis-Projekt um 50 erhöhte Bettenzahl begründete Flottwell mit den Erfahrungen, die man in der ersten Jahrhunderthälfte gemacht habe, in der sich die Zahl der Geisteskranken mehr als verdoppelt habe. Dies zeigte, dass man nur mit einer großzügigen Planung der Problematik Herr werden könnte.

Flottwell verfolgte mit dieser Eingabe eine doppelte Strategie: Zunächst suchte er mit dem Vorschlag einer gemeinsamen Anstalt, den Staat zur finanziellen Unterstützung zu gewinnen. Wäre dieser Schritt geschafft, so würde auch der Widerstand der kurmärkischen Landstände schwinden, den anderen, größeren Part der Finanzierung zu übernehmen. Dabei schwebte dem Oberpräsidenten vor, dass die Provinz zwei Drittel des auf 300 000 Reichstaler taxierten Projektes, der Staat ein Drittel übernehmen sollte. Mit dieser Aufteilung war zugleich die Dominanz der Provinz in dem Projekt gewährleistet.

Mit diesem Vorstoß wurde die Diskussion des Projektes Berlin-Brandenburg mit Standort Köpenick wieder aufgenommen. Da Flottwell auch unter Bezug auf die königliche Order aus dem Jahr 1850 in dieser Angelegenheit argumentierte und sich gleichzeitig an den König wandte, wuchs der Handlungsdruck erneut. In einer Eingabe an den Kultusminister bekräftigte Friedrich Wilhelm IV. im November 1854 seine Überzeugung, das Projekt auch in Bezug auf den verworfenen Standort erneut zu prüfen. Er empfahl, „daß die Irrenanstalt von der Charité völlig zu trennen und in angemessener Entfernung zu Berlin zu errichten" sei und schloss sich Flottwells Ansicht über die Eignung des besagten Grundstückes an.[57]

Im Kultusministerium teilte man diese Auffassung keineswegs. Besonders die veranschlagte Summe von 300 000 Reichstalern führte zu einer erneuten Ablehnung des Vorhabens.[58] In Potsdam ließ man dennoch nicht locker. Flottwell konnte schließlich erreichen, dass die Lage der „Irrenversorgung" in der Provinz und in Berlin durch eine genauere Statistik präzisiert werden sollte: „Eure Ex. haben sich nach dem […] Erlaß vom 8. August 1855 […] überzeugt, daß das Vorhandensein eines dringenden Bedürfnisses zur Errichtung einer neuen, öffentlichen Irren-Heil- und Pflegeanstalt für Berlin und die Kurmark Brandenburg nicht zu erkennen ist, und mich beauftragt, weitere Einleitungen und Ermittlungen zu veranlassen, wie der gedachte Zweck sich in geeigneter Weise werde erweichen lasse."[59] Das hieß zum einen, dass eine Statistik der Geisteskranken im Regierungsbezirk Potsdam und in Berlin zu erstellen war, zum anderen sollten Gespräche zwischen den beiden künftigen Trägern der geplanten Einrichtung, dem Landarmenverband der Kurmark und dem Magistrat von Berlin aufgenommen werden. Im Berliner Magistrat traf die Anfrage Flottwells sogleich auf Widerstand. Jedwede Verpflichtung der Kommune zur Errichtung einer „Irren-Heilanstalt" wurde dort vehement bestritten. Man er-

---

57 Brief Friedrich Wilhelms IV. an den Minister der Geistlichen, Unterrichts- und Medicinal-Angelegenheiten von Raumer vom 13. November 1854, in: GStA PK, I. HA, Rep. 76, VIII A, Nr. 3678, Bl. 1.
58 In einem Erlass an das Oberpräsidium vom 8. August 1855 spricht von Raumer davon, dass unter den jetzigen Verhältnissen mit einer Bewilligung des Kostenvoranschlag von 300 000 Reichstalern nicht zu rechnen sei, ebd., Bl. 16 ff.
59 Schreiben des Oberpräsident von Flottwell an den Minister der Geistlichen, Unterrichts- und Medicinal-Angelegenheiten von Raumer vom 11. Februar 1856, in: GStA PK, I. HA, Rep. 89, Sign. 2.2.1, Nr. 24362, Bl. 16; Statistik Bl. 20–25. Die Angaben zu Berlin stammen offenbar aus der Erhebung des Polizeipräsidiums von 1854.

klärte sich schlichtweg für unzuständig und verwies auf die Königliche Charité.[60]

Die statistische Erhebung zeigte schließlich die Defizite der ganzen Planung auf. Die bisherigen Daten erwiesen sich bestenfalls als unvollständig. Auffälligerweise fiel die Zahl der privat versorgten Geisteskranken wesentlich höher aus als vorher angenommen. Für die in den Kreisen des Regierungsbezirks Potsdam in Familien, Privat- oder städtischen Anstalten und in der „Irrenanstalt" zu Neuruppin sowie der Krankenanstalt in Wittstock sich aufhaltenden Geisteskranken wurde eine Gesamtzahl von 878 Personen ermittelt, in Berlin zählte man dagegen insgesamt 441 Personen. In einem Bericht an den König resümierte von Raumer die Ergebnisse[61]: „Es haben nämlich die veranlassten Ermittlungen ergeben, dass im Regierungsbezirk Potsdam 878 Geisteskranke vorhanden sind, von denen nur 289 ein Unterkommen in den Irrenhäusern zu Neu-Ruppin und Wittstock finden. Außerdem werden in Berlin 441 Geisteskranke gezählt, von denen 96 in der Charité, 164 im städtischen Arbeitshause, 64 in Privat-Irren-Anstalten, und 174 bei Privatpersonen untergebracht sind.[62] Die Gesamtzahl der ‚Irren' in der Stadt Berlin und im Regierungsbezirk Potsdam beläuft sich daher auf 1319 und gegenwärtig ist nur für 519 Kranke derselben in öffentlichen Instituten gesorgt." Damit machte das Projekt einer gemeinsamen Anstalt aus der Sicht Raumers wenig Sinn. Denn die Gesamtzahl von 1319 Personen, von denen 519 als gut versorgt, aber 800 Kranke als schlecht oder unversorgt eingestuft wurden, konnte eine Anstalt für 400 Kranke kaum bewältigen. „Abgesehen hier von kann das Bedenken nicht unterdrückt werden, ob es rätlich ist, die neue Anstalt auf eine so große Zahl von Pfleglingen auszudehnen, und empfiehlt sich die Sonderung des Bedürfnisses für die Stadt und den Regierungsbezirk insonderheit auch dadurch, dass die Kosten einer bezüglichen Anlage grundsätzlich von zwei verschiedenen Körperschaften [...] gefordert werden müssen." Von Raumer kam daher zu dem Schluss, dass es besser sei, zwei getrennten Anstalten anzustreben. Um die drängendsten Probleme zu beseitigen, schlug er zudem vor, die Anstalten in Neuruppin und Wittstock zunächst zu erweitern.

Vor dem Hintergrund der schlechten Haushaltslage verfolgte man auf Seiten der Landstände offenbar eine Verzögerungstaktik und führte im Kommunallandtag zunächst keine definitive Entscheidung herbei. Gegenüber dem in dieser Hinsicht sehr aktiven Oberpräsidenten äußerte man sich entsprechend defensiv und kritisierte die Zahlen, mit denen Flottwell den Bedarf an Plätzen begründet hatte. Dies muss in einem größeren Zusammenhang gesehen werden. Die ersten amtlichen Zahlen bezüglich der preußischen „Irrenversorgung" waren 1852 vom königlichen „Statistischen Bureau" für das ganze Königreich aufgestellt und veröffentlicht worden. Jenes erfolgte ohne Hinzuziehung eines Arztes oder sonstigen medizinischen Sachverständigen, so dass die Daten erhebliche Lücken und Fehler aufwiesen, die keine aussagekräftige Interpretation

60 Magistrat von Berlin an den Oberpräsidenten von Flottwell vom 29. Juli 1856, in: GStA PK, I. HA, Rep. 76, VIII A, Nr. 3678, Bl. 46–48v.
61 Hier und nachfolgend: Bericht von Raumer an den König vom 30. April 1856, in: GStA PK, I. HA, Rep. 89, Sign. 2.2.1, Nr. 24362, Bl. 27f.
62 Von den 878 Kranken wurden 220 als heilbar, 658 als „unheilbar" eingestuft.

zuließen. Dieser Umstand provozierte eine scharfe Analyse der Unternehmung durch Heinrich Damerow in der „Allgemeinen Zeitschrift für Psychiatrie", die er mit dem bissigen Kommentar schloss, „dass seine Bemerkungen gar nicht nöthig gewesen wären, wenn vollständige Materialien dem statistischen Bureau vor der Veröffentlichung zur Disposition vorgelegen hätten, und wenn zur Beschaffung und Verarbeitung derselben, gleichwie in anderen Staaten, namentlich in Holland, Belgien, Frankreich, England, mit der Centralisation der öffentlichen Irrenangelegenheiten deren Repräsentation durch administrative und technische Sachverständige zur concentrirten Wirksamkeit verbunden wäre"[63]. Darin verbarg sich wiederum ein Seitenhieb auf die nicht zustande gekommene administrative Zentralisation der „Irrenversorgung" in Preußen, der alten Forderung Damerows zur Verbesserung der Effektivität der öffentlichen Versorgung der Geisteskranken. In der Folge entspann sich in Berlin eine heftige öffentliche Debatte über die Wirksamkeit dieser statistischen Daten, die auch die „Irrenproblematik" in das Bewusstsein einer breiteren Öffentlichkeit rückte. Dazu noch einmal Damerow: „Sonderbarerweise würden sich nach kritikloser Sicht der hier gegebenen Heilungs-Procentverhältnisse gerade in denjenigen Provinzen, wo das Irrenanstaltswesen günstiger organisiert ist, die ungünstigeren Resultate, dagegen in den Provinzen, wo es noch nicht oder nicht so gut ins Leben getreten ist, die günstigeren Resultate ergeben, die allergünstigsten in Preussen, wo noch dato keine selbstständige Provinzial-Irrenheil- oder Pflegeanstalt existiert, die allerungünstigsten in Westphalen, wo wir die relativ verbundene Provinzial-Irrenheil- und Pflegeanstalt haben."[64] Auch in der kurmärkischen Landarmendirektion zeigte man sich für das Thema sensibilisiert und nutzte es, um die eigenen Vorstellungen gegenüber der Potsdamer Regierung zu vertreten. Die Datengrundlage, die zuletzt Flottwell dazu diente, seinen Vorstoß zu untermauern, wurde entsprechend kritisch beurteilt. Man wollte offenbar der Aktivität Flottwells in Richtung auf eine gemeinsame Berlin-brandenburgische Anstalt den Wind aus den Segeln nehmen. Denn die Zahlen und Berechnungen, auf denen sich das eigene Neubauprojekt stützte, würden derselben Kritik noch weniger standhalten als diejenigen des Oberpräsidenten. In Ermangelung fester Regeln seien die Daten, so der Vorwurf, mehr oder minder willkürlich erhoben worden. Ein besonders wichtiger Faktor bei der Berechnung des Bedarfs an Versorgungsplätzen sei die medizinische Beurteilung der Geisteskranken. Da diese ebenfalls nicht nach feststehenden Regeln und oft ohne die betreffende Person in Augenschein zu nehmen erfolge, könnten überhaupt keine gesicherten Aussagen über den tatsächlichen Bedarf an Versorgungseinrichtungen gemacht werden. Erst wenn man wüsste, wie viele Per-

---

63 Heinrich Damerow, Statistische Nachrichten über die im Preussischen Staate bestehenden öffentlichen und Privat-Irren-Heilanstalten für das Jahr 1850, in: Allgemeine Zeitschrift für Psychiatrie und psychisch-gerichtliche Medizin 9, 1852, S. 330–344, hier S. 331. Der Artikel findet sich auch in: GStA PK, I. HA, Rep. 76, VIII A, Nr. 3549, Bl. 91–98. Zum Problem der „Irrenstatistik" in Preußen vgl. ebenfalls die Drucksache von Guttstadt, Die Geisteskranken in den Irrenanstalten, Bl. 60–88. Hier wird auch die öffentliche Wirkung der Damerowschen Kritik beschrieben. In der Vossischen und Spenerschen Zeitung wurde sie zum Anlass genommen, heftige Angriffe gegen das Statistische Bureau und die Zuverlässigkeit seiner Arbeit zu starten.
64 Für die Provinz Brandenburg konstatierte Damerow, dass sie noch keine einzige zweck- und zeitgemäße „Irrenanstalt" besäße. In Berlin sei die Situation noch schlechter, da dort die „Irrenversorgung" immer noch nur im Arbeitshausverband erfolge, vgl. Damerow, Statistische Nachrichten, S. 340.

sonen tatsächlich einer Aufnahme in eine öffentliche Anstalt bedürften, könne man ernsthaft planen. Für viele Kranke, so die Landarmendirektion, würde die kostenintensive Unterbringung in einer öffentlichen Anstalt gar nicht notwendig sein. Denn so lange diese Kranken nicht durch „gefährliche Handlungen" die öffentliche Ordnung störten, könnten sie auch privat respektive familiär versorgt werden. Diese Argumentation rekurrierte wieder auf das Problem der schlechten Haushaltslage der kurmärkischen Stände. Je enger der tatsächliche Personenkreis wäre, der in einer öffentlichen Anstalt versorgt werden müsste, desto kleiner könnte schließlich die zu erbauende Anstalt ausfallen. Die Taktik der Landarmendirektion, die Kosten klein zu rechnen, hatte zunächst keine positiven Auswirkungen auf die Entscheidungsfindung im Kommunallandtag. Weitaus erfolgreicher dagegen waren die Bemühungen auf der organisatorisch-administrativen Ebene.

1856 wurde ein neues Reglement für die Neuruppiner Anstalt auf den Weg gebracht.[65] Dieses war an die zeitgemäßen Anforderungen einer Heil- und Pflegeanstalt angepasst und stellte damit eine wichtige Grundlage für die Weiterverfolgung des Projektes dar. Federführend bei der Erarbeitung des neuen Reglements war wiederum Dr. Wallis, als leitender Arzt von Neuruppin.

Im Vergleich zu den alten Bestimmungen aus dem Jahre 1801, die zwar zwischenzeitlich revidiert worden waren, in ihren Grundzügen aber noch immer Gültigkeit besaßen, hatte man in der neuen Regelung die medizinischen Belange dem ordnungspolitischen Aspekt gleichgestellt.[66] Die „Irrenversorgung" in Neuruppin war eindeutig auf den Aspekt des Heilens ausgerichtet. Da nach der zeitgenössischen gängigen Meinung die Heilung von Geisteskrankheit nur in einem frühen Stadium erfolgreich verlief, war man bemüht, eine Art Vorsorgesystem zu etablieren, das eine möglichst frühzeitige Überweisung der Kranken in die Heilanstalt gewährleisten sollte. Das sollte durch Aufklärung der Öffentlichkeit über das Wesen der Geisteskrankheit erfolgen, besonders aber denjenigen Personenkreis umfassen, der sich zunächst mit den Kranken auseinander zu setzen hatten, wie Angehörige oder auch Beamte und Ärzte.

Neben dem Aspekt des Heilens wurde die Versorgung der Gruppe der „Unheilbaren" erstmals als Aufgabe der Einrichtung genannt. Die Anstalt sollte „den Heilbaren jegliches von der Wissenschaft und Erfahrung gebotene Mittel zu ihrer Wiederherstellung, den chronisch Kranken aber den Anforderungen der Humanität und Wissenschaft entsprechende, sowohl in geistiger und leiblicher Beziehung zweckmäßige Pflege und Aufbewahrung gewähren". Eine wichtige Neuerung war die Betonung der vorzugsweisen Aufnahme von bedürftigen gegenüber wohlhabenden Kranken. Das alte ordnungspolitische

---

65 Die Änderung des Reglements war bereits vor 1854 in Angriff genommen worden, wie der sich über zwei Jahre hinziehende Briefwechsel zwischen dem Ministerium für Geistliche, Unterrichts- und Medicinal-Angelegenheiten, der Potsdamer Regierung, der Landarmendirektion der Kurmark und diversen Gutachtern (Geh. Med. Rat Pochhammer, Geh. Reg. Rat Esse) und auch den ständischen Institutionen zeigt. Vgl. dazu GStA PK, I. HA, Rep. 76, VIII A, Nr. 3668, Bl. 71–91. In einem Schreiben der Stände der Kurmark an den König vom 31. Juli 1856 wird die Änderung des Reglements in Neu-Ruppin an allerhöchster Stelle zur Bewilligung vorgelegt, in: GStA PK, I. HA, Rep. 89, Sign. 2.2.1, Nr. 24362, Bl. 29.
66 Hier und nachfolgend: Reglement für die Land-Irren-Anstalt der Kurmark zu Neu Ruppin vom 31. Juli 1856, in: GStA PK, I. HA, Rep. 76, VIII A, Nr. 3668, Bl. 118–141v. Eine weitere Version in: GStA PK, I. HA, Rep. 77, tit. 2790, Nr. 1, o. Bl. Vgl. auch Bellin, Der Aufbau des medizinischen Betreuungssystems, S. 59–87.

Schema des Schutzes der Öffentlichkeit blieb selbstverständlich auch in dem neuen Reglement erhalten. Die „Unschädlichmachung" der als gefährlich eingestuften Geisteskranken wurde nach wie vor als eine wichtige staatspolizeiliche Aufgabe angesehen. Neben dieser Gruppe sollten aber auch diejenigen „Unheilbaren" aufgenommen werden, die hilflos, also in „einer von allen Mitteln zur nöthigen Verpflegung entblößten Lage und mit augenscheinlich großer Belästigung für die betreffende Kommune" seien. Alle anderen „Unheilbaren" waren für eine anderweitige Versorgung entweder privat oder in anderen Institutionen wie dem Wittstocker Armenhaus vorgesehen. Des Weiteren waren epileptische Geisteskranke, oder solche „mit ansteckenden Übeln" wie Syphilis oder Krebs (sic!) als auch körperlich und geistig zurückgebliebene sowie „Blödsinnige von erster Kindheit an" von einer Aufnahme ausgeschlossen. Diese Personen sollten in die Siechenabteilungen der Wittstocker Einrichtung überwiesen werden. Mit den rigorosen Aufnahmebestimmungen suchte man nicht nur die medizinische Ausrichtung der Neuruppiner Anstalt zu fokussieren, sondern auch die äußerst beengte räumliche Situation zu entlasten.

Auf der administrativen Ebene wurde das Provisorium der ärztlichen Leitung der Anstalt festgeschrieben, und vor allem die Oberaufsicht von dem bisher ernannten Spezialdirektor, dem örtlichen Landrat, zum Oberpräsidenten verlagert, der einen ständischen Beauftragten berief.

Die Kranken sollten möglichst unter Wahrung der Menschenwürde behandelt werden. Zwar waren Zwangsmaßnahmen nicht gänzlich ausgeschlossen, sollten aber nur in Ausnahmefällen zur Anwendung kommen. Die Patienten wurden in vier Verpflegungsklassen aufgeteilt und waren entsprechend ihrem sozialen Stand zu versorgen und zu behandeln. Dabei wurde Wert auf eine entsprechende Beschäftigung und Zerstreuung gelegt, die im Wechsel mit der Arbeitstätigkeit durch Unterricht, Lektüre, musische und Turnübungen, Spiele und Spaziergänge den Heilungsprozess unterstützen sollten.

Eine andere Neuerung war das Prinzip der Nachsorge, mit dem Ziel, geeignete Patienten versuchsweise entlassen zu können. Dieses Vorhaben war gewissermaßen als Gegenstück der bereits erwähnten vorsorglichen Aufklärung gedacht, die eine frühzeitige Einweisung der Kranken und damit Erhöhung der Heilungschancen gewährleisten sollte. Mit der versuchsweisen Entlassung hoffte man zum einen die Anstalt weiter zu entlasten, zum anderen auch durch eine Zusammenarbeit mit den dafür extra instruierten örtlichen Ärzten (Kreisphysikus) und Polizeibehörden eine geringere Rückfallquote zu erzielen.

Trotz der Modernisierung des Anstaltsreglements verbesserte sich die reale Situation in den kurmärkischen Anstalten zunächst nur wenig, wie die Revision der Einrichtungen durch den Medizinal-Referenten von Pochhammer 1856 ergab.[67] Besonders eine Erweiterung der Neuruppiner Anlage hielt er dabei für kontraproduktiv. Auch die zwischenzeitlich auf Betreiben der Potsdamer Regierung aufgenommenen Verhandlungen zwischen der kurmärkischen Landarmendirektion und dem Magistrat von Berlin endeten schließlich in ei-

---

67 Bericht des Regierungs-Medicinal-Rathes von Pochhammer über die Anstalten Neu-Ruppin und Wittstock an Oberpräsident von Flottwell vom 6. August 1856, in: GStA PK, I. HA, Rep. 76, VIII A, Nr. 3678, Bl. 55–61.

ner Sackgasse. Denn da keine staatlichen Beihilfen zugesagt wurden, konnte man sich nicht auf ein Finanzierungsmodell einigen. Zudem verwickelte sich die Berliner Armendirektion in einen Streit mit der Charité über eine Verpflichtung zur unentgeltlichen Versorgung von Geisteskranken, der schließlich auf dem Rechtsweg entschieden werden musste und die absolute Abwehrhaltung des Magistrates illustrierte, in die öffentliche Sozialversorgung der Stadt zu investieren.[68] Auch die Kurmärkische Landarmendirektion hielt es „jetzt für sehr bedenklich, im gegenwärtigen Zeitpunkte die Errichtung einer neuen Irren-Heil- und Pflegeanstalt bei dem Kommunal-Landtage in Antrag zu bringen, da die Mittel anderweitig so in Anspruch genommen würden, dass zur Aufbringung der erheblich gestiegenen Ausgaben des Verbandes die Beiträge bedeutend erhöht werden müssten"[69]. In der Potsdamer Regierung kam man schließlich zu der Erkenntnis, dass die Errichtung einer gemeinsamen „Irren-Heil- und Pflegeanstalt" in der Nähe von Berlin nicht zu verwirklichen und für die Zukunft besser zwei eigenständige Anstalten zu realisieren seien.

Ein neuer Direktor und neue Lösungsvorschläge

1855 verstarb Dr. Wallis. Als Nachfolger konnte die Landarmendirektion schließlich den in Bergen auf Rügen tätigen Kreis-Physikus Dr. Carl Moritz F. Sponholz gewinnen. Er trat sein neues Amt am 14. Juli 1855 an und wurde nach einjähriger Probezeit durch den Kommunallandtag in seinem Amt bestätigt.[70] Sponholz hatte sich bereits 1846 mit Fragen der Reformierung des preußischen Medizinalwesens beschäftigt.[71] Er unterbreitete in dieser Publikation Vorschläge zur Vereinheitlichung der ärztlichen Ausbildung und schlug sogar eine schulische Ausbildung des Pflegepersonals vor. Zudem kritisierte er die Organisation der medizinischen Versorgung in Preußen, die er durch einheitliche Anforderungen und Maßgaben von kommunaler oder staatlicher Seite verbessert wissen wollte. Damit sollte der Willkür des einzelnen Arztes oder Beamten vor Ort der Boden entzogen werden. Mit der Forderung nach einem neuen Medizinaledikt für Preußen kam Sponholz den Vorstellungen Damerows von einer administrativen Straffung des Medizinalwesens nahe. Als Vertreter einer reformorientierten Psychiatrie schien er somit ein idealer Nachfolger für den in dieser Hinsicht sehr engagierten Wallis gewesen zu sein. Sponholz schloss denn auch nahtlos an die Aktivitäten seines Vorgängers an und befasste sich mit dem Projekt einer modernen Heil- und Pflegeanstalt für die Provinz Brandenburg. Da zu einem Neubau an einem anderen Ort als Neuruppin zwar eine Absichtserklärung des Kommunallandtages vorlag, aber nach wie vor kein Baubeschluss gefasst worden war, stand auch Sponholz vor dem Problem, wie und in welcher Weise das Projekt zu realisieren sei. Diese Situation spiegelte auch die Entscheidung des 32. Kommunallandtages um den Jahreswech-

---

68 Briefwechsel zwischen von Flottwell und von Raumer im September 1856, ebd., Bl. 70f.
69 Flottwell an von Raumer vom 12. Februar 1857, ebd., Bl. 36–45.
70 Bericht des Oberpräsidenten an das Kultusministerium vom 30. Juli 1856 über die Anstellung von Sponholz, in: GStA PK, I. HA, Rep. 76, VIII A, Nr. 3668, Bl. 145.
71 Carl Moritz F. Sponholz, Die Reform der Medicinal-Verfassung Preußens und ihre Finalität, Stralsund 1846.

sel 1859/60 wider. Nach Einsetzung einer Kommission unter dem Vorsitz des Grafen von Königsmarck für den Bau einer „Irren-Heil- und Pflegeanstalt", beschloss man eine Erweiterung der Neuruppiner Anlage durchzuführen. Gleichzeitig erklärte man aber auch „eine ganz neue Anstalt an einem anderen Ort zu errichten, falls dies nicht mit zu grossen Mehrkosten ausführbar sein würde"[72]. Die bisherige Dualität der rivalisierenden Ausführungsvarianten blieb also auch weiterhin bestehen.

Die jetzt wieder aktuelle Erweiterung in Neuruppin sollte lediglich für 200 Personen ausgelegt sein. Durch Weiternutzung der vorhandenen Bauten sollte eine „relativ verbundene" Anlage mit einer Heilanstalt im Neubau und der Pflegeanstalt im alten Gebäude entstehen. Der ständische Kommunallandtag sah in dieser Option offenbar ein erhebliches Sparpotential, das der Haushaltslage entgegen kam und die früher geäußerten Bedenken gegen dieses Modell entkräftete. Neben dem alten Anstaltsgelände sollte dazu ein Terrain von 40 Morgen angekauft werden. Im Sommer 1860 wurden, wenn auch unter Vorbehalt der Ratifikation des Landtages, von der dafür eingesetzten Kommission Vorverhandlungen zum Grunderwerb in Neuruppin geführt. Gleichzeitig war der Direktor der Neuruppiner Anstalt beauftragt worden, ein entsprechendes Programm über Größe, Lage und Bauform des Vorhabens aufzustellen. Sponholz tat dies auf der Grundlage des 15 Jahre zurückliegenden Wallis-Projektes und stellte es anlässlich einer Besprechung vor Ort am 22. Oktober 1860 in einer von der Baukommission berufenen Expertenrunde vor.[73] Dieser Runde gehörten neben dem Vorsitzenden der Landarmendirektion, Landrat Scharnweber, der ständische Kommissarius der Anstalt, der Geheime Regierungsrat von Schenkendorff sowie der Verwaltungsdirektor der Charité, der Geheime Regierungsrat Esse an. Von Seiten der Anstalt nahmen neben dem Direktor, Dr. Sponholz, der zweite Arzt, Dr. Ideler, und der Inspektor der Einrichtung, Lutthardt, teil. Neben dem geforderten Sachverstand auf medizinischem und administrativem Gebiet war auch der Baumeister Martin Gropius anwesend. Als Architekt sollte er einen allgemeinen Bauplan aufstellen und einen Kostenüberschlag berechnen. Gropius war aber nicht nur zum Sachverständigen bestellt, sondern ihm war zu diesem Zeitpunkt bereits die Bauausführung angetragen worden.[74]

Der Verwaltungsdirektor der Charité gab in dem Protokoll der Zusammenkunft eine weitergehende Einschätzung der Lage.[75] In seinem Bericht beurteilte er die Tätigkeit des ärztlichen Direktors durchweg positiv. Sponholz hatte offensichtlich das neue Reglement in eine fortschrittliche Behandlungsrealität umgesetzt. So berichtete Esse, dass die männlichen Patienten zu häuslichen Diensten, wie Land- und Gartenbau, Arbeiten in der Strohmanufaktur oder

---

72 Schreiben des Oberpräsidenten von Flottwell an den Minister für Geistliche, Unterrichts- und Medicinal-Angelegenheiten von Bethmann-Hollweg vom 21. Januar 1861, in: GStA PK, I. HA, Rep. 76, VIII A, Nr. 3668, Bl. 196.
73 Programm für den Bau der Irren-Heil-Anstalt in Neu-Ruppin von Dr. Sponholz, datiert vom 18. Oktober 1860, ebd., Bl. 206–214.
74 Protokoll des Treffens der Expertenrunde in Neuruppin von dem Geheimen Regierungsrat Esse vom 22. Oktober 1860, ebd., Bl. 215–219v. Warum die Wahl auf Martin Gropius gefallen war, der bis dato noch keinerlei Erfahrungen im Anstaltsbau vorweisen konnte, lässt sich leider nicht zweifelsfrei klären. Möglicherweise hatten hier, wie so oft, persönliche Bekanntschaften den Ausschlag gegeben.
75 Bericht des Geheimen Regierungsrates Esse an den Minister für Geistliche, Unterrichts- und Medicinal-Angelegenheiten von Bethmann-Hollweg vom 30. Oktober 1860, ebd., Bl. 197–205v.

Anfertigen von Matratzen und anderen Tätigkeiten angehalten wurden, während die weiblichen Kranken mit häuslichen Arbeiten wie Nähen, Stricken und Besorgung der Wäsche beschäftigt waren. Darüber hinaus sei allen Patienten Elementarunterricht erteilt und Anleitung zum Turnen sowie gymnastischen Übungen gegeben worden. Die nach Einschätzung des Berichterstatters gute Behandlungsqualität wurde jedoch von der Überfüllung der Anstalt konterkariert: „Die etatsmäßige Zahl der aufzunehmenden Kranken beträgt 103 Männer und 56 Frauen. Zeitweise wurden auch noch mehr Kranke untergebracht. Die Anstalt ist jedoch bereits bei der etatsmäßigen Zahl überfüllt und dürfte nur geeignet sein, etwa 100 Kranke aufzunehmen."

Nach der Revision der Anlagen durch die Sachverständigenrunde wurden schließlich die Pläne und Vorstellungen zum Neubau respektive Ausbau der vorhandenen Einrichtung diskutiert. Sponholz fasste das Ziel seines Programms wie folgt zusammen: „Im Anschluß an die gegenwärtige, in eine Irren-Bewahr-Anstalt umzuändernde Land-Irren-Anstalt und durch gemeinschaftliche Verwaltung mit ihr verbunden, soll eine Irren-Heil-Anstalt für 200 Kranke erbaut werden, welche außer den Wohnungen für das ärztliche Verwaltungs- und Dienst-Personal auch die für beide Anstalten erforderlichen Oeconomie-Räume in sich fasst."[76] Das Problem der Erweiterung bestand in dem schon früher kritisierten Umstand, dass die Ruppiner Stadtmauer das in Aussicht genommene Terrain von dem Stammgelände trennte. Durch Parzellierung und andere verfahrensrechtliche Schwierigkeiten nahm das projektierte Erweiterungsgelände eine sehr unregelmäßige Form an. Das ganze Areal sollte von einer neuen Mauer umgrenzt werden und mittels eines verschließbaren Durchbruches in der alten Stadtmauer mit dem alten Teil der Anlage in Verbindung stehen. Die neue Mauer hätte den fiskalischen Anforderungen an eine Akzisemauer entsprechen müssen (drei Fuß tief und zehn Fuß hoch). Die steuerrechtliche Problematik führte zu einem ersten Kritikpunkt. Es wurde in Frage gestellt, ob sich die Stadt Neuruppin tatsächlich dazu bereit finden würde, einen Durchbruch der bestehenden Zollmauer zu genehmigen. „Es muß zwar das neu hinzutretende Areal mit […] einer Mauer umgeben werden, die sich an die Stadtmauer anschließt, da indessen die neue Anstalt außerhalb der alten Stadtmauer durch das Direktorialgebäude ihren Haupteingang erhalten muß, demnach ein unkontrollierter Eingang in die Stadt stattfinden wird […] bleibt die Ertheilung der steuerfiskalischen Genehmigung sehr fraglich."[77]

Bezüglich der Bauform sah Sponholz zwei Varianten vor: Drei Flügelbauten, die im rechten Winkel zueinander standen und durch Verbindungsgänge miteinander kommunizieren sollten. Der Unterschied bestand lediglich in der Anordnung des zentralen Mittelteiles, sodass entweder eine H- oder eine U-förmige Anlage zustande kam. Während das Administrationsgebäude zentral anzuordnen sei, waren beidseitig die Abteilungen für männliche sowie weibliche Kranke vorgesehen. Diese Disposition rekurrierte im Wesentlichen auf

---

76 Programm für den Bau der Irren-Heil-Anstalt in Neu-Ruppin von Dr. Sponholz, datiert vom 18. Oktober 1860, ebd., Bl. 206–214, hier Bl. 206.
77 Bericht des Geheimen Regierungsrates Esse an den Minister für Geistliche, Unterrichts- und Medicinal-Angelegenheiten von Bethmann-Hollweg vom 30. Oktober 1860, ebd., Bl. 197–205v, hier Bl. 201.

das Wallis-Projekt, indem sie dessen zentralen Verwaltungsbau mit angrenzenden Flügelbauten freistellte und die weiteren Bauteile, die jeweils eine Hofsituation ausbildeten, wegfallen ließ. Ähnlich wie auch bei Wallis sollten vor die jeweiligen Abteilungshäuser isolierte Flachbauten für die „tobsüchtigen" und „unreinlichen" Kranken angeordnet werden. Das Ensemble sollte zudem durch ein Dampfmaschinen- und ein Ökonomiegebäude ergänzt werden. Auch an dieser Konfiguration entzündete sich Kritik, die man dahingehend auflöste, die Isolierbauten für die „Tobsüchtigen" wegfallen zu lassen und diese Kranken in den Abteilungshäusern unterzubringen. Darüber hinaus wurde vorgeschlagen, das Dampfmaschinen- mit dem Ökonomiegebäude zusammenzulegen, um Synergieeffekte bei der Versorgung der Anlage mit den hier bereiteten Speisen, der Reinigung der Wäsche und der Warmwasserbereitung zu nutzen.

Bezüglich der Einrichtung der Abteilungshäuser wurde vom Verwaltungsdirektor der Charité angeregt, diese nach dem Vorbild der Sorauer Anstalt auszuführen.[78] Esse machte auch den Vorschlag, das Ökonomiegebäude nach dem Vorbild der Anstalt in Bunzlau auszubilden. Beide Anregungen fanden die Zustimmung der versammelten Expertenrunde.[79] Man einigte sich zudem auf eine Begrenzung der Bauten auf zwei Etagen, bei denen die Geschosshöhe aber mit neun bis zehn Fuß sehr großzügig bemessen sein sollte. Im Weiteren wurde noch auf die von Sponholz nicht bedachte Anstaltskirche verwiesen, die in der Lage sein müsste, die 200 Personen der Einrichtung aufzunehmen.

Trotz seiner Vorschläge zur Ausführung im Einzelnen blieb der Verwaltungsdirektor der Charité hinsichtlich des Standortes und des dahinter stehenden Konzeptes skeptisch. Er hielt die Alternative eines Neubaues an einem anderen Ort für die bessere Variante.[80] Ebenso wie Esse votierte auch der Oberpräsident von Flottwell für einen Neubau an einem anderen Standort und bemühte sich, dieser Variante im Kommunallandtag zum Durchbruch zu verhelfen.[81] Dass die Bemühungen schon kurze Zeit später zu einem Teilerfolg führten und die Neuruppiner Variante immer mehr ins Hintertreffen geriet, war offenbar durch die konzertierte Einflussnahme nicht nur der Potsdamer Regierung und der Landarmendirektion, sondern auch der Kommission zum Bau der „Irren-Heil- und Pflegeanstalt" unter von Königsmarck zustande gekommen.

Da nach der bisherigen Beschlusslage die Variante eines Neubaues an einem anderen Ort als Neuruppin unter dem Vorbehalt stand, keine übermäßigen Mehrkosten zu erzeugen, umgingen seine Befürworter dieses Problem auf ihre Weise: Man marginalisierte die Kosten des notwendigen Grunderwerbs mit

---

78 Zur Anstalt in Sorau vgl. Hans Schulze, Geschichte der Landesirrenanstalt Sorau Niederlausitz, Strausberg 1912.
79 Protokoll des Treffens der Expertenrunde in Neuruppin von dem Geheimen Regierungsrat Esse vom 22. Oktober 1860, in: GStA PK, I. HA, Rep. 76, VIII A, Nr. 3668, Bl. 215–219v, hier Bl. 216.
80 Ebd., Bl. 201, machte Esse den etwas kurios anmutenden Vorschlag, die Privatanstalt „Schweizerhof" in Zehlendorf bei Berlin, dessen Leiter der Sanitätsrat Dr. Laehr war, aufzukaufen und sie gewissermaßen als provinziale Heilanstalt auszubauen. Ob dieser Vorstoß auf Betreiben Laehrs zustande kam bleibt dabei unklar. Laehr war jedoch kurz nach diesem Bericht ebenfalls als Sachverständiger zum Bau der kurmärkischen „Irrenheil-Anstalt" in Eberswalde berufen worden. Interessant ist auch ein vom 2. Januar 1862 datiertes Schreiben von Laehr an die Provincial-Hülfskasse, in dem er von finanziellen Problemen bei der Abzahlung der Hypotheken seines Privatinstitutes berichtet und um finanzielle Unterstützung bat, in: BLHA, Rep. 23 A, F 103, Bl. 165–169v.
81 Brief des Oberpräsidenten von Flottwell an den Minister für Geistliche, Unterrichts- und Medicinal-Angelegenheiten von Bethmann-Hollweg vom 21. Januar 1861, in: GStA PK, I. HA, Rep. 76, VIII A, Nr. 3668, Bl. 196.

dem Verweis auf das Interesse der potentiellen Standortkandidaten. So konnten die Abgeordneten des 33. Kommunallandtages offenbar dazu bewegt werden, der Suche nach einem geeigneten Standort mehr Gewicht als der Erweiterungsvariante einzuräumen. Zwar war auch diesmal keine definitive Entscheidung getroffen worden, jedoch wurde die Königsmarck-Kommission ermächtigt, nach eigenem Ermessen Maßnahmen für die Suche eines neuen Standorts durchzuführen. Dieser Bau wurde schließlich mit 280 bis 400 Betten deutlich größer als alle bisher verfolgten Varianten veranschlagt. Das anvisierte Höchstvolumen übertraf damit sogar das ursprüngliche Projekt von Wallis. In Folge dieses Beschlusses verschickte die Landarmendirektion am 28. Januar 1861 Anschreiben an diverse märkische Städte und bat um Offerten für das Neubauprojekt.[82] Dort hieß es etwas verklausuliert, dass der Beschluss für einen neuen Standort und gegen Neuruppin letzten Endes von den Angeboten der angeschriebenen Städte abhinge. Das erforderliche Terrain wurde mit 60 bis 90 Morgen beziffert und die Lage idealer Weise als isoliert, aber nur eine Viertelstunde Fußmarsch von der betreffenden Stadt entfernt und nicht unter zwei Meilen von einer Eisenbahn angegeben. Zur besseren Ableitung des Abwassers war eine erhöhte Lage des Bauplatzes als erstrebenswert angesehen und die Möglichkeit der Entnahme von täglich 80 000 Quart Frischwasser (Wallis!) musste gegeben sein. Des Weiteren stand die Gewinnung von Ziegelerde auf dem Gelände auf der Wunschliste. Schließlich wurde kaum mehr verhüllt die Erwartung an die Interessenten deutlich gemacht: Mit dem Hinweis auf zwei bereits vorliegende Offerten der Städte Oranienburg und Teltow, die entsprechende Flächen unentgeltlich zur Verfügung gestellt hatten, war die Erwartung ebensolcher Angebote aus dem potentiellen Bewerberkreis verknüpft. Dies sollte darüber hinaus noch innerhalb eines Monats geschehen.

Dieser Aufruf an die Städte stellte trotz des immer noch ausstehenden Beschlusses seitens des Kommunallandtages endgültig die Weichen in Richtung einer von Grund auf neuen „Irren-Heil- und Pflegeanstalt", die ein mehr als 15 Jahre langes Ringen um die Realisierung des Projektes beenden sollte.

Die Entscheidung für Neustadt-Eberswalde

Mit der Aufforderung der Landarmendirektion Ende Januar 1861, Angebote für ein geeignetes Grundstück einzureichen, begann eine Konkurrenz zwischen den Städten der Kurmark.[83] Neben den Städten Oranienburg, Teltow und Straus-

82 Schreiben des Vorsitzenden Landarmendirektors Landrat Scharnweber an die Städte der Kurmark vom 28. Januar 1861, in: Kreisarchiv Barnim, A. II., 9798, Bl. 15. Vgl. Ingrid Fischer, In landschaftlich reizvoller Lage. Die Suche nach einem Standort für die neue Irrenanstalt, in: Gropius in Eberswalde. Der Martin-Gropius-Bau der Landesklinik Eberswalde, hrsg. von der Landesklinik Eberswalde, Berlin 2002, S. 41–54.
83 Grundlegend zur Stadtgeschichte von Eberswalde Rudolf Schmidt, Geschichte der Stadt Eberswalde. 2 Bde., Eberswalde 1939 und 1941 (Reprint Eberswalde 1992/1994). Für die Stadtentwicklung unter Berücksichtigung seines baulichen Bestandes siehe vor allem Rohowski, Topographie Stadt Eberswalde. Zur Geschichte der industriellen Entwicklung vgl. Harald Bodenschatz, Werner Lorenz und Carsten Seifert, Das Finowtal im Barnim. Wiege der Brandenburgisch-Preussischen Industrie, Berlin 1998 sowie Landschaftspark Finowtal. Ein Industriegebiet im Wandel, hrsg. von Christian Härtel, Berlin 2002. Zur Rolle der Stadt Eberswalde bei der Standortsuche vgl. Fischer, In landschaftlich reizvoller Lage, S. 41–54.

Neustadt-Eberswalde. Marktplatz. Lithographie von Robert Geissler, um 1868.

berg hatte auch Neustadt-Eberswalde, wie schon 13 Jahre zuvor,[84] eine Offerte abgegeben.[85] Aber auch in Neuruppin war das Interesse groß, die Einrichtung weiter am Ort zu halten. Man machte der Landtagskommission gegenüber jedoch deutlich, dass die finanzielle Lage der Stadt Neuruppin eine kostenfreie Übereignung eines entsprechenden Grundstücks nicht zuließe.[86] Da der städtische Fiskus kein geeignetes Areal besaß, schien es nicht möglich, überhaupt ein kostengünstiges Gelände in der geforderten Nähe zur Stadt zu finden. Zwar konnte man gewisse Möglichkeiten zur Beschaffung von Baustoffen vorweisen, war aber insgesamt deutlich im Nachteil gegenüber anderen Bewerbern, die den Forderungen der Königsmarck-Kommission besser entsprachen. Zumal die unentgeltliche Überlassung des Terrains der ausschlaggebende Punkt war, der den Beschluss des Kommunallandtages für einen Neubau nachhaltig gefördert hatte. Nachdem im März diverse Angebote eingingen, wurden diese von der Kommission unter Einbeziehung des als Bausachverständigen beigeordneten Martin Gropius eingehend geprüft. Man traf eine Vorauswahl, bei der diejenigen Offerten ausschieden, die den Baugrund nicht kostenfrei bereitstellten.[87]

84 Bereits 1847 hatte sich der Eberswalder Magistrat aufgrund von Berichten über das Vorhaben als potentieller Standort bei der Landarmendirektion beworben.
85 Es gab insgesamt elf Bewerbungen, wie aus dem Protokoll der Besichtigung des Eberswalder Geländes hervorgeht, vgl. Kreisarchiv Barnim, A. II. 9798, Bl. 20. Welche Städte sich über die bereits genannten hinaus noch beworben haben, lässt sich anhand der vorliegenden Quellen nicht nachvollziehen.
86 Brief des Magistrats von Neuruppin an den Grafen von Königsmarck vom 6. März 1861, in: Bellin, Der Aufbau des medizinischen Betreuungssystems, S. 136 ff.
87 Das Ausscheiden Neuruppins aus dem Bewerberkreis führte noch am 24. Januar 1862 zu einer Eingabe des Abgeordneten Staere (?) im 34. Kommunallandtag, der einem Neubau andernorts generell ablehnend gegenüberstand und nach wie vor eine Erweiterung der bestehenden Ruppiner Anstalt favorisierte, in: BLHA, Rep. 23 A, Kurmärkische Stände, F. 8, o. Bl.

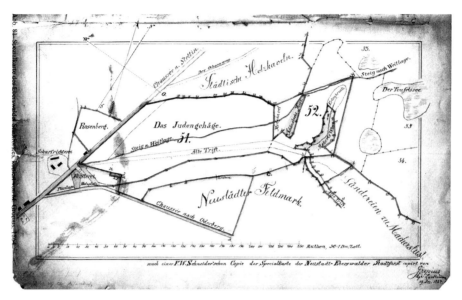

Spezialkarte des Eberswalder Stadtforstes, kopiert von M. Gropius, 1864.

Die Stadt Eberswalde hatte dagegen ein Gelände nördlich der Stadt, das als Forstfläche bewirtschaftet wurde und die Bezeichnung „Judengehege" trug, unentgeltlich angeboten.[88] Da sich ein großer Teil des Terrains bereits in städtischer Hand befand, warf dies offenbar keine großen finanziellen Schwierigkeiten auf. Zudem konnte man die Eberswalder Kommune auf ein prosperierendes Jahrzehnt zurückblicken, das die städtischen Kassen offenbar gut gefüllt hatte. Der so geschaffene finanzielle Spielraum kam nun bei den Verhandlungen mit der Landarmendirektion zum Tragen. Der Magistrat der Stadt hatte am 6. Februar 1861 den Beschluss gefasst, nicht nur das Gelände, sondern auch Baumaterialien unentgeltlich oder zumindest kostengünstig zur Verfügung zu stellen.[89] Darüber hinaus erklärte man sich bereit, für die Infrastruktur von Frisch- und Abwasser zu sorgen.

Am 21. April 1861 erfolgte eine Besichtigung des Geländes, bei der neben den Mitgliedern der Königsmarck-Kommission, dem Landarmendirektor Scharnweber sowie städtischen Vertretern auch Martin Gropius anwesend war.[90] Neben der Erkundung des Terrains ging es vor allem um die genauen Überlassungs-Modalitäten. Die Stadt verpflichtete sich, im Auftrag der Stände

88 Nach Aussage von Schmidt, Geschichte der Stadt Eberswalde. Bd. 2, S. 328, verweist die Bezeichnung auf den alten jüdischen Friedhof, der sich noch heute am südlichen Rand des Areals befindet. Dieser wurde im Jahre 1751 auf Betreiben der jüdischen Einwohner errichtet und 1851 erweitert. In dieser Zeit wurde im Volksmunde bereits das ganze umliegende Areal als „Judengehege" bezeichnet. Es blieb bei dem später erfolgten Bau der Anstalt unangetastet, wurde aber mit einer massiven Mauer umgeben. 1929 ist der Friedhof aufgrund von Platzmangel aufgegeben und durch einen neuen ersetzt worden. Vgl. dazu auch Fischer, In landschaftlich reizvoller Lage, S. 53, Anm. 7.
89 Dies geht aus dem Entwurf einer Offerte des Eberswalder Bürgermeisters Michaelis an die Landarmendirektion vom 4. März 1861 hervor, in: Kreisarchiv Barnim, A. II. 9798, o. Bl., vgl. Fischer, In landschaftlich reizvoller Lage, S. 53., hier Anm. 3.
90 Kreisarchiv Barnim, A. II. 9798, Bl. 20, Protokoll der Besichtigung durch Landrat und Landarmendirektor Scharnweber, Major von Königsmarck, Oberbürgermeister Piper aus Frankfurt/Oder,

Verhandlungen über die noch zu erwerbenden Privatgrundstücke zu führen. Zudem wurde seitens der Kommission noch einmal bekräftigt, dass alle Baumaterialien wie Sand, Kies, Lehm und Feldsteine von der Stadt bereitzustellen seien. In diesem Zusammenhang wurden auch die Bedingungen der Baulogistik erörtert. Am Ende der Verhandlungen stand ein Anforderungs- und Leistungskatalog, der alle Bedingungen für das Neubauprojekt enthielt. Die ständischen Vertreter betonten noch einmal die Bedeutung dieser Leistungen, die letzten Endes die Entscheidung für einen der elf Bewerber maßgeblich beeinflussen würden.

Die Entscheidung für den Standort Eberswalde muss kurz nach dem Besichtigungstermin im April 1861 gefallen sein, denn bereits am 14. Mai erreichte den Magistrat ein Schreiben der Landtagskommission mit der Aufforderung, die im Protokoll vom 21. April festgehaltenen Beschlüsse in der Stadtverordnetenversammlung ratifizieren zu lassen. Allerdings bestand dort angesichts der weitgehenden Verpflichtungen, die auf die Stadt zukamen, noch Klärungsbedarf. Dies betraf die genauen Abmessungen und den Umfang des Bauterrains. Das Gelände sollte eine möglichst rechteckige Ausdehnung haben und vor allem auch landwirtschaftliche Nutzflächen enthalten.[91] Um diese Forderung zu erfüllen, mussten mehr private Grundstücke angekauft werden als ursprünglich vorgesehen. Nachdem auch diese Probleme geklärt waren, gab eine außerordentliche Stadtverordnetenversammlung am 29. Mai den gegenüber der Landtagskommission gemachten Verpflichtungen seine Zustimmung. Innerhalb des nun folgenden Monats wurden die beigeordneten Bausachverständigen seitens der Kommission aufgerufen, alle noch ausstehenden Fragen für eine endgültige Entscheidung der Landtagskommission zu klären. Dass der Vorsitzende der Kommission kaum noch mit einer Änderung des Standortes rechnete, geht aus einem Brief an den Magistrat hervor, in dem er bereits um einen Sitzungstermin der Kommission mit dem Magistrat am 29. Juli in Eberswalde bat, damit bei Änderungswünschen und Modifikationen der Vereinbarung (vom April) „sofort ein bindender Beschluß gefasst und so die ganze Angelegenheit zum definitiven Abschluß gebracht werden könne"[92]. Des weiteren kündigte Königsmarck die Tätigkeit der Gutachter an und bat die Stadt bei einem weiteren Besichtigungstermin um Unterstützung. In dieser Sache kontaktierte dann auch Martin Gropius den Magistrat. Gropius bestätigte in seinem Schreiben noch einmal, „dass die endgültige Entscheidung über den Bau der Irrenanstalt auf dem seitens ihrer Stadt angebotenem Terrain demnächst erfolgen soll und nur noch abhängig ist, einmal von der Zustimmung zweier Irrenärzte, des Dr. Sponholz, welcher die Anstalt dirigieren wird, und des Sanitätsrathes Dr. Laehr aus Zehlendorf, und zum anderen, von der Beschaffenheit des Baugrundes, über welche ich selbst zu entscheiden haben würde"[93]. Um festzustellen, in welcher Tiefe guter

Kreisschulze Zeumer und Baumeister Gropius sowie Bürgermeister Michaelis, Kämmerer Piehl und Beigeordneter Schiede am 21. April 1861.

91 Fischer, In landschaftlich reizvoller Lage, S. 45 f.

92 Königsmarck an den Magistrat der Stadt Eberswalde vom 10. Juli 1861, in: Kreisarchiv Barnim, A. II. 9798, Bl. 38.

93 Ebd., Bl. 35, Schreiben von Martin Gropius an den Magistrat von Neustadt-Eberswalde vom 11. Juli 1861. Gropius zweifelte nicht, dass die Gutachten „wie ich voraussetze günstig ausfallen" und „dass die Entscheidung (für Eberswalde) getroffen werden wird". Vgl. dazu auch Fischer, In landschaftlich reizvoller Lage, S. 46 f.

und tragfähiger Baugrund vorhanden sei, sollten Bohrungen vorgenommen werden. Gropius kündigte eine Begutachtung in der dritten Juniwoche an, die dann tatsächlich am 19. Juni durch Gropius, Sponholz und Laehr stattfand.[94] Die zügige Vorgehensweise war durch die auf den 27. Juni anberaumte Sitzung des Landtagsausschusses bedingt, auf der die Urteile der Fachleute präsentiert und beraten wurden. Da sie, wie erwartet, positiv ausfielen, stimmte der Ausschuss dem Bauvorhaben zu. Kurz darauf, am 29. Juni, tagte dann die Kommission zur Reorganisation der kurmärkischen „Land-Irrenanstalt" unter Vorsitz von Königsmarck in Eberswalde. Nach einer neuerlichen Begehung des Areals und Verhandlungen mit dem Magistrat wurde einstimmig beschlossen, der Stadt den Zuschlag zum Bau der neuen Anstalt zu erteilen. Die an diesem Tag gegebene mündliche Zusage wurde am 15. Juli 1861 schriftlich bestätigt.

Aus einem Zusatzprotokoll vom 4. Juli geht hervor, dass die Stadt nicht nur Verpflichtungen auf sich nahm, sondern auch den eigenen Vorteil vor Augen hatte. So forderte sie zum Beispiel ein Vorverkaufsrecht ein, das es der Stadt bei einer Auflösung der Anstalt gestattete, den Grund und Boden kostenfrei rückübertragen zu lassen.[95] Diese mehr in eine ferne Zukunft gerichtete Absicherung war jedoch eher formaler Natur.[96] Die hauptsächlichen Gründe, die den Magistrat dazu bewogen, sich nachdrücklich um den Bau der Anlage zu bemühen, lagen auf anderen Gebieten und werden in einer Stellungnahme des Magistrats an die königliche Regierung vom 30. August 1861 deutlich. Letztere erbat im Zusammenhang mit der Erlaubnis, das städtische Forstland gratis abzugeben, eine Erklärung, welcher Nutzen der Kommune aus diesem zunächst ganz unvorteilhaften Geschäftsvorgang erwachsen würde. In der Antwort heißt es, dass die Erfahrung lehre „daß die Wichtigkeit der kleineren Provinzialstädte wächst, je mehr sie dergleichen, öffentliche mit der Staatsverwaltung zusammenhängende Institute in sich aufnehme. Sie werden dadurch der Mittelpunkt größerer Bevölkerungskreise, deren Einwirkung wiederum eine höhere Verkehrstätigkeit und stärkere Entfaltung des bürgerlichen und gewerblichen Lebens zur Folge hat."[97] Die Stadt rechtfertigte so die kostenlose Bereitstellung von 67 Morgen städtischen Forstlandes sowie den zugesicherten Ankauf von weiteren 25 Morgen Land aus Privatbesitz im Auftrag der Landarmendirektion mit zukünftigen wirtschaftlichen Gewinnen, die nicht nur der Bauvorgang brächte, sondern auch der spätere Betrieb der Anstalt. Beides, der Bau wie auch der Unterhalt der Anstalt, würde von den Gewerbetreibenden der Stadt geleistet werden und damit deren Auftragslage sichern. Diese Antwort muss

94 In einem Schreiben des Landarmendirektors Scharnweber vom 16. Juni an den Magistrat wurde der Besichtigungstermin des Gutachtertrios für den 19. Juni 1861 angekündigt, in: Kreisarchiv Barnim, A.II. 9798, Bl. 39.
95 Ebd., Bl. 43, Ergänzungsprotokoll des Magistrats vom 4. Juli, vgl. auch Fischer, In landschaftlich reizvoller Lage, S. 48. Am 10. Juli erging ein entsprechendes Schreiben an die Landtagskommission.
96 Ebd., Bl. 85, Antwort der Landtagskommission auf die Forderung nach kostenfreier Rückübertragung des Terrains vom 30. September 1861. Dort hieß es, dass es für sehr unwahrscheinlich gehalten werde, dass dieser Fall eintrete. Darüber hinaus sei man gar nicht ermächtigt, diese Frage mit der Stadt zu verhandeln. Jedoch zweifelte man nicht, dass im Fall eines Falles „nach Abtragung der Gebäude einer solchen Rückgewähr seitens derjenigen die dann die Interessen des Landarmen-Verbandes zu vertreten haben werden kein Hinderniß entgegengesetzt werden dürfte".
97 Ebd., Bl. 73 ff., hier Bl. 73 f. Antwort des Magistrats vom 30. August 1861 auf das Schreiben der Königlichen Regierung in Potsdam vom 20. August 1861, vgl. Fischer, In landschaftlich reizvoller Lage, S. 48.

zur Zufriedenheit des Fragestellers ausgefallen sein, denn es erfolgten keine weiteren Einwände seitens der königlichen Regierung.

Die nun folgenden Verhandlungen mit den privaten Grundbesitzern zogen sich allerdings in die Länge. Es waren zunächst noch technische Details wie der genaue Verlauf der Grundstücksgrenzen zu klären, die am 29. November in eine detaillierte Gemarkungskarte übertragen wurden.[98] Das Hauptproblem aber lag in der Konstellation der Verkaufsabwicklung. Der Magistrat agierte zwar als Käufer im Auftrag des Bauherren, des Landarmen-Verbandes, hatte aber keinen direkten Zugriff auf dessen dafür bereitgestellte Finanzmittel.[99] Pro Morgen Land waren von der Landtagskommission 30 bis 130 Talern veranschlagt worden. Dagegen hofften die Grundstücksbesitzer, einen wesentlich höheren Kaufpreis zu erzielen. Entgegen den Vorgaben der Landtagskommission hat die Stadt den Verhandlungspartnern einen höheren Preis zusagen müssen und dieses Problem in zwei Schreiben dargelegt.[100] Auf Kommissionsseite war man aber nicht bereit, die einmal festgesetzten Beträge zu erhöhen. Man stellte in Frage, „ob und welche Mehrbewilligung" man überhaupt für die von der Stadt zu beschaffenden Grundstücke machen könne und machte seine Entscheidung vom schnellen Abschluss der Verhandlungen abhängig, um ein weiteres Ansteigen der Preise zu vermeiden. Um dieser Forderung Nachdruck zu verleihen, war man auf Seiten der Kommission bereit, Bürgermeister Michaelis Vollmacht „zum directen Ankauf sämmtlicher in das Anstaltsterrain fallender Privatgrundstücke, sowohl der von der Stadt uns unentgeltlich, als den für 30 resp. 130 th pro Morgen zu liefernden, für den Landarmen-Verband durch die Ständische Landarmen-Direction der Kurmark erteilen zu lassen"[101].

Am 2. April 1862 erfolgte schließlich die Aufsetzung des Schenkungsvertrages zwischen der Stadt und dem Landarmenverband.[102] Einen Tag später sind die endgültigen Kaufverträge durch Bürgermeister Michaelis an die Grundbesitzer ausgehändigt worden.[103] Das Kaufdatum wurde rückwirkend auf den 1. Oktober 1861 festgelegt und die Kaufsumme ab diesem Zeitpunkt mit fünf Prozent verzinst. Schließlich ist der Schenkungsvertrag Mitte Juni 1862 von der Landarmendirektion bestätigt worden.[104] Die Genehmigung der Potsdamer

---

98 Ein Plan des Geländes wurde mit Datum des 29. November 1861 vom Königlichen Vermessungsrevisor Koppin angefertigt, der für alle späteren Vorgänge maßgeblich blieb, vgl. auch Fischer, In landschaftlich reizvoller Lage, S. 51.
99 Die Stadtverordnetenversammlung stellte allerdings einen eigenen Beitrag von 6.800 Talern aus Depositalbeständen für den Kauf der Grundstücke bereit, vgl. ebd.
100 Die Schreiben des Magistrats über die Verhandlungen vom 6. und 27. Oktober 1861 an die Kommunal-Landtagskommission werden in der Antwort der Kommission vom 2. Dezember 1861 erwähnt, vgl. ebd.
101 Schreiben der Landtagskommission für die Reorganisation der kurmärkischen Provinzial-Irrenanstalt an den Magistrat von Neustadt-Eberswalde vom 2. Dezember 1861, in: Kreisarchiv Barnim, A.II. 9798, Bl. 70. Die formalen Bedingungen der Vollmacht waren dann offenbar am 11. Dezember erfüllt, vgl. dazu das spätere Protokoll zur Übergabe der Kaufverträge vom 3. April 1862, in: BLHA, Rep. 55 Provinzialverband, Abt. IX, Nr. 375, Bl. 9–24, hier Bl. 10.
102 Ebd., Bl. 4f., Protokoll zur Verhandlung über den Schenkungsvertrag vom 2. April 1862 zwischen Bürgermeister Michaelis und dem Landarmendirektor Jacobi.
103 Ebd., Bl. 9–28 enthält sowohl das Protokoll der Übergabe der Kaufverträge vom 3. April 1862 durch Bürgermeister Michaelis als auch die einzelnen Kaufverträge. Der Rücklauf der Verträge erfolgte größtenteils bis September 1862, in Einzelfällen aber auch erst zum Jahresende.
104 Ebd. Bl. 6f. Am 24. Mai 1862 hatte Bürgermeister Michaelis vom Magistrat die Vollmacht erhalten, den Schenkungsvertrag mit dem Landarmenverband zu schließen. Am 5. Juni ist der vom Eberswalder Kreisgericht geprüfte „gerichtliche Vertrag" an die Landarmen-Direktion gesandt worden, deren Vorsitzende Scharnweber und Jacobi denselben am 17. Juni 1862 unterzeichneten.

Regierung erfolgte dann am 6. Juli 1862,[105] das landesherrliche Placet zum Vertragswerk lag am 15. August 1862 vor.[106] Damit war der Weg auch offiziell frei, das Bauvorhaben zu beginnen. Der erste Spatenstich erfolgte im September 1862.

105 Ebd., Bl. 6v.
106 Ebd. Bl. 8. Der Antrag auf allerhöchste Genehmigung der Schenkung wurde durch den Kultus-minister von Mühler und den Minister des Innern von Jagow mit Schreiben vom 7. August an den König gerichtet, der diesen am 15. August unterzeichnete, in: GStA PK, I. HA, Rep. 89, Sign. 2.2.1, Nr. 24362, Bl. 38 (a-b). Vgl. auch die Abschrift in: GStA PK, I. HA, Rep. 76 ,VIII A, Nr. 3678, Bl. 116.

Der Bau der „Land-Irrenanstalt" Neustadt Eberswalde

Als im Herbst 1860 die Weichenstellung für einen Neubau der kurmärkischen „Land-Irrenanstalt" erfolgte, war Martin Gropius bereits als Bausachverständiger in das Projekt involviert. Zunächst wurde jedoch weiterhin die Neuruppiner Variante diskutiert. Beleg dafür ist das erste Bauprogramm, das der ärztliche Direktor der Anstalt, Dr. Sponholz, wenige Tage vor der entscheidenden Revision der Anlagen[1] durch eine Expertenrunde, der auch Gropius angehörte, am 18. Oktober aufgestellt hatte und welches noch mit „[…] für den Bau der Irren-Heil-Anstalt in Neu-Ruppin" überschrieben war.[2] Dieses Programm ist insofern interessant, als es ein wichtigen Zwischenschritt in der Genese des endgültigen Bauprogramms für Eberswalde darstellt, das nicht mehr von Sponholz alleine, sondern zusammen mit zwei weiteren hinzugezogenen Fachärzten, Bernhard Heinrich Laehr und Carl Friedrich Flemming (1799-1880), erarbeitet wurde. Dieses definitive Programm baute auf Sponholz' erster Äußerung auf. Denn trotz dessen Ausrichtung auf eine Erweiterungslösung, die einen Neubau in der Nähe der alten Neuruppiner Anstalt vorsah, waren die grundsätzlichen Anforderungen so allgemein gefasst, dass sie später für die Ausführung in Eberswalde überarbeit und ergänzt werden konnten. Dass Sponholz überhaupt in der Lage war, in relativ kurzer Zeit ein derart umfangreiches Programm vorzulegen, ermöglichten ihm die sehr detaillierten und weitsichtigen Ausführungen seines Amtsvorgängers, des ersten ärztlichen Direktors in Neuruppin, Dr. Wallis, auf die er zurückgreifen konnte. Dessen Denkschrift[3], die 1845 dem Kommunallandtag vorgelegt worden war, bildete die Grundlage des Bauprogramms vom Oktober 1860. Bezeichnenderweise nannte Sponholz diese Quelle nur ein einziges Mal, während er sich vor allem in technischen Fragen mehrfach auf die Äußerungen des Verwaltungsdirektors des Berliner Universitätsklinikums Charité, des Geheimen Regierungsrats Esse bezog.[4]

Sponholz modifizierte die 15 Jahre alte Vorlage von Wallis an einigen Stellen unter Einbeziehung der Vorschläge von Esse, blieb den Ausführungen seines Vorgängers anderenorts aber bis ins Detail verpflichtet. Da Sponholz jedoch im Gegensatz zu Wallis „nur" eine Erweiterung unter Einschluss der alten Baulichkeiten plante, war sein ausschließlich als Heil-Anstalt vorgesehenes

---

1   Die Revision fand am 22. Oktober 1860 in Neuruppin statt, vgl. den Bericht des Geheimen Regierungsrates Esse über die Revision der Land-Irrenanstalt zu Neu-Ruppin, in: GStA PK, I. HA, Rep. 76, VIII A, Nr. 3668, Bl. 197–205.
2   Programm für den Bau der Irren-Heil-Anstalt in Neu-Ruppin, verfasst von Direktor Sponholz, 18. Oktober 1860, ebd., Bl. 206–214v.
3   Dr. A. Wallis, Entwurf zum Neubau einer Provinzial-Irren-Heil- und Pflege-Anstalt für die Kurmark Brandenburg. Berlin 1845.
4   Bericht des Geheimen Regierungsrates Esse über die Land-Irrenanstalt zu Neu-Ruppin, in: GStA PK, I. HA, Rep. 76, VIII A, Nr. 3668, Bl. 197–205.

Carl Friedrich Flemming (1799 –1880).

Programm weniger umfangreich als der ältere Entwurf von Wallis, der die bestehende Anlage durch eine vollständig neu auf freiem Feld zu errichtende, „relativ verbundene" Heil- und Pflegeanstalt vorsah.

Die Architektur der Anstalt sollte, so Sponholz, den „Character der Solidität, Einfachheit und so viel wie möglich Heiterkeit an sich tragen und darf sich weder als Palast noch als Gefängniß darstellen"[5]. Die Wohnräume der Patienten hätten idealerweise eine gleichmäßige Belichtung und wären vor Nord- und Ostwinden geschützt. Ebenso wie Wallis forderte Sponholz eine künstliche Beleuchtung der Anstalt durch Gaslampen. Aufgrund der Erfahrungen aus dem laufenden Betrieb betonten beide Ärzte besonders die Verbesserung der hygienischen Verhältnisse. Für die Frischwasserzufuhr war ein Rohrleitungssystem vorgesehen, das von einem zentralen Wasserspeicher aus über kleinere Zwischenstationen die Etagen und einzelnen Räume versorgte. Ein ausreichend dimensioniertes und vor allem „gerucharmes" gedecktes Kanalisationssystem sollte die Abwässer entsorgen. In punkto Belüftung tendierte Sponholz neben der üblichen Fensterlüftung zu der von Esse vorgeschlagenen künstlichen Ventilation mittels Öffnungen in den Abluftschächten. Dabei wird durch den dort herrschenden Unterdruck Frischluft in die Räume gesaugt. Dieses Prinzip hatte bereits Wallis für die Entlüftung des Abwassersystems anwenden wollen. Bei der Frage der Heizungsart mochte sich Sponholz nicht festlegen: Entgegen dem Plädoyer seines Vorgängers für eine moderne Wasserdampfheizung, war sein Nachfolger von den Argumenten eines ökonomischeren Betriebes der neueren zentralen Erwärmung mittels Wasserdampf oder Warmluft offenbar nicht restlos überzeugt. Er tendierte vielmehr dahin, dem bewährten Kachelofen den

5   Dr. Sponholz, Programm für den Bau der Irren-Heil-Anstalt in Neu Ruppin, in: ebd., Bl. 206–214v., hier 207v.

Vorzug zu geben und bezeichnete die Diskussion um die optimale Heizmethode als noch nicht abgeschlossen. Auch hinsichtlich des Einsatzes der Dampfmaschine gab es Differenzen. Während Wallis die Maschine universell nutzen wollte, etwa zum Antrieb von Dampfkochmaschinen, Waschmaschinen, dem Betrieb der Dampfdruckheizung oder auch zum Antrieb von Wasserpumpen, plante Sponholz, sie lediglich zum Betrieb der Wäscherei und – unter Vorbehalt – für die Pumpen der Wasserversorgung einzusetzen. Zur Bedienung des Reservoirdruckwerkes vermerkte er, dass es „eventualiter von den kräftigen und unheilbaren Kranken gehandhabt werden kann"[6]. In den weiteren Ausführungen zum Maschinengebäude wird dann auch klar, warum Sponholz für diesen altertümlichen manuellen Betrieb plädierte, da die Anschaffung der Dampfmaschine „wohl zunächst des Kostenpunktes halber noch problematisch"[7] sei.

In der grundlegenden Disposition der Anlage folgte Sponholz wieder dem älteren Programm, das die Anstalt um ein zentrales Administrationsgebäude herum anlegte, an das sich ein Männer- sowie ein Frauenflügel mit jeweils nachgeordneten „Tobsuchtsgebäuden" anschlossen. Ein Wirtschaftsgebäude und ein separates Dampfmaschinenhaus komplettierten das Gesamtensemble. Die Unterbringung der Kranken sollte nach dem allgemein gültigen Prinzip der Trennung nach sozialem Stand, in den drei Abstufungen höhere, mittlere und niedere Stände vorgenommen werden. Daneben erfolgte eine Klassifizierung nach äußeren Symptomen des Krankheitsverlaufes, die in Bezeichnungen wie „ruhig" oder „störend", sowie „schädlich" oder „unreinlich" zum Ausdruck kommen.

In den Beschreibungen der einzelnen Gebäudeteile wird die Vorbildhaftigkeit des Entwurfs von Wallis noch einmal besonders deutlich: Das zentrale Verwaltungsgebäude plante Sponholz ebenso wie Wallis dreistöckig über einem Souterrain. In letzterem war die Anstaltsküche mit allen notwendigen Nebenräumen untergebracht. Selbst die Verteilung der Mahlzeiten durch zwei den jeweiligen Geschlechterabschnitten zugewandten Durchreichen war aus dem älteren Plan übernommen. Das darüber liegende Erdgeschoss war durch die Verlegung der Wohnung des Inspektors hingegen etwas anders organisiert. In dieser Ebene sollten nach Sponholz „die 150 Personen fassende Kirche, das Sessions-Zimmer mit der Anstaltsbibliothek, das Warte-Zimmer, die Kanzlei mit der Registratur und Kasse, das Kleider und Wäsche-Depot, die Materialkammer für trockene Gemüse, die Wohnstube für die Wirtschafterin und die Wohnung des Hausvaters" Aufnahme finden. Eine derartige Fülle verschiedenster Funktionen war dem Planer offenbar selbst nicht ganz geheuer, denn er räumte ein, dass man die Bibliothek samt Versammlungsraum auch alternativ in das erste Obergeschoss verlegen könne. Dort sollten neben den Gesellschaftsräumen, die mindestens 200 Personen fassen müssten, auch die mit sieben bis acht Zimmern großzügig bemessene Wohnung des Anstaltsdirektors eingerichtet werden. Hier distanzierte sich Sponholz komplett vom älteren Plan, denn Wallis hatte in diesem Bereich die Wohnungen des Assistenzarztes und

6   Ebd., Bl. 208.
7   Ebd., Bl. 213v.

des Geistlichen sowie die Apotheke vorgesehen und dem Direktor ein eigenes, separates Wohnhaus hinter dem Hauptgebäude zugedacht. Dem entsprechend organisierten beide auch das zweite Obergeschoss unterschiedlich. Wallis sah hier die exklusivsten Wohnbereiche für die Pensionäre der „ruhigen höheren" Stände vor; Sponholz verbannte dagegen jegliche Krankenzimmer aus dem Verwaltungsgebäude und plante im obersten Stockwerk hauptsächlich Wohnungen des Assistenzarztes und des Inspektors sowie des anstaltseigenen Lehrers (!). Daneben waren hier ein pathologisches Kabinett und ein Laborzimmer einzurichten.

Den Bereich der Krankenabteilungen organisierte Sponholz etwas anders als im Vorläuferprojekt. Dies war vor allem der anderen Aufgabenstellung der nun ausschließlich Heilzwecken dienenden Anstalt bestimmt. Da für Männer und Frauen nur jeweils ein Flügel vorgesehen war, wurden demzufolge alle Patientengruppen darin untergebracht und lediglich etagenweise beziehungsweise durch Türschleusen voneinander getrennt. Die Gebäude sollten wie bei Wallis über dem Souterrain zwei Stockwerke erhalten, einhüftig erschlossen sein und über gedeckte Gänge mit dem Verwaltungsgebäude verbunden werden. Die Korridore waren dabei zum Ehrenhof, die Zimmer nach „außen" orientiert; Wallis hatte dagegen alle Erschließungsflure auf die Seite der Patientenhöfe gelegt, die durch die mehrflügeligen Krankentrakte gebildet wurden, während sich die Zimmer zum Ehrenhof hin öffneten.

Die Aufteilung der Kranken nahm Sponholz folgendermaßen vor: Das Erdgeschoss war in zwei Abteilungen untergliedert. Die erste war für die „störenden, schädlichen und unreinlichen" Kranken aller Stände vorgesehen. Hier sollten jeweils zehn Personen einen Schlafraum und einen Aufenthaltsraum nutzen. Getrennt durch die Wohnung des Oberwärters folgten die Räumlichkeiten der „niedrigen" Stände. Die hier geplanten Aufenthalts- oder Wohnräume waren für 13 bis 14, die Schlafsäle dagegen für 20 Personen konzipiert. Diese lagen nicht auf derselben Ebene sondern waren im zweiten Stockwerk angesiedelt, das ansonsten den Patienten mittlerer und höherer Stände vorbehalten war. Letztere hatten zwar mehrere unterschiedlich große Aufenthalts- respektive Wohnräume, darunter auch ein Billardzimmer (siehe auch Wallis), sollten aber in Schlafsälen zu 16 Personen nächtigen.

Die Einrichtung je einer zentralen „Badeanstalt" für den Männer- und Frauenflügel war eine weitere Idee, die Sponholz übernahm. Jedoch plante er, sie zentral allen Kranken, also auch den „unreinlichen" und „tobsüchtigen", zur Verfügung zu stellen. Somit sparte er die noch von Wallis propagierte Einrichtung von speziellen, nur diesen Kranken zugeordneten Sanitäreinrichtungen.

Die Disposition der „Tobhäuser" bei Wallis wurde von Sponholz mit wenigen Änderungen „als zweckmäßig adoptiert"[8]. Die als Einzelbauten gedachten Abteilungshäuser sollten in einem rechten Winkel zum Männer- beziehungsweise Frauenflügel stehen und mit ihnen über einen gedeckten Gang kommunizieren.

Als Wirtschaftsgebäude wollte man die bestehenden Baulichkeiten der alten Anstalt weiter nutzen und plante nur einen kleinen Neubau für die „Feuer-

8 Ebd., Bl. 212v.

Spritze", eine Wagen-Remise, Viehställe nebst Futterkammern und Scheunen-raum sowie eine Knechtwohnung.

Den Freibereich um die Anstalt stellte sich Sponholz analog zu Wallis in ein-facher Weise gärtnerisch gestaltet vor. Staketenwände oder Hecken hatten dabei die Aufgabe zu übernehmen, die einzelnen Patientenbereiche „streng nach dem Geschlecht und [...] wo möglich auch nach Abtheilungen"[9] voneinander zu trennen. Eine Ausnahme machte das „Terrain der Tobsüchtigen", das mit einer acht Fuß – also etwa 2,50 Meter – hohen Mauer abgeschlossen sein sollte.

Sponholz beendete seine Ausführungen mit dem Hinweis auf eine sorgfältige und vor allem nachhaltige Planung, um auch für zukünftige Aufgaben gerüstet zu sein. Zudem stellte er an den zu errichtenden Bau den Anspruch, dass er „mindestens für die Gegenwart in feiner Zweckmäßigkeit von anderen Insti-tuten nicht [...] übertroffen werden"[10] sollte. Um diesem hehren Ziel näher zu kommen, schlug Sponholz vor, die besten und namhaftesten Anstalten und Ein-richtungen zu besuchen und zu analysieren. Mit Hilfe der daraus gewonnenen Erkenntnisse sollte die bisherige Konzeption korrigiert beziehungsweise prä-zisiert werden.

Kurz nachdem Sponholz dieses Programm vorgelegt hatte, fand die bereits erwähnte Revision der Neuruppiner Anstalt durch eine Expertenkommission unter Beteiligung von Gropius statt, welche ihre einhellige Empfehlung aus-sprach, keine Erweiterungslösung anzustreben. Die mit der Durchführung des Gesamtprojektes beauftragte Königsmarck-Kommission favorisierte infolge-dessen die Weiterentwicklung der Alternativlösung an einem anderen Stand-ort.[11] Dies führte schließlich im Winter 1860/61 zu der offiziellen Aufforderung an die kurmärkischen Städte, einen geeigneten Bauplatz zu offerieren.

Im Gegensatz zu Gropius, der die Entscheidung für den Standort Eberswalde bereits in das Jahr 1860 datierte, kann frühestens im April 1861 ernsthaft die Rede davon sein, dass ein solcher Beschluss gefasst wurde. Gropius hat diese Umstände entweder nicht mehr erinnert – es lagen immerhin acht Jahre zwi-schen dem Vorgang und der Veröffentlichung – oder er hat sie bewusst verein-facht, um die Bau- und Planungsgeschichte stringenter darzustellen.[12] Liest man seine Einführung weiter, stößt man auf eine weitere Ungereimtheit: Gro-pius behauptet, 1860 nicht nur den Auftrag erhalten zu haben „die Pläne zu einer in Neustadt Eberswalde zu errichtenden Land-Irren-Anstalt [...] zu be-arbeiten", sondern diese gleich für 500 Kranke zu projektieren. Diese Zahl war bei den Entscheidungsträgern nie ernsthaft im Gespräch und ist auch in den offiziellen Äußerungen nicht belegt. Vorgesehen waren maximal 400 Plätze, wie es dann auch zur Ausführung kam. Für die imposante Ziffer addierte Gropius

9 Ebd., Bl. 207v.
10 Ebd., Bl. 214v.
11 Die nach ihrem Vorsitzenden genannte Königsmarck-Kommission sollte zunächst ausdrücklich beide Optionen, eine Erweiterung der bestehenden Anstalt als auch einen Neubau andernorts, paral-lel entwickeln. Nur wenn sich die erste Möglichkeit als undurchführbar erwies, war die Kommission auch ermächtigt, die Planungen für einen neuen Standort zu realisieren.
12 In Bezug auf die Fehlerhaftigkeit oder Ungenauigkeit seiner Angaben könnte man auch von einer etwas nachlässigen Publikation (Zeitschrift für Bauwesen als auch bei Verlag Ernst & Korn) von 1869 sprechen, die nicht nur im Text, sondern auch in den Planzeichnungen Unstimmigkeiten aufweisen, die zum Zeitpunkt der Veröffentlichung bereits bekannt waren, aber nicht korrigiert wurden und auch keinen entsprechenden Hinweis bekamen.

vermutlich die Kapazität des so genannten Siechendepots hinzu, das für insgesamt 100 Kranke – zu gleichen Teilen weiblich und männlich – geplant war und als kleiner eigenständiger Komplex mit drei Häusern neben dem Hauptbau entstehen sollte. Allerdings wurde er erst drei Jahre nach Eröffnung der Anstalt tatsächlich errichtet, nun jedoch auf ein einziges Gebäude für alle körperlich Kranken reduziert. Da Gropius bereits den Entwurf hierzu lieferte, der Bau aber erst 1868 in veränderter Form und nun nicht mehr unter seiner Leitung ausgeführt wurde, mag er sich berechtigt gefühlt haben, seine Urheberschaft auf diese Weise zu reklamieren. Doch verbarg sich hinter der Stellungnahme von Gropius noch ein anderer Konflikt, der ein Rollenkonflikt zwischen dem Architekten und den ärztlichen Planern war: Gropius erweckte mit seiner Version der Planungsgeschichte zunächst den Eindruck, als sei der Bau grundsätzlich vom Architekten geplant und ausgeführt worden. Dem aufmerksamen Leser blieb aber nicht verborgen, dass der Anteil des Architekten zumindest in der Planungsphase eingeschränkt war. Denn wie Gropius selbst bemerkte, „die Aufstellung eines Bauprogrammes zu einer Irren-Anstalt ist die wichtigste und entscheidendste Arbeit für das Gelingen des ganzen Unternehmens, entscheidender selbst, als die spätere Thätigkeit des Architekten"[13]. Damit gab er recht genau den Planungsablauf wieder, bei dem die Fachärzte den ersten Part übernahmen und der Architekt in nachgeordneter Instanz als Korrektiv und technischer Berater tätig wurde. Nichtsdestotrotz hat Gropius diese Situation „kreativ" zu nutzen gesucht. Das klingt bereits im Schlusssatz seiner Einleitung zum Bauprogramm der Mediziner an: „Der Gesammtcharakter der zu erbauenden Anstalt ist daher in seiner ganzen Eigenthümlichkeit bereits im Programm vorbedingt und wird daraus seine Erklärung finden."[14]

Der Baumeister Martin Carl Philipp Gropius

„Nicht gerade Reichtum in Erfindung und produzierender Kraft, wohl aber feiner Sinn für das Schöne und eine seltene Klarheit waren seine hervorstechenden Eigenschaften. […] In den frühern Arbeiten etwas spröde, drang er immer mehr zu einem echten Klassizismus durch."[15]

Martin Carl Philipp Gropius[16] wurde am 11. August 1824 in Berlin in eine weit verzweigte Künstler- und Unternehmerfamilie geboren, die aus dem Halber-

13 Gropius, Die Provinzial-Irren-Anstalt, S. 1. Diese Prachtausgabe ist als Reprint wiedergegeben in: Gropius in Eberswalde, S. 63–97. Die nachfolgenden Zitate beziehen sich stets auf die Originalausgabe von 1869. Eine leicht veränderte Fassung des Textes hatte Gropius im selben Jahr in der Zeitschrift für Bauwesen publiziert: ders., Provinzial-Irren-Anstalt, in: Zeitschrift für Bauwesen.
14 Gropius, Die Provinzial-Irren-Anstalt, S. 1.
15 Meyers Konversations-Lexikon, 4. Aufl., Bd. 7, Leipzig 1888/89, S. 758.
16 Die biografischen Angaben zu Martin Gropius gehen überwiegend auf den Nachruf von Johann Eduard Jacobsthal, Martin Gropius (Nekrolog), in: Deutsche Bauzeitung 15, 1881, S. 313 ff. und S. 323 ff. zurück. Desgleichen diente das dortige Werkverzeichnis als Grundlage für alle späteren Veröffentlichungen: Adolf Rosenberg, Martin Gropius (Nekrolog), in: Kunstchronik, Beiblatt zur Zeitschrift für bildende Kunst 16, 1880/81, Sp. 248 f.; ohne Autor, M. Gropius †, in: Kunstchronik, Beiblatt zur Zeitschrift für bildende Kunst 16, 1880/81, Sp. 185 f.; Wallé, Martin Gropius, S. 49–56; ohne Autor, Martin Gropius †, in: Wochenblatt für Architekten und Ingenieure, 2, 1880, S. 458 f.; Richard Gropius, Genealogie der Familie Gropius, Görlitz 1919; Allgemeines Lexikon der bildenden Künstler von der Antike bis zur Gegenwart, hrsg. von Ulrich Thieme und Felix Becker, Bd. XV, Leipzig 1922, S. 88 f.;

Martin Gropius, Marmorbüste von
Rudolf Siemering, 1892.

städter Raum stammte und seit etwa 1800 in Berlin ansässig war.[17] Sein Vater
Johann Carl Christian Gropius (1781–1854) war Kaufmann und Mitinhaber,
später Leiter der Seidenfabrik, die sein Schwager George Gabain gegründet
hatte.[18] Gropius' Onkel Wilhelm Ernst (1754–1852) war Wegebaumeister und
nach seiner Umsiedelung nach Berlin kurz vor der Jahrhundertwende Besitzer einer Maskenfabrik und eines „Figurentheaters". In dessen Hause in
der Breiten Straße 22[19] wohnte während der französischen Besatzung Berlins
1805–09 Karl Friedrich Schinkel und unterrichtete den älteren der drei Söhne,
Karl Wilhelm[20] im Zeichnen. Aus dieser Zeit rührte eine freundschaftliche

Wirth, Die Familie Gropius; Klinkott, Martin Gropius und ders., Backsteinbaukunst der Berliner
Schule; im Werkverzeichnis Bezug nehmend auf Klinkott auch Börsch-Supan, Berliner Baukunst,
S. 577 f.; Den ausführlichsten Überblick bietet noch heute Kieling, Berliner Privatarchitekten, S. 23 ff.,
sowie ders., Berlin. Baumeister und Bauten, Von der Gotik bis zum Historismus, Berlin und Leipzig
1987, vor allem S. 228 ff. Mit einigen wenigen Angaben zu Martin Gropius vgl. auch Reginald R.
Isaacs, Walter Gropius. Der Mensch und sein Werk, 2 Bde., Frankfurt am Main, Berlin und Wien
1985. Zu Martin Gropius vgl. ebenso Jens Fehlauer, Der Baumeister Martin Carl Philipp Gropius,
in: Landesklinik Eberswalde (Hrsg.), Gropius in Eberswalde, S. 55–62.
17 Vgl. Wirth, Die Familie Gropius, nicht paginiert (S. 1).
18 Diese Manufaktur ist auch eher unter dem Namen seines Schwagers als Gabain'sche Seiden-
manufaktur bekannt geworden und war vor allem für ihre künstlerisch gestalteten Seidentapeten
berühmt, für die namhafte Künstler Muster entwarfen, vgl. Jacobsthal, Martin Gropius, S. 313 und
Wallé, Martin Gropius, S. 49 sowie Wirth, Die Familie Gropius, nicht paginiert (S. 2).
19 Jacobsthal, Martin Gropius, S. 313 nennt als Adresse Breite Straße 11.
20 Karl Wilhelm Gropius (1793–1870) malte schon früh kleine Dekorationen für das Figurentheater
seines Vaters. Doch war er nicht nur Dekorationsmaler, sein humoristischer Sinn, der sich in einer
Unzahl von Witzen und Karikaturen äußerte, die vor 1848 in fliegenden Blättern und Heften weite
Verbreitung erlangten, machen ihn auch zu einem Hauptrepräsentanten des Berliner Witzes, vgl.
Meyers Konversationslexikon, 1888/89, S. 758.

Beziehung Schinkels zur Gropius'schen Familie, die sich bis zum Tode des einflussreichsten preußischen Baumeisters im Jahr 1841 fortsetzte.

Karl Wilhelm war ein talentierter Dekorationsmaler. Angeregt durch mehrere Reisen nach Paris, wo ihn vor allem das 1822 eröffnete Diorama des Photographen Daguerre und seines Mitarbeiters Bouton beeindruckt hatte, beschloss er eine ebensolche Einrichtung in Berlin zu schaffen. Die Eröffnung des ersten Berliner Dioramas im Oktober 1827 durch die Brüder Karl Wilhelm und Ferdinand Gropius (1798–1849), war seinerzeit die Attraktion in Berlin. In dem Gebäude in der Georgenstraße 12[21] etablierte sich zeitgleich auch die Gropius'sche Buch- und Kunsthandlung mit angeschlossenem Ausstellungssaal[22], die Ferdinand und der dritte Bruder im Bunde, Friedrich George (1802–1842), gegründet hatten und die unter Georges Leitung bald zu einem erfolgreichen Verlag werden sollte. Nach dem Tode der beiden Gropiusbrüder konstituierte sich der Verlag 1851 neu, nun unter dem Namen Ernst & Korn, seit 1894 dann als Wilhelm Ernst & Sohn.[23]

Der junge Martin Gropius lernte so die im Kreise seiner Familie verkehrenden Persönlichkeiten des künstlerischen Lebens im vormärzlichen Berlin kennen. Neben Schinkel waren auch der Leiter des Gewerbeinstituts, Christian Peter Beuth[24], und der Bildhauer Johann Gottfried Schadow Gäste im Hause Gropius. Ein weiterer Gast in diesen Runden war der Architekt Carl Gottlieb Boetticher (1806–1889), der durch seine Tätigkeit im Bereich des Kunstgewerbes – durch Schinkel und Beuth gefördert – bald auch die Bekanntschaft des Seidenfabrikanten Johann Carl Christian Gropius gemacht hatte. Die Beziehung zur Familie Gropius begann im Jahr 1834, als Boetticher eine Weberlehre in der Gropius'schen Seidenfabrik antrat. Hintergrund war das Lehramt Boettichers an der mit dem Beuthschen Gewerbeinstitut verbundenen Dessinateurschule. Die dort Auszubildenden waren zumeist Weber, so dass Boetticher aus pädagogischem Interesse das Handwerk des Webens erlernen wollte. Während der fünfjährigen Ausbildungszeit vertiefte sich die Freundschaft mit der Familie Gropius, denn „bald wurde aus dem Lehrling ein Mitarbeiter, indem er Entwürfe für die in der Fabrik gefertigten großen Seidentapeten lieferte"[25]. Die freundschaftlichen Beziehungen zum Hause Gropius führten offenbar dazu, dass Boetticher dem jungen Martin Gropius privaten Zeichenunterricht gab. Möglicherweise förderte Boetticher somit dessen Wunsch, Architekt zu werden.[26]

Diesem Berufswunsch stand jedoch die Absicht des Vaters entgegen, ihn als Nachfolger in der Gropius'schen Seidenfabrik einzusetzen.[27] Dem väterlichen

---

21 Schinkel hatte Skizzen zu dem Gebäude geliefert, vgl. Isaacs, Walter Gropius. Bd. 1, S. 36 f.
22 Zu Onkel und Neffen vgl. Kieling, Berlin – Baumeister und Bauten, S. 228.
23 Zum Verlag Gropius vgl. Isaacs, Walter Gropius. Bd. 1, S. 38.
24 Zu Beuth (1781–1853) vgl. auch Helmut Reihlen: Christian Peter Wilhelm Beuth. Eine Betrachtung zur preußischen Politik der Gewerbeförderung in der ersten Hälfte des 19. Jahrhunderts und zu den Drakeschen Beuth-Reliefs, 3. neu gestaltete Auflage Berlin, Köln 1992.
25 Vgl. Blankenstein, Karl Boetticher, S. 316 f.
26 Diese Angabe beruht auf der Äußerung von Jacobsthal, Martin Gropius, S. 313. Jacobsthal (1839–1902), einer der späten Verfechter der Lehrmeinung von Boetticher, war diesem 1875 auf dem Lehrstuhl für Ornamentik an der Bauakademie nachgefolgt.
27 Abweichend von allen anderen biographischen Hinweisen stellt Rosenberg, Martin Gropius, Sp. 248 f. die Biografie von Gropius in einer sehr eigenen Weise dar. So sei Gropius senior noch nach dem Studium an der Bauakademie dem Wunsch seines Sohnes entgegengetreten, „Kunst leben zu

Carl Boetticher (1806–1889).

Willen zunächst folgend, besuchte der Sohn daher von 1843 bis 1846 das Gewerbeinstitut in Berlin. Seine Ausbildung umfasste dort sowohl handwerkliche als auch kaufmännische Fertigkeiten. Jedoch sträubte er sich immer mehr gegen diese Bestimmung und erreichte schließlich, dass er 1848 die Ausbildung zum Architekten an der Bauakademie aufnehmen konnte. Zunächst ging Martin Gropius aber 1846 als „Bauelève" nach Pommern und machte ein Jahr darauf seine Feldmesserprüfung in Stettin. Nach dem Militärdienst nahm er Zeichenunterricht bei August von Kloeber. An der Bauakademie hörte er aber nur kurz, arbeitete als Volontär im Atelier von Johann Heinrich Strack und legte im November 1850 als erstes Examen die Bauführerprüfung ab. Danach studierte er weiter an der Bauakademie und absolvierte mehrere Praktika auf Baustellen, wo er für den ausführenden Architekten die Bauleitung vor Ort übernahm oder diesem assistierte. So war er unter anderem in Königsberg beim Bau des dortigen Bahnhofes unter Leitung von Löffler und 1853 beim Ausbau des Schlosses auf der Albrechtsburg bei Dresden unter Leitung von Adolf Hermann Lohse (1807–1867) involviert, bevor er im Frühjahr 1855 seine Ausbildung mit der Prüfung zum Baumeister 1855 beendete.

Nach dem Studium arbeitete Gropius kurze Zeit (1855–56) in der Bauabteilung des Handelsministeriums und führte den Bau der von August Soller

dürfen. Doch der energievolle junge Mann ließ sich durch solche Hindernisse nicht abschrecken, seiner Neigung zu folgen". Auch die Nennung seiner Werke erfolgt nicht chronologisch, sondern offenbar wertend. So „gipfeln" Rosenberg zufolge die Heil- und Krankenanstalten der Firma Gropius und Schmieden im städtischen Krankenhaus am Friedrichshain – tatsächlich steht dieses aber nach Eberswalde am Anfang ihrer Karriere.

entworfenen Michaelskirche in Berlin weiter.[28] Es folgten Aufträge von Privatleuten zum Bau und Umbau von Villen überwiegend in Berlin, die ihn als Privatarchitekten über Wasser hielten.[29] Daneben etablierte Gropius ein zweites Standbein im Bereich der akademischen Ausbildung: 1856 wurde er bei Boetticher Assistent an der Bauakademie im Lehrfach Ornamentzeichnen. 1862/63 unternahm er eine Reise nach Griechenland und Italien. Die Lehrtätigkeit führte er bis 1865 nebenberuflich aus. Die Situation dieser Zeit, die durch eine unsichere Auftragslage für Privatarchitekten geprägt war, scheint Gropius zu bewogen haben, in den Staatsdienst einzutreten.[30] Dies gelang dann ab April 1863 als er eine Anstellung als Landbaumeister im Polizeipräsidium fand, doch blieb dies ein Intermezzo. Zu der Entscheidung, Privatarchitekt zu bleiben, mag sein erster Großauftrag, die „Provinzial-Irrenheil- und Pflegeanstalt" in Eberswalde, beigetragen haben. Hier führte Gropius zum ersten Mal in eigener Verantwortung ein öffentliches Bauvorhaben aus.

Gropius und die Ärzte: Das Programm für Eberswalde

Nachdem im Frühjahr 1861 die Entscheidung für Eberswalde gefallen war, beauftragte die Königsmarck-Kommission am 15. Juli 1861 neben dem designierten Direktor der neuen Anstalt, Dr. Sponholz, zwei weitere Fachärzte, Carl Friedrich Flemming und Bernhard Heinrich Laehr, ein endgültiges Bauprogramm aufzustellen.

Flemming besaß eine hohe Reputation als in der „Irrenheilkunde" engagierter Mediziner. Neben Christian Friedrich Roller, Heinrich Damerow und Maximilian Jacobi gehörte er in der ersten Hälfte des 19. Jahrhunderts zur Gruppe der „Somatiker", die die Psychiatrie auf eine rein somatisch-medizinische Basis stellen wollten. Diese Gruppe, die zumeist aus Anstaltsmedizinern bestand, setzte sich im Vormärz endgültig gegen die Auffassung der „Psychiker" durch. Ausdruck dessen war die Gründung der „Allgemeinen Zeitschrift für Psychiatrie" im Jahre 1843. Flemming bildete zusammen mit Roller von Anfang an den Redaktionsausschuss der Publikation, dessen hauptverantwortlicher Redakteur Heinrich Damerow war. Damit trug Flemming wesentlich zur Durchsetzung und breiten Anerkennung der somatischen Psychiatrie bei, deren Zeitschrift sich als gemeinschaftliches Organ aller „Irrenärzte" Deutschlands verstand „mit besonderer Berücksichtigung der öffentlichen Irrenanstalten und Irrenangelegenheiten"[31]. Als Damerow 1857 die redaktionelle Leitung an Heinrich

---

28 Vollendet wurde der Sakralbau erst durch Richard Lucae.
29 Die Angabe bei Kieling, Berliner Privatarchitekten, S. 23, Gropius sei zwischen 1857–59 mit Grunow soziiert gewesen, beruft sich wohl auf Wallé, Martin Gropius, S. 52, kann aber mangels weiterer Informationen nicht verifiziert werden.
30 „Die Möglichkeit ausreichender Thätigkeit im Privatbau schien bei den engen Verhältnissen des damaligen Berlins, ja der ganzen Monarchie ausgeschlossen; und der einzige Weg zu künstlerischer Bethätigung – die Staatscarrière – glich gar sehr einem Zuge durch die Wüste, um in das gelobte Land zu kommen. Der junge Gropius liess sich indess durch die Wüstenei einer Feldmesserthätigkeit nicht schrecken." Hans Schliepmann, Martin Gropius in seiner Bedeutung für die Entwicklung von Architektur und Kunstgewerbe. Festrede gehalten im Architektenverein zu Berlin am 28. November 1892, in Veranlassung einer Marmorbüste von Martin Gropius, Berlin 1892, S. 4.
31 Heinrich Laehr, Ein Blick rückwärts, in: Allgemeine Zeitschrift für Psychiatrie und psychisch-gerichtliche Medizin 50, 1894, S. 11.

Bernhard Heinrich Laehr.

Laehr übertrug, war dies ein Zeichen der hohen Wertschätzung, die Damerow dem jüngeren Arzt entgegenbrachte. Bevor Laehr 1853 nach Berlin übersiedelte, um sich mit der Gründung der privaten Heilanstalt „Schweizerhof" in Zehlendorf bei Berlin eine eigene Existenz aufzubauen, war er unter Damerow als Oberarzt in der Provinzialanstalt Nietleben bei Halle tätig gewesen.

Die schon in den 1840er Jahren von Damerow kritisierten Verhältnisse in der Berliner „Irrenversorgung" hatten sich auch ein Jahrzehnt später nur wenig geändert. Man diskutierte den Bau einer „relativ verbundenen" „Irren-Heil- und Pflegeanstalt", die für die Stadt Berlin als auch für die Provinz Brandenburg zuständig sein sollte. Laehr engagierte sich für ihre Realisierung in Berlin. In den Auseinandersetzungen kam es, wie bereits beschrieben, jedoch zu keiner Einigung zwischen den potentiellen Trägern der gemeinsamen Anstalt. Somit wurde schließlich nur eine landständisch finanzierte „Irren-Heil- und Pflegeanstalt" in der Kurmark Brandenburg errichtet. Eine Berliner Anstalt kam erst wesentlich später 1877 mit der Anlage in Dalldorf zur Ausführung.[32] Dass Laehr nicht nur in der Berliner Diskussion auf sich aufmerksam machte, sondern auch 1859 als ärztlicher Sachverständiger bei der Planung der westfälischen Provinzialanstalt bei Lengerich[33] tätig wurde, mag seiner Berufung in die Eberswalder Baukommission ebenso förderlich gewesen sein wie seine

---

32 Zwar wurde bereits 1863, vermutlich durch das Eberswalder Projekt beschleunigt, vom Magistrat von Berlin beschlossen, den Bau einer eigenen „Irrenanstalt" für 600 Kranke zu verwirklichen. Nach längeren Diskussionen erwarb man dafür das nördlich der Stadt gelegene Gut Dalldorf. Doch erst 1877 wurde die „Städtische Irrenanstalt Dalldorf", heute Karl-Bonhoeffer-Nervenklinik, dann tatsächlich ausgeführt.

33 Für Lengerich begannen die Planungen 1859, zur Ausführung kam es aber erst in den Jahren 1862 bis 1865, vgl. Bresler, Deutsche Heil- und Pflegeanstalten, Bd. 2, 1912, S. 231–235.

persönliche Bekanntschaft mit Flemming, der ihm bereits 1853 seine Nachfolge in der Leitung der Anstalt Sachsenberg bei Schwerin angetragen hatte.[34]

Die drei Ärzte hatten am 15. Juli 1861 den offiziellen Auftrag von der Königsmarck-Kommission erhalten, ein Bauprogramm aufzustellen oder zumindest die Bedürfnisse festzustellen, die ein solcher Bau erfüllen müsse. Zudem war eine Zeichnung beziehungsweise Skizze verlangt worden, die zur Veranschaulichung der postulierten Forderungen dienen sollte. Flemming und Laehr berieten sich daher mit Sponholz vom 27. bis 30. Juli 1861, um die grundlegenden Fragen des Programms zu klären. Der dabei aufgestellte Text hatte zunächst noch keine ausführlichen Erläuterungen, doch konnte das Trio trotz der kurzen Zeitspanne einen skizzenhaften Bauplan anfertigen. Sowohl Text als auch Skizze wurden kurz darauf mit Martin Gropius besprochen. Erst hier bekam der ausführende Architekt Gelegenheit, eigene Ideen und Vorstellungen zu äußern. Er hat diese für ihn etwas düpierende Vorgehensweise, die seine eigene planerische Tätigkeit zunächst ausklammert, später reklamiert: „Ein Programm würde sich darauf beschränken können, die Bedingungen und Ideen einer zeitgemäßen Irren-Behandlung nur in allgemeiner theoretischer Form auszusprechen, ohne sich auf die bauliche Verkörperung dieser Ideen selbst einzulassen."[35] Da die drei Verfasser des Eberswalder Programms sich aber keineswegs auf das theoretische Feld beschränkten und neben der detaillierten Beschreibung auch eine Bauskizze erstellten, griffen die Mediziner geradewegs in das eigentliche Aufgabenfeld des Architekten, nämlich die „bauliche Verkörperung" der Ideen, ein. Gropius musste allerdings konstatieren, dass die praktische Berufserfahrung und große Objektkenntnis die Ärzte sehr wohl in die Lage versetzte, sich einen Bau nicht nur in groben Umrissen vorzustellen, sondern dieses Bild auch in ein Bauprogramm zu transferieren.

Während Gropius die Planskizze der Mediziner[36] überarbeitete, ergänzten und vervollständigten die Ärzte das allgemeine Baukonzept. Dazu hieß es, man habe „die Bemerkungen des Herrn Architekten entgegengenommen, welche auf die zweckmäßigen Modificationen unserer Bau-Skizze und, in Beibehalt des nachfolgenden, zu dem Entwurfe eines Bau-Risses und zur festeren Gestaltung des gesammten Projectes hinführen werden"[37]. Die Aufgabe des Architekten war hier im weitesten Sinne als eine technische definiert, die lediglich die nötigen Korrekturen am festgesetzten Kurs vorzunehmen hatte. Das Programm war schließlich nebst Erläuterungen und dem überarbeiteten Plan von Gropius am 15. August 1861 fertig gestellt.[38]

Das von den Medizinern sehr selbstbewusst vorgetragene Programm war selbstverständlich nicht voraussetzungslos. Die Bemerkung, dass den „bereits in einer früher abgegebenen gutachtlichen Aeusserung angedeuteten, als maassgebend für die zweckmässige Herstellung und Einrichtung von Irren-An-

34 Laehr lehnte dieses Angebot aber ab, vgl. Kirchhoff, Deutsche Irrenärzte, Bd. 2, 1924, S. 22.
35 Gropius, Die Provinzial-Irren-Anstalt, S. 1.
36 Diese Planskizze hat Heinrich Laehr mit dem Hinweis „ein vorläufiges Bau-Project hat folgende Form" 1862 publiziert, vgl. Heinrich Laehr, Zusammenstellung der Irrenanstalten Deutschlands im Jahre 1861, in: Allgemeine Zeitschrift für Psychiatrie und psychisch-gerichtliche Medizin 19, 1862, Supplementheft, S. 1–77, hier S. 47.
37 Ebd.
38 Sponholz datierte das gemeinschaftliche ärztliche Programm auf den 15. August 1861. Dieses Allgemeine Bau-Programm ist bei Gropius, Die Provinzial-Irren-Anstalt, S. 1–8 abgedruckt.

stalten allseitig anerkannten, allgemeinen grundleglichen Bedingungen, [...] auch in dem zu entwerfenden Bau-Programme unabweislich Rechnung zu tragen"[39] gewesen sei, verweist über den „Umweg" des Ruppiner Programms von Sponholz auf die Schrift von Wallis, ohne dass der Autor namentlich genannt wurde. Vergleicht man dessen einleitendes Kapitel mit den 15 Grundsatzpunkten des „Allgemeinen Bau-Programms" für Eberswalde, so wird schnell deutlich, unter welchen Vorbedingungen die drei Ärzte innerhalb kurzer Zeit in der Lage waren, ein derart detailliertes und tragfähiges Konzept zu erarbeiten.

Ganz so wie Sponholz bereits in seinem ersten Bauprogramm von 1860, mahnten auch die drei Ärzte am Ende ihrer Ausführungen, „vor endgültiger Feststellung der Baupläne den Anstalts-Director mit dem Baumeister zur Besichtigung der neuesten und am zweckmässigsten eingerichteten Anstalten des In- und Auslandes zu committiren"[40]. Dieses Vorhaben wurde als um so dringender angesehen, als es zum einen in der Provinz Brandenburg keine Erfahrungswerte mit den „relativ verbundenen" Heil- und Pflegeanstalten gab, zum anderen es auch dem künftigen ärztlichen Direktor sowie dem Architekten an Erfahrungen und Kenntnis von Organisation und Funktion und vor allem der technischen Ausstattung solcher Einrichtungen mangelte. „Bei Nichtbeachtung dieses aus sachlichen Gründen hervorgegangenen Vorschlags würde andrerseits bei später in der irrenärztlichen Structur der Administration und Organisation, in specie lohnender und angemessener Beschäftigungen, sich herausstellenden, in pecuniärer Beziehung meist sehr eingreifenden Mängeln dem Anstalts-Director irgend ein Vorwurf nicht gemacht werden dürfen."[41]

Diese eindringlich formulierte Aussage beeindruckte offenbar die Entscheidungsträger in der Landtagskommission. Denn Gropius hat, wie er später berichtete, zusammen mit Sponholz eine größere Reise zu den bedeutenderen „Irrenanstalten" Deutschlands und der Schweiz unternommen. Allerdings gibt er bezeichnenderweise keine Information über die Route oder die einzelnen Objekte, die besucht wurden.[42] Diese Reise muss im Zeitraum nach der Abgabe des Allgemeinen Bau-Programms am 15. August 1861 und der offiziellen Genehmigung der zur Ausführung bestimmten Pläne durch die Königsmarck-Kommission im Herbst 1862, respektive vor dem Baubeginn im September des Jahres stattgefunden haben.

Sicherlich haben Gropius und Sponholz die Einrichtungen von Halle und der Illenau gesehen. Dazu kämen die in den 1850er Jahren nach dem Prinzip der „relativ verbundenen" Anstalt und dem Vorbild der ersteren errichteten Anstalten von Allenberg und Schwetz. Interessant könnten ferner diejenigen Anlagen für die Reisenden gewesen sein, die unmittelbar vor Eberswalde aus-

39 Ebd., S. 1.
40 Ebd., S. 8.
41 Ebd. Dem ist nichts mehr hinzuzufügen.
42 Aufgrund der Quellenlage kann die Reiseroute nicht exakt nachvollzogen werden, da im Aktenbestand des BLHA zu den kurmärkischen Ständen die Tätigkeit der Kommission zur Einleitung der Reorganisation der „Landes-Irrenanstalten" der Kurmark (Königsmarck-Kommission) erst nach Eröffnung der Eberswalder Anstalt 1866 überliefert ist (Rep. 23 A Kommunallandtag der Kurmark, Landarmensachen, F. 61). Die Planungs- und Bauphase ist daher nur über die wesentlich weniger konkreten Protokolle der ständischen Landtage erschließbar. Dort ließen sich aber keine Kostenabrechnungen oder gar Reiseberichte nachweisen. Daher kann eine Benennung von möglicherweise besuchten Objekte immer nur mit Vorbehalt und näherungsweise erfolgen.

geführt oder parallel dazu projektiert wurden. Dazu zählen die Anstalten in München (1859), Frankfurt am Main (1863), Lengerich (1865) sowie Göttingen (1866) und Osnabrück (1867). Welche davon tatsächlich besucht wurden, kann aufgrund der Quellenlage allerdings nicht mit letzter Sicherheit gesagt werden. Das gleiche gilt auch für die Objekte in der Schweiz. Hier waren es vor allem die Einrichtung bei Bern, die 1855 eröffnete Kantonsanstalt Waldau, die in ihrer introvertierten Struktur mit ihren Innenhöfen stark an die Eberswalder Lösung erinnert. Die zweite große und bedeutende Schweizer Anstalt, Zürich-Burghölzli, die erst 1865 begonnen und 1870 eröffnet wurde, konnte demnach nicht auf der Reiseroute gestanden haben.

Im allgemeinen Teil des Bauprogramms werden die seit Wallis gültigen und auf Äußerungen von Maximilian Jacobi zurückgehenden allgemeinen Anforderungen konkretisiert.[43] Die Anstalt wurde als komplexer Organismus begriffen, der nach festen Regeln reibungslos funktionieren sollte. Die Grundelemente dieser Ordnung waren eine komplizierte Binnendifferenzierung der zu versorgenden Kranken bei höchstmöglicher Kontrolle derselben. Neben der obligatorischen und strengen Trennung der Geschlechter folgte die Differenzierung nach den Krankheitsbildern „heilbar" und „unheilbar" entsprechend der Aufgliederung in Heilanstalt und Pflegeanstalt. Die präsumtiv heilbaren Patienten standen in ärztlicher Behandlung und benötigten „geräumigere, daher kostspieligere Baulichkeiten" als die als unheilbar eingestuften, die ohne medizinische Behandlung lediglich pflegerisch betreut wurden.

Ein weiterer wichtiger Ordnungsfaktor innerhalb der Teilanstalten war die getrennte Unterbringung nach sozialem Stand. Innerhalb dieses grundsätzlichen Ordnungsschemas, dieses gleichsam durchdringend, waren alle Patientenklassen nochmals nach Verhaltenssymptomen klassifiziert. Mit den Bezeichnungen „ruhig", „friedlich", „leicht zu leiten", „störend", „stürmisch", „lärmend" oder auch „unreinlich" definierte man nicht nur den pflegerischen Umgang mit den Kranken, sondern auch die Anordnung der entsprechenden Abteilungen innerhalb des Gesamtgebildes. Die allgemein unter dem Oberbegriff „störend" subsumierten Patienten sollten dabei strikt von dem „gesunden Theile der Bewohner des Krankenhauses" getrennt werden und auch außerhalb des „bürgerlichen Verkehrs" entfernt untergebracht sein. Die genau kalkulierten Schnittstellen mit der Öffentlichkeit reichten über die interne Disposition der Krankenabteilungen bis zum Standort der Gesamtanlage. So galt ein Bauplatz in der Nähe einer Stadt als ideal. Die relative Abgeschiedenheit wurde als dem medizinischen Erfolg förderlich angesehen, während der unmittelbare und ungefilterte Kontakt der Patienten mit der Stadt als negativer Einfluss auf die psychiatrische Praxis gewertet wurde. Trotzdem war keine absolute Isolierung erwünscht. Die relative Nähe der Stadt erlaubte eine unkomplizierte Versorgung der Anstalt und erleichterte auch den Besuchsverkehr der Angehörigen.

Eine weitere Forderung bestand in der zentralen Anordnung des Verwaltungsgebäudes als auch der Ökonomie- und Wirtschaftgebäude. Sie sollten

---

43 Wallis bezog sich 1845 auf die Veröffentlichungen von Jacobi, Über die Anlegung sowie ders., Über die Einrichtung der Irrenanstalten.

so gelegt werden, dass alle Teilbereiche der Anstalt von diesem „Mittelpunkte der ärztlichen und administrativen Verwaltung"[44] gleich gut zu erreichen und zu versorgen waren. Diese Achse mit Verwaltungs- und Versorgungsaufgaben ermöglichte nicht nur die absolute Trennung der Geschlechter, sondern auch eine gute Kontrolle sowie Bewirtschaftung der Anlage. Neben dem dreistöckigen Verwaltungsbau sollten ein zweigeschossiger Ökonomiebau und zwei einstöckige Wirtschaftsbauten diese Mittelachse bilden. Die Krankenabteilungen bestanden aus jeweils zweigeschossigen Bauten, die nach Patientenklassen unterteilt waren. Der Einfachheit halber wird nur die Männerseite kurz erläutert. Während für die „heilbaren" höheren Stände ein Bau für 20 Patienten vorgesehen war, sollten alle „heilbaren" Kranken der niederen Stände unter einem Dach in getrennten Abteilungen für „ruhige" und „unruhige" Patienten vereint werden. Das Haus war für insgesamt 90 Personen geplant.[45] Den letzten Abschnitt bildete dann die Pflegeanstalt, die für eine Kapazität von 50 Patienten berechnet war und die „Unheilbaren" aller sozialen Klassen aufnahm. Insgesamt ergab sich eine Gesamtkapazität von 300 Kranken, die sich aus je 20 der „heilbaren" höheren Stände, 90 Männer respektive 70 Frauen „heilbare" („ruhig" sowie „unruhig") der arbeitenden Klassen und jeweils 50 „unheilbare" Kranke zusammensetzte.

Die Krankenhäuser sollten nach der Vorstellung der Mediziner „sofern sie der nämlichen Geschlechts-Abteilung zugehören, obzwar getrennte und besondere Baukörper bildend, doch sowohl unter sich, als auch mit dem Oekonomie- und möglichst dem Directions-Gebäude in ihrem Erdgeschosse durch bedeckte, rings geschlossene und verschließbare Gänge in Verbindung"[46] stehen. Das Gangsystem hatte somit neben der Aufgabe der witterungsunabhängigen Versorgung der Anstalt auch die Funktion, eine höchstmögliche Kontrolle der diversen Teilbereiche zu gewährleisten.

Hinter den genannten Krankenhäusern waren einstöckige Isolierhäuser geplant. Sie sollten temporär Kranke aufnehmen, die isoliert oder in ihrer Bewegungsfreiheit eingeschränkt werden sollten.[47]

Abseits der Hauptanlage war zudem noch ein Siechendepot für 100 Kranke projektiert. Es sollte aus einem Komplex aus zweigeschossigen Gebäuden bestehen, je einem Haus für weibliche und männliche Kranke, die – analog zur Hauptanlage – auch hier von einem eigenen, zwischen beiden gelegenem Administrationsbau separiert wurden. Für die „Zweig-Anstalt" war ein eigener Arzt vorgesehen, der die „unheilbaren, epileptischen, blödsinnigen und gelähmten Kranken" zu betreuen hatte. Die dort untergebrachten Patienten sollten aber nicht allein aus der benachbarten Heil- und Pflegeanstalt kommen „sondern auch direkt aus der Provinz hierher versetzt werden"[48]. Die Ausgliederung dieser als „unheilbar" eingestuften Kranken aus dem Hauptverband der Heil- und Pflegeanstalt wurde mit der Vermeidung von Störungen des Heilbetriebes be-

44 Gropius, Die Provinzial-Irren-Anstalt, S. 1.
45 Die Frauenseite war hier nur für 70 Personen veranschlagt. Vgl. ebd., S. 2.
46 Ebd.
47 Ebd., S. 5.
48 Ebd., S. 7.

gründet. Zugleich sollten „diese Kranke [sic] aus der Nähe der zwar präsumtiv unheilbaren, aber minder Gebrechlichen"[49] entfernt werden.

Die Freibereiche sollten auf die Krankenhäuser bezogen und entsprechend der Patientenklassen organisiert werden. Um die stringente Trennung nach einzelnen Abteilungen auch auf den inneren Höfen durchzuführen, schlug man übermannshohe Bretterwände zur Parzellierung vor. Auch die außerhalb des Anstaltskomplexes angelegten Gärten der Patienten sollten durch zehn Fuß hohe Mauern umfriedet werden, die „um die Hälfte ihrer Höhe vertieft sind, und demnach um eben diese Tiefe die Erdoberfläche überragen"[50]. Die übrigen Freiflächen und Ländereien sollten durch einen Graben und eine Heckenbepflanzung abgegrenzt werden. Der Aspekt der landwirtschaftlichen Selbstversorgung der Anstalt, um die Unterhaltskosten zu senken und oder sogar einen Teil der Patienten therapeutisch zu beschäftigen, wurde an dieser Stelle noch nicht ausdrücklich thematisiert. Erst im Anschluss an das allgemeine Bauprogramm von 1861 ging Sponholz anlässlich eines Nachtrages zur Spezifizierung der Einrichtung des Ökonomiegebäudes 1864 und der beiden Torbauten auf dem Wirtschaftshof 1865 auf den Landwirtschaftsbetrieb der Anstalt ein. Sein erstes Fazit lautete: „Wir treten somit der Bemühung größerer Anstalten, den Bedarf ihrer Insassen an Nahrungsmitteln möglichst selbst zu erzeugen, um einen wichtigen Schritt näher und sind im Stande, unser Land immer mehr zu cultiviren und durch Erwerb zu vergrößern."[51]

„Die Disposition […] ist im Ganzen dem Programm entsprechend erfolgt"[52]: Der 1862–1865 ausgeführte Bau

Das Baugelände für die zu errichtende Anstalt lag zwei Kilometer nördlich des Stadtkerns von Eberswalde. Die erste Bebauung im heutigen Stadtteil Nordende erfolgte um die Mitte des 14. Jahrhunderts mit dem St. Georg Hospital vor dem Untertor. Dieses war eines der beiden außerhalb der Stadtmauern gelegenen Spitäler, die im Zusammenhang mit der Pestepidemie entstanden, die seit 1346 Europa erstmals heimsuchte und von deren Verheerung auch der Pestfriedhof des Georgshospitals zeugt. Zu Beginn des Dreißigjährigen Krieges, 1618, waren die Gebäude bereits verlassen, sie wurden schließlich bis auf die Kapelle abgetragen.[53]

---

49 Ebd., S. 2.
50 Ebd., S. 6. Eine solche Formulierung klingt zunächst missverständlich, bedeutet letztlich aber nicht anderes, als dass innen vor der Mauer ein Graben verlief beziehungsweise das Terrain abgesenkt war, so dass man das Hindernis nicht überwinden, wohl aber aus größerer Entfernung über die Mauer hinwegschauen konnte.
51 Ebd., S. 10.
52 Ebd., S. 11.
53 Die Kapelle war ein Ziegelbau von bescheidenen Ausmaßen, der 1930 im spätgotischen Formen wiederhergestellt wurde, vgl. Handbuch der historischen Stätten Deutschlands. Bd. 10 Berlin und Brandenburg mit Neumark und Grenzmark Posen-Westpreußen, hrsg. von Gerd Heinrich, Stuttgart 1995, S. 166. Um 1745 wurde noch einmal ein neues Haus als städtisches Asyl für alte Menschen errichtet, diese Einrichtung aber 1870 beseitigt. Die Kapelle und auch der Friedhof unterlagen im Laufe der Zeit unterschiedlicher Nutzung, vgl. Rohowski, Topographie Stadt Eberswalde, S. 146–149.

Gut zweihundert Jahre später, in der ersten Hälfte des 19. Jahrhunderts war das Gebiet um den Bauplatz, das so genannte „Judengehege" kaum bebaut.[54] Neben dem namensgebenden jüdischen Friedhof waren lediglich die Scharfrichterei und die Stadtförsterei in der Nähe angesiedelt. Der 1862 beginnende Bau der Heil- und Pflegeanstalt wurde dann zum Auftakt des sich in der Folge entwickelnden eigenständigen Stadtteils. Das Gebiet wurde durch die Stettiner Chaussee[55] erschlossen, die bereits im Mittelalter ein bedeutender Handelsweg war. Von der 1824 zur Chaussee ausgebauten Straße zweigte die Oderberger Chaussee ab, die weniger stark frequentiert war und die Verbindung zum namensgebenden, 15 Kilometer östlich von Eberswalde gelegenen Ort herstellte.

Die Anstalt[56] war auf dem in nordwestlicher Richtung leicht ansteigenden Gelände so platziert, dass sie zur stärker befahrenen Stettiner Chaussee einen größeren Abstand hatte, zur Oderberger Chaussee hin jedoch nach Angabe von Gropius lediglich 350 Schritt (~ 250 Meter)[57] entfernt war. Zu dieser Straße hin, folglich nach Südosten, war auch die Hauptfront der Anstalt orientiert. Von ihr zweigte rechtwinklig auch der zentrale Zugang ab, der in einem stumpfen Winkel auf das Verwaltungsgebäude zulief und vor diesem in ein Rondell mit einem Springbrunnen mündete. Die ursprüngliche Absicht, sowohl einen Zufahrts- als auch einen Abfahrtsweg anzulegen, die in einem spitzen Winkel auf das Rondell stoßen sollten, kam nicht zur Ausführung.[58]

Die Wahl des Bauplatzes nahm, so Gropius, primär auf die topografischen Gegebenheiten Rücksicht. „Die Linie der Vorderfront war durch die Kante eines kleinen Abhanges bestimmt, vor welchem ein nasses Wiesenterrain ohne sicheren Baugrund beginnt"[59]. Die rückwärtige Begrenzung bildete dagegen eine sandige Hügelkette, die aufgrund der zu erwartenden Erdarbeiten gemieden wurde.

Hauptaufgabe war es, die Kranken aufgeteilt nach Geschlecht und sozialem Stand sowie Krankheitsverlauf unterzubringen. Gleichzeitig sollte eine möglichst unkomplizierte Erschließung der Anlage für die medizinische und ökonomische Versorgung gewährleistet sein. Um der Geschlechtertrennung Genüge zu leisten, empfahl es sich, die Gesamtanlage spiegelsymmetrisch anzulegen. Diese zwei Hauptabschnitte für Frauen und Männer hat Gropius dann durch

---

54 Ebd., S. 146. Ausgehend vom Stadtkern wurden erst im frühen 18. Jahrhundert einige Ackerscheunen entlang der Breiten Straße angelegt, die aber nicht über den Abzweig Oderberger Straße hinausgingen.
55 Heute Breite Straße, Bundesstraße 2.
56 Einen verkürzten Überblick über die Planungs- und Baugeschichte, sowie zum Bauprogramm und seine architektonische Umsetzung durch Martin Gropius vermittelt auch der Artikel von Jens Fehlauer, „Der Gesammtcharakter der zu erbauenden Anstalt ist in seiner ganzen Eigenthümlichkeit im Programm vorbedingt". Der Martin-Gropius-Bau der Landesklinik Eberswalde, in: Eberswalder Jahrbuch für Heimat-, Kultur- und Naturgeschichte, 2001/2002, S. 197–206.
57 Das metrische System wurde erst nach der Reichsgründung 1871 verbindlich eingeführt. Die Angaben zum Schrittmaß variieren stark von 71 bis 75 cm. Als Definition gilt, dass aus dem Stand ein Fuß einmal nach vorn gesetzt und der Abstand zwischen der Fußspitze des einen und der Ferse des anderen Fußes gemessen wird. „Länge und Zeitdauer des Schrittes richten sich nach der Größe und sonstigen Eigenthümlichkeiten des Gehenden", Meyers Konversations-Lexikon, 1888/89, Bd. 14, S. 634. Da Gropius sehr klein gewesen sein soll, ist ein Schritt hier mit 71 cm umgerechnet.
58 Gropius, Die Provinzial-Irren-Anstalt, S. 10. In dem Situationsplan war der zweite Weg zeichnerisch nicht vollständig ausgeführt. Aufgrund des Verlaufs der Grundstücksgrenzen hätte man nicht zur Anstalt gehörendes Terrain queren müssen – was wahrscheinlich nicht nur der zeichnerischen Ausführung Grenzen gesetzt hatte.
59 Gropius, Provinzial-Irren-Anstalt, S. 11.

eine „neutrale" Zone voneinander separiert, in der die Verwaltungs- und Wirtschaftseinrichtungen lagen. Dieser Bereich hatte somit nicht nur eine trennende Aufgabe, sondern diente auch der zentralen Versorgung der gesamten Anstalt. Zudem waren hier mit dem Haupteingang für die Öffentlichkeit auf der Vorder- und dem Versorgungsweg auf der Rückseite die Schnittstellen mit der „Außenwelt" angeordnet.

Das Areal der Anstalt war durch Bepflanzung mit „lebenden Hecken" und einem Lattenzaun umgrenzt. Es war zudem in einzelne Vorgärten parzelliert, die den unterschiedlichen Patientenabschnitten zugeordnet waren.[60] Nur im rückwärtigen Teil der Anlage dienten höhere Mauern zur Ein- und Abgrenzung der Freibereiche. Die Mauern waren allerdings von der Oderberger Chaussee, also der „öffentlichen" Seite der Anstalt nicht sichtbar.

Die Anstalt bildete einen querrechteckigen Komplex, der in mehreren Flügeln um drei Innenhöfe angeordnet war. Die männlichen Patienten wurden am linken, die weiblichen Patienten am rechten Hof untergebracht. In der Mitte separierte ein sogenannter „Beamtengarten", das rückwärtige Ökonomiegebäude vom Haupt- oder Administrationsgebäude.

Um der Forderung des Bauprogramms zu entsprechen, die Patienten nicht nur nach Geschlecht, sondern auch nach sozialem Stand und Krankheitsverlauf zu trennen, wurde innerhalb der Geschlechterabschnitte weiter differenziert. Dies erfolgte über unterschiedlich ausgeführte Flügel, die als eigenständige Abteilungen nur durch einen Gang auf Höhe des Erdgeschosses miteinander verbunden waren. Die flachen Gänge waren in einfacher Weise gemauert und mit einem Pultdach versehen. Sie bildeten das primäre Erschließungssystem der Anlage und verbanden alle Baukörper und Teilabschnitte miteinander. Damit war nicht nur der witterungsunabhängige Zugang aller Krankenabteilungen vom zentralen Verwaltungs- sowie vom Ökonomiegebäude möglich, sondern auch die konsequente Zonierung des Komplexes gewährleistet. Das Erschließungssystem, das sich nach Gropius gegenüber anderen Systemen durch den „neutralen Corridor" auszeichnete, war so gedacht, dass „man von jedem Punkt der Anstalt nach jedem anderen gelangen [konnte], ohne Zwischentüren öffnen und schließen, ohne die Krankenabteilungen oder die für die Kranken bestimmten inneren Gärten passieren zu müssen"[61]. Die Gänge dienten nicht nur der Versorgung der einzelnen Abteilungen, sondern auch dem Transport der Kranken etwa zur Kapelle im Verwaltungsgebäude. Da die oberen Geschosse nicht miteinander verbunden waren, hatte das Gangsystem nicht nur verbindende sondern auch trennende Funktion: Als Schleuse separierte es bei größtmöglicher Kontrolle die verschiedenen Patientenbereiche voneinander.[62]

Näherte man sich der Anlage von der Oderberger Straße, so erblickte man zunächst die breit angelegte Vorderfront, die sich über eine Länge von rund 210 Meter (exakt: 677 Fuß) erstreckte. Der erste blockhaft wirkende Gesamteindruck löste sich zunehmend in die Wahrnehmung einzelner Baukörper auf:

---

60 Ebd., und S. 19.
61 Ebd., S. 11.
62 Das über alle Bauteile durchlaufende Souterraingeschoss war nur zum zeitweisen Aufenthalt von Patienten gedacht, hatte aber ebenfalls an den Übergangsstellen zwischen den Abteilungshäusern, entsprechend den Verbindungsgängen des Erdgeschosses schleusenartige Verengungen.

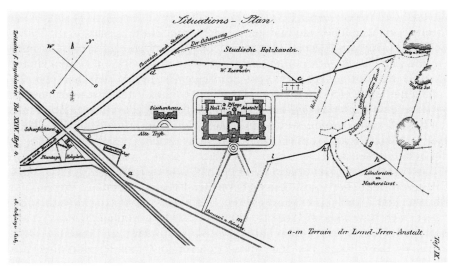

Eberswalde, Provinzial-Irrenanstalt, M. Gropius, 1862 – 65, Situationsplan.

In der Mitte dominierte das Verwaltungsgebäude, das durch die langgestreckten Pensionärshäuser flankiert wurde. Den äußeren Abschluss der Vorderfront bildeten die Schmalseiten der in die Tiefe des Geländes geführten Abteilungshäuser für die „arbeitenden Klassen". Alle Bauteile waren durch gedeckte Gänge miteinander verbunden, deren Vorhallen sich in jeweils drei Bogenstellungen öffneten.

Da der tragfähige Baugrund in nur etwa einem Meter (drei Fuß) Tiefe vorgefunden wurde, konnte „das sogenannte Souterrain fast ebenerdig"[63] angelegt werden. Dies brachte den Vorteil einer besseren Beleuchtung und damit einer Aufwertung der Geschossebene, die jetzt für „Wohn- und Arbeitsräume vollkommen nutzbar"[64] war. Gleichzeitig verringerte diese Lösung den Aufwand an Tiefbauarbeiten, was die Baukosten minimierte. Während das zentrale Verwaltungsgebäude über dem Souterrain drei Stockwerke aufwies, besaßen die anschließenden Abteilungshäuser lediglich deren zwei. Die Schmalseiten der abschließenden Eckbauten hatten dagegen eine turmartige Überhöhung und waren damit wie der Verwaltungsbau dreigeschossig. Die zwischen allen Abschnitten liegenden Verbindungsgänge wurden dagegen nur eingeschossig ausgeführt. Durch diese Höhenabstufung behaupteten sich die einzelnen Teile als eigenständige Baukörper, blieben aber als zusammenhängendes Ensemble erkennbar, dessen Eckpunkte auf das Zentrum verwiesen, das mit einem kleinen, kirchturmartigen Aufsatz mit Uhr zudem die Höhendominante der Anstalt bildete. Auch in der Staffelung und Ausgestaltung der Bauteile verfolgte Gropius dieses Gestaltungssystem. Während der Verwaltungsbau zwölf Meter aus der Bauflucht der anschließenden Bauteile heraussprang, waren

63 Gropius, Provinzial-Irren-Anstalt, S. 11.
64 Ebd.

die flachen Übergänge leicht hinter diese Linie zurückgesetzt. Da sich hinter ihren dreiachsigen Bogenöffnungen zunächst eine Halle anschloss, und lediglich das rückwärtige Drittel als eigenticher Verbindungsgang diente, riefen die Arkaden durch Verschattung eine starke Kontrastwirkung zu den glatten Wandflächen der benachbarten Abschnitte hervor. Die so zwischen den einzelnen Bauteilen erzeugten Wechsel von hellen, das Licht reflektierenden und verschatteten Zonen verstärkten nochmals den bereits konstatierten Rhythmus der Fassadenabwicklung. Weitere plastische Belebung erfolgte durch die polygonal (halbachteckig) vorspringenden Bauteile an den Pensionärsabteilungen der höheren Stände.

Das stärkste verbindende Element jedoch bildete die Farbigkeit der Fassaden. Die gesamte Anlage war aus gelben Verblendsteinen gemauert, die von der Eberswalder Ziegelei Noebel stammten. Gropius bemerkte zur Materialwahl, dass es sich wegen seiner Wetterbeständigkeit ebenso empfahl, wie durch seinen „hellen und angenehmen Farbenton“[65]. Kontrastiert und ergänzt wurde der gelbe Grundton durch den Einsatz von rotem Ziegel, der allerdings aus den Freienwalder Fabriken von Kalisch und Beneckendorf bezogen wurde.[66] „Für die Umwährungsmauern sowie die Isolirhäuser mussten ebenfalls diese durchaus wetterfesten rothen Steine genommen werden, da die Noebel'sche Ziegelei nicht im Stande war, den Bedarf an [gelben] Blendsteinen hierzu zu liefern.“[67]

Mit Ausnahme des Souterrains aus rotem Verblender, waren die Wandflächen alternierend in sieben Lagen aus gelbem und einer Lage rotem Ziegelstein ausgeführt.

Gropius rhythmisierte durch die Vor- und Rücksprünge der Baukörper die Abwicklung der sehr langen Hauptfront und erzielte durch diesen Wechsel von hellen und dunklen Zonen eine beachtliche plastische Wirkung. Die Farbigkeit der Fassaden, die in der Bänderung durch den roten Stein ihre Struktur erhielt, sowie der Einsatz der Verbindungsgänge erzeugten den Gesamteindruck einer geschlossenen Front, die im Verwaltungsbau ihren zentralen Bezugspunkt besaß. Durch die Höhenabstufung als auch die Tiefenstaffelung wurde dennoch wieder eine optische Trennung der einzelnen Baukörper erreicht, die somit einen eigenständigen Charakter wahrten, der nicht zuletzt ihre funktionale Disposition widerspiegelte.

Das Verwaltungsgebäude war über dem Souterrain dreigeschossig und wurde von einem flachen Walmdach abgeschlossen. Die mittleren drei der neun Fensterachsen waren als Risalit ausgebildet, der sich im Erdgeschoss mit drei großen Bogenstellungen als Haupteingang öffnete. Die Bogenöffnungen waren durch ein sandsteinfarbenes Putzfeld mit Pilastergliederung gerahmt. Ähnlich waren auch die drei Fensterachsen der Obergeschosse mit einem gegliederten Putzfeld ausgezeichnet. Die Fensteröffnungen besaßen flache Segmentbögen, die von einer Pilastergliederung „getragen“ wurden. Ein Gesims schloss das

65 Ebd., S.15.
66 Ebd. Wegen der im Freienwalder Gebiet anstehenden roten Tone wurden die entsprechenden Steine aus der dortigen Produktion genommen. Vgl. auch Klinkott, Backsteinbaukunst der Berliner Schule, S.246.
67 Gropius, Provinzial-Irren-Anstalt, S.15.

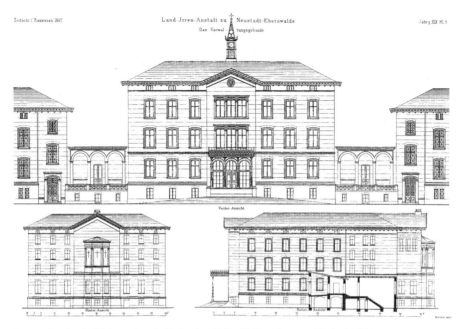

Eberswalde, Provinzial-Irren-Anstalt, M. Gropius, 1862–65, Verwaltungsgebäude, Ansichten.

dreiachsige Fensterfeld ab. Die abschließende Giebelzone hatte Gropius in seinem ursprünglichen Entwurf zu den beiden Obergeschossen hin offen gelassen
und lediglich ein flaches Gesims parallel zur Schräge der Dachkante vorgesehen. Tatsächlich ausgeführt wurde jedoch ein durch auskragend versetzte
Ziegelsteine gebildeter Dreiecksgiebel, in dessen Giebelfeld ein Okulus mit dem
Wappen der Provinz eingelassen war. Die Wandflächen waren mit Ausnahme
des Souterrains, das aus rotem Verblendstein gemauert war, in der bekannten
Weise alternierend in gelben und rotem Ziegelstein ausgeführt.

Vor dem Haupteingang lag eine fast über die gesamte Breite des Mittelrisalits
reichende Unterfahrt, deren eisernen Begrenzungssäulen als Stützen für den
im ersten Obergeschoss gelegenen Balkon dienten. Gropius hat diese Konstruktion in seiner Beschreibung der Anlage besonders hervorgehoben, da sie
eines der wenigen Elemente des Außenbaues war, die eine spezifische Gestaltung, eine „Kunstform", erhielten.[68] Die aus Eisenbahnschienen gebildeten
Längsträger als auch der quer liegende Haupttragbalken endeten in aufgesetz-
ten schmiedeeisernen Voluten. Diese Kunstform sollte nach Boetticher immer
dort eingesetzt werden, wo die Architektur in den freien Raum übergeht. Die
Besonderheit der Konstruktion lag aber in der Gestaltung der eisernen Stützen. Diese waren, so Gropius, „nach Andeutungen des Professors Boetticher

---

68 Ebd., S. 15. Der Begriff „Kunstform" ist ein terminus technicus, der mit der tektonischen Lehre
von Carl Boetticher in Verbindung steht und den Gropius im Sinne seines Lehrers verwandte. Vgl.
Carl Boetticher, Die Tektonik der Hellenen. 2 Bde., Potsdam 1852.

in einer bisher nicht angewendeten Form" zur Ausführung gekommen.[69] Die kandelaberartigen Säulen waren mit einem ausladenden Kapitell versehen, dessen Ranken und Blattwerk die Funktion von Konsolen oder Kopfbändern übernahmen. Die Stütze ist auf einen hohen kannelierten Zylinder gestellt, der fast ein Drittel der Gesamthöhe einnahm. Darauf saß ein ausladender Fuß, der ein kelchartiges Gebilde trug, aus dem die deutlich verjüngende Stütze emporstieg. Durch einen Schaftring nochmals unterteilt, endete dieser in einem aus einfachem Blattornament geformte Blütenkelch, aus dem das eigentliche Kapitell erwuchs. Gropius ließ auf die einfache Kelchform zunächst eine reicher ausgebildete aus Akanthusblättern folgen. Aus dieser entwickelte sich der wie ein Blütenstempel geformte Hauptträger, der von etwas länger ausgebildeten Akanthusblättern eingefasst wurde. Den Mittelträger flankierten zwei weit ausgreifende Blätter, auf denen wiederum zwei volutenförmig eingerollte Ranken aufsaßen. Aus dem ersten Akanthuskelch entsprangen zudem zwei dünnere, asymmetrisch gewundene Stengel, die in einer Blütenform endigten, welche neben dem Hauptträger an die ausladende Deckplatte geheftet waren. Sowohl die Ausformung des mittleren Trägers, dessen Kopf durch die aufliegende Last schirmartig nach außen gedrückt war, als auch die nach unten gedrückte Volutenform der beiden Nebenträger haben in der tektonischen Lehre die Aufgabe, die Trennung der aufstrebenden und tragenden von den waagerechten und lastenden Baugliedern zu symbolisieren. Ganz im Gegensatz dazu standen die beiden Blüten mit ihren gewundenen Stengeln, die eindeutig keine Last aufnahmen. Sie zeigten aber die Befestigungspunkte der Deckplatte mit dem darüber liegenden Querträger des Balkons an, wie in der 1881 veröffentlichten Zeichnung deutlich wurde. Da sie ausschließlich die Aufgabe hatten, die Kräfteeinwirkung zu symbolisieren, ohne direkt als unlösbare Teile des Werkes aufzutreten, gehörten sie nicht zu den tektonischen Kunstformen, sondern wurden zur dekorativen Kunst gezählt.[70]

Diese Stützen- und Kapitellkonstruktion hatte Gropius erstmals 1861 in einem Kiosk für Selter- und Sodawasser in Berlin verwandt.[71] Er fand die Form derart überzeugend, dass er sie nicht nur in Eberswalde, sondern 1868 nochmals, diesmal in kreuzförmiger Variante, in einem weiteren Trinkhallenentwurf für Paris einsetzte.[72] Die hohe Wertschätzung, die Gropius der Lösung entgegenbrachte, wird auch in der wiederholten Publikation des Kapitells deutlich. Gut zwölf Jahre nach der ersten Veröffentlichung ließ er es im „Architektonischen Skizzenbuch" ein weiteres Mal abbilden.[73]

---

69 Gropius, Provinzial-Irren-Anstalt, S. 15 f.
70 Die bildenden Künste, also Malerei und Bildhauerei stellen im Gegensatz zu den tektonischen Künsten „im Wesentlichen Nachbildungen wirklicher Gebilde" dar „deren Kenntnis bei dem Beschauer vorausgesetzt werden muss, also ohne Weiteres ihm verständlich ist". Vgl. Johann Eduard Jacobsthal, Die Grammatik der Ornamente, Berlin 1874, S. 19.
71 Vgl. Martin Gropius, Trinkhalle für Selter- und Sodawasser in Berlin, in: Architektonisches Skizzenbuch, 1861, H. 51, Bl. 4, vgl. auch Foto in: Peter Wallé, Martin Gropius, in: Der Baumeister 2, 1904, S. 49–55, hier S. 51.
72 ders., Trinkhalle in Paris von Martin Gropius, in: Architektonisches Skizzenbuch, 1868, H. 89, Bl. 3, und 1871, H. 3, Bl. 1.
73 Das Eberswalder Kapitell hat Gropius nicht nur in seiner 1869 publizierten Schrift abgebildet (Gropius, Provinzial-Irren-Anstalt, S. 16), sondern nochmals im Architektonischen Skizzenbuch, 1881, H. 2, Bl. 6, veröffentlicht, diesmal allerdings in einer etwas detaillierter ausgearbeiteten Version, die als „Capitäl einer eisernen Säule an der Irrenanstalt zu Eberswalde" bezeichnet war.

Eberswalde. Ansicht der Provinzial-Irrenanstalt von Süden. Martin Gropius. 1862–65. Lithographie von Robert Geissler. 1872.

Der Einsatz artifizieller tektonischer Kunstformen blieb am Eberswalder Bau die Ausnahme. Aufgrund der äußeren Bedingungen und Grenzen, die dem Architekten zum einen durch den vorhandenen Finanzrahmen, zum anderen durch die Vorgaben und Einwirkungen der beteiligten Ärzte gesteckt waren, strebte Gropius nicht nach einer Architektur mit kunstvoll durchgearbeitetem Dekor, sondern sah das gestalterische Credo mehr in der monumentalen Gesamtwirkung. Daher suchte er, ganz im Sinne seiner Lehrer das Nützliche mit dem Kunstvollen zu verbinden und „theils einfache Constructionen künstlerisch zu gestalten, theils solche Constructionen zu wählen, welche künstlerische Gestaltung zulassen"[74].

Dieses Verfahren hatte Gropius beispielsweise bei der Konstruktion des Dachabschlusses angewandt. Die Absicht, den „grossen Gebäuden der Anstalt möglichst wenig kasernenartiges Gepräge zu geben, führte zu der Wahl der überhängenden Dachgesimse"[75]. Indem die Dachrinnen nicht direkt unter den überstehenden Sparrenenden befestigt waren, sondern durch eine spezielle Konstruktion oberhalb derselben zu liegen kamen, wirkten sie wie ein eigenständiges Dachgesims. Da die Dachrinnenkonstruktion auch an den Giebeln und Gebäudekanten herumgeführt worden war, sei, so die Begründung von Gropius, eine künstlerisch wesentlich „befriedigendere" Lösung erzielt worden, als wenn man die Abwasserrinne in herkömmlicher Weise einfach unter den Sparrenköpfen angebracht hätte.

74 Gropius, Provinzial-Irren-Anstalt, S. 15.
75 Ebd.

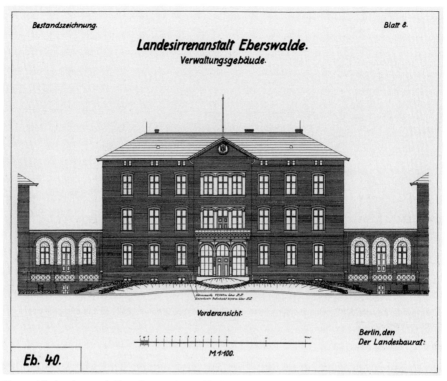

Landesirrenanstalt Eberswalde.
Verwaltungsgebäude.

Vorderansicht.

Berlin, den
Der Landesbaurat:

M.1:100.

Eb. 40.

Eberswalde, Landesanstalt, Verwaltungsgebäude, Vorderansicht.

Die übrigen Flächen des Verwaltungsbaues, die jeweils mit drei Achsen an den Risalit anschlossen, waren weniger aufwändig gestaltet. Das Souterrain besaß relativ kleine Fensteröffnungen und wurde durch ein ausgeprägtes Sockelgesims abgeschlossen. Das Erdgeschoss hatte die übliche gelb gemauerte Wandfläche, in deren rote Bänderung die mit einer hell gestrichenen Einfassung versehenen Fenster eingespannt waren. Diese Rahmung stellte insofern eine Besonderheit dar, als sie aus Zementgussfertigteilen bestand, die vor Ort gegossen worden waren und einen sandsteinfarbenen Anstrich erhielten. Ursprünglich favorisierte Gropius eine Terrakottarahmung der Fenster. Da diese aber zu teuer geriet und zudem Lieferschwierigkeiten abzusehen waren, griff Gropius zu dieser ungewöhnlichen Alternativlösung.[76] Zu dieser Zeit waren Zementgussfertigteile keineswegs verbreitet und Erfahrungen im Umgang mit diesem Werkstoff fehlten fast vollständig.[77] Gropius begründete daher seine Entscheidung ausführlich: Neben den Argumenten einer kostengünstigen Herstellung und hohen Verfügbarkeit führte er auch ästhetische Beweggründe

76 Ebd.
77 Ebd. Der 1869 verfasste Bericht gab Gropius die Möglichkeit, vier Jahre nach Inbetriebnahme der Anlage, ein erstes Resümee über das geschaffene Werk zu ziehen. Dabei kamen auch Probleme mit den Einfassungen der Fenster zur Sprache, die durch eine schwer abzudichtende Fuge mittig auf der Sohlbank zumindest auf der Wetterseite zu Durchfeuchtungsschäden der Fensterbrüstungen geführt hatten.

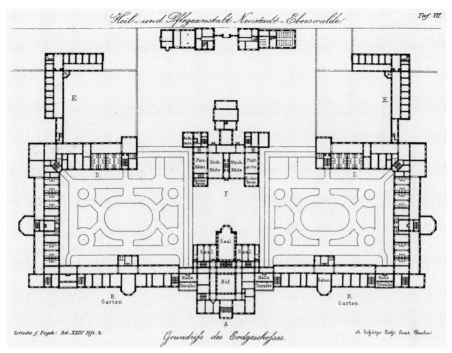

Eberswalde, Provinzial-Irrenanstalt, M. Gropius, 1862 – 65, Grundriss EG.

an: „Die Farbe steht sehr gut zu der Farbe der Ziegel und die sauberen glatt durchgehenden Profillinien wirken architektonisch angenehmer, als es Fenstereinfassungen aus Formsteinen zu thun pflegen, deren Linien durch Mörtelfugen störend unterbrochen werden."[78] Gropius setzte hier, ähnlich wie bei der Dachrinnenkonstruktion, ein technisch-konstruktiv notwendiges Element als Gestaltungsmittel ein. Dieses Vorgehen, aus einer Notwendigkeit eine Tugend zu machen, war typisch für Gropius' Methode, die Architektur der Eberswalder Anlage zu gestalten.

Der Verwaltungsbau war um einen quadratischen Lichthof organisiert. Nur der Eingangsrisalit und der rückseitige Kapellenbau durchbrachen die längsrechteckige Grundrissform. Betrat ein Besucher das Gebäude über den Haupteingang, befand er sich zunächst im Vestibül vor einer dreiläufigen Treppe. Während die beiden äußeren in das Souterrain vermittelten, führte der breite, zentrale Lauf zum Erdgeschoss. Die Haupttreppe war von den Nebenläufen durch niedrige Einfassungen abgegrenzt. Auf Erdgeschossniveau flankierten zwei Pfosten mit eisernen Kandelabern den Aufgang. Seitlich davon angebrachte Brüstungen mit eisernen Ziergittern und Handlauf schlossen den Absatz über den beiden Nebentreppen ab. Oben angelangt, stand der Besucher vor einer

78 Ebd.

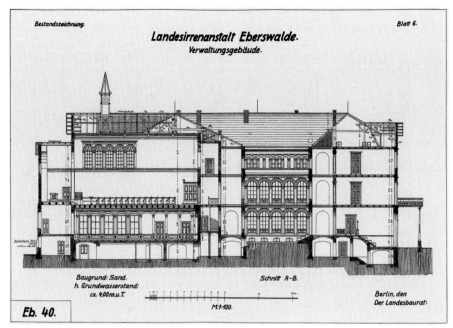

Eberswalde, Landesanstalt, Verwaltungsgebäude, Schnitt A-B.

dreiachsigen Bogenstellung, in deren Mitte eine dreiteilige Tür[79] zum Erschlie-
ßungskorridor führte. Dieser umlief den zentralen Lichthof und öffnete sich zu
diesem in jeweils fünf Bogenstellungen. Da der Hof unbedacht war, schlossen
Fenster und Brüstungen die Arkaden vom Außenraum ab. Nur über eine Tür in
der Achse der Vestibültreppe, also im mittleren Rundbogen auf der Südseite des
Lichthofes, konnte man denselben betreten. Der Hof war umlaufend zu einem
Lichtgraben abgesenkt, damit die schmalen Souterrainfenster entsprechend
versorgt werden konnten. Mittig auf dem inselartigen Hof hatte Gropius einen
Zierbrunnen mit Wasserspiel vorgesehen, zu dem man über eine dreistufige
Treppe hinabgelangen konnte.

Der umseitig laufende Korridor des Lichthofes erschloss nicht nur diese Nutz-
räume, sondern vermittelte auch in den Nordflügel und den langen Flur, der
die horizontale Erschließung der gesamten Baulichkeiten der Vorderseite ge-
währleistete. Der Nordkorridor teilte die gesamte Ebene in zwei Hälften. Während im südlichen Abschnitt neben typischen Büroräumen, wie Registratur
und Kasse auch die Bibliothek der Anstalt sowie das Konferenz- und Empfangs-
zimmer untergebracht waren, erstreckten sich im nördlichen Gebäudeflügel
die Gesellschaftssäle. Diese Versammlungs- und Veranstaltungszwecken dienenden Räumlichkeiten waren dreigeteilt: In der Mitte lag ein großer Festsaal,

79 Die Tür hatte allerdings nur zwei Flügel, wie aus dem späteren Bestandszeichnungen ersichtlich
ist. Vgl. Bestandszeichnung (1928), Landesirrenanstalt Eberswalde, Verwaltungsgebäude, Eb. 40,
Bl. 2, in: BLHA (unverzeichnet).

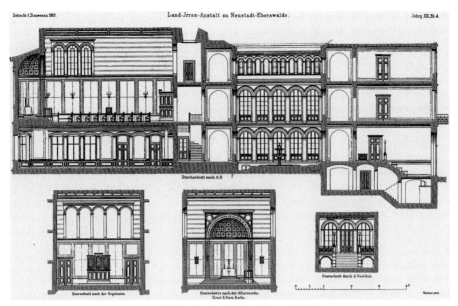

Eberswalde, Provinzial-Irren-Anstalt, Martin Gropius, 1862–65, Anstaltskirche.

der im Grundriss der darüber liegenden Kapelle entsprach, flankiert von zwei kleineren Sälen. Letztere besaßen zwei freistehende gusseiserne Stützen, auf denen Unterzüge mit jeweils zwei Segmentbögen auflagen.

Die Gesellschaftsräume waren riegelartig durch vier Treppenhäuser vom Nordkorridor getrennt. Die vier Aufgänge dienten der vertikalen Erschließung des Verwaltungsbaues. Sie waren so angeordnet, dass ein nach Patienten und Personal sowie nach Geschlechtern getrennter Zugang zu den oberen Stockwerken gewährleistet wurde: Die beiden mittig angeordneten Treppen waren für die Patienten gedacht. Sie führten lediglich bis in das erste Obergeschoss, wo sich der Zugang der Kapelle befand. Über die beiden äußeren Treppen konnte man dagegen auch in das zweite Stockwerk gelangen. Analog zu diesen Treppen existierte eine dritte „Personaltreppe" im Südflügel vor den Empfangszimmern.

Der Nordkorridor war als zentraler Abschnitt des langen Flurs gleichzeitig Schnittstelle zum System des neutralen Korridors. Dessen Verbindungsgänge mündeten in den Schleusenabschnitt des Verbinders unmittelbar am Verwaltungsbau in den langen Flur.

Erfüllte das Erdgeschoss des Hauptgebäudes vor allem Funktionen der Verwaltung und diente dem Verkehr mit der Öffentlichkeit, wurden alle anderen Ebenen überwiegend zu Wohnzwecken genutzt. Während im Souterrain neben Arbeits- und Wirtschaftsräumen die Wohnungen der niederen Beamten wie des Ökonomen und des Portiers angeordnet waren, enthielten die Obergeschosse die Dienstwohnungen der höheren Beamten. Im ersten Obergeschoss wohnten der Direktor und der Rendant der Anstalt. Ersterer hatte seine Räumlichkeiten im Südflügel, zu dem auch der Balkon auf der Vorderfront gehörte. Die Raumflucht setzte sich im Ostflügel fort und reichte über das Personaltreppenhaus in den Nordflügel neben der Kapelle. Analog zu diesem Abschnitt lag die Wohnung des Rendanten im Westflügel. Sie reichte bis an das vordere Treppenhaus. Das zweite Obergeschoss beherbergte die Wohnungen der beiden Assistenzärzte sowie des Predigers. Auf dieser Ebene befand sich auch die Loge der höheren Beamten, die dem Gottesdienst in der Kapelle von hier aus, ungestört von den Patienten auf der unteren Ebene, beiwohnen konnten. Diese Loge lag über den nicht weiter geführten Treppen der Patienten und öffnete sich zum Kirchenraum in fünf Arkaden. Gleichzeitig ermöglichte diese Konstellation einen guten Blick – und damit eine Kontrolle – über den gesamten Kirchensaal. Entsprechend der Stockwerksteilung teilte ein Gesims den Raum. Die untere Ebene, die den Patienten und dem Aufsichtspersonal vorbehalten war, besaß keine Fenster. Erst die Zone des zweiten Obergeschosses war durchfenstert, jedoch nur dort, wo der Kapellenraum über die Flucht des Verwaltungsbaues hinaustrat. Die Fensteröffnungen folgten der bereits im Bereich des Haupteinganges, des Vestibüls und des Lichthofs angewandten Struktur einer Rundbogenstellung mit Pilastergliederung. Gropius hatte den Raum mit drei Fensterachsen geplant, so dass die Kapelle nur mit drei Achsen sowie der Apsis in den rückwärtigen Hofbereich auskragte. Sein 1869 veröffentlichter Plan zeigte zudem eine Apsislösung, die in ihrem halboktogonalen Grundriss (4/8-Schluß) den Ausformungen der Pensionärshäuser an der Vorderfront entsprach. Außen war der Bereich allerdings durch Blendbögen mit segmentbogigen Abschlüssen hervorgehoben und durch eine flache Verdachung abgeschlossen. Den Innenraum der Apsis entwarf Gropius in klassischer Weise mit einer Konche, die den leicht erhöhten Altarraum überspannte. Die Bogenöffnung wurde seitlich von Pilastern in Putzgliederung und einem ebensolchen Gesims abgeschlossen. Es entstand so ein Triumphbogen, der den Sanktuariumsbereich vom Laienbereich trennte. Der über dem Bogen angebrachte Spruch ist Mt 11, 28 entnommen: „Kommet her zu mir alle die ihr mühselig und beladen seid ich will euch erquicken."[80] Die Konche selbst war kassettiert, die Felder mit einem sternförmigen Ornament gefüllt. Die Wandflächen waren analog zur gesamten unteren Zone des Kapellenraumes mit Putzspiegeln versehen.

Allerdings wurde dieser Entwurf nicht verwirklicht. Vielmehr musste Gropius den offenbar zu klein geratenen Kirchenraum um zwei Fensterachsen vergrößern.[81] Während die Gliederungsstruktur des Raumes als auch die Dekoration der Fenster und der Loge im Wesentlichen beibehalten wurde, kam die sehr aufwändige Konche der Apsis nicht zur Ausführung sondern wurde durch ein einfaches Tonnengewölbe ersetzt. Zum Kirchenraum öffnete sich der Altarbereich unverändert mit einem Rundbogen. Denselben rahmte eine vereinfachte Pilastergliederung, die mit der ebenso einfachen Bogenrahmung einen Triumphbogen ausbildete. Die gerade geschlossene Rückwand der Tonne gliederte ein zweiter, eingezogener Bogen. Ein farbig verglaster Okulus im Bogenfeld sorgte für den einzigen Lichtblick in dieser sehr zurückgenommenen Konzeption.

---

80 Bibeltext nach der deutschen Übersetzung Martin Luthers, hrsg. von der Britischen und Ausländischen Bibelgesellschaft, Berlin 1902.
81 Über die genauen Gründe der Planänderung schweigt sich Gropius allerdings aus.

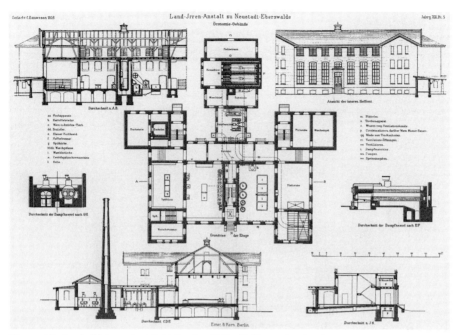

Zeitschr. f. Bauwesen 1868

Land-Jrren-Anstalt zu Neustadt-Eberswalde
Oeconomie-Gebäude

Jahrg. XII.Bl. 5

Eberswalde, Provinzial-Irren-Anstalt, M. Gropius, 1862–65, Ökonomiegebäude.

Stärker noch als im Innern wirkte sich die Veränderung am Außenbau aus. Der Apsisbereich wurde in der ganzen Breite des Kapellenbaus ausgeführt. Erst auf der Höhe des zweiten Obergeschosses gab sich der blockhafte Bau als Kapelle zu erkennen. Indem Gropius die eigentliche Apside und die niedrigeren Nebenräume basilikal staffelte, verwandte er hier ein typisches Motiv der Sakralarchitektur.

Diese Planänderung schob den Kapellenbau ein gutes Stück weiter in den angrenzenden Hofbereich. Dieser kleinste der drei Innenhöfe, der als so genannter „Beamtengarten" ausschließlich dem Personal vorbehalten blieb, war ebenso wie seine Pendants gärtnerisch gestaltet. Das Areal war durch gedeckte Gänge, die auf Niveau des Erdgeschosses die Verbindung vom Verwaltungs- zum Wirtschaftgebäude herstellten, von den beiden Patientenhöfen abgegrenzt. Es handelte sich um einfach gemauerte Gänge mit Pultdach. Die Fensteröffnungen waren so angeordnet, dass kein Sichtkontakt vom Hof der Patienten zum Beamtengarten oder gar zwischen dem männlichen und weiblichen Bereich stattfinden konnte. Den nördlichen Abschluss des Hofes vis-à-vis des Verwaltungsbaues bildete schließlich das Ökonomiegebäude. Es enthielt die zentralen Versorgungseinrichtungen[82] der Anlage, wie Koch- und Waschküche, Backstube sowie die Heizanlage. Der Grundriss war, so Gropius, im Wesentlichen demjenigen in Bunzlau nachgebildet: „Nur konnten, wegen der durch

82 Ein oberhalb des Anstaltsgeländes gebauter Wasserturm versorgte die Anstalt mit Frischwasser (vgl. Abb. 158–160).

125

Landesirrenanstalt Eberswalde.
Krankenhaus Cb.

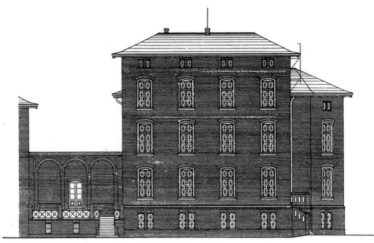

linke Seitenansicht.

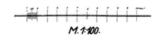

M.1:100.

Berlin, den
Der Landesbaurat:

Eb. 43.

Eberswalde, Landesanstalt, Krankenhaus Cb, linke Seitenansicht.

Landesirrenanstalt Eberswalde.
Krankenhaus Ba.

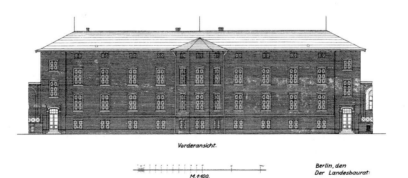

Vorderansicht.

M.1:100.

Berlin, den
Der Landesbaurat:

Eb. 43.+1

Eberswalde, Landesanstalt, Krankenhaus Ba, Vorderansicht.

die Gesammtdisposition beschränkten Länge, die Dampfkessel nebst Maschine nicht zwischen die beiden Küchen gelegt, sondern mussten in einem Anbau nach dem Oekonomiehof zu untergebracht werden."[83]

Hinter dem Versorgungsbau schloss sich der dazu gehörende Wirtschaftshof mit Brunnen und Eiskeller an. Den rückwärtigen Zugang flankierten zwei Torbauten, die Kuhstall, Scheune sowie eine Knechtwohnung enthielten. Entgegen der Absicht von Gropius musste auf Anweisung von Sponholz der Ökonomiehof mit einer Mauer abgeschlossen werden, um über die Torhäuser eine einfache Kontrolle des Zu- und Abgangs zu gewährleisten.[84]

An den Verwaltungstrakt schlossen sich zu beiden Seiten die Pensionärshäuser der so genannten heilbaren höheren Stände an. Deren Baukörper war zweigeschossig und zeigte die bereits bekannte Fassadengliederung. Im Gegensatz zum Verwaltungsbau wurde hier jedoch das Erdgeschoss vom oberen Stockwerk nicht durch ein Gesims getrennt. Ein mittig vorspringendes Polygon zentrierte die dreizehnachsige Fassadenabwicklung, die zu beiden Seiten von leicht vorspringenden und abweichend durchfensterten Treppenhäusern eingefasst wurde. Deren rot verblendete Portale öffneten sich in einem Segmentbogen, der wie die Fenstereinfassungen aus Zementguss gefertigt war. Der Baukörper war einhüftig organisiert: Die Zimmer für maximal zwei Personen sowie ein Wärterzimmer pro Etage lagen nach Südosten zur Oderberger Straße, während die Flure nach Nordwesten zum Hof hin orientiert waren. Die Wohnungen für die Oberwärter befanden sich im Souterrain, das zudem Arbeitsräume aufnahm. Auf Niveau des Erdgeschosses war das Haus an das zentrale Korridorsystem angeschlossen. Das Obergeschoss war dagegen nur über die beiden in den äußeren Achsen liegenden Treppenhäuser erreichbar. Das am Außenbau markant vortretende Polygon zeigte den dahinterliegenden Gemeinschafts- oder Arbeitsraum an. Auf der Rückseite korrespondierte mit ihnen ein dreiachsiger Risalit, der die Sanitäranlagen für jede Etage aufnahm.

Durch eine Schleuse in dem Verbindungsbau getrennt schloss sich der größte zusammenhängende Baukörper des Komplexes an. Er bestand aus zwei Flügeln und nahm heilbare Patienten der arbeitenden Klasse als auch „Unheilbare" aller Klassen auf. Gropius hatte ursprünglich geplant, diese Patientengruppen in zwei separaten Häusern unterzubringen. Aufgrund der Topografie des Bauplatzes konnte er jedoch lediglich einen Baukörper mit zwei Flügeln ausführen, auf welche die Kranken aufgeteilt waren.

Der sich an die Pensionärshäuser nach Norden anschließende zweigeschossige Flügel war im Aufriss identisch, trat jedoch gegenüber diesen weniger in Erscheinung, da nur seine vierachsige Schmalseite zu sehen war. Lediglich in den um ein Geschoss erhöhten „Ecktürmen" besaß die Front eine bescheidene Auszeichnung. Auf der Nordseite markierten die hier nur zweiachsigen Türme den Auftakt zu einer Fassadenabwicklung, die der grundlegenden Struktur der Pensionärshäuser mit dreizehn Achsen und einem polygonalen Vorbau folgte, aber mit dem anschließenden Querflügel einen blockhaften Abschluss besaß.

---

83 Gropius, Provinzial-Irren-Anstalt, S. 15.
84 Ebd., S. 9.

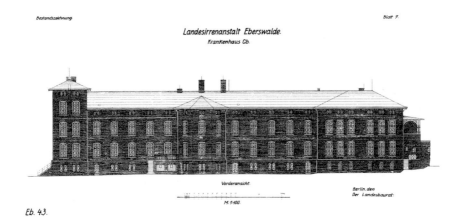

Landesirrenanstalt Eberswalde.
Krankenhaus Cb.

Vorderansicht.

M. 1:100.

Berlin, den
Der Landesbaurat:

Eb. 43.

Eberswalde, Landesanstalt, Krankenhaus Cb, Vorderansicht.

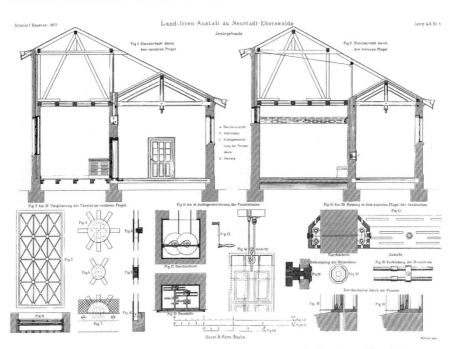

Eberswalde, Provinzial-Irren-Anstalt, M. Gropius, 1862 – 65, Isoliergebäude, Schnitte und Details.

Der lang gezogene Trakt nahm die heilbaren „arbeitenden Klassen" auf. Sie
waren in Zimmern für vier bis acht Personen untergebracht. Im Gegensatz zu
den Pensionärshäusern waren der Korridor an der Außenseite und die Krankensäle zum Innenhof hin angeordnet. Auch hier enthielt das Polygon Aufenthaltsräume, doch ragten die Sanitätsräume hier nicht in den Hof hinein. Weitere
Salons befanden sich im „Turmbau" sowie am Übergang zum Querflügel. Die
Erschließung des oberen Stockwerks erfolgte durch drei Treppenhäuser, die an
den Enden des Flügels sowie direkt hinter dem polygonalen Vorbau angeordnet

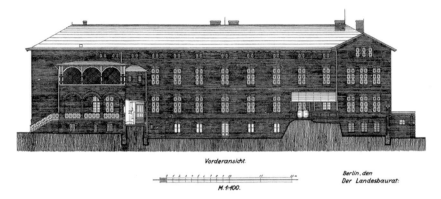

Landesirrenanstalt Eberswalde.
Krankenhaus Db.

Vorderansicht.

M. 1-100.

Berlin, den
Der Landesbaurat:

Eb. 46.

Eberswalde, Landesanstalt, Krankenhaus Db, Vorderansicht.

waren. Die nördliche Treppe schloss in einem Winkel von 45 Grad gelenkartig an den Flügel der „Unheilbaren" an und diente gleichsam als Verbindung und Schleuse zwischen den Abteilungen. Im Gegensatz zur Vorderfront, wo Gropius die Separierung der Häuser gerade unter ästhetischen Gesichtspunkten hervorgehoben hatte, war hier die Trennung der Patientengruppen architektonisch nicht mehr nachvollziehbar.

Die „unheilbaren" Patienten waren innerhalb des Querflügels wieder nach sozialen Gesichtspunkten getrennt. Die höheren Stände waren nächst der Abteilung der heilbaren arbeitenden Klasse untergebracht. Sie waren analog zu ihren Standesgenossen auf der Vorderseite lediglich zu zweit auf den Zimmern. Zudem besaßen sie zwei Salons, von denen die „unheilbaren" arbeitenden Klassen nur einen für sich beanspruchen konnten. Weiterhin waren diese auch in Schlafsälen bis acht Personen untergebracht. Die Abteilungen waren durch ein den Korridor unterbrechendes Wärterzimmer getrennt.

Die Architektur des zweigeschossigen Flügels zeigte eine dreizehnachsige Lochfassade, die nur noch durch einen giebelständigen Eckrisalit mit drei Achsen belebt wurde. Von hier erfolgte auch der Anschluss des Verbindungsgangs zum Ökonomiegebäude.

Den Abschluss der Krankentrakte bildeten die „Isolir-" oder auch „Tobhäuser" für stark unruhige Kranke. Durch einen Gang auf der Schmalseite waren sie über die Abteilung der „unheilbaren" Kranken in das Korridorsystem der Anstalt eingebunden. Gropius wollte die Isolierhäuser zunächst als lang gestreckte Riegel bauen. Durch das in diesem Bereich ansteigende Gelände war er jedoch gezwungen, eine zweiflügelige Variante zu wählen, um aufwändige und teure Erdarbeiten zu vermeiden.

Die eingeschossigen Bauten waren einhüftig organisiert, wobei vor den zellenartigen Räumen ein breiter Aufenthaltskorridor lag. Die Zellen waren weg von der Anstalt nach außen orientiert, um wie es hieß, die (Lärm)Belästigung der übrigen Patienten so gering wie möglich zu halten.[85] Obwohl im Grundriss kaum noch einen Unterschied auszumachen ist, wurden die Patienten auch in diesem Bereich nach sozialem Stand getrennt.

Entsprechend der Aufteilung der Krankengruppen in Gebäudeabschnitte war auch der Garten- beziehungsweise Grünbereich organisiert. Jedes Haus und jede Abteilung hatte einen eigenen Freibereich zugewiesen bekommen. Bei den „heilbaren Patienten" lagen diese direkt vor oder um den entsprechenden Gebäudeabschnitt und waren zumindest technisch nicht streng voneinander getrennt. Bei den „unheilbaren Patienten" und den stark unruhigen Kranken waren die „Freibereiche" durch eine Mauer umgrenzt.

Die „Tektonik der Hellenen" und die Eberswalder Anstalt

„Nach solcher Ansicht verfährt die antike Tektonik mit sehr richtigem Sinne so, dass sie die dekorative Bekleidung, als struktiv nicht nothwendig, von dem struktiv nothwendigen ganz wahrnehmbar sondert, und sie wie angelegt darstellt, dadurch eben das Wirkliche vom Scheinbaren trennt und die Dekorazion als das was sie in der That nur sein soll, als Funkzion und Wesenschaft symbolisirende des wirklich fungirenden Kernes vor Augen legt."[86]

Diese umständlich formulierte These bezeichnet einen Kerngedanken aus Carl Boettichers Architekturtheorie „Tektonik der Hellenen", die die Vorstellungen einer ganzen Reihe von Berliner Architekten, die sich in zweiter Generation als Schinkelschüler verstanden, beeinflusste. Vor allem Martin Gropius wurde in Zusammenhang mit dem Namen seines Lehrers und Förderers Boetticher und dessen Architekturtheorie genannt.[87]

Boettichers Theoriegebäude blieb zwar nur regional bedeutsam, spiegelt aber eine grundsätzliche Problematik der Architekturdiskussion seiner Zeit. Die ersten Teile des Traktates lagen kurz vor Schinkels Tod 1844 vor[88] und wurden schließlich 1852 zusammenhängend veröffentlicht. Für jene „nicht mehr unmittelbar im praktischen Umgang mit Schinkel"[89] geprägten Architekten, zu denen auch Gropius zählte, spielte Boetticher eine wichtige Rolle als Mittler. Seine Wirkung beruhte nicht wie bei Schinkel auf gebauten Werken, sondern ausschließlich auf seiner Tätigkeit als Lehrer. Er war 1839 als Lehrer für Freihand- und Ornamentzeichnen an die Allgemeine Bauschule berufen und

85 Vgl. ebd., S. 5.
86 Carl Gottlieb Wilhelm Boetticher, Entwicklung der Formen der hellenischen Tektonik, in: Allgemeine Bauzeitung 5, 1840, S. 316–330, hier S. 317.
87 Carl Boetticher, Die Tektonik der Hellenen. 2 Bde., Potsdam 1852, 2. neu bearb. Ausg., Berlin 1874–1881. Zur Architekturtheorie von Boetticher vgl. Hartmut Meyer, Die Tektonik der Hellenen, Kontext und Wirkung der Architekturtheorie von Karl Böticher, Stuttgart und London 2004.
88 Blankenstein gibt in seinem Nekrolog zu Boetticher den Hinweis, dass Boetticher im September 1840 Schinkel die bereits gedruckte Einleitung vorgelegt und erläutert habe und dabei auf wohlwollende Zustimmung Schinkels stieß, vgl. Hermann Blankenstein, Karl Boetticher, sein Leben und Wirken, in: Zentralblatt der Bauverwaltung 9, 1889, S. 315 ff. und 326–329, hier S. 317. Ludwig Lohde, Die Tektonik der Hellenen von Karl Böticher, in: Zeitschrift für Bauwesen 20, 1870, S. 279–286, hier S. 282, spricht lediglich von einem mündlichen Vortrag Boettichers bei Schinkel.
89 Vgl. Börsch-Supan, Berliner Baukunst, S. 19.

1844 zum Professor im selben Fach ernannt worden.[90] Seine architekturtheoretischen Überlegungen entwickelte er aus der Anschauung der griechischen Ornamentik und deren Bezug zur Architektur. Ganz im Sinne des Organismusgedankens seiner Zeit interessierte sich Boetticher für das Verhältnis der Teile zum Ganzen eines Systems.

Boetticher entwickelte eine eigenständige historische Systematik, auf der sein Theoriegebäude fußte. Sein Ausgangspunkt war das tektonische Gefüge der Architektur. Auf Grund der Analyse statischer und struktureller Grundbeziehungen der Teile zum Ganzen lag auch bei Boetticher ein organisch geprägtes Systemverständnis vor. Dies hatte er aus der Anschauung ornamentaler Grundformen entwickelt und gegen ein entwicklungsgeschichtliches Modell, wie es etwa von Heinrich Hübsch vertreten wurde, gestellt. Zwar hob auch Boetticher mit den Begriffen der Jugend, Blüte und Verfall auf eine Entwicklung ab, folgte hier aber wesentlich den Vorstellungen, die bereits Aloys Hirt in seiner „Baukunst" vertreten hatte. Im Gegensatz zu Hirt, der weniger streng zwischen Römern und Griechen wertete, sah Boetticher aber ein normatives Ideal in der griechischen Balkendeckenkonstruktion.

Die Trennung der inneren Struktur von der äußeren Hülle hatte für ihn eine entscheidende Bedeutung. Boetticher nannte dies zum einen die Kern- oder auch Werkform, unter welcher er die materielle und konstruktive Seite der Architektur verstand und zum anderen die Kunstform, bei der es sich um das schmückende Beiwerk, das Dekor handelte. Das Neue im Boetticherschen Begriff vom tektonischen Zusammenhang der Konstruktion mit der Form war die Autonomie der dekorativen Teile. Sie bildeten keine symbiotische Beziehung mehr mit der Struktur wie noch bei Hirt, sondern waren jetzt ganz auf der ideellen Seite der Zweckfreiheit angekommen. Erst hier erfuhren sie wieder eine Rückbindung an die konstruktive Struktur, um ihrerseits eine Funktion als Kunstform wahrzunehmen: Nämlich die symbolische Ästhetisierung der Kernform.

Im Entwurfsprozess nach Boetticher musste ein Bauwerk „aus seinem Zweck die Raumgestaltung erhalten, [...] die Werkformen aus dem Baumaterial und der Konstruktion sich ergeben [und] die Kunstform die statische und dynamische Leistung der Bauglieder veranschaulichen, mindestens versinnbildlichen"[91]. Die ideelle Darstellung von Festigkeit und Schwere sollte dem Betrachter die Grundkräfte der Architektur und das Wesen des Bauwerkes veranschaulichen, also den „innigen Zusammenhang der Form mit dem Zweck" und die „Eigenschaften der Materialien, welche die Form ermöglichen" charakterisieren. Die Vermittlung dieser tektonischen Zusammenhänge sollte dem Betrachter durch den genau festgelegten Einsatz von Ornamentformen, also der Kunstform, erklärt werden. Die Kunstform hatte Boetticher aus der Anschauung des griechischen Ornaments entwickelt. Dabei suchte er nach Analogien, etwa Stütze und Last (belastet – unbelastet), die sie versinnbildlichen sollten. Boetticher wählte dabei zumeist Ornamente der griechischen Klassik, von denen ange-

---

90 Vgl. Blankenstein, Boetticher, S. 327.
91 Vgl. hier und nachfolgend Johann Eduard Jacobsthal, Feier zur Übergabe der Büste des verstorbenen Prof. Dr. Karl Boetticher, Berlin 1894, S. 9.

nommen wurde, dass sie aus Naturformen entwickelt bzw. diesen nachgebildet waren. Beispielsweise sei das Kymation „in der griechischen Baukunst da angewendet [worden], wo das Bauglied als ein belastet endendes charakterisirt mit dem ihm folgenden in Conflict gerieth; es wurde daher als Conflictsymbol und als eine Anzeige rückwirkender Festigkeit erkannt"[92]. Im Gegensatz zum Konfliktsymbol, das den Übergang eines Bauteiles zum nächsten oder eine statische Belastung symbolisieren sollte, standen Formen wie Anthemien, Palmetten und Lotusblumen, die als selbstständige und unbelastete von der konstruktiven Struktur autonome Teile definiert wurden. Die unbelasteten Symbolformen sollten den Abschluss eines Bauteiles darstellen oder als Bekrönung dienen. Bei einer weiteren Gruppe von klassischen Formen, den Rund- und Perlstäben sowie den Riemen und Bänderungen wurde die Analogiebildung Boettichers besonders deutlich. Die vorgefundene historische Ornamentform wurde zunächst nach ihrem organischen „Urbild" und ihrer handwerklichen oder kunstgewerblichen Verwendung klassifiziert. Bänder und Riemen wären demnach aus Pflanzenstängeln gebildete Hilfsmittel, die im täglichen Leben zum Festbinden, Abschnüren oder Verknüpfen von Dingen genutzt worden waren. Entsprechend zu dieser Klassifikation hat Boetticher die tektonische Analogie der Verbindung und Abschnürung hergestellt und dem Ornament die Aufgabe zugewiesen, den Begriff des Anheftens oder Verknüpfens zu symbolisieren.

Die so gewonnenen Elemente wurden dann nach einem speziellen Regelsystem „organisch" zueinander in Beziehung gesetzt, so dass für den Betrachter die tektonischen Gesetzmäßigkeiten erkennbar und nachvollziehbar werden sollten. Dabei trennte Boetticher nach funktionalen Baugliedern und ornamentalem Dekor. Nur die funktionalen Teile eines Bauwerkes mussten auch mit einer tektonischen Kunstform ornamentiert werden. Alle weiteren Teile waren „dekorative Zuthaten [...] welche nur symbolischen Bezug auf den Gebrauch des Gegenstandes haben, ohne direkt als unlösbare Theile des Werkes aufzutreten, wie zum Beispiel angehängte Zweige, Kränze, Masken, Schrifttafeln"[93]. Diese gehörten nach Boettichers Vorstellung nicht in das Gebiet der tektonischen Kunstformen, sondern zur dekorativen Kunst. Im Gegensatz zu ersteren, bei denen eine tektonische Analogie konstatiert wurde, wären die letzteren nur aus der bloßen Nachahmung eines Urbildes entstanden und könnten somit auch nicht zu den symbolischen Ornamenten in seiner tektonischen Lehre werden. Diese Ornamente ordnete Boetticher der Malerei und Bildhauerei zu und erhob die Architektur zum primus inter pares der Künste, ein Anspruch, den bereits Heinrich Hübsch formuliert hatte.[94]

In seiner strengen Trennung von Kunst- und Werkform sowie der logisch-rationalen Bezogenheit beider Teile aufeinander, versuchte Boetticher eine inhaltliche und formale Kongruenz zu erreichen. Dieses Ziel ließe sich nur durch die rationale Durchdringung der architektonischen Aufgabenstellung erreichen. Daraus folgte die Unterordnung, gewissermaßen Zähmung der künstlerischen Tätigkeit unter die rationalen Bedingungen seines tektonischen

---

92 Ludwig Lohde, Tektonik der Hellenen, S. 281.
93 Jacobsthal, Feier, S. 19.
94 Vgl. Hübsch, Styl, S. 6.

Systems. Denn die „reine Phantasiethätigkeit" würde „die zu Grunde liegende Idee derart mit ihren Blumen [überschütten], dass diese Idee eher getödtet als belebt würde"[95], wie sein Schüler Johann Eduard Jacobsthal anschaulich ausführte. Überall dort, wo der Niedergang einer kunstgeschichtlichen Epoche angenommen wurde – etwa bei den Römern oder im Barock – hätte die Phantasie gegenüber dem Verstand das Übergewicht erhalten. Mit dieser Sichtweise knüpfte Boetticher an die älteren entwicklungsgeschichtlichen Vorstellungen organisch biologistischer Art an.

Boetticher hat offenbar, wie auch schon der späte Schinkel, die Potentiale der eigenen Zeit in dieser Hinsicht eher pessimistisch beurteilt. Das Misstrauen erstreckte sich vor allem auf die Methode, aus der Analyse der aktuellen Bedürfnisse zu neuen „wahren" Grundsätzen des Bauens zu gelangen. Die Betonung des Nützlichkeitsprinzips musste Boetticher aber schon dort suspekt erscheinen, wo ein Legitimationszusammenhang zur Gestaltung der Architektur aufgebaut wurde. Der radikale Rationalismus eines Durand war ihm aufgrund seiner egalitären Ausrichtung zuwider.[96] Indem Boetticher seinen Entwurf mechanistisch an Schemata und Prinzipien band, suchte er zunächst einen Rahmen zu bilden, an dem sich der Entwerfende orientieren konnte. Dies war auch aus seiner Sicht als Lehrer gedacht, der angesichts fehlender bzw. wechselnder Leitvorstellungen, konkrete und fest verankerte Bauprinzipien vermitteln wollte. Mit der Tektonik der Hellenen meinte Boetticher ein allgemein gültiges, universell einsetzbares System gefunden zu haben, das in einer archäologisch-kunstgewerblichen Methodik die Ornamentformen der klassischen griechischen Architektur zu Symbolträgern für die tektonischen Verhältnisse der Gegenwart stilisierte, das für „jedes constructive System und für jedes Baumaterial Anwendung finden kann und Anwendung finden muss, wenn den Anforderungen ächter Kunst genügt werden soll"[97]. Boettichers Argumentation war ahistorisch und gegen die Anwendung der genauen Nachahmung gerichtet. Nicht die bloße Erscheinungsform der klassischen Baukunst der Griechen war ihm wichtig, sondern die darin gefundenen Grundsätze und Ideen: „Es irre ein Jeder, wenn er glaube, ich wolle die hellenische Kunst als die für unsere Zeit gültige einführen und sanctioniren; mein Bestreben sei, ein Feld vorzubereiten, auf dem eine neue, ebenso wahre Kunst bei uns dereinst erwachsen müsse."[98] Hier wurde die Stärke, die Anziehungskraft der tektonischen Lehre für die Schüler Boettichers deutlich.

95 Ebd. S. 9 f.
96 Dies kam nicht zuletzt in seiner antiliberalen politischen Haltung zum Ausdruck. Blankenstein drückte Boettichers Engagement gegen die revolutionären Bestrebungen von 1848 so aus: „Voll aufrichtiger Hingabe an das Haus Hohenzollern, glaubte er dem Rufe des Königs folgen zu müssen und trat, da er nie Soldat gewesen war, als Recrut in das 35. Landwehr-Regiment ein" wurde dann bald aufgrund seines Eifers zum Offizier befördert und kehrte erst 1850 nach vollendetem Feldzug aus Baden nach Berlin zurück. Seinen „Abschied von der Fahne" nahm er aber erst 1857. Blankenstein resümiert etwas ratlos: „Welche Gründe den 42jährigen Professor zu einem derartigen Schritte veranlassen konnten, ist schwer zu sagen". Er vermutet dann aber neben dem Patriotismus lediglich persönliche Gründe wie die „unbefriedigende häusliche Situation" und Überdruss an der wissenschaftlichen Arbeit. Vgl. Blankenstein, Boetticher, in: Zentralblatt der Bauverwaltung 9, 1889, S. 315 ff., S. 326–329, hier S. 327.
97 Lohde, Tektonik, S. 283.
98 Brief von Boetticher an Lohde, zit. nach Blankenstein, Boetticher, in: Zentralblatt der Bauverwaltung, S. 317.

In der Betonung des reflexiven Moments der Kunst seiner Zeit bestimmte Boetticher die historische Überlieferung „als eine Figur des Wissens"[99]. In der Ablehnung der Nachahmung historischer Formen unter Bezugnahme auf die Dialektik Hegels, wurde Schinkel zum Kronzeugen für Boetticher, dass „um ein wahrhaft historisches Werk hervorzubringen, nicht abgeschlossenes Historisches wiederholt werden [darf], wodurch keine Geschichte erzeugt wird"[100].

Mit Boettichers Tektonik war der neuerliche Versuch unternommen, eine Verbindung der materiellen Bedingtheit der Architektur mit dem ideellen Kunstanspruch der Zweckfreiheit herzustellen. Boetticher reflektierte dabei „nicht Entwicklung tektonischer Formen aus naturhaften Grundstoffen, sondern deutet architektonisches Dekor als Vermittlung zwischen tektonischer Funktionalität und ihrer möglichen Interpretation durch Naturhaftes"[101].

Auch wenn Teile der Theorie Boettichers, besonders in archäologischer Hinsicht als historische Irrtümer widerlegt wurden – Hirt hatte doch recht behalten[102] – wirkten die Thesen Boettichers aufgrund ihrer inneren Geschlossenheit anziehend auf die jüngeren Architekten.[103] Gegenüber den wechselhaften äußeren Bedingungen der Baupraxis, die auf eine Auflösung der ordnenden Strukturen zu drängen schienen, bot die „Tektonik" rational begründete Orientierung an.

Zu den Schülern, die sich darauf einließen und zeitlebens davon zehrten, gehörte Martin Gropius. Er hatte nicht nur ersten Zeichenunterricht als Jugendlicher bei Boetticher erhalten, sondern ihn dann auch während seiner Studienzeit auf der Bauschule als Professor für Ornamentik erlebt, um dann schließlich selbst Assistent am Lehrstuhl zu werden. Gropius hat sich dezidiert zum tektonischen Prinzip bekannt: „Die Gesetze der Formbildung klassischer Kunst, die Entwicklungsgesetze ihres geistvollen Organismus, sind durch die Energie deutschen Forschergeistes erkannt, durch die Arbeit deutscher Wissenschaft unwiderleglich klargestellt. Boettichers Tektonik enthält die Grammatik künstlerischer Formensprache der Alten nicht nur für die Architektur, sondern auch für die damit eng verbundenen Kunsthandwerke, die Gesetze einer Sprache, die für alle künstlerischen Erfindungen, für jede Aufgabe, jedes Material den rechten Ausdruck darbietet."[104] Mit seiner Wortwahl vom deutschen Forschergeist bezieht sich Gropius auf die Situation nach der Reichsgründung von 1871, die über die tagespolitische Situation hinaus im gründerzeitlichen Boom einen enormen Aufschwung der Bautätigkeit mit sich brachte.[105]

99 Brix und Steinhäuser, Geschichte, S. 257.
100 Schinkel Zitat nach Johann Eduard Jacobsthal, Rückblick auf die baukünstlerischen Prinzipien Schinkels und Boettichers, Berlin 1890, S. 14.
101 Döhmer, In welchem Style, S. 54.
102 Die Entstehung der griechischen Architektur durch Übertragung des Holzbaues auf den Steinbau wurde von Bötticher vehement abgestritten.
103 Jacobsthal bezeichnete Lohde, Strack, Lucae, Gropius, Spielberg als Architekten der Boetticher-Schule. Vgl. Jacobsthal, Rückblick, S. 7. Vgl. auch Börsch-Supan, Berliner Baukunst, S. 20f. und S. 101–104.
104 Martin Gropius, Archiv für ornamentale Kunst, hrsg. auf Veranlassung des deutschen Gewerbe-Museums zu Berlin, Berlin 1871, S. 1.
105 Vgl. grundlegend zum späten Historismus Valentin Wolfgang Hammerschmidt, Anspruch und Ausdruck in der Architektur des späten Historismus in Deutschland (1860–1914), Frankfurt am Main 1985.

Die „vielen sprudelnden Quellen" der historischen Bauformen könnten nach Gropius nur dann „zu einem mächtigen und fruchtbaren Strome" vereinigt werden, wenn man sich an die antike Kunst halte: „Nicht das Neue kann uns frommen, nur eine Erneuerung, eine Wiedergeburt im Sinne der alten Kunst."[106] Der positivistischen Häufung historischen Wissens und ihre Auswirkung auf die Baukunst stand Gropius skeptisch gegenüber.

Der Konflikt zwischen der baulichen Realität und dem eigenem künstlerischen Anspruch ist aber auch bei Gropius wieder zu finden, wenn er die dogmatischen konstruktiven Prinzipien der „Tektonik" auf die Situation nach 1870 anzupassen suchte. Jacobsthal hat die behutsame Wendung hin zum Öffnen der allzu strengen Schemata der Tektonik für weitere Formen umschrieben: „Damit Neues wieder geschaffen werden könne, muss das Entstehen und Werden der Kunstgedanken auf Grund des Studiums der Kunstgeschichte erfasst werden."[107] Auch Gropius und Schmieden haben sich in gewisser Weise den Tendenzen des Marktes nicht gänzlich entziehen können. Gerade im Bereich der privaten Auftraggeber haben sie die Strömungen der Dekorationsmoden durchaus reflektiert.

Auf einem anderen Gebiet hat sich Gropius aber gänzlich den aktuellen Tendenzen entzogen. Im Gegensatz zu anderen Schülern hat Gropius die Rolle des Eisens in der Architektur nicht sehr hoch bewertet, bzw. sich kaum darüber geäußert. An dieser Stelle schien er eindeutig konservativer als beispielsweise Jacobsthal ausgerichtet gewesen zu sein. Gerade Jacobsthal war ähnlich wie Gropius sehr mit dem Kunstgewerbe verbunden und hat in diesem Bereich vor allem Eisenkonstruktionen im tektonischen Sinne gestaltet.[108]

Boetticher war ja der Ansicht, dass dieses Material aufgrund seiner statischen Eigenschaften das Potential habe, als Grundlage der Bauweise der Zukunft zu dienen.[109] Diese Sicht war 1846 noch voll von ungebrochenem Optimismus, man hoffte die Entwicklung des Bauwesens werde mit einer gewissen Zwangsläufigkeit eine neue, eigenständige Ausdrucksform hervorbringen.

Doch die Baupraxis hatte in den 1870er Jahren auch hier die ernüchternde Erkenntnis gebracht, dass die Überdeckung weiter Räume allein aus der statischen Beherrschung des Eisens zwar technisch möglich geworden war, die künstlerische Einflussnahme des Architekten dabei aber sehr beschränkt blieb: „Die Kunst hat nur in einzelnen und bescheidenen Fällen mitwirken können."[110] Die Verwertung des Materials war mit dem Problem verknüpft, dass gewisse Baustoffe wie Eisen kunstgeschichtlich nicht spezifizierbar waren.

Auch bei Gropius gab es ein Moment, in dem er ähnlich wie Boetticher einen bestimmten Baustoff aufgrund dessen technisch-konstruktiven Merkmale als zukunftweisend ansah, sich die Erwartung aber nicht erfüllte: „Es würde ein großer Gewinn für die Architektur sein, wenn es gelingen sollte, einen schön-

---

106 Gropius, Archiv, S. 1.
107 Jacobsthal, Rückblick, S. 14.
108 Vgl. Jacobsthal, Grammatik der Ornamente, sowie Karl Otto Emil Fritsch, Zur Erinnerung an Eduard Jacobsthal, in: Deutsche Bauzeitung 36, 1902, S. 17, 18 f., 22 ff., 34 f., 38 ff. und S. 45–52.
109 Carl Bötticher, Das Princip der hellenischen und germanischen Bauweise hinsichtlich der Uebertragung in die Bauweise unserer Tage, in: Allgemeine Bauzeitung 11, 1846, S. 111–125, hier S. 123.
110 Jacobsthal, Rückblick, S. 15.

farbigen und unverwüstlich dauerhaften künstlichen Stein herzustellen. Nichts würde geeigneter für monumentale Bauwerke sein. Man würde die durch die antike Kunst erfundenen architektonischen Elemente: Wand, Stütze, Abakus, Plinthe, Gesimse etc., nach beliebigen Verhältnissen und Dimensionen herstellen können, ohne ihre ideale Form durch die Rohheit der Ziegelfugen zu beeinträchtigen."[111] Mit dieser beim Bau der Eberswalder Anstalt getroffenen Aussage nahm Gropius nicht nur Bezug auf das Ideal in der antiken Baukunst, welche aus einfachen Grundelementen besteht, sondern sah in der Verfügbarkeit eines künstlichen Steines den Werkstoff, der im Verbunde mit den ideal gesetzten Bauprinzipien der antiken Klassik zu einer Synthese zeitgenössischen Bauens führen könnte.

Auch in Boettichers Tektonik erwies sich die historistische Architektur möglicherweise als das, was sie von Anfang an war: eine literarische Legitimation für die baupolitische Wirklichkeit.[112] „Wenn man bei bedeutenden Bauten die Mitwirkung der Kunst überhaupt beansprucht, so wird man ihr auch dasselbe Recht einräumen müssen, was sie in allen grossen Kunstepochen ausgeübt hat, das Recht, die Bedürfnissformen künstlerisch umzugestalten, oder, wenn dies unmöglich ist, diesselben durch ausdrucksvolle Kunstformen zu verkleiden."[113]

Einen universell anerkannten Formenkanon gab es für die Bauaufgabe „Irrenanstalt" nicht. Vielmehr orientierten sich die Architekten, abgesehen von den Vorgaben des medizinischen Programms und der Bauherren, etwa in der konfessionellen Ausrichtung, vor allem an regionalen Bautraditionen, die sowohl die Materialität wie die Gestaltung bestimmten.

Gropius hat in Eberswalde bedingt durch den engen Finanzrahmen wenig Schmuckelemente einsetzen können. Dennoch vermochte er diesen Umstand kreativ zu nutzen. Frei nach dem Schinkelschen Diktum, dass der Kunstwert einer Architektur nicht allein in ihrem Bauschmuck, sondern auch in ihrer Zweckmäßigkeit bzw. Funktionalität begründet liegt, hat er den Minimalismus als gestalterisches Potential begriffen. In dieser Haltung hat Gropius in der Eberswalder Architektur zu eine nüchternen und materialgerechten, doch zugleich monumentalen und zeitlosen Ausdruck gefunden.

Die Konstruktion wurde von Gropius in Hinblick auf ihre ästhetische Wirkung ausgewählt und eingesetzt. Dieses Vorgehen zeigte sich zum Beispiel am Einsatz einer speziellen Dachrinnenkonstruktion, die eine homogene und damit „monumentalere" Gestaltung des Dachabschlusses ermöglichte. Oder auch in der Verwendung von Fertigteilen, die eine einheitliche und (fast) fugenlose Erscheinung der Fensterrahmungen möglich machte. Desgleichen führte der Einsatz einer so genannten englischen Deckung zur gewünschten flachen Dachneigung. Anhand der gedeckten Gänge auf der Vorderseite wurde die Methode besonders deutlich: Durch die Anordnung von Verwaltungsbau und flankierenden Pensionärstrakten sowie den Eckbauten der niederen Patientenklas-

---

111 Gropius, Provinzial-Irren-Anstalt, S. 15.
112 Döhmer, In welchem Style, S. 43.
113 Gropius, Provinzial-Irren-Anstalt, S. 16.

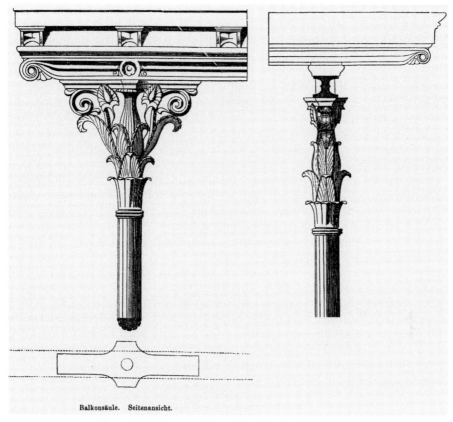

Balkonsäule. Seitenansicht.

Eberswalde, Provinzial-Irren-Anstalt, Martin Gropius, 1862–69, Balkonstütze, Eisernes Kapitell.

sen ergab sich hier eine mit über 200 Metern sehr lange Fassadenabwicklung, welche durch die dreiachsigen Arkaden rhythmisiert werden konnte.

Diese geradezu funktionale Ästhetik, war vorbildhaft in der Bauakademie von Karl Friedrich Schinkel thematisiert worden. Das konstruktive Gerüst wurde bewusst als Gestaltungsmerkmal eingesetzt und gab dem Bau seinen außergewöhnlichen Charakter. Mit der lehrhaften Ästhetisierung der Funktion des Bauwerks konnten die Zeitgenossen wenig anfangen. Die Bauakademie verwies auf die Bedeutung der Nutzarchitektur, die wie keine andere Baugattung den tief greifenden sozialökonomischen Wandel des Jahrhunderts begleitete.

Schinkels Vorstellungen waren Gropius nicht nur von seiner Ausbildung an der Bauschule her präsent, sondern wurden ihm auch von seinem Lehrer Carl Bötticher vermittelt. Die Nobilitierung und Ästhetisierung der Funktion hat Bötticher in seinem Hauptwerk, der „Tektonik der Hellenen", problematisiert. Zwar bezog sich Bötticher bei der Aufwertung der strukturellen und funktionalen Bedingungen der Architektur auf Schinkel, entwickelte aber ein ahistorisch abgeleitetes System, das aus einem kunstgewerblichen Formenverständnis heraus konstruktive Gesetzmäßigkeiten aufstellte. Weitaus interessanter als die Bindung an eine Epoche der Baukunst waren für die meisten von Boettichers Schülern allerdings die Systematik der tektonischen Gestaltung, die Struktur und Konstruktion als stilbildend auswiesen. Das hieß, dass der Architekt zunächst die tektonischen Grundverhältnisse der zu gestaltenden Architektur verstehen musste, um sie dann in eine Form zu überführen, die diese Struktur ästhetisch übersetzt, letztlich symbolisiert. Aufgrund dieser inneren Logik und der Systematik besaß die Theorie Anziehungskraft. Nicht zuletzt der Bezug zu Schinkel gab den Anhängern der Tektonik in der immer stärker ausufernden Stildebatte der Mitte des Jahrhunderts einen Orientierungsrahmen und verhieß einen rational begründeten Weg aus dem Dilemma zwischen Zweckgebundenheit der Architektur und Zweckfreiheit der Kunst.

Auch Martin Gropius war früh mit den Auffassungen seines Lehrers Boetticher in Berührung gekommen. Beim Bau der Eberswalder Anstalt hat er sich explizit darauf bezogen, obwohl er – aufgrund der begrenzten Mittel – tatsächlich kaum tektonische Kunstformen anwenden konnte. Die gusseiserne Balkonstütze blieb die einzige Ausnahme, die er nach den Regeln tektonischer Kunstformen geradezu lehrbuchmäßig verwirklichte. Auch die anderen Gestaltungselemente, wie der Einsatz von Material, Farbigkeit oder auch die Disposition der Baukörper waren vom tektonischen Grundverständnis des Gestaltungsprozesses geprägt. Dies zeigte sich nicht nur an der roten Bänderung der gelben Ziegelfassaden, die gleichsam einer Schnürung ein Gerüst bildeten, in das die Öffnungen der Fassade eingehängt wurden, sondern auch in der Verwendung von Kunststein bei den Fensterrahmungen. Hier folgte Gropius offenbar Boetticher, der in der Synthese von neuen Werkstoffen und tektonischer Lehre eine Erneuerung der Baukunst erwartete.

Die Entwicklung der „Provinzial-Irrenanstalt" nach Gropius

Das noch von Gropius geplante, aber aufgrund finanztechnischer Probleme erst 1868 ausgeführte Siechenhaus war streng genommen die erste Erweiterung der Hauptanlage. Der Bau war in der Flucht der rückwärtig abknickenden Flügel der „Unheilbaren" als freistehender Riegel in ungefähr 100 Meter Entfernung im Südwesten der „Männerseite" errichtet worden. Seine Architektursprache folgte dem Hauptbau weitgehend. Allerdings war Gropius nicht mehr mit der Ausführung befasst, sondern der Bau wurde von der zuständigen Bauverwaltung ausgeführt. Gropius bemerkte dazu, dass das Haus „in einer von dem früheren Plane abweichenden Form zur Ausführung gelangt"[114] sei. Die vorgenommenen Änderungen bezogen sich hauptsächlich auf die Grundrissdisposition.

Bereits zwei Jahrzehnte nach der Eröffnung hatte die Eberswalder Anstalt mit dem Problem steigender Krankenzahlen zu kämpfen, und war die ursprünglich für 400 Kranke konzipierte Anlage überbelegt. Unter der Leitung des zweiten Direktors, August Zinn, der sein Amt 1872 antrat, wurde 1880 das Siechenhaus

114 Gropius, Die Provinzial-Irren-Anstalt, S. 10.

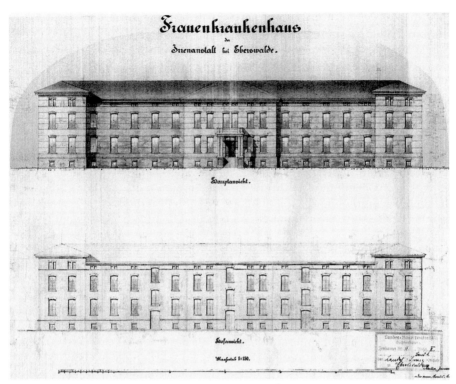

Frauenkrankenhaus
der
Irrenanstalt bei Eberswalde.

Hauptansicht.

Hofansicht.

Maßstab 1:150.

Eberswalde, Provinzial-Irrenanstalt, Abteilungshaus für Frauen, Landesbauverwaltung 1879.

in ein Abteilungshaus für Männer umgebaut.[115] Gleichzeitig errichtete man ein Pendant auf der gegenüberliegenden Frauenseite im Nordwesten. Beide Bauten waren in Materialwahl und Duktus auf die Architektur des Hauptkomplexes bezogen. Im Jahr 1883 ist zudem auf der Anhöhe nördlich hinter der Anstalt ein Wirtschaftshof errichtet worden, der neben der Verbesserung der landwirtschaftlichen Selbstversorgung auch die Möglichkeiten zur Arbeitstherapie erweiterte.

Trotz dieser Baumaßnahmen verbesserte sich die Situation nicht wesentlich, so dass Zinn konstatieren musste, dass der ursprünglich intendierte Zweck der Anstalt, nämlich heilbare Kranke aus allen Bevölkerungsschichten zu versorgen und zu verpflegen nicht mehr möglich wäre und die Eberswalder Anstalt ihren Fürsorgeauftrag nicht mehr nachkommen könne.[116] Er wies zudem auf den Umstand hin, dass sich die Anlage im Nachhinein kaum umbauen ließe.

---

115 Zu diesem Umbau und den späteren, im Folgenden benannten Erweiterungen der Eberswalder Anstalt vgl. Jens Fehlauer, Antworten auf die soziale Frage. Die Erweiterungsbauten der Landesklinik bis zum Ersten Weltkrieg, in: Gropius in Eberswalde, S. 109–130 und ders. zusammen mit Kristina Hübener, Den Baumeister zum Meister seiner Kunst erheben. Überlegungen zur Bau- und Nutzungsgeschichte der heutigen Landesklinik Eberswalde, in: Brandenburgs Landeskliniken in staatlicher Hand, S. 51–66.
116 Hier und nachfolgend: Programm für die Erweiterung der öffentlichen Irrenpflege der Provinz Brandenburg von Landes-Medicinal-Referent Dr. Zinn, Eberswalde 1883, in: GStA PK, I. HA, Rep. 76, VIII A, Nr. 3679, Bl. 116.

Die innere Organisation des Gropiusbaues war durch die streng vorgegebene Differenzierung der Patientengruppen nach Geschlecht und sozialem Stand sowie Krankheitsverlauf sehr unflexibel. Spätestens mit dem Überschreiten der Krankenzahl von 400 Personen gerieten die sorgsam austarierte funktionale Struktur und die Nutzung aus dem Gleichgewicht. Symptomatisch für diesen Zustand war die Situation der Pensionärsabteilungen in Eberswalde. Die Kranken stammten aus höheren gesellschaftlichen Schichten und bestritten die Kosten der Unterbringung und Pflege aus eigenen Mitteln. Sie stellten aber aufgrund der „socialen Stellung und der gewohnten Lebensweise größere Ansprüche an Wohnung, innere Einrichtung, Verköstigung u.s.w.". Man wäre aber nicht mehr in der Lage, so Zinn, neue Patienten dieser Klasse aufzunehmen, da „ein Theil der für Kranke höhere Stände in der Anstalt Eberswalde baulich bestimmten und eingerichteten Pensionairabtheilungen [...] seit Jahren für Kranke der Normalabtheilung (III. und IV. Klasse)" verwandt werden musste.[117]

Allerdings unterblieb während der Amtsführung von August Zinn eine umfangreiche Erweiterung der Anlage, die eine wirksame Entlastung des Betriebes ermöglicht hätte. Erst unter dem dritten Direktor Karl Zinn, der dem Vater 1898 in der Leitung der Anstalt folgte, konnte die notwendige Bautätigkeit durchgeführt werden. Bis kurz vor dem Ersten Weltkrieg wurde die Aufnahmekapazität der Anlage fast verdreifacht, aber auch die Infrastruktur durch neue Wirtschafts- und Unterkunftsbauten für das Personal verbessert. Daraus ergab sich eine Entflechtung des Betriebes. So wurden beispielsweise durch die Ausgliederung der Dienstwohnungen aus dem Hauptgebäude neue Räumlichkeiten für Verwaltungszwecke geschaffen.

Die Erweiterungen waren mit drei Architekten verbunden. In einer ersten Phase bis 1904 war der Königliche Landesbauinspektor Franz Peveling für die Bautätigkeit verantwortlich. Danach folgte ab 1906 der Landesbaurat und spätere Provinzialkonservator Theodor Goecke, unter dessen Verantwortung auch der Landesbauinspektors Richard Lang tätig war. Diese zweite Erweiterungsphase endete kurz vor dem Ersten Weltkrieg.

Franz Peveling[118] entwarf zwischen 1898 und 1904 insgesamt sechs Bauten auf dem Gelände. Er hatte als Architekt der Hochbauabteilung des Provinzialverbandes bereits mit Anstaltsdirektor August Zinn zusammengearbeitet. In den Jahren 1885 bis 1888 baute Peveling die „Landes-Irrenanstalt" in Landsberg an der Warthe zusammen mit Zinn, der in seiner Funktion als Landes-Medizinal-Referent der Provinz Brandenburg die medizinisch-fachliche Beratung leistete. August Zinn hatte auch im Falle seiner „eigenen" Anstalt die Erweiterung angebahnt, verstarb aber Ende 1897, so dass die im darauf folgenden Jahr begonnene Vergrößerung der Anstalt durch seinen Sohn und Nachfolger im Amt, Karl Zinn, und Peveling durchgeführt wurde.

---

117 Ebd.
118 Vgl. Franz Peveling, Die Landes-Irrenanstalt in Landsberg a. W., in: Zeitschrift für Bauwesen 42, 1892, Sp. 147–160, hier Sp. 160. Zu August Zinn vgl. J. H. Bergmann, August Zinn (20.08.1825 bis 17.11.1897), Ein Begründer und Pionier der modernen Psychiatrie, in: Eberswalder Jahrbuch 2000/2001, S. 139–144. Vgl. auch Fehlauer und Hübener, Den Baumeister zum Meister, S. 51–66, hier S. 58 f.

Im Jahr 1898 entstanden nach Entwürfen von Peveling zunächst zwei Bauten. Ein Wäscherei- und ein Mehrzweckgebäude, das neben Wohnungen für das Personal eine Apotheke beherbergte. Beide waren in den Hof des Gropiusbaues eingestellt.[119]

Die neuen Gebäude gestaltete Peveling in ähnlicher Weise, wie zuvor die in Landsberg an der Warthe errichtete Anstalt: Mit gelben Sichtziegeln gemauerte Wandflächen wiesen hier wie dort eine Bänderung durch rote Ziegelstreifen auf. In den Eberswalder Bauten waren diese zweilagig ausgeführt und tauchten an weiteren markanten Stellen wie Entlastungsbögen und Fensterrahmungen auf. Die Material- aber auch Farbwahl kann mit der unmittelbaren Nähe zum Gropiusbau erklärt werden. Allerdings versuchte Peveling eine stärkere Kontrastwirkung zu erzielen. Während Gropius die Bänderung durch den Einsatz schmaler roter Ziegellagen durchführte, doppelte Peveling die roten Steinlagen. Im Vergleich wirkte die jüngere Lösung etwas derber. Mit zunehmender Entfernung ließ sich die Beobachtung machen, dass die rote Bänderung des Gropiusbaues mehr und mehr mit der umgebenden gelb-changierenden Wandfläche verschmolz und ein gelblich-oranger Farbton wahrnehmbar wurde. Im Gegensatz zu diesem Farbspiel blieb die doppelt so breite Bänderung an den beiden Pevelingbauten auch in einiger Entfernung als solche erkennbar. Es drängt sich der Eindruck auf, dass Peveling hier den Versuch unternahm, die gestalterischen Mittel der älteren Architektur nicht nur aufzunehmen, sondern sie in Richtung einer stärker grafischen Wirkung potenzieren zu wollen. Ein weiterer Unterschied zwischen den Bauten lag in der Verwendung von Schmuckformen. Während Gropius nur an sehr wenigen Stellen Bauornament einsetzt, kombinierte Peveling – ganz im Sinne des Zeitgeschmacks – in recht freier Weise Formengut verschiedenster Provenienz. Neben Reminiszenzen der märkischen Backsteingotik – wie dem kräftig modellierten Zahnschnitt am eingeschossigen Verbindungsbau oder den spitzbogig auslaufenden Öffnungen der Schornsteinköpfe – tauchten mit der Türverdachung des Hauptzuganges auf der südlichen Schmalseite oder den Dachreitern und Dachlaternen, auch Details auf, die zeitgenössische Mischformen darstellten.

Der Versuch Pevelings, durch Potenzierung der ästhetischen Mittel der älteren Architektur respektvoll gegenüberzutreten, sie aber gleichsam im Sinne der Zeit weiter zu entwickeln, blieb problematisch. An die Stelle des feinteiligen tektonischen Systems von Gropius setzte Peveling ein mehr dekoratives System. Daher konnte sich seine Ausführung nicht ganz der Gefahr entziehen, ein Eigenleben gegenüber den tektonischen Strukturen zu führen. Denn durch Kombination unterschiedlichsten Formenguts nach den „malerischen" Gesichtspunkten des zeittypischen Geschmacks, geriet die gestalterische Wirkung der Architektur in den Sog der Beliebigkeit: Das Ornamentale und Dekorative war nicht mehr wie noch bei Gropius nach einem Regelwerk an die Funktion gebunden, sondern in freier Weise eingesetzt. Damit verlor es aber endgültig den Rückbezug auf die Funktion und erschwerte nicht zuletzt die Lesbarkeit des Bauwerks und verminderte die Qualität der architektonischen Erscheinung.

119 Vgl. Peveling, Landes-Irrenanstalt, Sp. 149f., Abb. 1.

Eberswalde, Landesanstalt, Kapelleninnenraum nach Osten, heutiger Zustand.

Noch deutlicher trat diese Problematik bei den weiteren von Peveling errichteten Bauten zu Tage, die kurz nach der Jahrhundertwende entstanden. Zunächst wurden 1901 zwei Aufnahmehäuser für Männer und Frauen gebaut. 1903 und 1904 folgten zwei Pflegehäuser, die wie die ersten beiden Bauten jeweils den geschlechtsspezifischen Abschnitten des Hauptbaues im Südwesten und im Nordosten zugeordnet waren.[120] Gestalterisch war allen vier Bauten

120 Vgl. dazu Fehlauer und Hübener, Den Baumeister zum Meister, S. 51–66.

Pevelings gemeinsam, dass sie sich in auffälliger Weise von der prägenden Charakter des Gropius-Baues zu lösen suchten. Zwar tauchten auch wieder altbekannte Elemente wie rote Sichtziegel als Gliederungselemente auf und akzentuierten, ähnlich wie bei den zuvor ausgeführten Hofgebäuden, Fenster- und Türöffnungen. Die Wandflächen wurden dagegen mit einem hellen Putz versehen. Gelber Sichtziegel kam nur noch an den beiden Aufnahmehäusern vor: Die Eingänge waren hier in gelbem Ziegel ausgeführt und fielen gegenüber dem ansonsten durch helle Putzflächen und rote Ziegelstreifen gegliederten Bau besonders auf. Die Funktion der Eingänge der Aufnahmehäuser als Eingang zur gesamten Anstalt, dessen Hauptgebäude dieses Material zeigte, wurde somit sehr sinnfällig dargestellt.[121]

Bei den etwas später entstandenen Pflegehäusern war diese Variation nicht mehr vorhanden. Hier erschienen nur noch helle, verputzte Wandflächen und rote Sichtziegel als Gliederungselemente. Gegenüber den verputzten Flächen waren die Ziegel erhaben und mit rot eingefärbtem Mörtel verfugt, so dass sie in einiger Entfernung als monochrome Farbfläche erschienen. So entstand ein starker farblicher Kontrast mit einer fast plastischen Wirkung. Peveling hat dieses Gliederungssystem so konsequent angewandt, das an einigen Stellen eigenwillige Effekte entstanden. So wurden sehr schmale Fensteröffnungen durch eine fast ebenso breite Ziegeleinfassung gerahmt, oder zwei kleine Fenster mit einem mächtigen, funktional nicht notwendigen Korbbogen gekuppelt. Wie schon bei seinen Hofbauten benutzte Peveling auch hier wieder mittelalterliche Ornamentformen zur Gestaltung. So tauchte beispielsweise ein „Deutsches Band" auf, das zweilagig und gegenläufig zur horizontalen Gliederung der Wandflächen einsetzt wurde.

Peveling entwickelte in seiner Architektur ein ästhetisches System, das im gewissen Sinne autonom funktionierte. Beispielsweise korrespondierte der Einsatz von Bändern oder Gesimsen (roter Ziegel) nicht zwingend mit den dahinterliegenden Geschossebenen, sondern war zur Verbindung zweier Rahmungen eingesetzt. Der Zusammenhang von Binnenstruktur und der sie umgebenden Form stand hier in einem anderen Kontext als bei Gropius, das Dekorsystem wurde selbstreferentiell. Dagegen war Gropius entsprechend seinem Lehrer Carl Boetticher bestrebt, das Dekor – und sei es auch noch so spärlich wie in Eberswalde – immer in einem streng kanonisierten Zusammenhang mit der Struktur des Bauwerkes zu verwenden. Die ideelle Darstellung von Festigkeit und Schwere als Grundkräfte der Architektur sollten dem Betrachter das Wesen des Bauwerkes veranschaulichen, gleichsam den „innigen Zusammenhang der Form mit dem Zweck" und die „Eigenschaften der Materialien, welche die Form ermöglichen" charakterisieren. Ein Bauwerk musste demnach „aus seinem Zweck die Raumgestaltung erhalten [und] die Werkformen aus dem Baumaterial und der Konstruktion sich ergeben [sowie] die Kunstform die statische und dynamische Leistung der Bauglieder veranschaulichen, mindestens versinnbildlichen"[122].

---

121 Aufnahmehäuser dienten der Aufnahme und Beobachtung der neu ankommenden Kranken, um sie dann je nach Krankheitsbild in die entsprechende Station zu überweisen.
122 Vgl. Carl Boetticher, C. F. Schinkel und sein baukünstlerisches Vermächtnis. Eine Mahnung an seine Nachfolger in der Zeit in drei Reden und drei Toasten an den Tagen der Geburtstagsfeier

Die nachfolgende Erweiterung des Anstaltsgeländes erfolgte zwischen 1906 und 1912, nun unter der Verantwortung des späteren Provinzialkonservators Professor Theodor Goecke[123], der als Planer und Architekt eine bemerkenswerte Karriere vorzuweisen hatte. Nach dem Studium an den Technischen Hochschulen Aachen und Berlin-Charlottenburg kam Goecke 1891 als Landesbauinspektor der Provinz Brandenburg nach Berlin und wurde schließlich 1902 zum Landesbaurat und damit an der Spitze der Hochbauabteilung des Landesbauamtes der Provinz Brandenburg berufen. Darüber hinaus folgte 1908 seine Ernennung zum Provinzialkonservator. Nebenberuflich betätigte sich Goecke als akademischer Lehrer, gab seit 1896 als Privatdozent Vorlesungen an der Technischen Hochschule Charlottenburg und erhielt 1903 einen festen Lehrauftrag. Seine Lehrthemen lassen sich drei großen Schwerpunkten zuordnen: Städtebau, Kleinwohnungsbau und Krankenhausbau. Goecke subsumierte diese Themenfelder unter dem Oberbegriff der „socialen Architectur". Darunter verstand er eine im weitesten Sinne gesellschaftspolitische Aufgabestellung. Er war sehr bemüht, diesem Leitgedanken auch über den reinen Lehrbetrieb hinaus breitere Geltung zu verschaffen. In diesem Zusammenhang ist auch sein Engagement bei der Gründung der Zeitschrift „Der Städtebau" zu sehen, die er zusammen mit dem Wiener Architekten Camillo Sitte (1843–1903)[124] ins Leben rief und deren erste Ausgabe 1904 erschien.

Bei den ersten unter Goeckes Ägide errichteten Bauten handelte es sich um zwei Wohnhäuser: Ein Direktorenhaus und ein Zweifamilienwohnhaus für Ärzte, die beide zwischen 1906 und 1907 entstanden. Parallel mit der ansteigenden Zahl der Patienten wuchs auch der Bedarf an medizinischem Personal. Die Unterbringung der Ärzte auf dem Anstaltsgelände wurde daher um die Jahrhundertwende ebenfalls problematisch. Zwar wurde eines der Abteilungshäuser provisorisch und partiell zu einem Wohngebäude umfunktioniert, doch stellte die nunmehrige direkte Nachbarschaft der Ärzte und ihrer Familien mit den Patienten keine befriedigende Lösung des Platzproblems dar.[125] Mit den beiden Neubauten sollte dieses Defizit behoben und gleichzeitig die freiwerdenden Unterkünfte „zu Krankenräumen für Pensionärszwecke" umgebaut werden. Ferner empfand man die alten Dienstwohnungen im Gropius-Bau, allen voran die des Direktors, als nicht mehr zeitgemäß. Denn, wie es kritisch im Verwaltungsbericht des Provinzialverbandes von 1906 hieß, in den jüngeren

des Verewigten gesprochen von Carl Boetticher, Berlin 1857 und ders., Die Tektonik der Hellenen. Zitat aus Johann Eduard Jacobsthal, Feier zur Übergabe der Büste des verstorbenen Prof. Dr. Carl Boetticher in der Halle der Kgl. Technischen Hochschule zu Berlin am 30. November 1894, Berlin 1894, S. 9.
123 Zur Person Goecke vgl. Olaf Vogt, Theodor Goecke, Provinzialkonservator in Brandenburg von 1908 bis 1919, in: Brandenburgische Denkmalpflege 4, 1995, H. 2, S. 47–52; Dieter Hübener, „Die Architektur soll die erziehliche und ärztliche Thätigkeit unterstützen…". Der Baumeister Theodor Goecke, in: Landesklinik Teupitz. Geschichte – Architektur – Perspektiven, hrsg. von der Landesklinik Teupitz, Berlin 2003, S. 9–22 und den biographischen Artikel zu Goecke in: Brandenburgisches Biographisches Lexikon (= Einzelveröffentlichungen der Brandenburgischen Historischen Kommission, Bd. 5), hrsg. von Friedrich Beck, Eckhart Henning u. a., Potsdam 2002. Zu den Erweiterungsbauten Goeckes in Eberswalde vgl. auch Jens Fehlauer, Theodor Goecke und die Architektur „socialer Wohlfahrts-Anstalten". Die Erweiterungsbauten der Provinzial-Irrenanstalt Eberswalde (1905–1911), in: Architektur und Psychiatrie, S. 51–72.
124 Camillo Sitte war auf dem Gebiet des Städtebaus besonders durch sein Buch „Der Städtebau nach seinen künstlerischen Grundsätzen", Wien 1889, bekannt geworden.
125 Vgl. Rohowski, Provinzial-Irrenheil- und Pflegeanstalt, S. 19–29 und dies., Topographie Stadt Eberswalde, S. 152–156.

und moderneren Anstalten hätte der Direktor selbstverständlich ein eigenes Wohnhaus zur Verfügung. Auch argumentierte man, dass bei einer Verlegung der Dienstwohnungen der freiwerdende Platz für „die nicht länger hinauszuschiebende Erweiterung der Bureauräume"[126] genutzt werden könne. Tatsächlich wurden mit der Fertigstellung und dem Bezug der beiden Wohnhäuser schließlich neben der Umnutzung der alten Direktorenwohnung im Gropiusbau, auch die Bereiche der Arztwohnungen in den Aufnahmehäusern als Pensionärsabteilungen ausgebaut.

Von ihrer Bauaufgabe her betrachtet nahmen die auf dem Gelände errichteten Wohnbauten eine Sonderstellung ein, da sie keine spezifische Anstaltsfunktion erfüllten, sondern vielmehr den Leitlinien des privaten Hausbaues folgten, die sich zu dieser Zeit durch einen Hang zum „Malerischen" und zu einer variationsreichen Gestaltung auszeichneten. Betrachtet man die zwei Eberswalder Bauten, die 1907 fertig gestellt wurden[127], so waren beide durch eine asymmetrische Ausbildungen der Baumassen, unterschiedliche Fensterformen, variantenreiche Dachlandschaften als auch ein Spiel mit unterschiedlichen Materialien charakterisiert und boten von jeder Seite eine differenzierte Ansicht. Gleichzeitig erfüllten sie damit eine der Kardinalforderungen Goeckes nach einer bewegten Umrisslinie: Über dem umlaufend, teilweise bis in das erste Stockwerk reichenden, ziegelsichtigen Sockelbereich, waren die Wandflächen mit einem hellen, grob strukturierten Putz versehen. Bei dem Direktorenwohnhaus trat auf seiner Hauptseite zur Oderberger Straße hin mittig ein halbrunder Risalit hervor, der durch eine ornamentierte Fensterbrüstung zusätzlich betont war. Deren Schmuckform zeigte, wie auch die ornamentierten ovalen Fenster, Einflüsse des Jugendstils. Die linke Seite des Hauses öffnete sich asymmetrisch mittels einer überdachten Terrasse. Das tief herabgezogene Walmdach des Direktorenwohnhauses wurde auf dieser Seite von einem spitzgiebeligen Erker überragt, ein zweiter Erker auf der gegenüberliegenden Hausseite hingegen trug ein ebenfalls abgewalmtes Dach.

Die Gestaltung der Fassaden wurde dabei von innen nach außen entwickelt[128] und die Raumdisposition nicht hinter einer vorgeblendeten Symmetrie versteckt. Maßgeblich für den Grundriss war dabei die Aufteilung der Wohnung in drei klar voneinander getrennte Funktionsbereiche: Wirtschaftsbereich, öffentlicher (Repräsentations-) Bereich und privater Bereich (Schlaf- und Kinderzimmer). Im privaten Bereich ergab die Anordnung der Zimmer eine markante Ecklösung, die zusätzlich von einem Fachwerkgiebel überfangen wurde. An ihn schloss sich der öffentliche Bereich, bestehend aus drei Räumen, darunter

---

126 Schreiben des Oberpräsidenten der Provinz Brandenburg an den Kultusminister btr. die Weiterentwicklung der öffentlichen Anstalten für Geisteskranke, Idioten und Epileptische, 20. Dezember 1906, in: GStA PK, I. HA, Rep. 76, VIII B, Nr. 1853, Bl. 53–56r.
127 Die Ausführung und Bauaufsicht lag bei allen Bauten in den Händen des Landesbauinspektors Richard Lang. Goecke selbst war zu diesem Zeitpunkt als viel beschäftigter Landesbaurat bereits mit der Planung und dem Neubau der Provinzialanstalt in Teupitz befasst.
128 Vergleicht man beispielsweise beim Ärztehaus den Grundriss (den Kern) mit der Hülle (den Fassaden), so wird das Prinzip klar: Jeder Vor- und Rücksprung war einem bestimmten Raum und einer Funktion zugeordnet, die so nach außen in Erscheinung traten. So wurden die Treppenhäuser nicht nur an der Durchfensterung erkennbar, sondern auch aus der Fläche herausgezogen: Der Haupteingang war größer als der Neben- beziehungsweise Dienstboteneingang.

eine repräsentative Halle an. Der mittlere der drei Räume trat als halbrunder Risalit in der Fassade hervor.

Eine ganz ähnliche Gestaltung war bei dem zweigeschossigen Ärztehaus zu beobachten, das eine ebenso vielgestaltige Dachlandschaft zeigte. Auch hier wurde durch die geschickte Anordnung der Baumassen eine abwechslungsreiche Architektur erzeugt. Dabei hatte Goecke entsprechend seiner Vorstellung des „lebendigen Ausdrucks" nicht allein eine pittoreske Vielansichtigkeit im Sinn, sondern versuchte die Funktion, gewissermaßen den Organismus des Hauses abzubilden und setzte die variierenden Formen bewusst als Gestaltungsmittel ein.[129] Hier wurde das Prinzip des „Malerischen", das Goecke so vehement einforderte, besonders deutlich. Wie Goecke selbst anmerkte, sei diese Forderung bei Wohnhäusern jedoch wesentlich einfacher einzulösen als bei Massenbauten, denn „das in freier Natur hineingestimmte Landhaus" sei schon von sich aus individuell.[130] Darüber hinaus fiel an beiden Häusern die Betonung der Fassaden zur Oderberger Straße hin sprichwörtlich ins Auge: Während die rückwärtigen Fassaden zum Anstaltsgelände hin sehr nüchtern ausfielen, waren diese mittels Risalite und Baudekor eindeutig als öffentliche Schauseite inszeniert, gleichzeitig verkörperten sie sinnfällig die Bedeutung, die der Außenwirkung der Institution beigemessen wurde.

Goeckes zweites, kurz danach verwirklichtes Erweiterungsprojekt stellte demgegenüber wohl eher den Normalfall der Wohlfahrts-Architektur dar. Es handelte sich dabei um den Bau einer Pensionärsanstalt.[131] Der Verwaltungsbericht des Oberpräsidenten der Provinz Brandenburg vom 18. Januar 1912 führte dazu aus, dass bisher nur für die „ruhigen und geordneten" Kranken der höheren Stände Abteilungen zur Verfügung standen, die sich deutlich von denen der anderen Patientenklassen unterschieden. Dagegen müssten aus Platzmangel die unruhigen oder besonderer Pflege bedürftige Pensionäre gemeinsam mit den Kranken aller Klassen untergebracht werden. Dieser Umstand sei von vielen „Gebildeten, namentlich von ihren Angehörigen recht unangenehm gefunden"[132] worden. Daher sollte eine zentrale Pensionärsanstalt für die Provinz geschaffen werden.

Auch der Eberswalder Direktor Karl Zinn bemühte sich um das Projekt. Dass Zinn gleichzeitig Landes-Medizinal-Referent der Provinz und damit in alle Bauvorhaben des Verbandes involviert war, mag von strategischem Vorteil für den Eberswalder Standort gewesen sein. Zumindest konnte Zinn mit der Stadt günstige Bedingungen aushandeln[133], die offenbar dazu beitrugen,

129 Weiteres Beispiel: Während der private Bereich einen Giebel mit Fachwerk und rechteckigen Fenster aufwies, wurde der öffentliche Bereich durch die höherwertige Form des Segmentbogenrisalits mit Thermenfenster und Balkon als Abschluss hervorgehoben.
130 Theodor Goecke, Sociale Aufgaben der Architektur, Darmstadt 1895, S. 12
131 Pensionäre wurden diejenigen Patienten genannt, die für ihren Unterhalt selbst aufkamen. Nicht zuletzt da sie eine gute Einnahmequelle darstellten, wurde diese Patientenklasse von den Anstalten sehr umworben. Auch hier hatten sich in Eberswalde im Laufe der Zeit durch Überbelegung Missstände eingestellt.
132 Schreiben des Oberpräsidenten der Provinz Brandenburg an den Kultusminister, btr. die Weiterentwicklung der öffentlichen Anstalten für Geisteskranke, Idioten und Epileptische, 18. Januar 1912, in: GStA PK, I. HA, Rep. 76, VIII B, Nr. 1853, Bl. 296–299.
133 Ausführliche Darstellung des Vorganges zwischen 1910/11 bei Ingrid Fischer und Klaus Rohlfien, Die Verpflichtung der Stadtgemeinde bei der Landesirrenanstalt in Eberswalde, in: Eberswalder Jahrbuch 2001/2002, Eberswalde 2001, S. 107–115. Vgl. auch Klaus Rohlfien, Für zahlende Kranke I. und II. Klasse. Das Verhältnis der Stadtgemeinde zur Provinzial-Irrenanstalt, in: Gropius

dass Eberswalde den Zuschlag erhielt. In den Jahren 1911 bis 1913 wurde im westlichen Abschnitt des Anstaltsgeländes die Pensionärsanstalt errichtet, deren vier große Häuser in asymmetrisch aufgelockerter Anordnung standen. Gleichzeitig baute man ein weiteres Ärztehaus und eine Leichenhalle, alle diese Bauten entstanden unter Leitung des Landesbauinspektors Richard Lang.[134]

Lang entschied sich für eine differenzierte, wertende Anordnung der Bauten: Während die beiden Häuser für unruhige Kranke (männlich und weiblich) klar erkennbar als zusammengehörende Anlage ausgeführt wurden, standen die jeweiligen Häuser für „ruhige" Kranke etwas abseits und wurden zudem variantenreicher gestaltet. Trotz des aufgelockerten Arrangements blieben letztere jedoch dem System der Geschlechtertrennung verpflichtet. Die beiden Bauten für „unruhige" Patienten waren jeweils dreiflügelig und unter einem ausladenden Walmdach zweigeschossig ausgeführt. In ihrem Grundriss, besonders aber im Aufriss waren sie achsensymmetrisch angelegt. Ihre lang gestreckten Fassaden, die nur im Sockelbereich ziegelsichtig, darüber aber hell verputzt waren, wurden durch polygonale Erker und Risalite rhythmisiert. Die Unterbringung einer größeren Zahl von Patienten machte aber eine gewisse Typisierung unabdingbar, so dass eine freiere Gestaltung des Grundrisses nicht immer möglich war.[135] Die Häuser für „ruhige" Kranke zeigten hingegen allein schon durch ihre Form und Lage eine weit individuellere Ausprägung. Das Haus für „ruhige" Frauen erstreckte sich auf einer Anhöhe nördlich des Gropius'schen Geländes. Die Topografie war offensichtlich bestimmend für die lange, zum Anstaltsgelände hin ausgerichtete Hauptfassade. Hier begegnete man wieder dem Prinzip der asymmetrischen Gestaltung „von innen heraus", welche die Raumdisposition mit Treppenhaus, Tagesraum, Veranda und Büros, nach außen hin durch unterschiedlich breit ausgeformte Giebel und einem versetzt angeordneten Treppenhausrisalit sichtbar machte. Entsprechendes galt auch für das Männerhaus, das auf L-förmigem Grundriss um einen zentralen Tagesraum gruppiert war. Die Schauseite zum Zugang an der Oderberger Straße hin, wurde durch einen auffälligen Runderker markiert. Das ebenfalls zur Pensionärsanstalt gehörende Ärztewohnhaus war direkt an der Oderberger Strasse gebaut worden. In Bezug auf seine Funktion, aber auch in der Gestaltung ähnelte es stark den beiden 1903/1904 errichteten Ärztewohnhäusern. Seine öffentliche Schauseite zur Oderberger Straße wurde durch die Würdeformel eingestellter Säulen be-

in Eberswalde. Der Martin-Gropius-Bau der Landesklinik Eberswalde, hrsg. von der Landesklinik Eberswalde, Berlin 2002, S. 99–108.

134 Ähnlich wie bei dem Bau der Anstalt in Teupitz hatte wohl auch hier Goecke als Landesbaurat die – nicht zuletzt künstlerische – Verantwortung. Der ihm nachgeordnete Landesbauinspektor Richard Lang war für die Ausführung respektive obere Bauleitung verantwortlich. Er kann durchaus einen eigenen Entwurf für die Eberswalder Bauten geliefert haben, den Goecke dann nach Revision genehmigt hat. Vgl. zu Teupitz, Kristina Hübener und Wolfgang Rose, „...eine Stadt für sich..." – Bau- und Nutzungsgeschichte der Landesklinik Teupitz, in: Brandenburgs Landeskliniken in staatlicher Hand. Geschichte – Gegenwart – Zukunftsperspektiven, Potsdam 2001, S. 85–101, sowie dies., Planung und Bau der Heil- und Pflegeanstalt durch Theodor Goecke, in: Landesklinik Teupitz. Geschichte – Architektur – Perspektiven, hrsg. von der Landesklinik Teupitz, Berlin 2003, S. 23–44. Ebenso Dieter Hübener, „Die Architektur...", in: ebd. S. 9–22.

135 Aber auch hier gab es Elemente, die trotz der starken Symmetrie den Prinzipien des „bewegten Ausdrucks" folgten. Etwa bei den Risaliten, die im Zwischenbau jeweils Tagesräume anzeigten oder aber der auffallend inszenierten Erker, hinter denen sich ein Teil einer (Patienten)Wohnung, nämlich Wohnzimmer befanden. Diese Gestaltung folgte also durchaus der Prämisse, dass die Funktion oder die innere Struktur bestimmend für die Außenansicht waren.

sonders hervorgehoben.[136] Analog zu seinen beiden Vorgängerbauten wurde also auch hier die städtebauliche Lage zum Anlass genommen, an den Straßenfassaden besonders repräsentative Schmuckelemente zu verwenden.

Nach einem weiteren Entwurf von Theodor Goecke entstand 1911 westlich des Gropius-Baues die schon erwähnte Leichenhalle mit einem zweigeschossigen Laboratoriumsanbau. Sie war räumlich der Pensionäranstalt zugeordnet, diente aber der gesamten Anstalt. Das an dieser Stelle stark abfallende Gelände wurde so ausgenutzt, dass das obere Geschoss des rückwärtigen Anbaues auf einer Höhe mit der Kapelle stand. Dieser Annex nahm unterschiedliche Funktionsräume auf. Der Kapellenbau war dagegen, bis auf kleinere Putzfelder komplett in rotem Ziegel ausgeführt und in seiner Formensprache der märkischen Backsteinbaukunst des Mittelalters entlehnt. Besonders der mit verputzten Blendfeldern und Lanzettfenstern gestaltete Giebel und das umseitig angebrachte Friesband paraphrasierten typisches Formengut, wie es von der nahegelegene Zisterzienserabtei Chorin bekannt war.[137]

Goecke legte – wie auch Gropius – in seinen Bauten Wert auf eine sachgerechte Durchdringung der Bauaufgabe.[138] Wenn Gropius im Sinne Schinkels einem funktional durchgestalteten Bauwerk immer auch einen künstlerischen Wert zusprach, so hieß es bei Goecke, dass der Planer seine Aufgabe „um so besser löst, je schärfer er die verschiedenartigen Zwecke erfasst hat, um zu einer möglichst vollkommenen Zweckmäßigkeit zu gelangen, je stärker die Gestaltungskraft seiner Seele ist, um diese Zweckmäßigkeit auch zum Ausdrucke zu bringen, d.h. Schönes zu schaffen"[139].

Darin unterschieden sich seine Bauten auch von denen Pevelings. Dessen etwas unentschiedene Haltung, die zwischen dem Vorbild des Gropius'schen Hauptbaues und zeittypischen Einflüssen oszillierte, reichte nicht an die gestalterischen Qualitäten von Goecke und Lang heran. Allerdings stand eine direkte Auseinandersetzung mit dem Gropiusbau bei der Pensionärsanstalt und den Ärztehäusern nun nicht mehr im Vordergrund. Sie konnten allein aus räumlichen Gründen, aber auch in organisatorischer Hinsicht, einen eigenständigen Charakter für sich in Anspruch nehmen. Dagegen waren die Aufnahme- und Abteilungshäuser, mehr noch die Hofgebäude von Peveling noch ganz von dem Gropius'schen Vorbild geprägt

Über die beschriebenen Baumaßnahmen hinaus, erhielt die Eberswalder Anstalt, genauer die anstaltseigene Kapelle im Gropius-Bau, kurz vor dem Ersten Weltkrieg eine bemerkenswerte künstlerische Gestaltung. Diese Aufgabe wurde 1913 durch Vermittlung des damaligen Landesdirektors der Provinz

---

136 Allerdings erschien die architektonische Durcharbeitung dieses Ärztewohnhauses, trotz ähnlicher Elemente, insgesamt etwas strenger als seine beiden Vorgänger. Gerade die Verwendung eines die Stockwerke trennenden Gurtgesimses trug zu diesem Eindruck bei. Die Fortführung des polygonalen Risalits durch die Dachfläche hindurch war ein neues Element, das an den beiden anderen Wohnhäusern nicht vorkam.
137 Vgl. Fehlauer und Hübener, Den Baumeister zum Meister, S. 60 ff.
138 Diese im weitesten Sinne von Camillo Sitte beeinflussten Formen- und Ideenwelt Goeckes kam treffend in Sittes Auffassung zum Ausdruck, den künstlerischen Anspruch nicht vor den funktionalen und technischen Zwängen des zeitgenössischen Bauwesens kapitulieren zu lassen, vgl. ders. Der Städtebau. Vgl. ferner den Abschnitt „Der Städtebau" bei Julius Posener, Berlin auf dem Weg zu einer neuen Architektur. Das Zeitalters Wilhelms II., München 1979, besonders S. 240–245.
139 Theodor Goecke, Allgemeine Grundsätze für die Aufstellung städtischer Bebauungspläne, in: Der Städtebau 3, 1906, S. 2.

Brandenburg, Joachim von Winterfeld-Menkin dem Maler Götz von Seckendorff[140] übertragen. Seckendorff schuf für die Längsseiten des Andachtsraumes im Hauptgebäude zwei monumentale Wandbilder von jeweils 3 x 8 Metern, ein weiteres, kleineres sollte die Ärzteempore zieren. Die beiden Großgemälde zeigten eine Kreuzigungsdarstellung und eine Paradiesszenerie. Sie wurden in der Zeit der russischen Nutzung des Baues übermalt, Fragmente der Wandgemälde sind nach den jüngsten Baumaßnahmen heute unter einem erneuerten Anstrich verborgen.[141]

Über die Arbeit in Eberswalde hat Götz von Seckendorff in einem Briefwechsel seinem Freund Bernhard von der Marwitz (1890–1918) berichtet und dabei auch die Themenwahl und seine Gestaltungsgedanken ausführlich beschrieben. Offenbar war zunächst auch vorgesehen, vier Nischen und Zwickel mit Evangelisten und Engeln auszumalen, dies wurde jedoch, möglicherweise aus finanziellen Gründen nicht ausgeführt. Ohnehin scheint Seckendorff für seine Arbeit nicht entlohnt worden zu sein: „Ich scheine für das alles keinen Pfennig zu kriegen, aber ich bin so glücklich, dass ich da malen darf […]"[142]. Die Dramaturgie war den Themen angepasst: Die Gemälde sprühten geradezu vor Lebendigkeit, die Kreuzigung Christi gestaltete er „ganz wild und voll Dunkel in grellem Licht und Pferden und Stangen und ohnmächtigen Frauen und gestikulierenden Pharisäern und Soldaten"[143]. Auch bevölkerte Seckendorff die biblische Szenerie des Kalvarienberges mit einer Unzahl an Menschen – offenbar um den „horror vacui" des extremen Breitformats zu bekämpfen. Dabei fügte er häufig Porträts von Personen aus seinem Freundeskreis, aber auch Selbstporträts ein.[144] Anders hingegen auf der gegenüberliegenden Wand: Hier zeigte er in einer wahrhaft paradiesischen Idylle „eine einzige süße riesige Landschaft". Bäume, exotische Tiere[145], selbst Adam und Eva sind ähnlich Staffagefiguren

140 Freiherr Götz von Seckendorff stammte aus einer alten Adelsfamilie. 1889 in Braunschweig geboren, zeigte er schon in früher Jugend Neigungen zur bildenden Kunst. Der familiäre Hintergrund wirkte maßgeblich auf seine künstlerische Förderung und ermöglichte ihm mehrere Aufträge. Er starb in den ersten Kriegswochen im August 1914. Zur Biografie vgl. Karl von Wolf, Götz von Seckendorff (1889–1914), Hannover 1989.
141 Vgl. Rohowski, Provinzial-Irrenheil- und Pflegeanstalt, S. 25 und S. 28. Vgl. auch Fehlauer und Hübener, Den Baumeister zum Meister, S. 62.
142 Brief Götz von Seckendorffs vom 16. Dezember 1913 an Bernhard von der Marwitz, zitiert nach Wolf, Götz von Seckendorff, S. 81.
143 In einem weiteren Brief gab er eine genauere Beschreibung dieses Gemäldes: „Auf der Kreuzigung ist unter dem Kreuz links Johannes in hellgelb, der faßt sich mit der Linken an die Stirn nach oben sehend, rechts eine Gruppe um die ohnmächtige Mutter Maria, dann kommt rechts ein aufwärts weisender Jünger. Rechts vorn der Hohepriester und ein Pharisäer im langen Mann, der doch an Christus glaubt. Dahinter ein Reiter mit einer roten Fahne. Vorne unter dem Christus würfeln zwei um den Mantel. Links der Hauptmann weist auf den Christus und sagt: ‚Gottes Sohn'. Dann noch ein Krieger mit einer Lanze ganz links. Aber wahrscheinlich bringe ich noch viele Köpfe an und Hände und Figuren in der Höhe der Jünger und der Frauen …", Brief Götz von Seckendorffs vom 16. Dezember 1913 an Carola Yorck, zitiert nach Wolf, Götz von Seckendorff, S. 81 f.
144 Ebd., so wurden in dem Jüngerpaar der Kreuzigung Götz und sein Freund Marwitz wiedererkannt.
145 Bei der Paradiesszene in Eberswalde waren das zum einen ein ganz entspannt in der linken unteren Ecke ausgestreckter Tiger, darüber auf einem Ast ein farbenfroher langschwänziger Papagei, am rechten unteren Bildrand ein Pelikan. Neben dem sehr schlankgliedrigem und extrem langbeinigem Adam, der in voller, antikischer Schönheit und eleganter Pose in der Landschaft stand, wendete ihm ein Reh den Rücken zu und schaute in die verblauende Ferne.

in das Bild platziert.[146] Die anschließende Ausmalung der Ärzteloge zog sich bis Anfang Februar des folgenden Jahres (1914) hin.[147]

Nach dem Tode Goeckes kam es unter Richard Lang zu einer dritten Ausbauphase. Als einziger Neubau während der Weimarer Republik wurde 1929 nach einem Entwurf von ihm ein Pflegerinnenheim in unmittelbarer Nähe zum Hauptbau errichtet. Dieser zweigeschossige Klinkerbau mit ausgebautem Dachgeschoss zeigte typische Merkmale der gemäßigten Moderne: Die Fassade wurde nur durch wenige Elemente, wie einem umlaufenden, leicht erhabenen Gurtgesims, gegliedert. Den glatt mit der Fassade abschließenden Fenstern kam mit ihrer Sprossung eine wichtige Gestaltungsfunktion zu. Eine Besonderheit stellte das halbrund vorkragende Treppenhaus dar. Mit seinem an eine Pagode erinnernden Dach löste es den Treppenhausturm aus dem blockhaften Baukörper heraus. Verstärkt wurde dieser „exotische" Charakter durch die Dachlandschaft: Die weit auskragenden Verdachungen wiesen durchgängig im unteren Viertel einen Knick auf, bei dem der Winkel der Dachschräge verringert wurde und die Verdachungen flach ausschwangen.[148]

146 So sah es sein Entwurf vor, in der Ausführung schließlich saß Eva – möglicherweise auf Anregung von Carola Yorck – auf der rechten Seite, während Adam im Vordergrund links posierte. Auch hier gibt es Vermutungen, dass Götz von Seckendorff sie und sich selbst als Ur-Elternpaar dargestellt hat, vgl. ebd., S. 82. Vgl. auch Brief Götz von Seckendorff vom 16. Dezember 1913 an Bernhard von der Marwitz, ebd., S. 81.
147 Die Arbeiten in Eberswalde haben Theodor Goecke offenbar so zugesagt, dass er Seckendorff drei Monate danach erneut in der Provinzialanstalt Görden bei Brandenburg arbeiten ließ.
148 Lang versuchte hier den einfachen, funktional gestalteten Kubus durch die „fernöstliche" Dachgestaltung aufzulockern und einen Blickfang zu schaffen: Man kann sagen, dass er hier mit anderen Mitteln an seine ersten Bauten auf dem Gelände vor dem Ersten Weltkrieg insofern anknüpfte, als er versuchte, die Architektur durch spezifische Elemente zu beleben. Auch bei den Pensionärsanstalten tauchte bereits das flach ausschwingende Walmdach auf.

Vom Blocksystem zum Pavillon: Eberswalde und der Anstaltsbau

Im Krankenhausbau hatte sich mit dem 1787–1789 errichteten Allgemeinen Krankenhaus in Bamberg der Typ des Korridorkrankenhauses etabliert.[1] Die Krankenzimmer wurden durch ein-, teils auch zweihüftige Korridore erschlossen, zwischen denen – ein Novum im deutschen Krankenhausbau – Sanitärräume sowie Beobachtungs- oder Personalräume lagen, die von den Fluren aus zugänglich waren. Bis dahin war es üblich gewesen, die Patienten in einem großen, gemeinschaftlichen Krankensaal nach dem Vorbild mittelalterlicher Hospitäler und Hospize zu versorgen. In der Diakonissenkrankenanstalt Bethanien in Berlin erreichte das Korridorkrankenhaus seinen Kulminationspunkt. Der Bau wurde zwischen 1845 und 1847 nach Entwurf von Theodor Stein und Eduard Römer gebaut. Die um einen Innenhof angeordneten Krankenräume alternierten wie in Bamberg „mit schmalen Raumzonen für Toiletten, Teeküche und Personal"[2].

Der frühe Anstaltsbau, wie die 1801 eröffnete Neuruppiner Anstalt, ist wie ein Korridorkrankenhaus organisiert. Die Räume der heilbaren Kranken waren einhüftig erschlossen und alternierten mit Wärterzimmern. Für unruhige Kranke gab es im Souterrain abgesonderte Einzelzellen, deren Existenz die „Zwitterstellung zwischen alter Tollhausverwahraufgabe und neuem Heilungsanspruch"[3] anzeigt.

In Benutzung waren jedoch überwiegend ältere Bauten, die nicht explizit für die Behandlung Geisteskranker errichtet worden waren, wie das so genannte „Tollhaus" in Bayreuth, das dem örtlichen Zucht- und Arbeitshaus angegliedert war. Es wurde 1805 auf Betreiben Johann Gottfried Langermanns und Anordnung des Staatsministers Karl August von Hardenberg in eine Heilanstalt für Geisteskranke umgewandelt.[4] Trotz der Bezeichnung Heilanstalt und des grundlegend veränderten medizinischen Konzepts blieb die Anlage baulich jedoch unverändert.

Daneben waren nach 1803 mehrfach säkularisierte Klosteranlagen in Heileinrichtungen umgewandelt worden, wie in Siegburg (1824) und Hildesheim (1827). An Klöster erinnerten den zeitgenössischen Betrachter auch die ersten Anlagen, bei denen man von einem eigenständigen Typ des Anstaltsbaus sprechen kann. Fußend auf den Ideen der Reformpsychiatrie wurde von Christian Friedrich Wilhelm Roller und Heinrich Damerow das Konzept der „relativ ver-

---

1 Das Allgemeine Krankenhaus Bamberg wurde nach Plänen von Johann Lorenz Finck (1744–1817) errichtet und war eine Stiftung Franz Ludwig von Erthals (1730–1795), vgl. Schiffczyk, Bauform, Bausystem, Typologie, S. 515.
2 Murken, Vom Armenhospital zum Großklinikum, S. 87.
3 Kaufmann, Aufklärung, S. 156f.
4 Vgl. Jetter, Typologie des Irrenhauses, S. 119f.

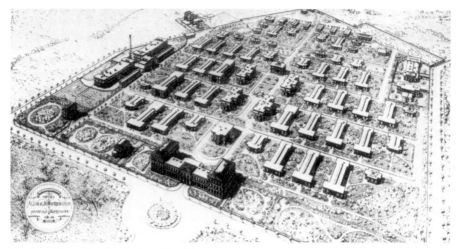

Bamberg, Allgemeines Krankenhaus, Grundrisse.

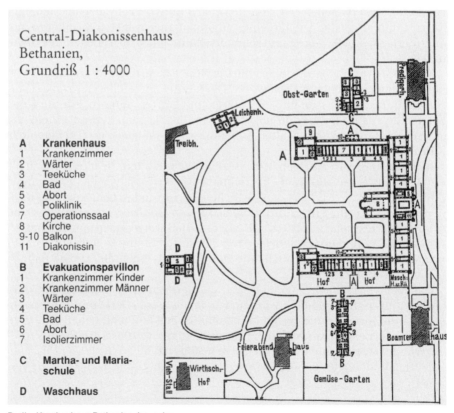

Central-Diakonissenhaus Bethanien, Grundriß 1 : 4000

A	**Krankenhaus**
1	Krankenzimmer
2	Wärter
3	Teeküche
4	Bad
5	Abort
6	Poliklinik
7	Operationssaal
8	Kirche
9-10	Balkon
11	Diakonissin
B	**Evakuationspavillon**
1	Krankenzimmer Kinder
2	Krankenzimmer Männer
3	Wärter
4	Teeküche
5	Bad
6	Abort
7	Isolierzimmer
C	**Martha- und Maria-schule**
D	**Waschhaus**

Berlin, Krankenhaus Bethanien, Lageplan.

152

Christian Friedrich Wilhelm Roller (1802–1878).

bundenen" Heil- und Pflegeanstalt propagiert.[5] In den 1840er Jahren konnten schließlich zwei große Anstalten dieses Typs realisiert werden. Zum einen die von Roller maßgeblich konzipierte badische Anstalt Illenau bei Achern.[6] Zum anderen die sächsische Anstalt in Nietleben bei Halle, die auf den besonders in Preußen sehr umtriebigen Heinrich Damerow zurückging.

Beide Ärzte sahen in den Anstaltsbauten nicht nur einen Witterungsschutz oder eine Hülle, in der die benötigten Funktionen implementiert werden musste, sondern propagierten die Architektur als wichtiges Mittel der Behandlung selbst.[7]

5 Christian Friedrich Wilhelm Roller, Die Irrenanstalt nach allen ihren Beziehungen, Karlsruhe 1831.
6 Zu Illenau vgl. Lötsch, Von der Menschenwürde zum Lebensunwert, S. 11–18. Ferner die älteren Darstellungen von Christian Friedrich Wilhelm Roller, Illenau. Geschichte, Bau, inneres Leben, Natur Hausordnung, Bauaufwand und Finanzzustände der Anstalt, mit Ansichten und Plänen in 26 Blättern, Karlsruhe 1865; Die Heil- und Pflegeanstalt Illenau, nebst einem Anhang: Die früheren Irren- und Siechenanstalten zu Heidelberg und Pforzheim, die jetzige Heil- und Pflegeanstalt zu Pforzheim, die Geisteskranken außerhalb der Anstalten (= Beiträge zur Statistik der inneren Verwaltung des Großherzogtums Baden, H. 22), hrsg. vom Handelsministerium, bearbeitet von der Direction der Heil- und Pflegeanstalt Illenau und dem statistischen Bureau des Handelsministeriums, Karlsruhe 1866, v.a. S. VII–X; H. Schüle, Grossherzoglich Badische Heil- und Pflegeanstalt Illenau, in: Johannes Bresler, Deutsche Heil- und Pflegeanstalten für Psychischkranke in Wort und Bild. 2 Bde., Halle an der Saale 1910–1912, hier Bd. 1, S. 2–9.
7 Vgl. Roller, Die Irrenanstalt nach allen ihren Beziehungen, S. 85.

Illenau und Halle: Die „relativ verbundene" Heil- und Pflegeanstalt

Roller entwickelte wesentliche Prinzipien für die Gestaltung und Organisation solcher Anstalten. So schlug er Standorte vor, die außerhalb von Städten in ländlicher Umgebung liegen sollten: „Die Isolierung allein ist die Quelle vieler glücklicher Resultate (...) Von allen früheren Verbindungen müssen die Kranken losgerissen werden, sich in der neuen Welt der Irrenanstalt gewissermaßen fremd und hülflos fühlen, um allein von dem Arzte Hülfe zu erwarten."[8]

Neben dem Aspekt der Isolation erachtete Roller die landwirtschaftliche Selbstversorgung der Anstalt als einen wichtigen Eckpfeiler seines Konzeptes. Einerseits sollten damit die Unterhaltskosten der Anlage gesenkt werden, andererseits war der Arbeitseinsatz der Kranken auch zu therapeutischen Zwecken vorgesehen. Hinsichtlich der Verwaltung der Einrichtung forderte er eine straff hierarchische Struktur, an deren Spitze ein Arzt als Direktor stehen sollte.

Das Neuartige an dem Konzept, das Roller als „relativ verbundene" Heil- und Pflegeanstalt propagierte, war die Zusammenlegung der vorher getrennt untergebrachten „Heilbaren" und den chronisch kranken „Unheilbaren" in eine gemeinsame Anlage. Gemeinsam hieß, dass bei den nach wie vor streng voneinander geschiedenen Teilanstalten nur die Verwaltung und Bewirtschaftung zusammengefasst werden sollte. Diese Forderungen konnte Roller dann in der badischen Anstalt Illenau verwirklichen. Die 1842 eröffnete Anlage wurde zu einer Musteranstalt, auf die sich die meisten nachfolgenden Konzepte bis in die 1870er Jahre hinein orientierten und mit ihm auseinander setzten.

Rollers Vorgabe war, zwei komplett getrennte Krankenanstalten in ein Gesamtkonzept zu integrieren. Er wählte bereits in seinem 1831 publizierten Vorentwurf, den er zusammen mit dem Baumeister Voss erarbeitete, die Aufteilung in zwei relativ eigenständige Zonen für Frauen und Männer, die durch einen neutralen mittleren Bereich voneinander getrennt werden. In dieser Mittelachse waren die Kapelle, das Verwaltungsgebäude und die Bauten zur Bewirtschaftung angeordnet. Die Geschlechterseiten waren in sich noch einmal horizontal in Heil- und Pflegeanstalt geteilt. Diese Aufteilung war jedoch von außen, im Gegensatz zur senkrechten Trennlinie, kaum wahrnehmbar. Innerhalb dieser vier Hauptabschnitte mussten, bedingt durch die geforderte Trennung der Patienten nach sozialen Klassen, verschiedene Unterabteilungen gebildet werden. Um eine möglichst einfache Bewirtschaftung, medizinische Betreuung und auch Überwachung des weit verzweigten Komplexes zu gewährleisten, sollten alle Teilbereiche unkompliziert erreichbar und miteinander verbunden sein. Entsprechend der Zonierung des Raumprogramms waren auch die Freiflächen parzelliert und zugeordnet.

Da es keine unmittelbaren Vorbilder gab, stellte sich die Frage wie das sehr komplexe Raumprogramm in Architektur zu übersetzen sei. Da Roller die innere Organisation nach einem symmetrischen Grundprinzip aufteilte, lag es nahe, dies auch in der äußeren Gestalt zum Ausdruck zu bringen. In Bezug auf die Raumaufteilung knüpfte man an bekannte Schemata aus dem Kranken-

8   Christian Friedrich Wilhelm Roller, Grundsätze für Errichtung neuer Irrenanstalten insbesondere der Heil- und Pflegeanstalt bei Achern, Karlsruhe 1838, S. 15.

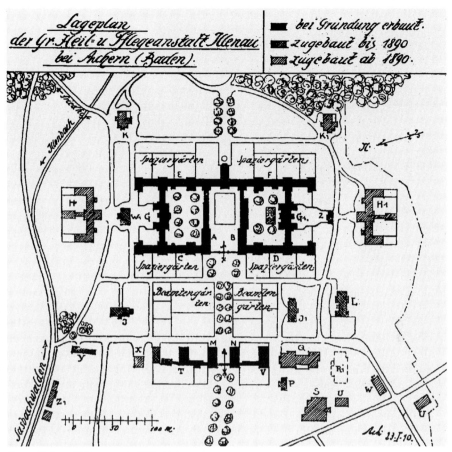

Illenau, Heil- und Pflegeanstalt, 1837–42, Lageplan.

hausbau an, die mit Elementen aus dem Schlossbau kombiniert wurden. Der in der ersten Hälfte des Jahrhunderts sich durchsetzende mehrflügelige Krankenhausbau im Korridorsystem, wie er beispielhaft am Diakonissenkrankenhaus Bethanien in Berlin verwirklicht worden war, stellte mit seinem einhüftigen Korridor-Zimmer-Element, das entweder in Reihung oder in Kombination mit anderen Raumelementen verwandt wurde, alle funktionalen Anforderungen wie Hygiene (Licht, Luft), interne Zonierung (Kontrolle) und gute Kommunikation der Teilbereiche zur Verfügung. Im Zentrum beziehungsweise in der Mittelachse lag zumeist die Kapelle der Anlage. Anleihen beim Schlossbau wurden hingegen immer dann gerne gemacht, wenn es galt, sehr lange Fassadenfronten zu bewältigen oder architektonische Ehrenformeln einzusetzen.

Die Gestalt der 1837 bis 1842 gebauten Anstalt in Illenau stellte sich als eine breit gelagerte, spiegelsymmetrische Anlage dar, die einen zentralen Ehrenhof und sechs weitere Höfe aufwies, um die sich die Patientenhäuser in mehreren Flügeln gruppierten. Am Eingang des großen Ehrenhofes, der auf die zentral angeordnete Kirche ausgerichtet war, befanden sich vis-à-vis das Verwaltungs- und das Wirtschaftsgebäude. Die seitlichen Begrenzungen des Hofes bildeten

Illenau, Heil- und Pflegeanstalt, 1837–42, Haupthof mit Wandelhalle.

gedeckte Gänge, welche die Verwaltung und die Ökonomie mit den großen Patientenflügeln der Heilanstalt verbanden, die durch den Kirchenbau in eine Frauen- und Männerabteilung getrennt wurden. Die Pflegeanstalt war direkt an das Administrations- sowie auf der gegenüberliegenden Seite an das Wirtschaftsgebäude angeschlossen.

Zwischen der Heilanstalt und der Pflegeanstalt waren Verbindungsflügel angeordnet, die neben Sanitäreinrichtungen oder Arbeitsräumen auch die Isolierabteilungen enthielten. Innerhalb dieser kammartig ausgebildeten Abschnitte war jeweils ein Flügel der Heilanstalt sowie einer der Pflegeanstalt zugeordnet. Zwischen diesen Bauteilen lagen die entsprechenden Hofbereiche, die durch Mauern nach außen hin abgeschlossen waren.

Alle Bauteile wurden einhüftig erschlossen. Die Patientenräume orientierten sich nach außen in die Landschaft, die Korridore lagen hingegen an den Höfen. Die Pflegeanstalten der chronisch Kranken lagen in unmittelbarer Nähe des Administrations- oder Wirtschaftsgebäudes, die heilbaren Kranken dagegen im entfernteren, hinteren Flügel der Anstalt. Nicht nur die innere Aufteilung in die vier genannten Abteilungen – weibliche und männliche Heilbare und Unheilbare – auch die äußere Gestalt war symmetrisch angelegt.

In Illenau bildete – im Gegensatz zu vielen nachfolgenden Anstalten – nicht das Verwaltungsgebäude den Mittelpunkt oder zumindest den Auftakt der Anlage, sondern die Kirche. Dieselbe wurde als Achs- und Bedeutungsmittelpunkt des zentralen Ehrenhofes inszeniert. Das Verwaltungsgebäude und sein Pendant, das Wirtschaftsgebäude wurden als gleichwertige Bauteile behandelt. Würde man einen Vergleich zum barocken Schlossbau suchen, wären sie sozusagen als „Communs" zu bezeichnen. Im Gegensatz zum Schloss sind die „Communs" jedoch mit dem „Corps-de-Logis" der Kirche über Hallengänge verbunden. Diese Tradition des typischen Korridorkrankenhauses mit einer

Kirche oder Kapelle im Zentrum wurde in Illenau aufgenommen und mit der Ehrenformel des Ehrenhofes verknüpft.

Genau an dieser Stelle trat aber auch ein Schwachpunkt der Illenauer Konzeption zu Tage. Das nach „irrenärztlichen" Ansprüchen und Bedürfnissen ausgelegte Raumprogramm wurde hier hinter die dem barocken Schlossbau entlehnten Motive zurückgestellt. Das Korridorsystem erfuhr durch den großen Ehrenhof eine Zäsur, die zwar die beiden Abschnitte der Geschlechter sehr gut separierte, doch die Bewirtschaftung und Verwaltung erschwerte, da die Wege verlängert wurden.[9]

Das Erschließungssystem der Korridore mit dazwischen geschalteten Schleusen durchlief die gesamte Anlage. Zwischen den Abteilungen der Männer und Frauen bestand aber nur über den Ehrenhofflügel mit der Kirche eine Verbindung. Innerhalb des Männer- beziehungsweise Frauenabschnittes bildeten die Korridore einen Rundgang, der durch Stichflure erweitert wurde.

Die Anlage des Ehrenhofes betonte äußerlich die Zweiteilung der Anstalt, die dem unbefangenen Betrachter die Anlage einer Frauen- sowie einer Männeranstalt bot.

Das eigentliche Novum, nämlich die Versorgung und Betreuung von heilbaren und chronisch kranken Patienten unter gemeinsamer Verwaltung wurde zumindest in der Architektur kaum thematisiert. Dies mag von Roller durchaus gewollt sein. Denn es war sein Ansinnen, die von den temporären Kranken geschiedenen so genannten Unheilbaren nicht auch innerhalb der Anstalt zu stigmatisieren, sondern sich ihrer besonders anzunehmen: „Was an den Unheilbaren geschieht um das tiefere Sinken zu verhüten, ist nicht minder ein Heilen als dasjenige, das bei den Heilbaren die Genesung zur Folge hat."[10] Von daher erklärt sich vielleicht auch die ungewöhnliche Anbindung der Pflegeanstalten direkt an das Administrationsgebäude auf der Männerseite und das Wirtschafts- oder Dienstgebäude auf der gegenüberliegenden Frauenseite.

Kurz nach Illenau konnte Heinrich Damerow 1844 mit der Anstalt in Nietleben bei Halle sein Konzept einer „relativ verbundenen" Heil- und Pflegeanstalt verwirklichen.[11] 1836 war der Bauplatz vorläufig bestimmt worden und bis Ende des Jahres legte Damerow der Ständeversammlung seine Pläne sowie ein Bauprogramm vor, das im Februar 1837 dann die Zustimmung des Kommunallandtages fand.[12] Offenbar hatte Damerow aber das Programm zunächst ohne die Hilfe eines erfahrenen Architekten aufgestellt, denn die Königliche Oberbaudeputation beanstandete im folgenden gravierende bautechnische Fehler, die zu einer ersten Umarbeitung der Pläne führten. Mit diesen Korrekturen der Oberbaudeputation, zu denen man den Baumeister Steudener hinzuzog, wurde 1839 ein neuerlicher Plan erarbeitet. Dieser Entwurf wurde 1841 vom Provinzial-Landtag gebilligt und kam schließlich zur Ausführung. Die zunächst für 400 Patienten geplante Anlage wurde jedoch nur zum Teil realisiert. Neben

---

9   Vgl. Roller, Grundsätze, S. 122. Vgl. auch Jetter, Typologie des Irrenhauses, S. 157.
10 Kirchhoff, Deutsche Irrenärzte, Bd. 1, S. 192.
11 Zu Nietleben vgl. die Festschrift anlässlich des 50jährigen Bestehens der Provinzial-Irren-Anstalt zu Nietleben bei Halle a. S. von früheren und jetzigen Ärzten der Anstalt, Leipzig 1897.
12 Hier und nachfolgend Heinrich Damerow, Zur Geschichte des Neubaues der Ständischen Irrenheil- und Pflege-Anstalt für die Preussische Provinz Sachsen bei Halle a. d. S., in: Allgemeine Zeitschrift für Psychiatrie und psychisch-gerichtliche Medizin 12, 1855, S. 97–112.

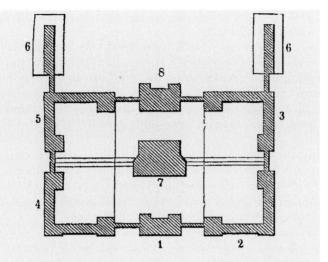

1. Directorialgebäude; 2. Heil- und 3. Pflegeanstalt für Männer; 4. Heil- und 5. Pflegeanstalt für Frauen; 6. Isolirgebäude; 7. Oeconomiegebäude; 8. Werksätten und Wohngebäude.

Halle-Nietleben, Landesheil- und Pflegeanstalt, 1844, schematischer Lageplan nach Laehr.

dem Verwaltungs- und Wirtschaftgebäude waren die Heilanstalt und das Zellengebäude für die Männerabteilung bis 1844 fertig gestellt. Allerdings klagte Damerow, dass die am 1. November des Jahres eröffneten Bauten keineswegs problemlos zu benutzen waren: „Andere nach uns mögen es sich zum Grundsatz machen, dass man dem besten Baumeister, wenn er eine Irrenanstalt als fertig übergiebt, nie glauben darf, sondern dass man sich davon überzeuge und nicht eher die Anstalt eröffne als bis jedes Schloss, jeder Schlüssel an jeder Thür, jedes Fenster, jeder Ofen, kurz all und jede innere Ein- und Vorrichtung vom Boden bis in den Keller durch alle Räume vorhanden, praktisch brauchbar und in Ordnung gefunden wird. Man kann dabei nicht peinlich, nicht kleinlich genug sein."[13] Aus dieser negativen Erfahrung mit der Bauausführung heraus hatte Damerow die Erkenntnis gezogen, dass ein Plan für eine große „Irrenanstalt" vor Baubeginn sorgfältigst geprüft werden müsse, um Zeichenfehler nicht zu irreparablen Baufehlern werden zu lassen. Der weitere Bauverlauf ging nur schleppend voran und zog sich bis 1857 hin.[14]

Damerow hob die strenge Symmetrie der Anlage hervor, die in einer kreuzförmigen Parzellierung die Geschlechter sowie die chronischen von den heilbaren Patienten trennte. Mit dieser strengen und auch sehr formalen baulichen Manifestation der medizinischen Anforderungen, war ein Grundschema entwickelt, das mehr oder weniger abgewandelt weite Verbreitung fand.[15] Die

13 Ebd. S.103.
14 Damerow schilderte ausführlich die langwierigen, komplizierten Verhandlungen zum Weiterbau, vgl. ebd., vor allem S.104–107. Nach Jetter wurde die Anstaltskirche sogar erst 1864 geweiht, vgl. Jetter, Typologie des Irrenhauses, S.163.
15 Vgl. ebd., S.152. Jetter sprach bereits bei Illenau von diesem kreuzförmigen Grundschema. Für die Raumkonzeption, wie sie aus dem Bauprogramm hervorging, ist der Sachverhalt durchaus

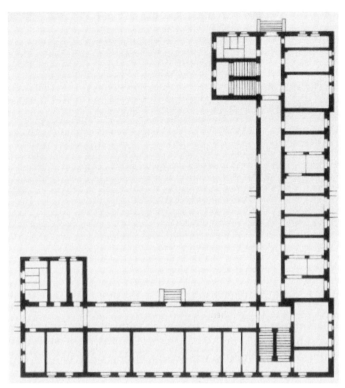

Halle-Nietleben, Landesheil- und Pflegeanstalt, 1844, Grundriss.

vier gleich großen und gleich artigen Krankenhäuser und die verbindenden Hallengängen erzeugten eine geschlossene äußere Front. Alle Patientenhäuser waren als L-förmige Bauten mit zwei Geschossen errichtet. Direktorial- und Wirtschaftsgebäude bildeten eine Mittelachse, welche die Männer- von der Frauenseite trennte.

Dabei war das Wirtschaftsgebäude ins Zentrum der Anlage gestellt, so dass für die Versorgung der einzelnen Abschnitte kurze Wege entstanden. Die strenge Trennung der chronischen von den heilbaren Kranken erfolgte durch horizontale Kolonnaden, die nicht nur den Innenraum in eine Heil- und eine Pflegeanstalt unterteilten, sondern diese auch mit dem Wirtschaftsgebäude verbanden.

Damerow sah den Vorteil des Systems der gedeckten Gänge darin, dass sie die Abteilungen relativ miteinander verbanden, durch die Einzelbauten jedoch der blockhafte und negativ besetzte Charakter großer Gebäudemassen vermieden wurde. Durch die Lücken zwischen den zweigeschossigen Bauten ergäbe sich

zutreffend. Der ausgeführte Bau zeigte diese Aufteilung dennoch weniger deutlich als die Hallenser Anstalt von Damerow.

Halle-Nietleben, Landesheil- und Pflegeanstalt, 1844, Ansicht nach 1990.

ein luft- und lichtvoller Eindruck, den er sehr positiv für den Anstaltsbetrieb wertete.[16]

Die bereits in der Gesamtdisposition beschriebene Symmetrie war bis in die vier L-förmigen, zweigeschossigen Krankenhäuser fortgeführt, die jeweils vier Abteilungen aufnahmen. Jede Abteilung wiederum bildete „ein in sich fast selbständig geschlossenes kleineres Ganzes [...], indem die Kranken und Wärter dort wohnen, schlafen, essen, resp. Abtritte, Wäscheaufbewahrungsraum, Isolirstube, Theeküche haben"[17]. Die Korridore in den einhüftig angelegten Bauten waren so breit angelegt, dass sie auch als Aufenthaltsräume und sogar zum gemeinschaftlichen Essen genutzt worden waren. Besondere Betonung legte Damerow auf die Lage des Direktorenzimmers, von dem aus weite Teile der Anlage, insbesondere die Höfe zu überblicken war. Im hinteren Teil der Anlage waren die Isolierbauten an den jeweiligen Trakt der Pflegeanstalt angeschlossen beziehungsweise mit einem Gang verbunden.

Im Vergleich zu Illenau hatte Damerow in Halle das System der relativen Verbindung von Heil- und Pfleganstalt mit der kreuzförmigen Zonierung formal auf die Spitze getrieben.

Die Absicht, eine Form zu finden, welche die Funktion der Anstalt mit ihren vier Teilbereichen für Frauen und Männer sowie chronische und heilbare Kranke zum Ausdruck brachte, verblüffte zunächst durch ihre konsequente planerische Umsetzung. Allerdings machten sich, wie bei fast allen Anstaltsneubauten der Jahrhundertmitte die Probleme erst im laufenden Betrieb bemerkbar. Für die Anlage in Halle galt dies besonders hinsichtlich des sehr formalen Aufbaus, der dem tatsächlichen Bedarf an Räumen für spezifische Krankengruppen nicht Rechnung trug. Die Folge war, dass bald wegen Überfüllung die einzelnen Abteilungen kaum noch im ursprünglichen Sinne genutzt

16 Vgl. Damerow, Zur Geschichte des Neubaues, S. 109.
17 Ebd., S. 110.

werden konnten und die genau geplante Separierung obsolet wurde. Dies war ein generelles Problem, das auch auf alle anderen Anstaltsbauten der Zeit zutraf.[18] Stark formalisierte Systeme wie Halle erwiesen sich hier im Nachteil, da sie bei Veränderung der zugrunde gelegten Koordinaten nur sehr schwer den geänderten Anforderungen angepasst werden konnten.

Zwei Anstalten der 1850er Jahre: Allenberg und Schwetz

In unmittelbarer Nachfolge von Halle entstanden zwei weitere typische Anlagen im Korridorsystem: Zum einen die 1852 eröffnete Anstalt in Allenberg bei Wehlau in Ostpreußen, zum anderen die 1854 in Betrieb gehende Anstalt im westpreußischen Schwetz bei Bromberg (heute Swiecie in Polen).[19]

In Schwetz wurde der Entwurf durch den bereits im Anstaltsbau erfahrenen Architekten Steudener aus Halle aufgestellt, der bereits 1835–1838 den Umbau des ehemaligen Zisterzienserklosters Owinsk zur „Irrenanstalt" für die Provinz Posen durchgeführt hatte.[20] Die Auftragserteilung erfolgte im Jahr 1846. Prägend für den Schwetzer Entwurf war Steudeners Erfahrung beim Bau der Anstalt in Halle.[21]

Die noch 1848 begonnenen Arbeiten in Schwetz konnte Steudener aufgrund der revolutionären Ereignisse nicht zu Ende führen.[22] Erst 1849 wurden sie durch Eduard Römer, der ebenfalls bereits erfahren auf diesem Gebiet war, wieder aufgenommen. Als Assistent von Theodor Stein war er 1845 bis 1847 in Berlin beim Bau des Krankenhauses Bethanien beteiligt.[23] In Schwetz hat Römer die Pläne von Steudener bis auf Details, welche die technische Ausstattung betrafen oder durch die Topographie des Bauplatzes bedingt waren, unverändert ausgeführt. Lediglich der Entwurf der „Tobhäuser" stammte von Römer selbst.

Die Anstalt sollte insgesamt 200 Patienten aufnehmen. Ihre grundlegende Disposition war als geschlossenes Viereck ausgebildet, an dessen Vorderseite das Verwaltungsgebäude angeordnet war. In der Achse dahinter standen die Kapelle und das Wirtschaftsgebäude, welche auf einem eigenen Hof standen, der durch beidseitige Mauern von den Patientenbereichen abgetrennt war. Damit wurde der Innenraum des Quarrés in drei Abschnitte aufgeteilt. Die beiden äußeren waren jeweils den Männern und Frauen zugeordnet, während der

18 Vgl. Jetter, Typologie des Irrenhauses, S. 157.
19 Zu Schwetz vgl. Eduard Römer, Die Irren-Anstalt zu Schwetz, in: Zeitschrift für Bauwesen 4, 1854, S. 119–124, T. 19–21, S. 211–230, T. 28–32. Römer hat unter dem Titel „Irrenanstalt Schwetz" im Januar 1852 bereits einen Vortrag über das Bauprojekt im Architektenverein zu Berlin gehalten, vgl. Börsch-Supan, Berliner Baukunst, S. 818, auf dem der zwei Jahre später publizierte Aufsatz vermutlich aufbaute.
20 Vgl. Provinzial-Irrenanstalt Owinsk, in: Bresler, Deutsche Heil- und Pflegeanstalten, Bd. 1, S. 280–286.
21 Damerow sprach davon, dass Steudener „welcher die Anstalt zu Owinsk gebauet, hat auch die hiesige grösstentheils gebaut, und den Plan zur Kurmärkischen hier mit Dr. Wallis und meinem Beirath entworfen, desgl. Schwetz", vgl. Damerow, Zur Geschichte des Neubaues, S. 108.
22 Eduard Römer bezeichnete Steudener 1854 als „jetzigen Bau-Inspektor in Halle", so dass die Vermutung nahe liegt, das derselbe nicht nur die Ebene des einfachen Baubeamten sondern auch das Zuständigkeitsgebiet verlassen hatte. Vgl. Römer, Irren-Anstalt zu Schwetz, S. 120.
23 Vgl. Theodor Stein, Das Krankenhaus der Diakonissen-Anstalt Bethanien zu Berlin, Berlin 1855.

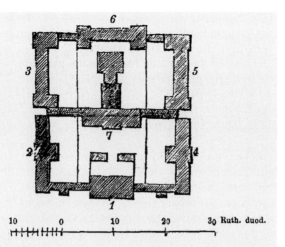

1. Directorialgebäude; 2. Männerheilanstalt; in den Souterrains
Werkstätten; 3. Männerpflegeanstalt; 4. Frauenheilanstalt; 5. Frauen-
pflegeanstalt; 6. Tob-Abtheilung; 7. Oekonomiegebäude mit Bade-
Anstalt u. Betsaal.

Schwetz, Heil- und Pflegeanstalt, Steudener, 1854, schematischer Lageplan nach Laehr.

zentrale Hof wie auch in der Nietlebender Anstalt in Halle allein der Bewirtschaftung diente.

Das dreistöckige Administrationsgebäude stand mit seiner Traufseite an der Hauptfront der Anlage. Es war wie die gesamte Anstalt als Ziegelrohbau ausgeführt. Rückseitig besaß es einen eigenen umgrenzten Hofbereich für die Beamten der Anstalt. Sein Dach war mit einer Schieferdeckung nach englischer Art versehen, „um bei der Tiefe des Gebäudes das Unangenehme eines sehr hohen Daches zu vermeiden"[24].

Die giebelständigen Krankenhäuser der Heilanstalt flankierten den Verwaltungsbau und waren durch einen nach außen geschlossenen, zur Hofseite aber offenen Hallengang, mit dem diesem verbunden. Die Patientenhäuser waren zweistöckig und besaßen an ihrer Langseite einen dreigeschossigen Mittelrisalit. Die Pflegeanstalt war in separaten Häusern untergebracht, die in der Achse der Heilanstalt lagen und gemeinsam mit diesen die Außenseite des Vierecks bildeten. Statt eines Mittelrisalits waren hier die Gebäudekanten durch giebelständige Querriegel von drei Stockwerken betont; die Gliederung der Fassaden durch Fenster und Gesimse glich ansonsten den Häusern der Heilanstalt. Durch die unterschiedlich hohen Dächer und die Trauf- und Giebelstellungen ergab sich ein abwechslungsreicher Rhythmus, der aber durch den Einsatz von gleichartigen Gestaltungselementen dem Gesamtensemble ein einheitliches Bild verlieh.

Auf der Hof- sowie auf der Außenseite der Krankenhäuser waren Gärten angelegt. Die innen liegenden waren für die unruhigen, die außen liegenden

24 Römer, Irren-Anstalt zu Schwetz, S. 212.

Schwetz, Heil- und Pflegeanstalt, Steudener, 1854, Ansicht, Lithographie.

für die ruhigen Kranken vorgesehen. Letztere Grünanlagen waren von einer Mauer umgrenzt, die bis auf den direkten Anschluss an das Gebäude vertieft wurde, um „den Kranken die Aussicht aus denselben zu erhalten [...] ohne doch ihre sichere Bewahrung zu gefährden"[25]. Auf der Rückseite der Anstalt war das „Tobhaus" angeordnet. Die Männer- und Frauenabteilung war hier unter einem Dach vereint, aber durch eine Trennwand in zwei Abschnitte geteilt.

Die Unterbringung der Patienten innerhalb der Anstaltsteile erfolgte nach dem bekannten Prinzip der Sozialklassen. Zudem waren auch die „ruhigen und reinlichen" von den „unruhigen und unreinlichen" getrennt untergebracht. Allerdings war die Trennung nach sozialem Stand nicht so stringent wie in Illenau. Dies wurde mit dem unverhältnismäßig hohen finanziellen Aufwand begründet, der nötig wäre, um extra Häuser für die „gebildeten Stände" zu errichten. Römer sprach sogar davon, dass „es nicht einmal aus psychischen Gründen angemessen sein würde, wenn man sie ganz von den übrigen Kranken absonderte, und ihnen nur den Umgang unter sich gestattete"[26]. Zwar erhielten die höheren Stände getrennte Aufenthaltsräume sowie Schlafzimmer, hatten aber mit allen anderen Patienten der Heilanstalt einen gemeinsamen Korridor.

Um eine bequeme Verbindung aller Bauteile untereinander und vor allem mit dem Wirtschaftsgebäude zu erreichen, waren sie durch „gedeckte Hallen" miteinander verbunden. Dieses Gangsystem setzte sich in den Korridoren der Krankenhäuser auf der Hofseite fort. Es diente somit nicht allein der Erschließung, sondern war wie in Halle zur konsequenten Zonierung des inneren Bereiches der Anlage eingesetzt. Ähnlich wie in der sächsischen Anstalt waren auch in Schwetz das Ökonomiegebäude samt Dampfmaschinen- sowie Badehaus ins Zentrum der Anlage gestellt und über Hallengänge mit den Krankenhäusern der Frauen- und Männerseite verbunden.

Im Vergleich zu Schwetz folgte die Anstalt im ostpreußischen Allenberg stärker dem sächsischen Vorbild. Sie wurde 1852, zwei Jahre vor der westpreußischen Anlage, eröffnet und war in ihrer baulichen Disposition wesentlich

25 Ebd., S. 124.
26 Ebd., S. 122.

163

stärker an Halle orientiert. Lediglich das Ökonomiegebäude im Zentrum und vor allem die Isolierhäuser erhielten eine andere Ausprägung. Letztere waren nicht in der außen liegenden Achse der Krankenhäuser nach dem Schema von Halle, sondern wie auch in Schwetz in der Mittelachse angeordnet. Anders aber als dort standen sie nicht mit der Traufe zum Innenhof, sondern waren als Einzelbauten mit ihrer Schmalseite zum Hof gestellt. Der Arzt und designierte Direktor der neuen Anstalt, Dr. Bernhardi, unternahm von 1850 bis 1851 eine ausgedehnte Reise ins deutsche und europäische Ausland, um die unterschiedlichsten Anstalts- und Fürsorge- als auch medizinischen Konzepte zu studieren. Diese Reise diente nicht allein der persönlichen Weiterbildung des zu dieser Zeit dirigierenden Arztes der Anstalt in Königsberg, sondern war integrativer Bestandteil des Neubauprojektes für Allenberg.[27] Der Bericht Bernhardis ging sehr detailliert auf die Anlage, die technische Ausstattung und medizinische Praxis der besuchten Anlagen ein. Das zuständige preußische Ministerium der Geistlichen, Unterrichts- und Medizinal-Angelegenheiten erlangte damit nicht nur Fachwissen zur Durchführung des Allenberger Projektes, sondern konnte den Wissensstand über die Bauaufgabe des „Irrenhauses" allgemein aktualisieren und erweitern. Zu den besuchten Anlagen gehörten Danzig, Berlin, Sachsenberg bei Schwerin, Hamburg, Kiel, Marsberg in Westfalen, Frankfurt am Main, Eichberg, Siegburg, Bonn, Köln, Brüssel, London mit Hanwell, Paris, Lyon, Straßburg mit Stephansfeld, Illenau, Winnenthal, Stuttgart, Erlangen, Halle, Leipzig, Sonnenstein bei Pirna, Leubus in Schlesien und Owinsk in Posen. Bezüglich der unterschiedlichen Bauformen wie Linienform, Kranz-, Quarrée-, H-Form und deren Kombinationen konstatierte Bernhardi, dass jede dieser Ausprägungen bestimmte Vorzüge habe „aber keine hat sich bisher allgemein Geltung zu verschaffen gemocht"[28]. Von den jüngeren Anstalten in Deutschland wurden vor allem die in einer Viereckform gebauten Anstalten von Halle und Illenau erwähnt. Die Krankenhäuser der Anstalten wären zumeist zweistöckig und besäßen oft Bauteile, Bernhardi nannte sie Pavillons, die um ein Geschoss erhöht wären. Die einhüftige Erschließung der Patiententrakte hätte sich überall durchgesetzt und der Flur wäre so geräumig ausgeführt, dass sie als Wandelgänge bei schlechter Witterung dienen konnten. Die gemeinsame Unterbringung einer großen Anzahl Kranker in Sälen beurteilte der künftige Direktor von Allenberg aus hygienischen Gründen negativ. „In den besseren deutschen Anstalten sind die gemeinschaftlichen Schlafräume von den Wohnräumen getrennt, damit sie abwechselnd gehörig gelüftet werden und die Kranken bei Tage nicht auf den Betten umherliegen."[29]

---

27 Vgl. Acta betreffend die von dem dirigirenden Arzte der Irren Anstalt zu Koenigsberg, Medicinal-Assessor Dr. Bernhardi unternommene Reise in das Ausland zum Besuch von Irrenanstalten, 1850–1851, in: GstA PK, Rep. 76, VIII A, Nr. 3526, o. Bl.
28 Ebd.
29 Ebd.

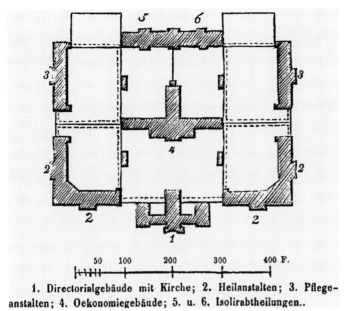

1. Directorialgebäude mit Kirche; 2. Heilanstalten; 3. Pflegeanstalten; 4. Oekonomiegebäude; 5. u. 6. Isolirabtheilungen..

Lengerich, Provinzial-Irrenanstalt, Nohl, 1862–65, schematischer Lageplan.

Variationen um 1860: Lengerich, Göttingen und Osnabrück

Zeitgleich mit Eberswalde entstanden in Lengerich, Göttingen und Osnabrück
Anstalten, die sich von dem strengen baulichen Kanon der „relativ verbundenen" Heil- und Pflegeanstalten lösten. Die medizinischen Prämissen, auf
deren Grundlage die Bauprogramme der neuen Anlagen entstanden, blieben
dennoch bei allen Projekten sehr ähnlich. Im Bewusstsein der beteiligten Ärzte
wurden diese Anstalten, trotz ihrer Anleihen an ältere Systeme, als neue Konzepte verstanden und propagiert. Dies korrelierte mit der in den 1860er aufkom-
menden Diskussion um neue Behandlungsmethoden wie dem „no restraint"
und der Auseinandersetzung zwischen den Vertretern der Anstalts- und der
Hochschulpsychiatrie.

Die am Südhang des Teutoburger Waldes gelegene „Westfälische Provinzial-
Heilanstalt" in Lengerich wurde zwischen 1862 und 1865 errichtet.[30] Die Anlage war als Entlastung für die 1814 in einem ehemaligen Kapuzinerkloster
eröffnete, seit den 1830er Jahren stark erweiterte und dennoch stets gegen
Überbelegung kämpfende, erste westfälische Anstalt in Marsberg (Niedermars-
berg) gedacht.[31] Diese Konstellation zeigte Parallelen zu der Situation in der

---

30 Vgl. Bresler, Heil- und Pflegeanstalten, Bd. 2, S. 231–235, sowie Jetter, Geschichte des Irrenhauses,
S. 60. Vgl. auch Rohowski, Vom Verwahren zum Pflegen und Heilen, S. 19.
31 Die Anstalt diente zunächst als so genannte „gemischte Irrenanstalt", das heißt chronisch und
temporär Kranke waren zusammen in einem Hause untergebracht. Ab 1832 wurde ein H-förmiger
Neubau errichtet, mit dem die Trennung der Kranken in eine Pflege- und eine Heilanstalt erfolgte.
Vgl. Bresler, Heil- und Pflegeanstalten, Bd. 2, S. 236–240. Vgl. auch Jetter, Typologie des Irrenhauses,
S. 127–131.

Kurmark Brandenburg, deren erste Anstalt in Neuruppin bereits in den 1840er Jahren ihre Kapazitätsgrenzen deutlich überschritten hatte. Im Gegensatz zur Provinz Brandenburg wurde aber in Westfalen die alte Anstalt nicht geschlossen, sondern weitergenutzt. Nach Fertigstellung der neu gebauten Anlage führte man dort eine konfessionelle Trennung der Patienten ein: In Lengerich wurden nur Kranke protestantischer Konfession aufgenommen, während die „Mutteranstalt" Marsberg fortan als rein katholische Einrichtung diente.[32]

Maßgeblichen Einfluss auf das Bauprogramm hatte der bereits bekannte Heinrich Laehr. Fast parallel zu seinem Engagement in der Baukommission für Eberswalde plante der umtriebige Sanitätsrat auch in der Provinz Westfalen und berief den örtlichen Architekten Baumeister Nohl.[33] Als besonderes Merkmal der Lengericher Anlage wurde die deutliche Separierung der einzelnen Krankenhäuser hervorgehoben: „Als erste in Deutschland stellte sie den fortgeschrittenen Typus des bei dem Aufblühen der „Irrenfürsorge" gewählten geschlossenen Anstaltsbausystem dar, das heißt gegenüber den ersten ganz zusammenhängend gebauten Anstalten wie Nietleben, Illenau, Sachsenberg erhielten in Lengerich die Hauptabteilungen gewisse Abstände von einander, die aber durch gedeckte Verbindungsgänge wieder aufgefüllt wurden."[34] Diesen etwas verklausulierten Anspruch, als erste Anstalt in Deutschland das ältere System der gedeckten Gänge zwar nicht vollständig überwunden, aber gelockert zu haben, muss sich die Anlage in Lengerich jedoch mit Eberswalde und den Projekten für Göttingen und Osnabrück teilen.[35]

Betrachtet man den Bauplan von Lengerich, so fällt eine gewisse Verwandtschaft mit Halle und dessen Nachfolgern in Allenberg und Schwetz auf. Ähnlich wie die älteren Anlagen war hier das Versorgungsgebäude in das Zentrum der Anlage gestellt und mit gedeckten Gängen an die beidseitig angeordneten Krankenhäuser angebunden. Ein horizontal gestellter Gang trennte die nördlichen Pflege- von den südlichen Heilabteilungen. Besonders die Krankenhäuser der letzteren erinnerten mit ihrer L-Form stark an die sächsische Anstalt. Die Pflegehäuser hingegen waren wie in Schwetz als Zeilenbauten ausgeführt. Der geschlossene Innenraum war ähnlich wie in Halle und den Nachfolgeeinrichtungen in Allenberg und Schwetz in einen Frauenhof, einen „neutralen" Wirtschaftshof und einen Männerhof gegliedert, horizontal durchschnitten von den Verbindungsgängen zum Ökonomiebau, welche den Bereich der chronischen von dem der heilbaren Kranken trennte. Die Isoliergebäude lagen in Lengerich wie in Schwetz in der Mittelachse.

Entgegen den älteren Anstalten war das Verwaltungsgebäude am Auftakt der neutralen Achse mit zusätzlichen Funktionen versehen und anders gestaltet. Der Kirchenraum der Anstalt war direkt in das Administrationsgebäude integriert und wurde zum beherrschenden Motiv der Hauptfassade. Dies

---

32 Vgl. ebd., S. 130.
33 Vgl. ebd., S. 164 und Bresler, Heil- und Pflegeanstalten, Bd. 2, S. 231.
34 Ebd., S. 232.
35 Vgl. ebd., S. 231. Dass dieser Umstand dennoch nicht den Anspruch trübte, lag vermutlich an der Befangenheit des Autors, des Geheimen Sanitätsrats Direktor Schäfer, der 47 Jahre nach Eröffnung der Anstalt Direktor in Lengerich war. Hingegen war die kurmärkische Anstalt in Eberswalde nicht in Breslers monumentalen Bild- und Textbänden von 1910 und 1912 vertreten. Für die Provinz Brandenburg waren dort nur die Anstalten Landsberg an der Warthe, Teupitz und Potsdam verzeichnet.

Lengerich, Provinzial-Irrenanstalt, Nohl, 1862–65, Photo des Verwaltungsgebäudes mit Haupteingang.

war offenbar der von Anfang an intendierten konfessionellen Ausrichtung der westfälischen Anlage geschuldet. In Lengerich flankierten zwei schlanke Westtürme den Haupteingang, welcher den Besucher scheinbar direkt in eine hoch aufstrebende einschiffige Hallenkirche führte, deren Langhaus mit einem großen rundbogigen Kirchenfenster gekennzeichnet war. Tatsächlich begann der eigentliche Kirchenraum aber nicht im Erdgeschoss, sondern ein Stockwerk darüber.

Auch in Eberswalde war die Kapelle integraler Bestandteil des Hauptgebäudes, wurde aber an der Hauptfassade nicht thematisiert. Lediglich der kleine Turmaufsatz mit Uhr zeigte dort die Lage des rückwärtig in den Hof ragenden Kirchenraums an. Ebenso war die Kapelle beziehungsweise der Betsaal in Halle, Allenberg oder Schwetz nicht nur auf eine weniger prominente Stelle verwiesen, etwa im Anschluss an das Ökonomiegebäude, sondern auch motivisch nicht derart inszeniert wie in Lengerich.[36]

Die Disposition der Baukörper und ihre Verbindung mittels des Korridor- beziehungsweise Gangsystems waren in Eberswalde gegenüber Lengerich, aber auch Halle, Allenberg und Schwetz anders gelöst. Gropius hat das Ökonomiegebäude aus dem Zentrum an den hinteren Rand des Vierecks gerückt und die Isolierhäuser nicht in die Mittelachse, sondern wie in Halle in Verlängerung

36 Ein weiterer Unterschied betraf die Lage des Festsaales. In Lengerich war er als rückwärtiger Anbau in den Hof hinausgebaut, während die drei älteren Anlagen denselben am Wirtschaftsgebäude angeschlossen hatten.

der äußeren Krankenhäuser angelegt. Den gesamten rückwärtigen Bereich umgrenzte er mit einer Mauer und legte ihn als Wirtschaftshof an. Damit war nicht nur eine stärkere Isolierung der „Tobhäuser" vom übrigen Anstaltsbetrieb als in Allenberg und Schwetz erreicht, sondern der Innenraum gewann im Bereich der Krankenabteilungen an Raum, da er nicht zusätzlich horizontal unterteilt wurde. Durch die Verbindungsgänge vom Verwaltungs- zum Ökonomiegebäude und der Verlegung des Wirtschaftshofes hinter den Bau, konnte zudem auch der neutrale Bereich in der Mitte – bei Gropius als Beamtengarten bezeichnet – kleiner ausfallen als bei allen anderen genannten Anlagen.

Das Wegfallen der selbst noch in Lengerich stark ausgeprägten horizontalen Teilung des Innenbereiches in eine Heil- und eine Pflegeanstalt war in Eberswalde letztlich die Konsequenz aus der Unterbringung von chronisch Kranken und heilbaren Kranken in einem zusammenhängenden Bauteil. Die Unterteilung in Pflege- und Heilanstalt war hier von außen nicht mehr sichtbar. Damit war auch die strenge Trennung nach Krankheitsgrad, die in den Anstalten nach dem Vorbild von Halle nicht zuletzt in der Lage und Verbindung der Baukörper ihren Ausdruck fand, in Eberswalde zumindest architektonisch nicht mehr eindeutig nachvollziehbar. In der kurmärkischen Anstalt trat nicht zuletzt in der baulichen Disposition die Differenzierung der Patienten nach sozialen Klassen stärker in den Vordergrund. Die auffallend inszenierten Krankenhäuser der „Pensionäre" in Eberswalde gab es in dieser Form weder in Lengerich noch in den drei älteren Anstalten.

Die Anstalten Göttingen und Osnabrück waren bedeutende Bauprojekte des Königreiches Hannover und wurden fast zeitgleich projektiert. Das Bauprogramm wurde in beiden Fällen von derselben Kommission, bestehend aus dem Medizinalrat Dr. Ludwig Daniel Christian Snell aus Hildesheim (1817–1892)[37], dem Medizinalrat Dr. Brandes und dem Regierungsassessor Marcard in Zusammenarbeit mit dem Innenministerium in Hannover erarbeitet.[38] Dabei hatte man sich explizit dafür entschieden, nicht eine große Landesanstalt für 400 Kranke wie in der Kurmark Brandenburg, sondern zwei kleinere Anstalten für etwa 200 Patienten zu errichten. Die Entscheidung für zwei Anlagen trieb zwar de facto durch die Verdoppelung der Gemeinschaftseinrichtungen, wie Verwaltungsgebäude, Wirtschaftsgebäude und Sanitäranlagen die Kosten in die Höhe, dennoch war man der Meinung, dass „nach den Ansichten der bedeutendsten deutschen Irrenärzte in Beziehung auf die Heilung der Kranken kleinere Anstalten gegen große […] entschieden im Vorzuge"[39] wären. Außerdem hoffte man offenbar, mit zwei dezentral lokalisierten Anlagen, fern der Landeshauptstadt Hannover, die Versorgung des ganzen Landes besser gewährleisten zu können. Dieses Argument klang ja auch in der Diskussion um

---

37 Kirchhoff, Deutsche Irrenärzte, Bd. 1, S. 268–274.
38 Adolf Funk und Julius Rasch, Pläne der neuen Irrenanstalten zu Göttingen und Osnabrück, in: Zeitschrift des Architekten- und Ingenieur-Vereins Hannover 8, 1862, H. 1, Sp. 17–132, sowie Bl. 216–225, hier Sp. 18. Dass beide Anstalten letztendlich nicht getreu diesen Plänen ausgeführt worden sind, erwähnten die beiden Autoren in einem späteren Beitrag, dies., Die Landes-Irrenanstalt zu Göttingen, insbesondere die Küchen- und Wirtschaftsgebäude derselben, in: Zeitschrift des Architekten- und Ingenieur-Vereins Hannover 13, 1867, Sp. 328–357 sowie Bl. 380–385, hier Sp. 328f. So musste in Göttingen aus Kostengründen auf Schmuckelemente am Hauptgebäude verzichtet werden; die Pläne für Osnabrück wurden sogar vollständig umgearbeitet.
39 Funk und Rasch, Pläne der neuen Irrenanstalten Göttingen und Osnabrück, Sp. 24.

den Standort der neuen kurmärkischen Anlage mit der Formulierung „mehr in der Mitte der Provinz" an, hatte aber aus finanziellen Gründen nicht das Gewicht wie bei der hannoverschen Planung.[40]

Die letztlich für 230 Patienten ausgelegte Königliche Hannoveranische „Irrenanstalt" beziehungsweise „Landes-Irrenanstalt" bei Göttingen[41] wurde im Auftrag des Innenministeriums des Königsreichs Hannover nach einem Entwurf von Baurat Adolf Funk und Bau-Kondukteur Julius Rasch ab 1863 ausgeführt und im Mai 1866 eröffnet.[42] In der ansonsten sehr ausführlichen Erläuterung des Projektes wird der Bauverlauf nur knapp erwähnt, die verantwortlichen Planer heben aber ausdrücklich hervor, „dass derselbe kein Opfer an Menschenleben forderte, dass nur einzelne leichte Verwundungen vorkamen, welche bald vollständig geheilt werden konnten"[43].

Der erste Direktor Ludwig Meyer war auch in das Bauprojekt involviert. Er war zuvor Assistenzarzt im westpreußischen Schwetz gewesen und kannte somit das von Heinrich Damerow und der Anstalt Nietleben bei Halle beeinflusste System aus eigener Erfahrung. Meyer war zusammen mit Wilhelm Griesinger (1817–1869) einer der engagiertesten Verfechter des „no restraint"-Systems in Deutschland, das beide in den von ihnen geleiteten Anstalten in Berlin und Göttingen einführten[44] – ebenso wie Moritz Koeppe 1866 nach dem Tode von Damerow in Halle-Nietleben[45].

Die Göttinger Anstalt lag etwa 800 Meter südlich der Stadt auf einer Anhöhe, dem so genannten Ascherberg, in der Nähe des Flusses Leine und an der Chaussee nach Münden. Ihre ca. 150 Meter lange Hauptfassade war nach Südosten gerichtet. Es handelte sich um einen dreiseitig um einen Hof gruppierten Gebäudekomplex im Korridorsystem mit der bekannten zentralen Anordnung des dreistöckigen Administrationsgebäudes, dem sich auf beiden Seiten die Krankenabteilungen direkt anschlossen: auf der Südseite die zweigeschossigen Krankenflügel für die männlichen, nördlich das Pendant der weiblichen Kranken. Ein besonderes Kennzeichen der Anstalt war der große ungeteilte Innenraum, der als „gemeinschaftlicher Garten" bezeichnet wurde. Ähnlich wie in Eberswalde war der Wirtschaftshof aus dem inneren Bereich herausgenommen und hinter das gleichnamige Gebäude gelegt. Der Raum wurde von den beiden „Tobhäusern" seitlich begrenzt und nach Westen hin von zwei Torhäusern abgeschlossen. Neben dem gemeinschaftlichen Garten waren den einzelnen Abteilungen aber auch acht separate Gärten zugeordnet. Sie lagen jeweils an den Außenseiten der Flügel und zu einem kleineren Teil, als Gärten für die Patienten der I. und II. Klasse, auch beidseitig des Zufahrtsweges vor

40 Schreiben des Vorsitzenden Landarmendirektors Landrat Scharnweber an die Städte der Kurmark vom 28. Januar 1861, in: Kreisarchiv Barnim, A.II., 9798, Bl. 15.
41 Heute Landeskrankenhaus, Rosdorfer Weg 70. Die im Handbuch der Deutschen Kunstdenkmäler (Dehio). Bremen, Niedersachsen, bearbeitet von Gerd Weiß u.a., München, Berlin 1992, S. 513 angegebene Datierung (1862–1864) ist jedoch zu früh.
42 Die Pläne des Projektes wurden in der Zeitschrift des Architekten- und Ingenieur-Vereins 8, 1862, H. 1, Bl. 216 ff., sowie 13, 1867, Bl. 380–385 publiziert. Eine Beschreibung findet sich in einem Aufsatz von Julius Rasch, Die Irren-Anstalten zu Göttingen und Osnabrück, insbesondere der Bacon'sche Luftheizungsapparat, in: Wochenblatt des Architekten-Vereins zu Berlin 1, 1867, Nr. 3, S. 17 ff.
43 Funk und Rasch, Landes-Irrenanstalt Göttingen, Sp. 338.
44 Jetter, Typologie des Irrenhauses, S. 166 und S. 169.
45 Jetter, Geschichte des Irrenhauses, S. 46. Die Anstalt in Halle-Nietleben war seit 1838 in Planung, eröffnet wurde sie 1844, vgl. ebd., S. 49.

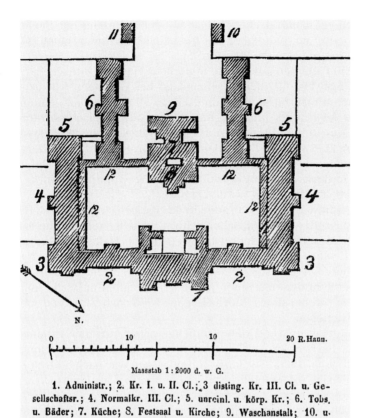

1. Administr.; 2. Kr. I. u. II. Cl.; 3 disting. Kr. III. Cl. u. Gesellschaftsr.; 4. Normalkr. III. Cl.; 5. unreinl. u. körp. Kr.; 6. Tobs. u. Bäder; 7. Küche; 8. Festsaal u. Kirche; 9. Waschanstalt; 10. u. 11. Thorwärter u. Leichenhaus; 12 Verbindungsgänge.

Göttingen, Irrenanstalt, A. Funk und J. Rasch, 1863–66, schematischer Lageplan nach Laehr..

der Hauptfront der Anlage. Auch für die Beamten war in Göttingen ein eigener Freibereich oder Hof vorgesehen, der ähnlich wie in Schwetz direkt hinter dem Administrationsgebäude lag.

Das System der eindeutig getrennten Heil- und Pflegeanstalten, die mit Gängen relativ verbunden blieben, war in Göttingen schon im Bauprogramm kein Thema mehr und wurde demgemäß auch nicht mehr in der Gestaltung und Ausführung berücksichtigt. Die in Eberswalde vorhandenen Verbindungsgänge vom Verwaltungs- zum Wirtschaftsbau fehlten hier ebenso wie die Parzellierung nach dem Muster von Halle. Es existierte lediglich ein durchgehender Korridor, der alle Flügel miteinander verband und zu den Isolierhäusern führte, doch war dieser Gang vergleichbar mit Schwetz als eingeschossiger, gedeckter Hallengang auf der Hofseite an die Krankenhäuser angefügt.[46] Nur auf der Vorderfront war der Korridor in den Bau integriert und erschloss das Verwaltungsgebäude zweihüftig.

46 Dieses System wurde dann auch für die 1867 noch im Bau befindliche Irrenanstalt Zürich übernommen, vgl. Rasch, Irrenanstalten zu Göttingen und Osnabrück, S. 17.

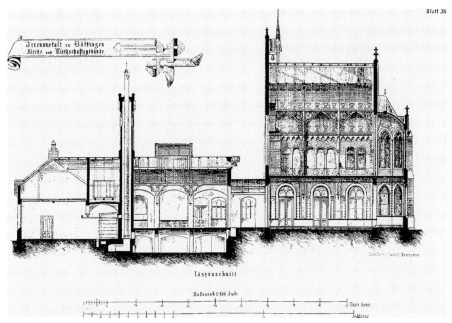

Göttingen, Irrenanstalt, A. Funk und J. Rasch, 1863–66, Kirche und Wirtschaftsgebäude, Längsschnitt.

Ähnlich wie in Eberswalde lag das Wirtschaftgebäude in einer Achse mit dem Verwaltungsgebäude. Im Gegensatz zur brandenburgischen Anstalt hatte der Göttinger Ökonomiebau jedoch eine „multifunktionalere" Nutzung. Neben Küchen und der Wäscherei enthielt er auch einen Hörsaal für die psychiatrische Klinik – und sogar die Anstaltskirche. Unter der Kapelle im ersten Obergeschoss des Wirtschaftsgebäudes waren drei Festsäle sowie die Gesellschaftsräume angeordnet. Von den Festsälen gab es einen Zugang zum großen Innenhof, der dann als „Gesellschaftsgarten" genutzt werden konnte. Die Anstalt war von Anfang an mit der Aufgabe betraut, trotz der Eigenständigkeit als Landesklinik, Unterrichtsfunktionen für die Göttinger Universität zu übernehmen. Darin unterschied sie sich auch programmatisch von allen bisher besprochenen Anlagen.

Im Vergleich zu den Bedingungen beim Bau in Eberswalde, hatte der Göttinger Planer Julius Rasch bei der äußeren Gestaltung wesentlich mehr Finanzmittel zur Verfügung. Die Fassaden sind teils aus gelbem Backstein, teils aus Kalk-, Sand-, und Tuffsteinen ausgeführt. Der Einsatz von Rohziegeln war ein Novum in der Hannoveraner Architektur, die bis dahin vor allem die regionalen Tuff- und Sandsteine verwendet hatte. Die Baukostenrechnungen zeigten aber, dass der Ziegel nicht nur preiswert, sondern auch sehr praktisch in der Verarbeitung war. Rasch war so von dem Material überzeugt, dass er es wärmstens zur Nachahmung empfahl, so dass „der Backstein sich den ihm gebührenden

Rang"[47] erobern könnte. Durch gestalterische Elemente wie zinnenkranzartige Abschlussgesimse, spitzbogige Fensterrahmungen, Giebel und Ecktürmchen wurde dem ganzen Bau ein neogotisches Erscheinungsbild gegeben. Naturgemäß waren für das Verwaltungsgebäude und die auf der Südostseite in das Wirtschaftsgebäude integrierte Anstaltskapelle ein reicheres Dekorum vorgesehen, das aber aus Kostengründen letztlich nur in reduzierter Form zur Ausführung kam. So wurde das „Administrationsgebäude in seiner Grundriß-Ausdehnung reducirt und von verschiedenen zur Verschönerung und zur Erreichung des Ausdrucks größerer Wohnlichkeit projectirten Erkerausbauten und Vorhallen Abstand genommen"[48]. Die Holzdecke der Kirche war gewölbt und die Wände und Fenster farbig dekoriert[49]. Der Zutritt konnte, getrennt nach Geschlechtern, von beiden Seiten erfolgen.

Die Gesellschaftsräume wurden wie die gesamte Anlage nach Geschlechtern getrennt, das heißt, es standen für beide Abteilungen ein Lese- und ein Musikzimmer zur Verfügung. Dennoch gab es kleine aber feine Unterschiede: Während sich die weiblichen Patienten mit diesen Zimmern begnügen mussten, durften sich die Herren auch beim Billard, in der Turnanstalt oder auf der Kegelbahn vergnügen.[50] Der rückwärtige Teil des Wirtschaftsgebäudes nahm schließlich die eigentlichen Versorgungseinrichtungen wie Wäscherei, Küche, Spüle, sowie die zum Antrieb der Gerätschaften notwendige Dampfmaschine auf.

Das Verwaltungsgebäude beherbergte im Erdgeschoss die Geschäftsräume und die Dienstwohnungen des Hausverwalters und Oberwärters. In den oberen Geschossen lagen die Dienstwohnungen der höheren Beamten, dieser Bereich war vollständig vom Publikumsverkehr ausgenommen. Die Dienstwohnungen waren für den ärztlichen Direktor und seine Familie, für den zweiten Arzt[51] sowie zwei Assistenzärzte vorgesehen. Für das übrige Personal – mit Ausnahme der in den Abteilungen wohnenden Wärter und Wärterinnen – standen ebenfalls Stuben und Kammern zur Verfügung.

Ganz ähnlich wie in Eberswalde wurde die Unterbringung der Patienten nicht mehr, wie noch in Allenberg oder Schwetz, nach chronisch und heilbaren Kranken organisiert, sondern nach Sozialklassen, genauer nach Bildung und Verpflegungsklasse. Voraussetzung war und blieb selbstverständlich die Trennung der Geschlechter. Die Patienten wurden demnach in Göttingen in drei Klassen unterteilt, welche wiederum nach dem Verhalten und nach Krankheitsform in ruhige, unruhige, unreinliche beziehungsweise epileptische, ohne Klassentrennung, und „tobsüchtige", ebenfalls ohne Klassentrennung, gesondert wurden.

In Göttingen hatte man schon im Bauprogramm, deutlicher als in Eberswalde „eine Trennung der Heilbaren und Unheilbaren principmäßig" nicht

47 Funk und Rasch, Landes-Irrenanstalt Göttingen, Sp. 337.
48 Ebd., Sp. 328.
49 Ebd., Sp. 349.
50 Funk und Rasch, Pläne der neuen Irrenanstalten Göttingen und Osnabrück, Sp. 22.
51 Die Wohnung für den zweiten Arzt umfasste nur zwei Stuben und eine Kammer, die Autoren der Pläne bedauern selbst, dass ihm aus Baukostengründen keine Familienwohnung zur Verfügung gestellt werden könnte. Dies wäre umso wichtiger, um den Arzt dauerhaft an eine Anstalt zu binden, so dass er seine Tätigkeit dort nicht nur als Durchgangsstation verstünde, vgl. ebd., Sp. 27.

mehr durchführt. Begründet wurde das auch mit dem unverhältnismäßigen Aufwand, den eine bis in kleinste Einheiten unterteilte Anlage mit sich brächte. Da aber die Göttinger Anstalt nur die Hälfte der Patienten von Eberswalde aufnehmen sollte, wurde – um die räumliche Struktur nicht zu kleinteilig werden zu lassen – explizit darauf verzichtet.

Während die Kranken der I. Klasse – in Eberswalde auch Pensionäre genannt – einen eigenen Bauteil in prominenter Stellung zum Hauptgebäude erhielten, waren sie in Göttingen, wenngleich an gleicher Stelle, so doch durch die zusammenhängende Baustruktur nicht ganz so bevorzugt untergebracht. Ihre Einquartierung in Einzelzimmer machte jedoch gegenüber den Kranken der II. Klasse, die sich zu zweit oder dritt ein Zimmer teilen mussten, die Rangunterschiede deutlich. Die Kranken III. Klasse bewohnten dagegen Schlafsäle zu zehn bis zwölf Betten, die durch einzelne Isolierkammern für unruhige oder „nicht vertrauenswürdige" Patienten ergänzt wurden.

Links und rechts des Verwaltungsgebäudes befanden sich die Abteilungen für die Kranken der I. und II. Klasse, im ersten Stockwerk für die Unruhigen, im Obergeschoss für die Ruhigen. Die abknickenden Flügel nahmen die verschiedenen Kranken der III. Klasse auf, in den Eckpavillons waren die gebildeten, „distinguirten" Patienten der III. Klasse sowie Aufenthaltsräume angeordnet. In den Eckpavillons zwischen den hinteren Flügeln waren schließlich die Unreinlichen und Epileptischen untergebracht, darüber die Abteilungen für die körperlich Kranken. Von ihnen durch einen gedeckten Gang abgesondert, schlossen die zwei Flügelbauten der Isolierabteilung die Anlage nach hinten ab. Am Kopfende waren die Badeanstalten, in dem rückwärtigen, einhüftig erschlossenen Bauteil die Zellen für die stark unruhigen Kranken lokalisiert.

Auf der Rückseite der Gesamtanlage flankierten zwei kleinere Gebäude den so genannten Versorgungszugang, von denen eines als Wohnhaus für den Portier und Wächter sowie den Gärtner diente, das andere als Leichenhaus mit einem Aufbahrungssaal, einem Sezierzimmer und Labor sowie einem Trauersaal für die Angehörigen ausgewiesen war. Diese Konfiguration fand sich in ähnlicher Art und Weise in Eberswalde, da auch hier der Ökonomiehof auf die Rückseite der Anlage gelegt war.

Die Osnabrücker „Irrenanstalt" wurde, zumindest was das Bauprogramm anbelangt, parallel zu ihrer Schwesteranstalt in Göttingen geplant, aber später ausgeführt. Trotz dieser Verwandtschaft zeigte sie eine gänzlich andere bauliche Ausprägung. Die Anlage[52] entstand zwischen 1864 und 1867 nach Plänen von Adolf Funk und unter Leitung des Bauinspektors Stüve.[53] Ihre Fertigstellung war zum einen durch die „Zeitverhältnisse verzögert"[54] worden, zum anderen wurden die Baupläne zwischen der Projektierung 1862 und dem tatsächlichen

52 Heute Niedersächsisches Landeskrankenhaus, Knollstraße 15.
53 Vgl. Adolf Funk, Die Irrenanstalt zu Osnabrück, in: Zeitschrift des Architekten- und Ingenieur-Vereins Hannover 22, 1876, Sp. 21–46, hier Sp. 21. Ursprünglich für 180 bis 200 Patienten geplant, nahm der ausgeführte Bau schließlich 230 Patienten auf.
54 Rasch, Irren-Anstalten zu Göttingen und Osnabrück, S. 17 ff. Offenbar wurde hier auf die politisch, und damit finanziell angespannte Situation zu Zeiten der Reichseinigungskriege angespielt. Das Projekt wurde ebenso in der Zeitschrift des Architekten- und Ingenieur-Vereins 8, 1862, Bl. 219 ff. publiziert.

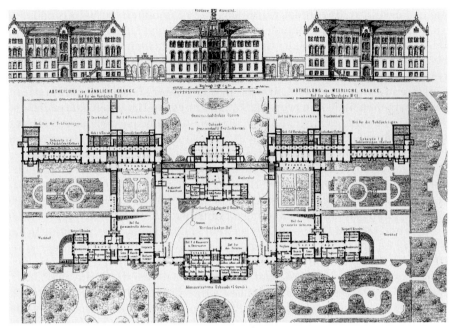

Osnabrück, Irrenanstalt, A. Funk, 1864–67. Grundrissplan mit Vorderansicht.

Baubeginn nochmals vollständig umgearbeitet.[55] Bedingt durch die schwierigen topografischen Begebenheiten des Bauplatzes, bestand die Planänderung in der Hauptsache in dem Verzicht, die Anlage in drei Niveaus zu bauen. Stattdessen reduzierte man die Ausdehnung auf zwei Niveaus, indem die „Tobhäuser" in eine Reihe mit den Gebäuden der zweiten Ebene gerückt wurden.

Nach ähnlichem Muster wie in Eberswalde erfolgte auch für Göttingen und besonders für Osnabrück eine ausführliche Publikation des Projektes durch die beteiligten Architekten Funk und Rasch. Da beide im Staatsdienst standen, wunderte es nicht, dass sie es bei der Vorstellung ihrer Bauprojekte in einer Fachzeitschrift beließen. Der Privatarchitekt Gropius hingegen veröffentlichte die Eberswalder Anstalt zusätzlich in einer gebundenen Prachtausgabe, die eindeutig Repräsentationscharakter aufwies und dem Konkurrenzverhältnis zuzuschreiben war, in dem sich die kurz zuvor gegründete Architektengemeinschaft Martin Gropius und Heino Schmieden zu anderen freien Architekten befand.[56]

Ebenso wie in Eberswalde erfolgte im Falle von Osnabrück die Veröffentlichung mit einigem zeitlichen Abstand zur Inbetriebnahme der Anlage. Gropius wertete durchaus positiv, dass dieser Abstand den Architekten in die Lage versetzte, zu bewerten „in wie weit das Werk gelungen und was daran mangelhaft

55 Vgl. Funk und Rasch, Landes-Irrenanstalt Göttingen, Sp. 329, vgl. auch Funk, Irrenanstalt Osnabrück, Sp. 21.
56 Der Zeitpunkt der Veröffentlichung stand in einem auffälligen Bezug zum Projekt der Berliner „Irrenanstalt" in Dalldorf, zu deren eingeschränkter Konkurrenz das Büro Gropius und Schmieden eingeladen wurde.

geblieben ist. Er wird die Äußerungen der Ärzte, Beamten und der Kranken, so wie die Urtheile fremder ärztlicher Autoritäten über die Anstalt und die Zweckmässigkeit der Einrichtung erfahren, er wird genau kennen gelernt haben, wie sich das Leben der Kranken in den neuen Räumen gestaltet hat."[57] Mit einer vergleichbaren Begründung wurde auch in Bezug auf Osnabrück argumentiert, dass fast zehn Jahre nach der Eröffnung eben „diejenigen Erfahrungen dargelegt werden [...], welche sich bei einer mehrjährigen Benutzung der Anstalt herausgestellt haben". Wie in Eberswalde kam hier ebenfalls der erste Direktor der Anstalt zu Wort. Gustav Meyer[58] hob in seinem Erfahrungsbericht vor allem zwei Punkte hervor: Zum einen war die Anstalt fast sofort nach der Eröffnung voll belegt, zum anderen zeigte sich, dass die einzelnen Abteilungen unterschiedlich stark frequentiert waren. Die Gruppe der „tobsüchtigen", unruhigen und unreinlichen „Weiber" war größer als man ursprünglich angenommen hatte: „Die Gründe für diese Erscheinung sind bekannt, und darin zu suchen, dass [...] die aufgeregten Männer entweder rascher erschöpft sind und in Blödsinn verfallen [...] oder [...] einem baldigen Tode entgegen gehen. Bei den weiblichen Kranken [...] sieht man Aufregungszustände oft Jahre lang in fast derselben Intensität fortbestehen, [...] 20 und selbst 30 Jahre lang [...]."[59] Damit war die sorgfältig geplante Unterbringung und austarierte Organisation der Anlage entscheidend beeinträchtigt. Das Kardinalproblem aller Anstaltsbauten, die im Grunde unzureichende Ermittlung der Bedarfszahlen, war auch in 1860er Jahren trotz deutlicher Verbesserung der statistischen Erhebungen ein noch immer ungelöstes Problem.[60]

Das Bauprogramm für Osnabrück war identisch mit den Vorgaben für die Anstalt Göttingen. Die Anlage wurde knapp einen Kilometer außerhalb der Stadt am südöstlichen Abhang des so genannten Gertrudenberges errichtet.[61] Auf der Nordostseite schloss sich ein als „kleine Schweiz" bezeichnetes Waldstück an. Die hinteren Gebäudeflügel sollten dem ansteigenden Terrain folgen. Diese Geländesituation bedingte eine von fast allen anderen Anlagen in Deutschland divergierende Anordnung der Abteilungskrankenhäuser. Eine Aufschüttung des Geländes wurde aus Kostengründen verworfen, stattdessen entschied man sich hier gegen eine vollständig geschlossene Viereckanlage und für eine aufgelockerte mit parallel gestellten Gebäuden, die mit Verbindungsgängen kommunizierten. Dabei vermied man eine allzu große Ausdehnung der Anlage in die Tiefe. Folglich wurden die Abteilungen nicht als rechtwinklig aneinander stoßende Flügel errichtet, sondern orientierten sich reihenartig nach Südosten. Funk bezeichnete diese spezielle Ausbildung als Annäherung an das Pavillon-

57 Gropius, Die Provinzial-Irren-Anstalt, S. 16.
58 Jetter, Typologie des Irrenhauses, S. 139. Gustav Meyer, nicht zu verwechseln mit Ludwig Meyer, war zuvor zweiter Arzt in Hildesheim unter dem Direktor Ludwig Daniel Christian Snell gewesen.
59 Funk, Irrenanstalt Osnabrück, Sp. 25 f.
60 Vgl. dazu die Kritik von Damerow an der Erhebungspraxis in Preußen: Damerow, Statistische Nachrichten, S. 330–344 und Guttstadt, Die Geisteskranken, in: GStA PK, Rep 76, VIII A, Nr. 3550, Bl. 60–88.
61 Die Bezeichnung ging auf ein nördlich der Anstalt gelegenes, im 12. Jahrhundert gegründetes Benediktinerinnenkloster zurück, deren Klosterkirche der Hl. Gertrud geweiht war. Das Kloster wurde im Dreißigjährigen Krieg stark beschädigt und 1803 schließlich säkularisiert, vgl. Handbuch der Deutschen Kunstdenkmäler (Dehio), Bremen/Niedersachsen, S. 1055 f.

system.[62] Die strikte Trennung nach Geschlechtern sowie nach ruhigen und unruhigen Kranken blieb durch diese aufgelockerte Bauweise möglich. „Die einzelnen Stationen enthalten, wie in kleinen gut eingerichteten Familienwohnungen, alles zum täglichen Leben und für den Krankendienst Nothwendige so bei einander, dass ein Verkehr unter ihnen eigentlich gar nicht stattfindet und dass Ordnung und Ruhe in der Anstalt durch die baulichen Anlagen und Einrichtungen in erwünschtester Weise begünstigt werden."[63]

Gleichwohl blieben die einzelnen Abteilungshäuser über gedeckte Hallen und zusätzlich geschlossene Galerien miteinander verbunden. Das ansteigende Gelände überwand man dabei derart, dass diese Galerien bei den tiefer gelegenen Bauten im zweiten Geschoss ansetzten, und bei den höher gelegenen Abteilungshäusern im ersten Geschoss anschlossen.

Die innere Disposition unterschied sich ansonsten wenig von der Göttinger Anstalt: In dem über einem hohen Sockelgeschoss dreigeschossigen Administrationsgebäude befanden sich die öffentlichen Räume, in den Obergeschossen die Dienstwohnungen sowie in diesem Falle auch die Abteilung der körperlich Kranken. Daran schlossen sich im Hauptgebäude die zweigeschossigen Abteilungen, links für die Männer, rechts für die Frauen, an. Im Unterschied zu der in den meisten Anlagen üblichen Anordnung sollten hier die Abteilungen der ruhigen Patienten III. Klasse dem Verwaltungstrakt am nächsten liegen.

Es folgten eine Zäsur durch ein Treppenhaus, das sich auch äußerlich durch einen übergiebelten Risalit markierte, sowie jenseits davon dann die Abteilungen der „distinguierten" Patienten der Verpflegungsklasse III und darüber im obersten Geschoss die Aufenthaltsräume mit Musikzimmer, Lesezimmer und Billardzimmer. In den anschließenden, quer gestellten Eckpavillons fanden schließlich die Patienten der I. und II. Klasse Unterkunft. Die Schmalseiten der Pavillons zeigten im obersten Geschoss eine Dreierarkade und einen Giebel mit Blendarkaden, an ihren Langseiten traten die Tagesräume mit einem polygonalen Erker sichtbar hervor.

Die zweigeschossigen Pavillons der zweiten Ebene wurden zum Anstaltszentrum hin durch eine offene Veranda mit dem Vorderhaus verbunden. Sie nahmen im unteren Geschoss die Badestuben und die Abteilungen für Unreine beziehungsweise Epileptische, im oberen unruhige Patienten der III. Klasse auf. Sowohl in Göttingen wie auch in Osnabrück entschied man sich gegen die bis dato geläufige Praxis, die Unreinen beziehungsweise Epileptiker in großen Schlafsälen unterzubringen und richtete stattdessen kleinere Säle für nur vier (Göttingen) beziehungsweise zwei (Osnabrück) Kranke ein.

Ursprünglich plante man, die eingeschossigen „Tobzellenhäuser" separat in einer noch höheren, dritten Ebene zu errichten. Aus Gründen der Geländedisposition entschied man sich aber, diese auf dem zweiten Niveau direkt an die Gebäude für die Unreinlichen und Unruhigen anzuschließen.

---

62 Dabei sahen Funk und Rasch das Pavillonsystem vor allem für große Anstaltsbauten, die auf abfallendem Terrain gebaut waren, als vorteilhaft an und nannten als Beispiel das Pariser Hôpital Lariboisière oder St. Jean in Brüssel, vgl. Funk und Rasch, Pläne der neuen Irrenanstalten Göttingen und Osnabrück, Sp. 32.
63 Funk, Irrenanstalt Osnabrück, Sp. 22 f.

Neben Küche, Waschanlage und Dampfmaschine integrierte man auch in Osnabrück drei Fest- und Gesellschaftssäle auf der Südostseite in das Wirtschaftsgebäude, jedoch verzichtete man auf eine eigene Kapelle und nutzte für Gottesdienste stattdessen die etwa 150 Meter entfernte, zu diesem Zwecke restaurierte, mittelalterliche Klosterkirche[64], die auf getrennten Wegen von den Männern und Frauen erreicht werden konnte. Die benachbart gelegenen Gebäude des ehemaligen Benediktinerinnenklosters hatten seit der Säkularisation 1803 – als Krankenhaus gedient und wurden nun von der neu errichteten „Irrenanstalt" vereinnahmt.[65] Die Konventgebäude waren in den 1860er Jahren nur noch notdürftig erhalten, doch gab es Überlegungen, sie wiederherzustellen um dort künftig eine „Idioten-Anstalt", also ein Verwahr- beziehungsweise Pflegeanstalt für unheilbar „Irre" einrichten zu können.

Der von den Gebäuden und den Gängen gebildete Innenraum wurde durch die offenen Veranden bedeutend verkleinert. Im Gegensatz zur Schwesteranstalt war dieser Bereich direkt im Zentrum der Anlage als Wirtschaftshof genutzt. Erst hinter dem Ökonomiebau war ein größeres unregelmäßiges Areal als gemeinschaftlicher Garten parkartig gestaltet. Der Grünzug, für den man Teile der „Kleinen Schweiz" in das Anstaltsgebiet einbezog, setzte sich auf der Nordostseite des Frauenbereichs fort. Die einzelnen Höfe der Patienten lagen für die ersten beiden Klassen sowie für die Ruhigen der III. Klasse vor der Hauptfront der Anstalt, während den unruhigen Kranken kleinere Hofbereiche zwischen den beiden Ebenen, beidseitig des Wirtschaftshofes, zugewiesen wurden. Die Höfe der „Tobsüchtigen" lagen dagegen wie die Höfe für die Unreinlichen jenseits dieser zweiten Ebene noch vor dem großen Gemeinschaftspark der Anstalt. Alle genannten Bereiche waren durch Mauern umgrenzt. Weitere Freiräume zwischen den offenen Veranden und den geschlossenen Verbindungskorridoren wurden als Binnengarten oder Bleichplatz auf der Frauenseite, sowie als „Hof für geräuschvolle Arbeiten" genutzt.

Gropius und Schmieden: Die Ablösung des Blocksystems durch den Pavillon

Ein Jahr nach Abschluss der Eberswalder Bauaufgabe sozierte Martin Gropius mit Heino Schmieden zur Firma Gropius und Schmieden. Ein Zusammenschluss von Architekten zu einer Bürogemeinschaft war nicht ungewöhnlich[66]: Vermehrt nach der Reichsgründung 1871 „entstanden jetzt die geschäftlich

---

64 Zeitgenössische Fachartikel wiesen dezidiert darauf hin, dass es nicht ausreiche, einen schlichten Betsaal einzurichten, sondern dass die Kapelle vor allem für die emotionale Ansprache an die Patienten in Bezug auf ihre Innenarchitektur (Gewölbe) und Dekoration einer „normalen" Kirche möglichst ähneln sollte. Einzelne Ärzte, so z.B. Damerow forderten sogar, die normale Situation eines sonntäglichen Kirchenbesuchs in der Anstalt dadurch beizubehalten, dass die Kirche separat liege, und die Kranken tatsächlich einen kurzen Kirchgang im eigentlichen Wortsinne dorthin machen müssten. Vgl. auch Funk und Rasch, Pläne der neuen Irrenanstalten Göttingen und Osnabrück, Sp. 62.
65 Handbuch der Deutschen Kunstdenkmäler (Dehio), Bremen, Niedersachsen, S.1056 und S.1060.
66 Es seien an dieser Stelle nur einige beispielhaft genannt, so Hermann Ende und Wilhelm Böckmann (soziiert 1859–95), Wilhelm Albert Cremer und Richard Wolffenstein (soziiert seit 1882), Gustav Ebe und Julius Benda (soziiert 1869–88) und Karl von Groszheim und Heinrich Kayser (soziiert 1872–1911).

so erfolgreichen Architektengemeinschaften mit ihrer Aufgabenteilung und einem Zeichenbüro, in dem ‚Eleven' der Bauakademie als billige Hilfskräfte mit herangezogen wurden"[67]. Heino Schmieden (1835–1913)[68] hatte ebenso wie sein älterer Partner ein Studium an der Bauakademie absolviert. Welche Aufgabenverteilung es innerhalb des Büros gab, lässt sich nicht mit Gewissheit sagen. Nach der gängigen Auffassung spricht man Gropius eher die Entwurfsarbeit zu[69], während Schmieden mehr für die geschäftlichen Fragen zuständig war und „sich zugunsten der Ideen des Freundes manchen Verzicht auf eigene künstlerische Betätigung auferlegen musste"[70]. Die Frage ist vor allem deshalb schwer zu beantworten, weil die Architekten bei den späteren gemeinsamen Bauten stets als „Büro" auftraten und Schmieden selbst vor 1866 überhaupt nur ein einziges Werk allein ausgeführt hatte: Es handelt sich um das Schloss Hünegg, das er 1864 am Thuner See in der Schweiz errichtete.[71] Die Ausführung gibt eine Vorstellung von den Fähigkeiten des jungen Architekten und lässt seine Beteiligung an der Entwurfsarbeit der späteren Bürogemeinschaft nicht unwahrscheinlich erscheinen.

Im Jahr 1866 wurde Gropius zum Professor an der Bauakademie berufen, ein Jahr später zum Leiter der von ihm mitbegründeten Unterrichtsanstalt des Kunstgewerbemuseums in Berlin ernannt. Ab 1869 stand er als Direktor der Königlichen Kunstschule in der Klosterstraße 75 vor, die unter ihm umgreifend reorganisiert wurde.[72] Seine Lehrtätigkeit an der Bauakademie hatte er in der Zwischenzeit aufgegeben. Und auch an diesen beiden Schulen, denen er nun vorstand, übernahm er selbst keine praktischen Lehraufgaben. Gleichwohl gab er Vorbilder-Sammlungen für den Zeichenunterricht, „eine erlesene Auswahl von Schinkels Dekorationen innerer Räume"[73] sowie Eduard Jacobsthals „Grammatik der Ornamente" heraus und initiierte 1871 die Zeitschrift „Archiv für ornamentale Kunst".[74] In seiner Vorrede zum ersten Band des Archivs verankerte er seine künstlerische Auffassung in der Tradition Schinkels und Boetichers: „Nicht das Neue [...] kann uns frommen, nur eine Erneuerung, eine Wiedergeburt im Sinne der alten Kunst."[75] Durch die Leitung der Kunstschule

---

67 Klinkott, Backsteinbaukunst der Berliner Schule, S. 242.
68 Zu Heino Schmieden (1835–1913) vgl. Kieling, Berliner Privatarchitekten, S. 60.
69 „Uneingeschränkt setzte sich Gropius' Formcharakter offenbar in der Firma Gropius und Schmieden durch", Börsch-Supan, Berliner Baukunst, S. 578. Vgl. auch Nekrolog Heino Schmieden, in: Deutsche Bauzeitung 47, 1913, S. 686 f., hier S. 686: „Es wird kaum möglich sein, den Anteil eines jeden der beiden Künstler an diesen Bauwerken [...] gerecht zu verteilen. Doch darf man wohl sagen, daß es in Anlage und Durchbildung vorwiegend der künstlerische Charakter von Martin Gropius war, der den Bauwerken jener Zeit das Gepräge verlieh, während Schmieden nach dem Tode des Meisters seine Entwicklung nach einer anderen Richtung, der mehr praktischen, und auf einem begrenzteren Gebiet, dem des Krankenhausbaues, vollzog."
70 Nekrolog Heino Schmieden, in: Zentralblatt der Bauverwaltung 33, 1913, S. 482 f., hier S. 482.
71 Schmieden publizierte das Werk im Architektonischen Skizzenbuch, H. 75, 1868, Taf. 2, 3 und 5 sowie H. 76, 1865, Taf. 1. Die malerische Konzeption findet sich z. B. in der von Gropius und Schmieden um 1870 gemeinsam ausgeführten Villa Booth in Berlin-Steglitz wieder, vgl. Architektonisches Skizzenbuch, H. 105, 1870, Taf. 2.
72 Jacobsthal hat an der 1870 eröffneten Königlichen Kunstschule, deren Direktor Martin Gropius war, Ornament- und Formenlehre gegeben. Erklärtes Ziel der Einrichtung war es, das künstlerische Niveau der Architektenausbildung zu heben – das nach Meinung von K. E. O. Fritsch von der Bauakademie allzu sträflich vernachlässigt werde. Vgl. Karl Emil Otto Fritsch, Die neue Kunstschule zu Berlin, in: Deutsche Bauzeitung 4, 1870, S. 103 ff.
73 Wallé, Martin Gropius, S. 55.
74 Auf Gropius' Leistungen im Bereich des Kunstgewerbes geht vor allem Schliepmann, Martin Gropius, S. 11 ff. ein.
75 Ebd., S. 12.

Heino Schmieden (1835–1913).

Heino Geschäftsschild Schmieden & Speer, vormals Gropius & Schmieden. (1835–1913).

wurde er Mitglied des Senats der Akademie der Künste und oberster Leiter aller preußischen Kunstschulen. Zugleich war Gropius auch Mitglied der Kommission für das technische Unterrichtswesen und in dieser Funktion hat er eine Reihe von Denkschriften verfasst, die „seiner Zeit weit voraus"[76] waren. Seine Verbandstätigkeit und Mitarbeit in Wettbewerbskommissionen war umfassend. Seit 1854 Mitglied im Architektenverein zu Berlin, wurde er 1879 Gründungsmitglied der Vereinigung Berliner Architekten und war seit 1877 Mitglied des Senats der Akademie der Künste zu Berlin. Im Herbst 1880 wurde er zudem in die preußische Akademie des Bauwesens aufgenommen. Zu seinen internationalen Auszeichnungen zählten die Aufnahme in die Wiener Akademie der Künste 1874 und die Ehrenmitgliedschaften in der Amsterdamer Société d'Architecture 1875 und am Royal Institute of British Architects 1879.[77]

Kurze Zeit nach dem Abschluss der Bauarbeiten in Eberswalde wurde das Büro Gropius und Schmieden vom Magistrat der Stadt Berlin beauftragt, einen Vorentwurf für das neu geplante Krankenhaus am Friedrichshain zu erarbei-

76 Wallé, Martin Gropius, S. 55.
77 Zu den Mitgliedschaften und Ehrungen vgl. Kieling, Berliner Privatarchitekten, S. 24.

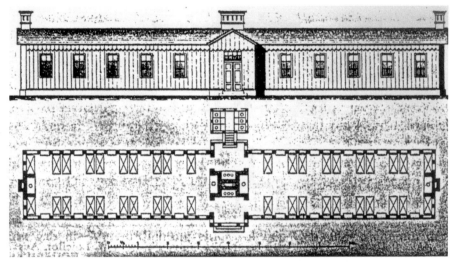

Preußische Musterbaracke nach dem Erlass des Kriegsministeriums 1866. Lithographie von W. Greve.

ten.[78] Bei der Auftragsübernahme gab es noch kein Bauprogramm. Lediglich die Kapazität der Anlage war auf 600 Betten festgelegt. Die ersten Planungen sahen vier zweistöckige Pavillons und ein Isoliergebäude, sowie ein Verwaltungs- und ein Ökonomiegebäude vor. Auf einen Kapellenbau im Zentrum der Anlage wurde zunächst verzichtet. Nach mehreren Überarbeitungen des Plans wurde Ende 1867 eine Fachkommission ins Leben gerufen, zu der auch Rudolf Virchow gehörte. Virchow hatte im selben Jahr eine Lazarettbaracke an der Berliner Charité errichten lassen, die hohe Beachtung unter den Zeitgenossen fand und ein wichtiger Schritt in der Entwicklung des Krankenhausbaus in Deutschland werden sollte. Durch Virchow erhielten Gropius und Schmieden einen entscheidenden Impuls für die Weiterentwicklung ihres ersten Entwurfes.[79]

Aufgrund des neuen Bausystems, mit dem noch keine Erfahrungen vorlagen, vergewisserte sich der Berliner Magistrats zusätzlich des Rates weiterer Fachärzte[80], die sich durchweg positiv äußerten: „[...] nach Vollendung des Baues nach dem vorliegenden Plan [werde] zur Zeit kein zweites Krankenhaus auf dem Continent existiren [...], welches nicht von dem Berliner in Bezug auf Salubrität und Zweckmäßigkeit der inneren Einrichtung übertroffen würde."[81]

Die Durchsetzung des Pavillonsystems lag vor allem in der verbesserten Hygiene durch Isolation der Krankengruppen begründet. Man nahm allerdings an,

78 Gropius und Schmieden publizierten das Projekt mit einer ausführlichen Baugeschichte nach Fertigstellung der Anstalt selbst, Martin Gropius und Heino Schmieden, Das Städtische Allgemeine Krankenhaus in Berlin im Friedrichshain, in: Zeitschrift für Bauwesen 25, 1875, Sp. 131–144, 453–462, Bl. 24–32, 42–47 und 26, 1876, Sp. 5–36, 153–180, Bl. 10–13, 27–30. Vgl. auch Klinkott, Backsteinbaukunst der Berliner Schule, S. 269–276.
79 Besonders die vier zweistöckigen Pavillons wiesen auf den Dalldorfer Plan von 1870 hin, der mit einigen Modifikationen dann durch Blankenstein ausgeführt wurde.
80 Dr. Esmarch (Kiel), Prof. Baum (Göttingen), Dr. B. von Langebeck (Berlin), Dr. Wilms (Diakonissenanstalt Bethanien, Berlin), Dr. Quincke (Berlin), als Verwaltungsfachleute Dr. Esse und Herfordt (beide Berlin), vgl. Gropius und Schmieden, Friedrichshain, in: Zeitschrift für Bauwesen 25, 1875, Sp. 133.
81 Ebd., Sp. 136.

Berlin, Tempelhofer Feld, Barackenlazarett, 1870/71.

dass die gute Luftzirkulation der freistehenden Bauten ursächlich für den Erfolg des Systems war. Erst gegen Ende des Jahrhunderts wurde mit der Begründung der modernen Bakteriologie deutlich, dass die Krankheitsübertragung nicht über (schlechte) Luft, sondern durch Viren, Pilze und Bakterien erfolgte.

Die Entwicklung zur Dezentralisation im Krankenhausbau und der Einsatz von Pavillons hatten außerhalb Deutschlands bereits früher eingesetzt. Erste Vorläufer finden sich in England bereits mit dem 1730 gebauten Bartholomew's Hospital in London, sowie dem 1756–1763 nach Entwurf des Architekten Alexander Rovehead gebauten Marinekrankenhaus in Plymouth.[82] Als französisches Beispiel ist vor allem das 1848 bis 1854 gebaute Hôpital Lariboisière in Paris zu nennen, das auch zeitlich der Entwicklung in Deutschland wesentlich näher stand und dementsprechend größere Beachtung fand.[83]

Entscheidend für die Durchsetzung des Pavillonsystems im deutschen Krankenhausbau waren allerdings der Einsatz von Lazarettbaracken im Preußisch-Österreichischen Krieg 1866 und im Deutsch-Französischen Krieg 1870–71.[84] Im Zuge der letztgenannten Auseinandersetzung wurde 1870 ein Barackenlazarett auf dem Tempelhofer Feld eingerichtet[85], welches „für das deutsche Krankenhauswesen [...] in vielem Pionierdienste"[86] leistete. Es handelte sich um 50 Baracken mit insgesamt 1 500 Betten, die ohne Verbindungsgänge in einer W-Formation angeordnet waren. Mitten durch die Anlage „führte wie ein Rückgrat die Eisenbahnlinie für die Lazarettzüge"[87], in den Keilen lagen Verwaltungshäuser, Operationsbaracken und Versorgungseinrichtungen wie

82 Murken, Vom Armenhospital zum Großklinikum, S. 27 f. und S. 118. Zu Plymouth ebd., S. 133.
83 Vgl. ebd., S. 131–138.
84 Für die Konzeption dieser Lazarette waren wiederum die Zelt- und Feldlazarette des Krimkrieges (1853–56) und des nordamerikanischen Sezessionskrieges (1861–65) vorbildhaft.
85 Vgl. Ernst Plage, Studien über Krankenhäuser, in: Zeitschrift für Bauwesen 23, 1873, Sp. 315, sowie Hermann Blankenstein, Die Lazarethbaracke im Kriege und im Frieden, in: Deutsche Bauzeitung 4, 1870, S. 257 ff., S. 263 ff. und S. 276. Vergleichbare Anlagen entstanden ebenfalls 1870 in Hamburg-Altona, in Karlsruhe und in Köln, vgl. Jetter, Krankenhausgeschichte, S. 82.
86 Murken, Vom Armenhospital zum Großklinikum, S. 127.
87 Jetter, Krankenhausgeschichte, S. 81, mit Lageplan.

181

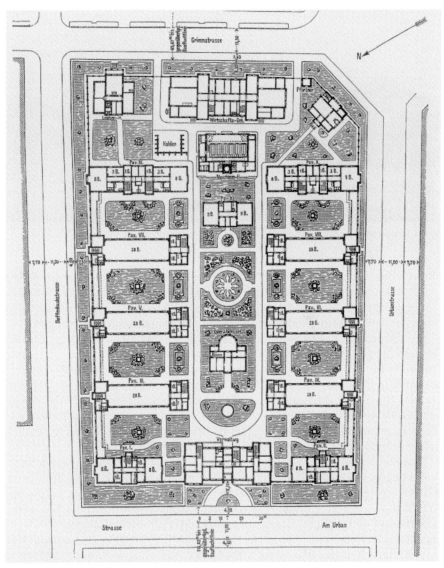

Berlin, Städtisches Krankenhaus Am Urban, H. Blankenstein, 1887–89, Lageplan.

Küchen und Waschhäuser. Den Grundplan zu dieser Anlage entwickelte Rudolf Virchow, ausgeführt wurde sie durch den Baumeister James Hobrecht.[88]

Gleichwohl gab es auch Gegenstimmen. Die Militärverwaltung kritisierte, dass das Pavillonsystem nur in Form von Isolierlazaretten für Infektionskranke effektiv sei, für alle übrigen Kranken jedoch das bewährte Korridor-Lazarett ausreiche. Sie begründete dies mit den höheren Heizkosten der Pavillons ge-

88 Ebd., S. 82.

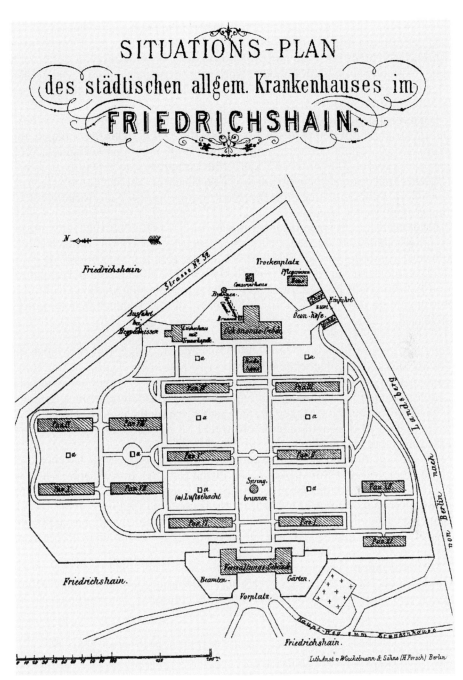

Berlin, Städtisches Krankenhaus Am Friedrichshain, Gropius & Schmieden, 1868–74, Situationsplan.

genüber einer zusammenhängenden Anlage und mit den relativ starren Vorgaben der inneren Aufteilung der Pavillons.[89] Die Kosten für viele Einzelbauten waren tatsächlich ein Problem, welches dem Pavillonbausystem auch nach dessen Etablierung immer wieder vorgeworfen wurde und zu vielfältigen Mischformen führte, die insbesondere bei kleineren bis mittelgroßen Anlagen Anwendung fanden.

Gropius und Schmieden schufen mit dem Garnisonslazarett in Berlin-Tempelhof als auch mit den beiden Universitätskliniken der Charité Anlagen, die ein Korridorkrankenhaus mit Elementen des Pavillonsystems verbanden. Auch das von Hermann Blankenstein[90] 1887–1891 errichtete zweite Städtische Krankenhaus am Urban zeigte eine introvertierte Struktur. Mit den kammartig freigestellten Hofflügeln suchte der Berliner Stadtbaumeister die Vorteile beider Bausysteme zu vereinigen.[91]

Es bleibt die Frage, warum das im allgemeinen Krankenhausbau entwickelte Pavillonsystem auch auf den Anstaltsbau übertragen wurde, da die stets angeführten Gründe der Krankheitsübertragung hier gerade nicht griffen.[92] Die von der Hygienediskussion der Zeit beeinflussten Postulate der besseren Belichtung und Belüftung der Häuser durch das Aufbrechen der blockhaften Strukturen wurde zudem durch die Einführung reformpsychiatrischer Konzepte unterstützt.

Die von Gropius und Schmieden ab 1868 ausgeführte Anlage im Friedrichshain bestand aus sechs zweistöckigen Pavillons à 64 Betten für die Innere Abteilung, vier einstöckigen Pavillons à 32 Betten für die chirurgische Station sowie zwei Isoliergebäuden für Patienten mit ansteckenden Krankheiten. Diese zweigeschossigen Isolierhäuser lagen im Süden des Grundstücks und enthielten jeweils 44 Betten. Alle Pavillonbauten waren in Nord-Süd-Richtung angeordnet, erhielten somit von beiden Seiten direktes Licht.[93]

Bei der Heizung und der Ventilation der Krankenräume griffen Gropius und Schmieden auf eine Konstruktion der Firma Schäffer und Walcker zurück, die erstmals 1867 an der bereits erwähnten Lazarettbaracke der Charité zur Anwendung gekommen war. Das Entlüftungssystem funktionierte derart gut, „dass die auf dem Dache der Baracke der Königlichen Charité beschäftigten Arbeiter den aus den Firstöffnungen abströmenden Geruch nicht zu ertragen vermochten"[94].

Mit den Fundamentierungsarbeiten wurde noch Ende 1868 angefangen. Das vorgesehene Areal erwies sich jedoch als zu klein und zu uneben, so dass man es erweitern und eine Nivellierung vornehmen musste.[95] Die Hauptachse ver-

89 Ohne Autor, Korridor- oder Pavillon-Lazarethe?, in: Deutsche Bauzeitung 9, 1875, S. 39.
90 Zu Blankenstein vgl. Kieling, Berliner Baubeamte und Staatsarchitekten, S. 12. Der Berliner Stadtbaurat hat zudem das von Gropius und Schmieden entworfene Projekt der „Irrenanstalt" Dalldorf ausgeführt und die Irrenanstalt Herzberge (1889–1893) sowie die Epileptikerheilanstalt in Berlin-Wuhlgarten (1890–1893) errichtet.
91 Hagemeyer, Das neue Krankenhaus der Stadt Berlin Am Urban. Seine Einrichtung und Verwaltung, Berlin 1894.
92 Vgl. Murken, Vom Armenhospital zum Großklinikum, S. 141 f.
93 Ebd., Sp. 140.
94 Bericht des Verwaltungsdirektors der Charité, Dr. Esse, wiedergegeben in: Gropius und Schmieden, Friedrichshain, in: Zeitschrift für Bauwesen 26, 1876, Sp. 20.
95 Ebd., Sp. 5 f.

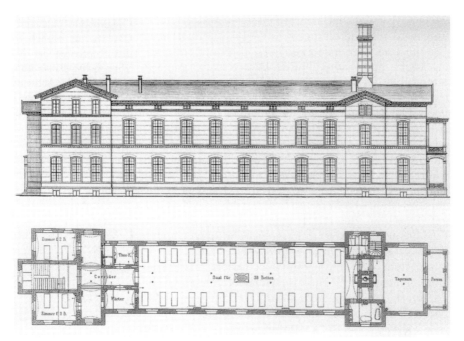

Berlin, Städtisches Krankenhaus Am Friedrichshain, Gropius & Schmieden, 1868–74, Krankenpavillon,
Ansicht und Schnitt.

Berlin, Städtisches Krankenhaus Am Friedrichshain, Gropius & Schmieden, 1868–74, Haupteingang,
Photographie, undatiert (vor 1900).

185

lief von Westen nach Osten, auf ihr lagen hinter dem Haupteingang das Verwaltungsgebäude und an ihrem Ende das Ökonomiegebäude.[96] Letzteres hatten Gropius und Schmieden zunächst als einen Komplex kleinerer Einzelbauten mit Küche und Waschküche geplant. Auf Vorschlag von Esse wurden die Funktionen aber in einem größeren Gebäude zusammengefasst, dem sich ein niedriger Anbau für die Kessel und die Dampfmaschine angliederte.[97] Hinter dem Wirtschaftsgebäude schlossen sich noch der Eiskeller und das Gebäude für die „römischen und russischen" Bäder an.[98] An der Landsberger Allee flankierten zwei Torbauten mit Beamtenwohnungen den Zugang zum Wirtschaftshof. Am Rande des Areals befand sich darüber hinaus noch ein Leichenhaus[99] mit gesonderter Zufahrt. Entlang der Hauptachse reihten sich die zweigeschossigen Häuser der Inneren Abteilung, während die vier eingeschossigen Pavillons der chirurgischen Abteilung auf dem Nordteil des Areals standen und sich dort um das Operationsgebäude gruppierten.[100]

„Wenn im Princip der inneren Einrichtung die im hiesigen Charité-Krankenhause ausgeführte Baracke für diese Pavillons das Vorbild gewesen ist, so sind wir [Gropius und Schmieden] doch in der Construktion wesentlich von derselben abgewichen."[101] Die Friedrichshainer Bauten wurden demnach nicht in Fachwerk, sondern massiv ausgeführt, innen komplett geputzt und mit Ölfarbe gestrichen, um das „Eindringen schädlicher Krankheitsstoffe und […] Einnisten von Ungeziefer" zu verhindern und eine leichtere Reinigung der Wände zu ermöglichen. Den Fußboden des zuerst errichteten Pavillons verlegte man noch mit Eichenparkett, in den anderen entschied man sich für die Ausführung mit Mettlacher Steingutfliesen.

Fertig gestellt war die Anlage im September 1874. Wie neu das Bausystem mit Pavillons war, zeigte die Absicht von Schmieden und Gropius, die Einzelbauten mit gedeckten Gängen zu verbinden. Was noch in Eberswalde eine Verbindungs-, Schutz- und Zonierungsfunktion hatte, also integraler Bestandteil der Anlage war, wirkte in der Konzeption des Pavillonsystems kontraproduktiv. Der Vorschlag wurde dann auch unter Verweis auf die Behinderung der freien Luftzirkulation sowie der unerwünschten Parzellierung des Geländes verworfen.[102]

In direkter Nachfolge von Friedrichshain entstand 1875–78 in Berlin-Tempelhof ein weiterer Krankenhausbau von Gropius und Schmieden, das Königliche II. Garnison-Lazarett Berlin.[103] Die im Auftrag des Preußischen Militärfiskus errichtete Anlage lag nahe des Tempelhofer Feldes, der als Exerzierplatz diente.

96 Zur genaueren Beschreibung der inneren Disposition der Gebäude für die Verwaltung vgl. ebd., Sp. 8–17 und Bl. 10–13, sowie Gropius und Schmieden, Friedrichshain, in: Zeitschrift für Bauwesen 25, 1875, Bl. 25–32.
97 Gropius und Schmieden, Friedrichshain, in: Zeitschrift für Bauwesen 26, 1876, Sp. 10.
98 Das Badehaus wurde gesondert beschrieben, vgl. ebd., Sp. 153f.
99 Zur inneren Aufteilung vgl. ebd., Sp. 154f.
100 Vgl. ebd., Sp. 17–36 und Bl. 42–47, Bl. 66f.
101 Hier und nachfolgend ebd., Sp. 19.
102 Ebd., Sp. 166.
103 Seit 1951 Städtisches Wenckebach-Krankenhaus Berlin-Tempelhof. Bis zu diesem Bau bestanden nur das 1850–53 errichtete I. Garnisonslazarett in der Scharnhorststraße in Berlin-Mitte sowie einzelne kleinere Speziallazarette, vgl. Otto Winkelmann, Der Bau eines zweiten Garnisonslazarettes für Berlin in den Jahren 1875–1878, in: Berliner Medizin 15, H. 6, 1964, S. 145–148 (= Sonderheft zum 100. Geburtstag Karel Frederik Wenckebachs), hier S. 145. Zum Bau des Garnisonlazarett II vgl. Martin Gropius und Heino Schmieden, Das zweite Garnison-Lazareth für Berlin bei Tempelhof, in:

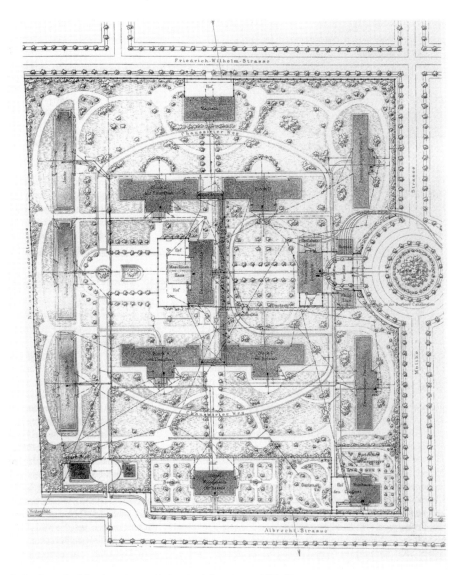

Berlin-Tempelhof, Garnisonslazarett II, Gropius & Schmieden, 1875–78, Lageplan.

Während des Krieges 1870/71 war hier ein großes Baracken-Lazarettlager errichtet worden, das über den Winter 1871/72, in dem eine verheerende Pockenepidemie wütete, noch weiter genutzt, dann aber 1872 aufgelöst wurde.[104]

Zeitschrift für Bauwesen 29, 1879, S. 172–212, Tafel 17–23. Ebenso Das neue Garnison-Lazareth zu Tempelhof bei Berlin, in: Deutsche Bauzeitung 11, 1877, S. 373–377.
104 Das Tempelhofer Lager wurde in dem Moment aufgelöst, als in Berlin-Moabit ein Großlazarett für Seuchenkranke eröffnet werden konnte, das sich im Laufe der 1870er Jahre zu einem Allgemeinen Krankenhaus, dem II. Städtischen Krankenhaus, entwickelte, vgl. Murken, Vom Armenhospital zum Großklinikum, S. 151 f.

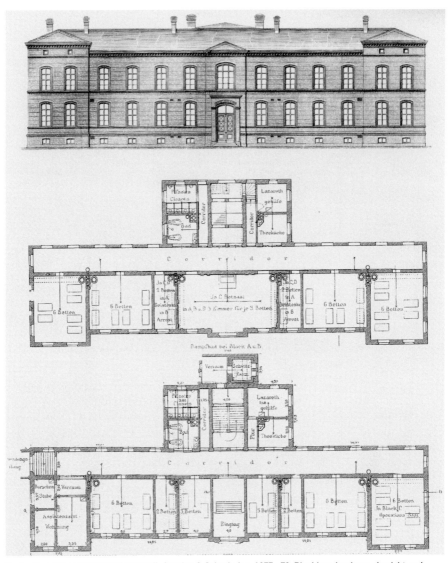

Berlin-Tempelhof, Garnisonslazarett II, Gropius & Schmieden, 1875–78, Blockkrankenhaus, Ansicht und Grundrisse.

Die für 500 Patienten ausgelegte Anlage konzipierten Gropius und Schmieden als eine Mischung aus Pavillonsystem und konventionellem Krankenhausbau. Auf Wunsch des Auftraggebers waren aus Disziplinierungsgründen keine Krankensäle sondern höchstens Sechsbettzimmer eingerichtet worden.

Das Erscheinungsbild der Tempelhofer Krankenhäuser hatte einige Berührungspunkte mit dem Eberswalder Bau. Für die Farbgebung der Rohziegelfassaden waren hier umgekehrt rote Ziegel mit gelber Bänderung gewählt worden. Die symmetrisch ausgebildeten Fassaden mit Mittelrisalit und zweiachsigen Eckrisaliten erinnerten zudem an das 1868 noch nach Entwurf Gropius' errich-

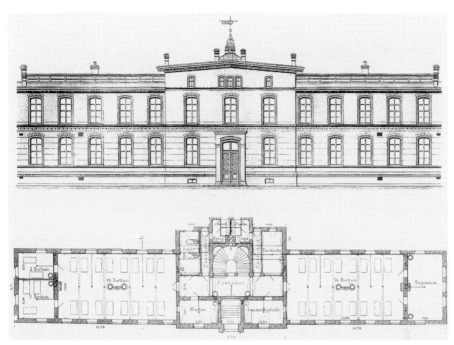

Berlin-Tempelhof, Garnisonslazarett II, Gropius & Schmieden, 1875–78, Pavillonkrankenhaus, Ansicht und Grundriss.

tete Eberswalder Siechenhaus. Desgleichen fand der Segmentbogenportikus des Haupteingangs der „Land-Irrenanstalt" in Tempelhof wieder Verwendung. Auch für die Fensteröffnungen wählten Gropius und Schmieden eine Segmentbogenform. Im Unterschied zu Eberswalde kamen aber keine Fenstereinfassungen aus Kunststein zum Einsatz. Beim Bau des Garnisonslazaretts hatten Gropius und Schmieden also mehr die Anstalt in Eberswalde als das Krankenhaus Friedrichshain vor Augen.

Die symmetrische Anlage war kreuzförmig angeordnet. Den Auftakt in Ost-West-Richtung bildete das Verwaltungsgebäude, das von je zwei Pavillons flankiert wurde. Auf dem Schnittpunkt mit der Nord-Süd-Achse, und damit im Zentrum des Komplexes, lag das Wirtschaftsgebäude, von dem aus gedeckte Gänge zu den Krankenhäusern führten. Den östlichen Abschluss bildete ein Querriegel aus drei Isoliergebäuden. Die Anlage wurde durch weitere Bauten, wie Magazingebäude, Wohnhaus für die Wärter, beides in Verlängerung der Nord-Süd-Achse, sowie Ärztewohnhaus, Leichenhaus und Wachgebäude ergänzt.[105] Die Gesamtdisposition in Tempelhof erinnerte, gerade in der Verbindung der vier Hauptkrankenhäuser mit dem Wirtschaftsgebäude, grundsätzlich an das Schema der „relativ verbundenen" Heil- und Pflegeanstalten. Allerdings standen die bekannten Elemente hier in einem anderen funktionalen Zusammenhang. Weder war es in einem Garnisonslazarett notwendig, für die sonst übliche Trennung der Geschlechter zu sorgen, noch gab es die weitgehende

105 Vgl. Berlin und seine Bauten, 1997, S. 220.

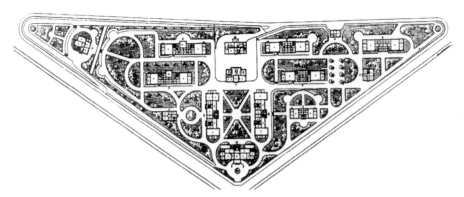

Wiesbaden, Städtisches Krankenhaus, Entwurf Gropius & Schmieden, 1875, Lageplan

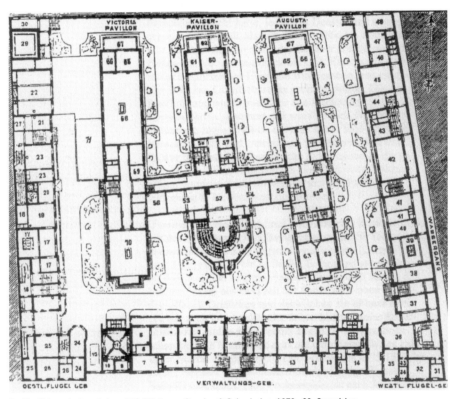

Berlin, Chirurgisches Universitätsklinikum, Gropius & Schmieden, 1878–83, Grundriss.

Differenzierung der Patientengruppen. Damit entfiel die Notwendigkeit einer komplizierten Zonierung und Parzellierung der Anlage. Die Verbindungsgänge hatten vielmehr die Funktion des Witterungsschutzes. Trotz strenger Symmetrie besaß die Anlage aufgrund der freistehenden Häuser einen aufgelockerten Charakter. Bedingt durch die Vorbehalte, die gegen die Kosten der reinen Pavillonform geäußert wurden, schufen Gropius und Schmieden eine Kombination

Berlin, Universitätsfrauenklinik, Gropius & Schmieden, 1880–82, Ansicht der Hauptfront zur Ziegelstrasse.

von Pavillon- und Korridorsystem. Dass diese Lösung im Sinne der Auftraggeber optimal war, zeigte sich darin, dass das Garnisonlazarett II typenbildend wurde: Die Garnisonslazarette in Königsberg, Küstrin, Düsseldorf und Ehrenbreitstein wurden nach dem Vorbild von Tempelhof erbaut.[106]

Ein weiteres Projekt von Gropius und Schmieden war der Neubau des Städtischen Krankenhauses in Wiesbaden. Nach ungewöhnlich langer Planungszeit hatte der Baumeister Ernst Plage 1873 Entwürfe für eine Pavillonanlage vorgelegt. Sie wurden jedoch verworfen und man schrieb einen Wettbewerb aus, den Gropius und Schmieden 1874 gewannen. Ihr Entwurf einer für knapp 200 Patienten ausgelegten Anstalt durchlief mehrere Modifikationen, ehe er in den Jahren 1877/78 – wenngleich nur in Teilen – realisiert werden konnte.[107] Zur selben Zeit, 1876–79, entstand ebenfalls nach Entwürfen des Berliner Architekturbüros die psychiatrische Abteilung der Universitätsklinik Jena.[108] Es handelte sich um eine verhältnismäßig kleine Anlage aus drei zwei- und dreistöckigen Backsteinbauten, die in bekannter Weise mit einer roten Ziegelgliederung und Terrakottadekor gestaltet waren.

Darauf folgend konnte die Architektengemeinschaft zwei Klinikbauten für die Charité in Berlin verwirklichen. Zum einen die Chirurgische Abteilung und Augenklinik der Universitätsklinik (1878–83)[109], zum anderen die Universitäts-Frauenklinik (1880–82)[110]. Beide Anlagen unterschieden sich deutlich von den bisherigen Planungen, da sie auf begrenzten innerstädtischen Grundstücken entstanden, die jeweils an einer Seite direkt an die Spree grenzten.

Die Chirurgische Klinik bildeten Gropius und Schmieden als auf drei Seiten geschlossene Blockrandbebauung aus, in deren Hofareal drei in der Höhe ge-

106 Vgl. Klinkott, Backsteinbaukunst der Berliner Schule, S. 276 f.
107 Vgl. Murken, Vom Armenhospital zum Großklinikum, S. 154 ff. Das Projekt publizierten Gropius und Schmieden in gewohnter Weise unter dem Titel Der Bau des Krankenhauses in Wiesbaden, in: Deutsche Bauzeitung 10, 1876, Nr. 24, S. 121. Vgl. auch Plage, Studien über Krankenhäuser, Sp. 474–492. Klinkott irrt, wenn er schreibt, Gropius und Schmieden hätten 1878 den Wettbewerb gewonnen, denn zu diesem Zeitpunkt war der Bau bereits fertig, vgl. Klinkott, Backsteinbaukunst der Berliner Schule, S. 277.
108 Vgl. Georg Dehio, Handbuch der Kunstdenkmäler. Thüringen. Bearbeitet von Stephanie Eißing u. a., München, Berlin 1998, S. 653 f.
109 Vgl. Berlin und seine Bauten, 1997, S. 187.
110 Ebd.

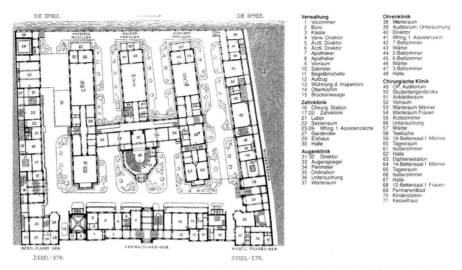

Berlin, Chirurgisches Universitätsklinikum, Gropius & Schmieden, 1878–83, Grundriss 1. OG., Holzschnitt.

staffelte Flügel hineinragten. Diese Hofgebäude waren auf ihrer der Spree zugewandten Schmalseite durch Loggien geöffnet. Ähnlich wie am Friedrichshainer Krankenhaus wurde zur Belebung der Rohziegelfassaden Terrakottaelemente eingesetzt.

Der zweite Bau, die Universitätsfrauenklinik, war grundsätzlich anders organisiert. Sie bestand aus einem Hauptbau und einem langen Seitenflügel. Die anderen Grundstücksseiten, davon eine zur Spree hin, blieben frei. In den Hof waren drei zweigeschossige Bauten eingestellt, die über einen aufgeständerten Verbindungsgang an den langen Seitenflügel des Hauptgebäudes angeschlossen waren.

Das sehr monumental wirkende Hauptgebäude wurde durch zwei hoch aufragende Türme flankiert, die gelenkartig zu den vorspringenden aber niedrigeren Eckrisaliten vermitteln. Auffallend an den beiden Türmen waren die vollständig in Dreierarkaden aufgelösten obersten Geschosse mit ihrem laternenartigen Aufsatz. Die bauliche Konfiguration und Gestaltung der Charitébauten zeigte die Fähigkeit der beiden Architekten, ein breites Spektrum an Krankenhausbauten auszuführen. „Zu diesem Spezialgebiet war Gropius [...] durch den Bau der Provinzial-Irrenanstalt in Neustadt-Eberswalde hingeleitet worden. Hatte er auf Grund desselben mit den Erfordernissen einer Anlage für hygienische Zwecke schon in hohem Grade sich vertraut gemacht, so führten ihn spätere eingehende Studien [...] zu einer vollständigen Beherrschung des betreffenden Feldes. Seine Autorität auf demselben war unbestritten und in zahlreichen Fällen ist, [...] seine berathende Mitwirkung bei Lösung bezüglicher Fragen in Anspruch genommen worden."[111]

---

111 Jacobsthal, Martin Gropius, S. 315.

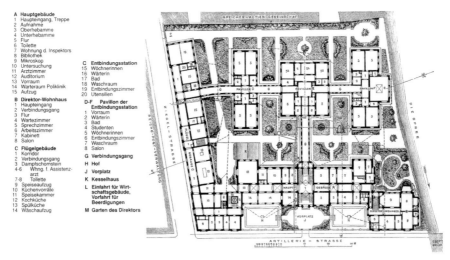

A **Hauptgebäude**
1 Haupteingang, Treppe
2 Aufnahme
3 Oberhebamme
4 Unterhebamme
5 Flur
6 Toilette
7 Wohnung d. Inspektors
8 Bibliothek
9 Mikroskop
10 Untersuchung
11 Arztzimmer
12 Auditorium
13 Vorraum
14 Warteraum Poliklinik
15 Aufzug

B **Direktor-Wohnhaus**
1 Haupteingang
2 Verbindungsgang
3 Flur
4 Wartezimmer
5 Sprechzimmer
6 Arbeitszimmer
7 Kabinett
8 Salon

C **Flügelgebäude**
1 Korridor
2 Verbindungsgang
3 Dampfschornstein
4–6 Whng. f. Assistenz-
     arzt
7–8 Toilette
9 Speiseaufzug
10 Küchenvorräte
11 Speisekammer
12 Kochküche
13 Spülküche
14 Wäscheaufzug

C **Entbindungsstation**
15 Wöchnerinnen
16 Wärterin
17 Bad
18 Waschraum
19 Entbindungszimmer
20 Utensilien

D–F **Pavillon der
Entbindungsstation**
1 Vorraum
2 Wärterin
3 Bad
4 Studenten
5 Wöchnerinnen
6 Entbindungszimmer
7 Waschraum
8 Salon

G **Verbindungsgang**
H **Hof**
J **Vorplatz**
K **Kesselhaus**
L **Einfahrt für Wirt-
schaftsgebäude,
Vorfahrt für
Beerdigungen**
M **Garten des Direktors**

Berlin, Universitätsfrauenklinik, Gropius & Schmieden, 1880–82, Grundriss EG.

Die Bürogemeinschaft Gropius und Schmieden war eine der ersten großen und erfolgreichen privaten Architekturfirmen im Berliner Raum.[112] Das umfangreiche Oeuvre des Büros lässt sich in verschiedene Bereiche nach Bauaufgaben gliedern: Es handelt sich zunächst, gegen Ende der 1860er und in den 1870er Jahren, um eine größere Anzahl von Wohnhäusern und Villen. Viele dieser Bauten entstanden im südlichen Tiergartenviertel, rund um die Potsdamer Straße und den Lützowplatz.[113] Hier hatten sich beide Architekten in den 1870er Jahren auch ihre eigenen Domizile errichtet, Gropius 1868 Am Karlsbad 12–13 sowie 1870 einen weiteren Familienwohnsitz in der Georgenstraße 37, Schmieden 1874/75 am Lützowplatz 10.[114]

Aber nicht nur im privaten Wohnbau, sondern auch in ihren – wenngleich weniger zahlreichen – öffentlichen Bauten zeigte sich, wie gut sich das Architektenbüro etabliert hatte: Den Höhepunkt stellte sicherlich ein Staatsauftrag in Berlin dar, zu dem sie Friedrich Hitzig 1871 hinzuzog: Es handelte sich um die ehemalige Königliche Porzellanmanufaktur (KPM) in der Leipziger Straße, die zu einem provisorischen Tagungsort für den Deutschen Reichstag umge-

---

112 Vgl. Kieling, Berlin – Baumeister und Bauten, S. 208.
113 Außerhalb Berlins entstanden mit dem Gutshaus Zuchow (1866), einer Villa in Frankfurt am Main (1867), dem Wohnhaus Hachez in Dresden (1869), dem Wohnhaus Nathesius in Ortowo (1872), dem Guthaus Rosenfelde (1873) und dem Wohnhaus Gentz in Gentzrode (1876–77) weitere private Wohnbauten.
114 Darüber hinaus errichtete die Architektengemeinschaft in Berlin Wohnhaus-Villen für Senator Eggers, Am Karlsbad 8 (1868), für den Landrat Dr. Friedenthal (genannt Wohnhaus Achenbach), Lennéstraße 5 (1869/70, zerstört), für den Geheimen Kommerzienrat Robert Warschau, Berliner Straße 31–32 in Charlottenburg (1870), die Villa J. Booth in Steglitz-Lichterfelde (1870), eine Villa für Baron von Steinöcker in Berlin-Lichterfelde (1871), die Villa Abel am Wannsee (1872) und die Villa Schöne in der Kurfürstenstraße 81 (1874). Ein etwas extravaganteres Projekt war 1867 der Wohnhausentwurf für den amerikanischen Seidenfabrikanten Felix Coste in St-Louis (USA), der aber wahrscheinlich nie zur Ausführung kam, von Gropius aber im Architektonischen Skizzenbuch, H. 85, 1867, Bl. 2 und H. 86, 1867, Bl. 5, publiziert wurde. Ferner Umbau des Schlosses des Grafen Harrach auf Tiefhartmannsdorf in Schlesien zu einem unbekannten Zeitpunkt.

baut werden sollte.[115] Möglicherweise hatten sich Gropius und Schmieden mit einem anderen, kurz zuvor vollendeten Umbau für diese Mitarbeit qualifiziert. Bereits 1870 bis 1871 hatten sie ein älteres Haus – das ehemalige Wohnhaus des Hofmalers Friedrichs II., Antoine Pesne – in der Oberwallstraße zu einem Bankgebäude für den Berliner Kassenverein umgebaut.[116] Ebenfalls 1871 wurden sie mit der Gestaltung des Parkeinganges zum Auswärtigen Ministerium in den so genannten Ministergärten, Königgrätzer Straße, und eines weiteren Parkeinganges nebst Pavillon in derselben Straße beauftragt.[117]

Bis der Neubau des Reichstages ausgeführt war, blieb die einstige Porzellanmanufaktur Sitz des Hohen Hauses. Nach Vollendung des langjährigen Projektes konnte der neue Reichstag 1898 bezogen werden und man riss das nicht mehr benötigte Provisorium ab. Für den Neubau des Reichstages war 1872 ein erster Wettbewerb ausgeschrieben worden, an dem auch Gropius und Schmieden teilnahmen.[118] Ihr Wettbewerbsbeitrag wurde jedoch vom Preisgericht wegen „ungenügender Monumentalität" abgelehnt. War ihr Entwurf zur ersten Konkurrenz des Neubaus des Berliner Doms 1867[119] noch als einer von zehn Entwürfen prämiert worden[120], und hatte Gropius bereits 1862 mit dem Entwurf zu Berliner Thomaskirche[121] Aufsehen erregt[122], galt nun der im klassischer Renaissancestil gehaltene Reichstagsbeitrag für die „nationale Aufgabe" als nicht mehr zeitgemäß.[123]

Der Entwurf für die Thomaskirche[124] hatte sich durch eine konsequente Gliederung der Baumassen nach geometrischen Grundformen wie Quadern oder Zylindern ausgezeichnet. Gropius ging hier von der inneren Raumgliederung aus, die er konsequent nach außen wendete. Damit bestach der Bau durch eine äußere Einfachheit, die eine monumentale Wirkung erzeugte. Das Langhaus war als Halbzylinder ausgeführt, an den sich die Querhausarme und die halbrund ausgebildete Apsis anschlossen. Weder hoch aufragende Dächer noch der Glockenturm beeinträchtigten die kräftige Wirkung der einfachen geometrischen Formen von Kubus und Zylinder. Selbst ausgewiesene Kritiker der Schinkelschule, die deren Vertreter des „Epigonentums" verdächtigten, äu-

---

115 Vgl. Michael S. Cullen, Der Reichstag. Die Geschichte eines Monumentes, Stuttgart 1990, S. 65–72.
116 Vgl. Wirth, Die Familie Gropius, unpaginiert (S. 3).
117 Publiziert im Architektonischen Skizzenbuch, H. 108, 1871, Bl. 6 und H. 109, 1871, Bl. 2.
118 Vgl. Klinkott, Backsteinbaukunst der Berliner Schule, S. 264–269, mit weiteren Literaturangaben.
119 Publiziert u. a. von Hubert Stier, Der neue Dom zu Berlin und die Ausstellung der Konkurrenz-Entwürfe zu demselben, in: Deutsche Bauzeitung 3, 1869, S. 57 ff.
120 Vgl. Klinkott, Backsteinbaukunst der Berliner Schule, S. 249–254. Gropius und Schmieden lehnten sich mit ihrem Entwurf stark an die Potsdamer Nicolaikirche von K. F. Schinkel an, und planten einen hohen Kuppelbau auf einem kastellartigen Kubus, flankiert von vier Ecktürmen. Ausgeführt wurde keiner der über 50 Entwürfe, der Wettbewerb ist eher als eine „Ideensammlung" zu begreifen, gibt heute aber einen guten Überblick über die architektonischen Tendenzen der Zeit. Erst ein Vierteljahrhundert später wurde 1893 unter Leitung und nach mehreren Entwürfen von Julius Raschdorff mit einem wilhelminischen Prunkbau begonnen, der schließlich 1905 fertig gestellt wurde.
121 Entwurf mit dem Motto „Ratio". Ausgeführt wurde letztlich der Entwurf von Friedrich Adler.
122 Sein Vorschlag unterschied sich in seiner schnörkellosen Reduktion auf geometrische Grundformen grundlegend von den anderen Entwürfen der teilnehmenden Konkurrenten, vgl. Klinkott, Backsteinbaukunst der Berliner Schule, S. 247 ff.
123 Ebenfalls in den späten 1860er Jahren nahm das Büro am Wettbewerb für die Norderkirche in Altona teil, vgl. Jacobsthal, Martin Gropius, S. 314.
124 Vgl. Karl Emil Otto Fritsch, Martin Gropius' Entwurf zur Thomaskirche in Berlin, in: Deutsche Bauzeitung 15, 1881, S. 269.

Gropius & Schmieden, Wettbewerbsentwurf für den Berliner Dom, 1867/68, Frontansicht des Domes mit Vorhalle und anschließendem Campo Santo.

ßerten sich positiv zum Entwurf. Er gebe „von der Klarheit [Gropius'] Denkens und der Entschiedenheit seines Wollens eine Vorstellung, wie sie deutlicher und unmittelbarer aus keinem anderen seiner Werke zu gewinnen"[125] wäre. Hier demonstrierte Gropius nicht nur die materialgerechte Verwendung des Rohziegels, sondern bewies auch, dass mit dem Mittel der Reduktion auf einfache Grundformen eine monumentale Wirkung zu erzeugen war.

125 Ebd.

Martin Gropius, Konkurrenzentwurf zur Berliner Thomaskirche, 1862.

Berlin, Kunstgewerbemuseum, Gropius & Schmieden, 1876–81, Zustand vor 1939.

Kiel, Universität, Kollegiengebäude, Gropius & Schmieden, 1873–76.

Trotz der zunehmenden Anfeindungen ihrer Architektur errichteten Gropius und Schmieden auch weiterhin bedeutende öffentliche Bauten wie das 1878 gebauten Reichspost- und Telegrafenamt in Kassel.[126] Als Gropius' Hauptwerk entstand 1876 bis 1881 das Berliner Kunstgewerbemuseum, das nach schweren Kriegszerstörungen 1979–1981 als Ausstellungshaus wiederaufgebaut wurde und seither unter dem Namen eines seiner Architekten als „Martin-Gropius-Bau" bekannt ist.[127]

Für die Königliche Kunst- und Gewerbeschule errichtete die Architekten-gemeinschaft 1878–80 einen Neubau in der Klosterstraße 75.[128] Der Unter-richts- und Universitätsbau war ein weiteres Feld im öffentlichen Bauwesen, das sich die Architekturfirma erschloss und in dem sie sich etablieren konnte: So wurden nach Plänen des Berliner Büros mehrere Gebäude für die Universität Kiel errichtet[129], darunter 1873–76 das Kollegiengebäude, 1877–81 die Univer-sitätsbibliothek und 1877 weitere Institutsbauten wie das zoologische Institut. Weitere Entwürfe für medizinische Institute der Universität in Königsberg und ein chemisches Laboratorium für die Hochschule in Münster sollten folgen. Bibliotheksbauten können innerhalb dieses Feldes als kleinerer Schwerpunkt gelten. So fertigte Gropius nicht nur Entwürfe für die Bibliotheken der Uni-versität Kiel, sondern auch für die Universität Greifswald, die schließlich 1881 ausgeführt wurde, sowie mehrere Entwürfe für die Königliche Landesbiblio-thek in Berlin.

Das umfangreichste Bauvolumen im Werk von Gropius und Schmieden machte jedoch der Krankenhausbau aus – und die Firmenbezeichnung zu-

126 Vgl. Jacobsthal, Martin Gropius, S. 324.
127 Klinkott, Martin Gropius, S. 150–177, sowie ders., Backsteinbaukunst der Berliner Schule, S. 292–302, mit weiteren Literaturangaben.
128 Vgl. ebd., S. 284–287, mit weiterer Literaturangabe.
129 Vgl. Martin Gropius, Heino Schmieden und Victor von Weltzien, Das neue Universitätsgebäude in Kiel, in: Zeitschrift für Bauwesen 34, 1884, Sp. 25–30. Zur Planungsgeschichte ausführlich Nä-gelke, Der Gropius-Bau der Kieler Universität; zu den Einzelbauten auch ders., Hochschulbau im Kaiserreich, S. 381 ff.

gleich zu einem Gütesiegel.[130] Am 13. Dezember 1880 verstarb Gropius erst 56jährig an Herzversagen. Neben seinem Hauptwerk, dem Kunstgewerbemuseum, hatte er auch den zweiten Großbau, das Leipziger Gewandhaus[131], nicht mehr in Vollendung erleben können, mit dem er sich – so sein Kompagnon Heino Schmieden – „das letzte Ruhmesblatt in den unvergänglichen Lorbeerkranz architektonischer Ehrung geflochten hat"[132].

Nach dem Tod von Gropius führte Heino Schmieden das Büro zunächst mit den Mitarbeitern Victor von Weltzien und Rudolf Speer weiter. Von 1893 an einige Jahre alleiniger Inhaber,[133] bildete Schmieden später mit dem Regierungsbaumeister Julius Boethke[134] eine neue Bürogemeinschaft. Er errichtete weitere Krankenhausbauten, so die Städtischen Krankenhäuser in Lübeck (1885–1887) und Brandenburg an der Havel (1897–1901), die Kreiskrankenhäuser in Dessau (1886/1887), Britz bei Berlin (1894–1896) und Berlin-Lichterfelde (Stubenrauch-Krankenhaus, 1898–1900) sowie das Krankenhaus Westend in Berlin-Charlottenburg (1904–1907). Die große Anzahl erklärt sich „daraus, daß diese Zeit erfolgreicher Arbeit Schmiedens zusammenfiel mit einer Zeit, in der die medizinischen Wissenschaften und die Hygiene förmliche Umwälzungen erlebten und die wissenschaftlichen Anschauung zum Teil grundlegend sich änderten"[135], also ein erhöhter Bedarf und eine erhöhte Bereitschaft zum Bauen konstatiert werden kann.

In organisatorischer und technischer Hinsicht wurde die erfolgreiche Arbeit vor 1880 nahtlos fortgesetzt. Die Bauten zeigten aber eine andere Sprache, die schlichte Ziegelarchitektur wurde unter Schmieden zunehmend durch Schmuckformen bereichert – Natursteinquader als Eckeinfassungen und vor allem Motive der deutschen Renaissance, in Form von Giebeln, Erkern, Dachgauben, Türmchen. Die ehemals zurückhaltende Gestaltung wich mehr und mehr einer in der Oberfläche belebteren, „malerischen" Architektur.

Ein erster Anstaltsbau mit Pavillons: Dalldorf bei Berlin

„Selten wohl hat [...] irgend ein Bau eine so lange und wechselvolle Vorgeschichte gehabt, wie der der ‚Irrenanstalt' zu Dalldorf."[136] Insgesamt 17 Jah-

---

130 Dies behielt es selbst nach Gropius' Tod, denn Schmieden führte in seinen späteren Firmenbezeichnungen den alten Namen fort. So hieß es denn „Schmieden & Speer, vormals Gropius & Schmieden, Architekten, Berlin".
131 Das zweite Konzerthaus des Leipziger Gewandhauses entstand zwischen 1880 und 1884, vgl. Klinkott, Backsteinbaukunst der Berliner Schule, S. 177–182.
132 Nach Wallé, Martin Gropius, S. 55.
133 Viktor Emil Alexander von Weltzien (1836–1927) war mittlerweile in den hessischen Staatsdienst gewechselt, Rudolf Speer (* 1849) starb 1893.
134 Julius Boethke (1865–1917) führte das Büro nach Schmiedens Tod am 7. September 1913 zusammen mit dessen Sohn Heinrich Schmieden fort, vgl. Nekrolog Schmieden, in: Deutsche Bauzeitung 47, 1913, S. 687.
135 Ebd.
136 Hermann Blankenstein und Carl L. Ideler, Beschreibung der neu erbauten Irren-Anstalt zu Dalldorf, Berlin 1883, S. 33. Später Wittenauer Heilstätten, seit 1957 Karl-Bonhoeffer-Nervenklinik in Berlin-Reinickendorf, vgl. 100 Jahre Karl-Bonhoeffer-Nervenklinik sowie Sabine Damm und Norbert Emmerich, Die Irrenanstalt Dalldorf-Wittenau bis 1933, in: Totgeschwiegen 1933–1945, S. 11–48. Für einen allgemeinen Überblick über die Situation des Berliner „Irrenfürsorge" im 18. und 19. Jahrhundert vgl. Sabine Damm und Norbert Emmerich, Theorie und Realität. Das öffentliche Berliner Irrenwesen von den Anfängen bis 1919, in: Maison de Santé, S. 35–48, und Bratz, Festschrift, vor allem S. 1 f.

re hatte es gedauert, bis die erste große städtische Anstalt in Berlin im Jahre 1880 dem Betrieb übergeben werden konnte. Als man 1863 durch Beschluss der Stadtverordnetenversammlung und Zustimmung des Magistrats von Berlin den Bau einer „Irrenpflegeanstalt" für zunächst 600 Patienten anstieß, galt immer noch das Wort von Damerow, der bereits zehn Jahre zuvor festgestellt hatte, dass die Hauptstadt des Königreichs „noch keine einzige zweck- und zeitgemässe Irrenheilanstalt, und Berlin sogar noch keine andere Irrenpflegeanstalt als im Arbeitshausverbande"[137] habe. Dieses Verdikt kam von einem der entschiedensten Vertreter der Anstaltspsychiatrie und schloss die psychiatrische Abteilung der Charité in seinem Urteil bewusst aus. Da dieselbe jedoch von ihrer Kapazität und Aufgabenstellung her keineswegs mit den Land- und Provinzialanstalten konkurrieren konnte und wollte, war Damerows Kritik zumindest in ihrer Schärfe einseitig. Trotzdem warf seine Feststellung ein bezeichnendes Licht auf die Berliner Situation: Noch 1877, als Dalldorf bereits im Bau war, hieß es in der ersten Ausgabe des vom Berliner Architekten-Verein herausgegebenen Prachtbandes „Berlin und seine Bauten" lapidar: „Baulich bemerkenswerte Irrenanstalten existiren bis jetzt in Berlin nicht."[138]

Die Geschichte der Berliner „Irrenfürsorge" zeichnete sich nicht gerade durch progressive Züge aus. Die „Irrenversorgung" der Stadt fand an wechselnden Orten und zumeist unter schlechten Bedingungen statt. Zu Beginn des 18. Jahrhundert waren die „Irren" zunächst in Armenasylen wie dem Friedrichs- und dem Dorotheen-Hospital untergebracht, doch „Heilversuche wurden dort mit ihnen nicht angestellt"[139]. 1728 konnte schließlich ein als „Irren- und Arbeitshaus" umgebautes Domizil in der Krausenstraße eröffnet werden. Als dieses jedoch 1798 abbrannte, wurde kein neuer zentraler Ort zur Versorgung geschaffen, sondern man teilte die Kranken auf die Charité und das städtische Arbeitshaus auf. Während die Kurmark Brandenburg seit 1801 mit dem „Land-Irrenhaus" in Neuruppin den ersten „gegliederte[n] Neubau einer Irrenanstalt in Deutschland"[140] betrieb, änderte sich die Situation der Geisteskranken in Berlin auch in den ersten Jahrzehnten des 19. Jahrhunderts nur wenig.

Als die Armenfürsorge 1820 in die Verantwortung der Stadt überging, entzündete sich ein mehrjähriger Rechtsstreit über die ungeklärten Zuständigkeiten zwischen der staatlichen Charité und dem städtischen Arbeitshaus und über die Aufgabe städtischer Fürsorge im Allgemeinen. Ausgelöst durch Damerows harsche Kritik 1852 und dem Wirken der Berliner Ärzte Carl Wilhelm Ideler[141] und vor allem Rudolf Leubuscher[142] verbesserte sich die Betreuungssituation erst

---

137 Heinrich Damerow, Berichtigungen zur allgemeinen Statistik, in: GStA PK, Rep. 76, VIII A, Nr. 3549, Bl. 91–98.
138 Berlin und seine Bauten, bearbeitet und herausgegeben vom Architekten-Verein zu Berlin und der Vereinigung Berliner Architekten, Berlin 1877, S. 229.
139 Guttstadt, Die Geisteskranken, S. 3.
140 Heinrich Laehr, Gedenktage der Psychiatrie und ihrer Hilfsdisziplinen in allen Ländern, Berlin 1893, S. 67. Vgl. auch Baier, Neuruppin, S. 66–77.
141 Vgl. zu Carl Wilhelm Ideler (1795–1860) den von Heinrich Laehr verfassten Nachruf, in: Allgemeine Zeitschrift für Psychiatrie und psychisch-gerichtliche Medizin 19, 1862, S. 352–361 und Ideler, Carl W. Ideler, S. 851–883. Vgl. auch den Artikel über Ideler d. Ä. in: Kirchhoff, Deutsche Irrenärzte, Bd. 1, S. 152–157.
142 Zu Rudolf Leubuscher (1822–1861) vgl. Kirchhoff, Deutschlands Irrenärzte, Bd. 2, S. 35–38, sowie Albert Erlanger, Der Psychiater Rudolf Leubuscher (1821–1861) (= Zürcher medizingeschichtliche Abhandlungen, Bd. 87, zugleich Dissertation Universität Zürich), Zürich 1971.

nach der Jahrhundertmitte. Leubuscher ließ die weiblichen Geisteskranken verlegen und trennte damit erstmals die Geschlechter. Zudem setzte er die Einstellung von besonderem Pflegepersonal durch und führte die Beschäftigung der Kranken ein.[143] In gemeinsamer Initiative mit dem Stadtbaurat Holzmann erreichte Leubuscher, dass die Stadtverordnetenversammlung 1859 den Bau eines neuen Domizils für „sämtliche Geisteskranken" in der Wallstraße beschloss. Dennoch war die Situation noch lange nicht zufrieden stellend. Diese 1962 bezogene neue städtische „Irrenverpflegungsanstalt", „obgleich in allen seinen Teilen umgebaut, trug gleichwohl seiner ganzen Bauart nach unzweideutige Zeichen seiner früheren Bestimmung als Fabrikgebäude an sich, die es für ein Irrengebäude wenig geeignet erscheinen ließen"[144]. Zudem war das Gebäude in der Wallstraße bereits kurz nach der Eröffnung hoffnungslos überfüllt, so dass die Stadt mehr als 200 Kranke in den zahlreich vorhandenen „Privat-Irrenanstalten" auf Kosten der Kommune unterbringen musste.[145]

Das schließlich 1863 angeschobene Projekt einer großen städtischen Anstalt wurde sicherlich auch durch den Bau der kurmärkischen Anstalt in Eberswalde beflügelt, zumal man noch in den 1850er Jahren seitens der Charité Initiativen ergriffen hatte, eine große gemeinsame Anstalt für die Provinz Brandenburg und die Stadt Berlin zu errichten. Dieses auch von staatlichen Stellen, wie dem preußischen Kultus- und Innenministerium sowie dem Oberpräsidenten der Provinz Brandenburg unterstützte Vorhaben scheiterte jedoch an der Finanzierungsfrage und nicht zuletzt am Widerstand der beiden beteiligten kommunalen Institutionen. Nicht unterschätzen darf man ferner die Abneigung der kurmärkischen Landstände gegen die klinische Ausrichtung einer von der Charité dominierten Anlage, die nicht mit dem ständischen Aufgabenfeld des Landarmenwesens und der kommunalen „Irrenfürsorge" in Einklang zu bringen war.[146] So trennten sich die Wege und man verfolgte auf beiden Seiten eigene Konzepte. Während das Berliner Vorhaben erst mit Dalldorf 1880 tatsächlich in Betrieb ging, konnte die benachbarte Provinz ihre „Land-Irrenanstalt" in Eberswalde 1865 eröffnen. Dabei muss berücksichtigt werden, dass in der Kurmark bereits erhebliche Vorleistungen erbracht worden waren, die das Projekt entsprechend beschleunigten.

Schließlich berief man 1863 in Berlin nach bewährter Manier eine Kommission von Medizinern und Fachleuten zur Aufstellung eines Bauprogramms. Hatten für den kurmärkischen Bau noch drei Ärzte ausgereicht, war die Kommission in Berlin dreimal so groß. Neben dem omnipräsenten Heinrich Damerow fanden sich auch die schon in Eberswalde tätigen Ärzte Carl Friedrich Flemming und Heinrich Laehr wieder. Darüber hinaus waren die Direktoren

---

143 Vgl. Bratz, Festschrift, S. 2 sowie Damm und Emmerich, Theorie und Realität, S. 36.
144 Vgl. Die Entwicklung des Irrenwesens in der Stadt Berlin, in: Bresler, Heil- und Pflegeanstalten, Bd. 2, S. 308–319, v.a. S. 309.
145 Guttstadt, Die Geisteskranken, S. 3.
146 Der Widerspruch zwischen kommunalen Aufgaben der „Irrenfürsorge" und der Ausrichtung der klinischen Psychiatrie war in Berlin bereits ein langjähriger Streitpunkt zwischen der Stadt und der Charité. Vgl. dazu kontrovers Jetter, Typologie des Irrenhauses, S. 168 f., der in der „Universitätsfeindlichkeit" der Anstaltspsychiater (besonders C. F. W. Roller aber auch Heinrich Damerow) einen Hemmschuh für die Weiterentwicklung der Psychiatrie sah. Dies verengte aber die Perspektive, da sie die Frage nach dem Auftraggeber beziehungsweise dem Träger der Anlagen und deren Intentionen nicht beachtete.

Dalldorf, Städtische Irrenanstalt, H. Blankenstein, 1877–79, Vogelschau der Gesamtanlage.

der schlesischen Provinzialanstalt Leubus, Moritz Gustav Martini, und der städtischen Anstalt Hamburg, Ludwig Meyer, beteiligt. Selbst der Direktor der Kaiserlich-Königlichen „Irren-Heil- und Pflegeanstalt" von Wien, Regierungsrat Dr. Riedel, wurde hinzugezogen. Nicht zuletzt saßen lokale Kapazitäten wie der Verwaltungsdirektor der Charité, Karl Heinrich August Esse, und der Direktor des Berliner Arbeitshauses, Herfordt, sowie Carl Ideler als zukünftiger Direktor der neuen Anlage in der Kommission. Diese illustre Runde stellte eine Zusammenballung fachlicher Kompetenz dar, die ihresgleichen suchte.

Nach Auswertung der Gutachten wurde ein Bau für etwa 340–400 Kranke projektiert. Das Programm sah vor, dass nur heilbare und chronisch Kranke, aber keine „siechen" Patienten aufzunehmen seien.[147] Es zeigte sich im Folgenden aber, dass die Idee einer angegliederten Siechenanstalt nie ganz vom Tisch war und man sich eine spätere Erweiterung für „sieche" Patienten stets vorbehielt.

Der Magistrat schlug 1865 vor, das Projekt von einem medizinisch-bautechnischen Fachteam, bestehend aus dem Geheimen Medizinalrath Wilhelm Griesinger und dem Königlichen Baurat Hennicke[148] ausführen zu lassen, fand jedoch nicht die Zustimmung der Stadtverordnetenversammlung. Diese

147 Carl L. Ideler, Mitteilung über den projectirten Bau einer Irren-Siechenanstalt im Anschluss an die bereits im Bau begriffene städtische Irrenanstalt zu Dalldorf, in: Allgemeine Zeitschrift für Psychiatrie und psychisch-gerichtliche Medizin 35, 1879, S. 370–373, hier S. 370 f.
148 Julius Wilhelm Hennicke (1832–1892) hatte 1859 seine Baumeisterprüfung abgelegt und betrieb seit 1860 ein Architekturbüro gemeinsam mit seinem Kollegen Hermann von der Hude, vgl. Uwe Kieling, Berliner Privatarchitekten und Eisenbahnbaumeister im 19. Jahrhundert. Biographisches Lexikon (= Miniaturen zur Geschichte, Kultur und Denkmalpflege Berlins, Nr. 26), Berlin 1988, S. 29 sowie Wolfgang Ribbe und Wolfgang Schäche, Baumeister, Architekten, Stadtplaner. Biographien zur baulichen Entwicklung Berlins, Berlin 1987, S. 623.

favorisierte weiterhin, dass das Bauprogramm von der Riesenkommission, zu der außer den bereits genannten Gutachtern nun auch noch die Direktoren Neumann aus Breslau und Snell aus Hildesheim zählten, entwickelt werden sollte. Hier stand wohl, in Zusammenhang mit der Berufung von Griesinger nach Berlin, der Gegensatz von klinischer und Anstaltspsychiatrie und der Streit über die Reform hinter der Ablehnung. In der Kommission bestand ein eindeutiges Übergewicht an Anstaltspsychiatern, die besonders in der Person von Damerow und Laehr die Ideen von Griesinger strikt ablehnten.

Inzwischen war man nach langwierigen Verhandlungen zu der Ansicht gelangt, die Kapazität der Anstalt doch auf 500 Personen zu erhöhen, schloss aber weiterhin „sieche" Kranke aus. Schließlich kaufte die Stadt 1869 das nördlich bei Berlin liegende Gut Dalldorf als Bauplatz. Der nächste Schritt, nachdem das von der großen Kommission aufgestellte Bauprogramm im Wesentlichen genehmigt worden war, bestand in der Auslobung eines beschränkten Wettbewerbs. Dazu wurden 1870 die Bürogemeinschaft Martin Gropius und Heino Schmieden, der Architekt Julius Hennicke und der bereits bekannte Eduard Roemer eingeladen.

Das vier Jahre zuvor gegründete Büro Gropius und Schmieden entschied die Konkurrenz für sich.[149] Dies hatte vielschichtige Gründe, die mit der personellen Verflechtung des Anstalts- und Krankenhausbaus in der Region zusammenhingen. Die einem solchen Projekt immer vorangestellte Kommissionstätigkeit schuf ein Forum, in dem die beteiligten Experten entsprechende Empfehlungen aussprechen und auch „Lobbyarbeit" für einen bestimmten Vorschlag betreiben konnten. Im Fall von Gropius waren Heinrich Laehr als auch Carl Friedrich Flemming in der Lage, genaue Auskünfte über die Arbeitsweise und die Fähigkeiten des Architekten zu geben, denn sie hatten beim Eberswalder Bau erfolgreich mit ihm zusammengearbeitet. Ein weiterer Vorteil der Bürogemeinschaft war sicherlich ihre kurz nach Beendigung des Eberswalder Baus begonnene Tätigkeit für die Stadt Berlin. Denn das 1866 gegründete Büro Gropius und Schmieden war im selben Jahr mit der Projektierung des Allgemeinen Krankenhauses am Friedrichshain betraut worden. Dieses Berliner Prestigeobjekt wurde nach mehreren Planänderungen ab 1868 ausgeführt. Damit war die Architektengemeinschaft auch den städtischen Entscheidungsträgern bestens bekannt.

Doch auch der in Eberswalde ausgeführte Bau selbst trug dazu bei, den Vorschlag des Büros für Dalldorf positiv zu bewerten. Denn im Gegensatz zum Mitkonkurrenten Eduard Roemer, der seine Qualifikation im Anstaltsbau durch die Anstalt in Schwetz nachwies, war die Eberswalder Anlage jünger und wies wie das System der gedeckten Gänge besondere funktionale Eigenheiten auf. Zudem hatte Gropius seine Kompetenz, einen großen Anstaltsbau technisch und organisatorisch zu bewältigen, geschickt in der 1869 erscheinenden Publikation zu Eberswalde dokumentiert. Dass Gropius diesen Bericht nicht nur in der Zeitschrift für Bauwesen veröffentlichte, sondern einen eigene, über-

---

149 Zum Wettbewerb vgl. ohne Autor, Ueber den Bau von Irrenanstalten mit besonderer Rücksicht auf die Bauten der Stadt Berlin, in: Deutsche Bauzeitung 26, 1892, Nr. 9, S. 54 f., hier S. 55. Ob die Architektengemeinschaft bereits bei den Vorplanungen involviert war, lässt sich nicht eindeutig klären.

arbeitete Publikation auflegte, steht in Zusammenhang mit dem Dalldorfer Wettbewerb. Mit dieser großformatigen Prachtausgabe, die mit Sicherheit der Kommission und den städtischen Entscheidungsträgern vorlag, machte er nicht nur Werbung in eigener Sache, sondern setzte sich auch deutlich von den Konkurrenten ab. Roemer hingegen konnte lediglich auf seinen in einer Fachzeitschrift veröffentlichten Bericht über Schwetz verweisen.

Mit der gebundenen Publikation, die bei seinen Cousins George und Carl Gropius[150] in Berlin verlegt wurde, vermochte Martin Gropius seine Erfahrungen im Anstaltsbau eindrucksvoll darzulegen und sich als kompetenter Architekt und technisch versierter Planer zu präsentieren. Gerade der Aufbau des Textes, der den Planungs- und Bauprozess nachvollzog, ist in diesem Zusammenhang aufschlussreich. Nach eigenen einleitenden Worten, folgten die Ausführungen der Ärztekommission unter Beteiligung von Laehr und Flemming (sic!) sowie des Direktors Sponholz. Danach kommentierte Gropius seine Umsetzung des Programms. Dabei betonte er mehrfach, trotz der knappen Mittel eine gut funktionierende Architektur geschaffen zu haben und wagte am Schluss seiner Darstellung einen Blick in die Zukunft des Anstaltsbaus. Diesen leitete er geschickt mit der Bemerkung ein, dass sich erst einige Jahre nach einem Bau herausstelle, ob das Werk gelungen sei, ob es funktioniere und sich bewährt habe. Im Falle von Eberwalde beantwortete Gropius diese Frage positiv und ging sogar so weit, aus den dort gemachten Erfahrungen allgemeine Gesichtspunkte abzuleiten, die zu einer Vereinfachung und damit Kosteneinsparung im Anstaltsbau führen könnten. Untermauert wurde dies auch durch eine genaue tabellarische Auflistung der Kosten der Eberswalder Anstalt. Die in Hinblick auf den bevorstehenden Dalldorfer Wettbewerb interessanteste Aussage folgte dann in den Ausführungen zum künftigen Anstaltsbau. Dort äußerte sich Gropius über die Anlage einer „Irren-Heilanstalt" folgendermaßen: „Außer einem oder mehreren größeren Gebäuden mit verschiedenen Abtheilungen, für alle Kranken, welche unter genauester Ueberwachung gehalten werden müssen, wird hier eine größere Anzahl kleinerer Gebäude von je einer Abtheilung, auf möglichst großem Gartenterrain weit voneinander disponirt, erforderlich sein."[151] Damit machte Gropius deutlich, dass er in dem zusammenhängenden Korridorsystem keine großen Zukunft mehr sah und von dem Gropius und Schmiden bereits mit dem städtischen Krankenhaus am Friedrichshain abgerückt waren.

Die Entwürfe zu Friedrichshain durchliefen bis zum Baubeginn 1868 zwei Korrekturphasen. Ein wichtiger Punkt bei der Planänderung war die 1867 von Esse errichtete Lazarettbaracke im Garten der Berliner Charité. Diese erregte nicht nur unter Medizinern einiges Aufsehen, sondern wurde auch von Gropius später als „bahnbrechender Schritt" weg von den üblichen geschlossenen Krankenhäusern im Korridorsystem bezeichnet.[152] Nach Vorbild dieses freistehenden Pavillons wurde für den Krankenhausbau die Forderung „Dezentralisation statt Konzentration" abgeleitet. Das hatten Gropius und Schmiden nicht nur

150 Vgl. Irmgard Wirth, Die Familie Gropius. Carl Wilhelm und Martin Gropius in Berlin, hrsg. vom Berlin Museum, Berlin [um] 1970, nicht paginiert (S. 1).
151 Gropius, Provinzial-Irren-Anstalt, S. 16.
152 Martin Gropius und Heino Schmieden, Der Evacuations-Pavillon für die Kranken-Anstalt Bethanien in Berlin, in: Zeitschrift für Bauwesen 23, 1873, S. 131–136, dazu Atlas Bl. 20, hier S. 131.

beim Friedrichshainer Krankenhaus umgesetzt, sondern auch in der Nachbetrachtung des Eberswalder Baus verinnerlicht. Dennoch ging es Gropius bei der Planung zu Dalldorf nicht einfach um die Übernahme des Pavillon-Systems des allgemeinen Krankenhauses auf den „Irrenhausbau", er versuchte vielmehr, die Idee der Dezentralisation auf die Bedürfnisse der „Irrenanstalten" zu übertragen. Demzufolge sollten nicht mehr große zusammenhängende Baublöcke zum Einsatz kommen, sondern die Kranken auf verschiedene und verstreut angeordnete einzelne Bauten verteilt werden. Eine derartige Anordnung bedeute aber, so Gropius, ein Umdenken in der Gestaltung der Anlagen. Denn die „Mannigfaltigkeit der Gebäudeformen schließt den architektonisch monumentalen Charakter einer Irren-Anstalt aus; man wird auf ländliche Bauformen und weitere Zwischenräume übergehen müssen, die bei geeigneten Verbindungsmitteln die geordnete und übersichtliche Verwaltung keineswegs erschweren"[153].

Eine weitaus bedenklichere Aussage bezüglich der Kostenminimierung bei „Irrenanstalten" leitete Gropius mit dem Hinweis auf die Macht der Gewohnheit bei den Architekten ein. Viel zu viele Ausstattungsmerkmale wären seiner Meinung nach zu luxuriös und könnten wesentlich vereinfacht werden. Als Beispiel propagierte er zentrale statt dezentrale Sanitäreinrichtungen. Zwar müsste die standesgemäße Unterbringung gewährleistet sein, doch „die Abtheilungen für die Unheilbaren, die sogenannten Pflegeanstalten, könnten so eingerichtet werden, daß möglichst viele Kranke mit den möglichst geringen Kosten darin verpflegt werden können"[154]. Ebenso sah der Architekt ein Einsparpotential bei den Bauten der arbeitenden Klassen. Denn würde man deren Bauten „mehr den Gewohnheiten derselben" anpassen, könnte man „sie erheblich billiger herstellen, ohne das Interesse der Kranken zu beschädigen"[155]. Diese sehr technokratischen Sparvorschläge, die aus medizinischer und sozialer Sicht doch eher bedenklich klangen, hatten aber offensichtlich keine negativen Auswirkungen auf den Dalldorfer Wettbewerb, im Gegenteil: Der leicht modifizierte Entwurf von Gropius und Schmieden wurde 1872 von der Stadtverordnetenversammlung gebilligt und 1873 ein Ausführungsvertrag geschlossen. Mittlerweile hatte man ein Kuratorium gegründet, das den Geschäftsgang beschleunigen sollte – man wollte noch im selben Jahre mit dem Bau beginnen – und dem jetzt der Berliner Stadtbaurat Hermann Blankenstein[156] angehörte.

Die Folgen des Deutsch-Französischen Krieges von 1870/1871 wurden dem Vorhaben jedoch indirekt zum Verhängnis: Im Gefolge des Sieges setzte im

153 Gropius, Provinzial-Irren-Anstalt, S. 18.
154 Ebd., S. 17.
155 Ebd., S. 18.
156 Zu Hermann Blankenstein vgl. Uwe Kieling, Berliner Baubeamte und Staatsarchitekten im 19. Jahrhundert. Biographisches Lexikon (= Miniaturen zur Geschichte, Kultur und Denkmalpflege Berlins, Nr. 17), Berlin 1986, S. 11 f. Blankenstein wurde 1829 in Grafenbrück bei Finowfurt geboren und ging in Eberswalde zur Schule. Ebenso wie der etwas ältere Martin Gropius hat Blankenstein Mitte der 1850er Jahre sein Examen zum Baumeister an der Berliner Bauakademie abgelegt. Beide Architekten sind der Berliner Schule beziehungsweise Schinkelnachfolge mit Bezug auf die tektonische Lehre von Carl Boetticher zuzurechnen. Vgl. dazu Hermann Blankenstein, Karl Boetticher, sein Leben und Wirken, in: Zentralblatt der Bauverwaltung 9, 1889, S. 315 ff. und S. 326–329. Allerdings hat Blankenstein – als fast genaues Gegenbild zu Gropius, der als Privatarchitekt in einer Bürogemeinschaft arbeitete – die klassische Laufbahn als beamteter Architekt im Staatsdienst eingeschlagen. Vgl. auch Manfred Klinkott, Hermann Blankenstein, in: Ribbe und Schäche, Baumeister, Architekten, Stadtplaner, S. 235–256.

Deutschen Reich ein enormer Bauboom ein, der die Preise für Baumaterialien und für Bauarbeiten sprunghaft in die Höhe trieb. Als Gropius und Schmieden 1873 schließlich ihre Baupläne und Kostenvoranschläge vorlegten, waren die Preise um das Zweieinhalbfache gestiegen. Auch wenn das Büro nach Verhandlungen mit Stadtbaurat Blankenstein das Projekt „abspecken" und die Kosten senken konnte, waren sie nach Ansicht der Kommunalbehörden noch immer deutlich zu hoch. Der Entwurf wurde abgelehnt, und die Architektengemeinschaft nahm ihrerseits von dem Auftrag Abstand und trat von dem bereits geschlossenen Vertrag zurück.[157] Die Entscheidung des Büros für diesen Verzicht lässt sich vielleicht mit der guten Auftragslage erklären, denn sie waren nicht nur mit dem Krankenhaus am Friedrichshain, sondern auch mit anderen, hochkarätigen Projekten – u.a. dem Umbau der Königlich Preußischen Porzellanmanufaktur zu einem provisorischen Reichstagsgebäude – sehr gut im Geschäft.

Der Rückzug von Gropius und Schmieden bedeutete aber nicht die Aufgabe des Projektes. Stadtbaurat Hermann Blankenstein wurde nun mit der Aufgabe betraut, unter gleichen Bedingungen einen noch kostengünstigeren Entwurf zu erarbeiten, um „eine allen Anforderungen der Humanität und Wissenschaft entsprechende Anstalt zu schaffen"[158]. Dabei stand ihm der 1872 zum Direktor der „Land-Irrenanstalt" Neustadt-Eberswalde berufene August Zinn in medizinischer Hinsicht beratend zur Seite.[159] Da die ursprüngliche Zahl von 400 Patienten auf 500 erhöht wurde, und zusätzlich eine Verdoppelung der Anlage durch die Angliederung einer ebenso großen „Irren-Siechenanstalt" erfolgen sollte, mussten die Pläne von Blankenstein entsprechend umgearbeitet werden.[160] Blankenstein profitierte davon, dass nach einer infolge des Baubooms von 1873 eingetretenen Stagnation im Baugewerbe die Preise in der Zwischenzeit wieder im Sinken begriffen waren[161] – jedenfalls wurde sein Entwurf 1875 wohlwollend aufgenommen.

In der Zwischenzeit waren jedoch Stimmen laut geworden, die das Gelände für nicht geeignet erachteten und demgegenüber ein Terrain in Rummelsburg favorisierten. Dieser Bauplatz war bereits seit den 1850er Jahren im Gespräch, fand aber keine Zustimmung. Noch während die Diskussion im vollen Gange war, wurde auf diesem Gelände ein großer Rangierbahnhof gebaut, so dass man 1877 doch wieder auf den Standort Dalldorf zurückkam und endlich zur Tat schritt. Nach weniger als drei Jahren Bauzeit – Grundsteinlegung war im Mai 1877 – war die Anlage 1879 fertig gestellt[162]: „Wenn auch an dem Dalldorfer Terrain manches auszusetzen sei, so müsse man doch bei dem bekannten unglaublich traurigen Zustand der Berliner Irrenpflege herzlich froh sein, dass endlich eine definitive Entscheidung getroffen und nunmehr [d.i. 1879] [...] die

---

157 Manfred Stürzbecher, Anfänge einer geregelten Verwahrung von psychisch Kranken, in: 100 Jahre Karl-Bonhoeffer-Nervenklinik, S. 11–26, hier S. 19.
158 Blankenstein und Ideler, Beschreibung, S. 13.
159 Zu August Zinn vgl. Kirchhoff, Deutsche Irrenärzte, Bd. 2, S. 65–69.
160 Auch dies reichte bald nicht mehr aus, im November 1881 waren bereits 1 600 Kranke zu versorgen, vgl. ohne Autor, Ueber den Bau von Irrenanstalten, S. 55.
161 Vgl. Blankenstein und Ideler, Beschreibung, S. 33, und Bratz, Festschrift, S. 3.
162 Damm und Emmerich, Theorie und Realität, S. 37. Die Bauabnahme erfolgte Ende Januar 1880, unmittelbar darauf wurde die Anstalt bezogen.

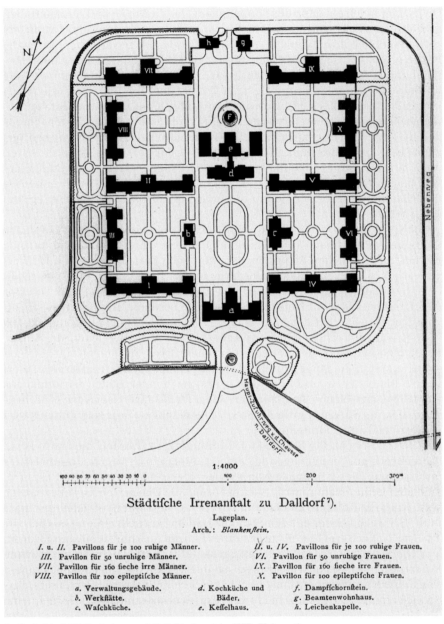

1:4000

100 90 80 70 60 50 40 30 20 10 0   100   200   300ᵐ

Städtifche Irrenanftalt zu Dalldorf⁷).

Lageplan.

Arch.: *Blankenftein.*

I. u. *II.* Pavillons für je 100 ruhige Männer.	*II.* u. *IV.* Pavillons für je 100 ruhige Frauen.
III. Pavillon für 50 unruhige Männer.	*VI.* Pavillon für 50 unruhige Frauen.
VII. Pavillon für 160 fieche irre Männer.	*IX.* Pavillon für 160 fieche irre Frauen.
VIII. Pavillon für 100 epileptifche Männer.	*X.* Pavillon für 100 epileptifche Frauen.

a. Verwaltungsgebäude.	*d.* Kochküche und	*f.* Dampffchornftein.
b. Werkftätte.	Bäder.	*g.* Beamtenwohnhaus.
c. Wafchküche.	*e.* Keffelhaus.	*h.* Leichenkapelle.

Berlin-Dalldorf, Städtische Irrenanstalt, H. Blankenstein, 1877–79, Lageplan.

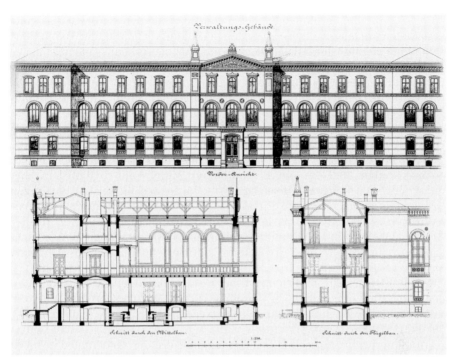

Dalldorf, Städtische Irrenanstalt, H. Blankenstein, 1877–79, Verwaltungsgebäude, Ansicht, Schnitte.

Irrenpflegeanstalt [...] nahezu [...] vollendet sei."[163] Der sehr lange Planungs-
vorlauf hatte letztlich doch noch etwas Positives: Die Baupreise waren wieder
derartig gesunken, dass aus dem Budget 1880/1881 noch eine Erziehungs-
anstalt für 100 „idiotische" Kinder in unmittelbarer Nachbarschaft errichtet
werden konnte.[164]

Das Dalldorfer Gutsgelände war 9,5 Kilometer von Berlin entfernt, aber durch
öffentlichen Nahverkehr gut angeschlossen.[165] Die Trennung nach Geschlechtern sowie die Aufteilung in eine „Irrenanstalt" und eine Anstalt für chronisch
Kranke, das heißt sieche „Irre" und Epileptische, bestimmte die Gesamtanlage:
Diese bestand aus je fünf symmetrisch angeordneten Einzelhäusern für Männer und Frauen beiderseits der Mittelachse, die von dem Verwaltungsgebäude,
dem zweigeschossigen Wirtschaftsgebäude mit Kochküche und Bädern, gefolgt
von einem Kesselhaus mit Waschküche gebildet wurde. An der hinteren Grund-
stücksgrenze flankierten zwei Torhäuser, die als Beamtenwohnhaus und als
Leichenhaus dienten, den rückwärtigen Zugang. Letzteres war feierlich inszeniert, so öffnete sich die Vorhalle der Aussegnungskapelle in einer Dreierarkade

163 Äußerung von Dr. Zinn zu Idelers Mitteilung über den projectirten Bau einer Irren-Siechenanstalt im Anschluss an die bereits im Bau begriffene städtische Irrenanstalt zu Dalldorf, in: Allgemeine
Zeitschrift für Psychiatrie und psychisch-gerichtliche Medizin 35, 1879, S. 370 ff., hier S. 374.
164 Ebd., S. 38.
165 Handbuch der Architektur, 5. Halbb.: Gebäude für Heil- und sonstige Wohlfahrtsanstalten,
2. Heft: Verschiedene Heil- und Pflegeanstalten, Stuttgart 1903, S. 18–21 hier S. 18. Daraus auch die
nachfolgende Beschreibung.

zum Gelände hin. Verbindende Gänge oder Kolonnaden wie bei den bis dato errichteten Anstalten üblich, existierten in Dalldorf nicht und „der Mangel derselben hat sich für den Anstaltsbetrieb niemals bemerkbar gemacht"[166]. Die Krankenhäuser lagen sich spiegelsymmetrisch gegenüber und waren in einer Kammform gruppiert, so dass sie zwischen sich je zwei Höfe ausbildeten. Die drei vorderen Gebäude jeder Seite gehörten zur eigentlichen (Haupt-)"Irrenanstalt", die beiden letzteren für Epileptiker und körperlich Kranke zur Siechenanstalt. Der Männerseite war ferner ein Werkstättengebäude, der Frauenseite eine weitere Waschküche zugeordnet. Alle zweigeschossigen Krankengebäude wurden in der Grundform von jeweils dreiachsigen Eckrisaliten und einem ebenso breiten, aber um eine Etage höheren Mittelrisalit rhythmisiert. Man folgte der gewohnten Praxis insofern, als die Häuser der ruhigen und unruhigen Kranken weiter nach vorn hin orientiert waren, während die Häuser für die epileptischen, „Irren", und körperlich kranken Patienten in den hinteren Teil der Anlage platziert wurden. Eine Unterteilung nach Klassen fand offenbar nicht statt. Selbst in den Grundrissen war kaum „ein spezieller Zuschnitt der Gebäude auf ‚ruhige Irre', ‚unruhige Irre', ‚sieche Irre' oder ‚Epileptiker' erkennbar […]. Zweifellos ist es aber nicht zuletzt dieser unverbindlichen, alle Möglichkeiten der Anpassung offenhaltenden Grundrissgestaltung zuzuschreiben, dass die Anlage 80 Jahre lang ihre Funktion ohne wesentliche Eingriffe in die bauliche Struktur erfüllen konnte."[167]

Funktional gab es zwischen den Krankenhäusern der Abteilungen insofern Unterschiede, als die Häuser der Pflegeanstalt im Innern so aufgeteilt waren, dass sich die Schlafsäle in den Obergeschossen, die Tagesräume in der unteren Etage befanden. Bei den vier Häusern der Siechenanstalt erfolgte diese Trennung nicht, Schlaf- und Wohnräume lagen in beiden Etagen und die Korridore konnten gleichfalls als Aufenthaltsräume genutzt werden. Die Erschließung erfolgte in allen Krankenhäusern einhüftig. Die Treppenhäuser lagen jeweils an den Enden und in der Mitte der Pavillons.

Im Verwaltungsgebäude waren im Erdgeschoss neben den üblichen Dienstzimmern auch Wohnungen für einen Teil des Personals untergebracht. Im ersten Obergeschoss lagen die Festsäle und eine Kapelle, an den Enden auch Räume für „Reconvalescente". Das zweite Geschoss war ausschließlich den Dienstwohnungen des Anstaltsdirektors und des Oberarztes sowie eines Assistenzarztes vorbehalten.

Das Ökonomiegebäude bot durch die Höhenstaffelung der einzelnen Bauteile einen besonders „malerischen" Eindruck. Der traufseitige Mitteltrakt der Küche, dem eine Vorhalle für die Essensausgabe vorgelagert war, wurde von zwei erhöhten und giebelständigen Trakten mit Küchennebenräumen flankiert. Diesen wiederum schlossen sich die beiden nur eingeschossigen Badehäuser, jeweils mit Wannen und einem durch Oberlicht beleuchteten Schwimmbassin für die Männer und Frauen an. Hinter dem Küchengebäude lag das Kessel- und Maschinenhaus mit Nebengebäuden. Außer den beiden seitlichen Schornstei-

166 Blankenstein und Ideler, Beschreibung, S. 15.
167 Vgl. Wolf-Deneke Weltzien und Fritz Weinthaler, Die bauliche Entwicklung von der Irrenanstalt zur Nervenklinik, in: 100 Jahre Karl-Bonhoeffer-Nervenklinik, S. 41–50, Zitat S. 43.

Dalldorf, Städtische Irrenanstalt, H. Blankenstein, 1877–79, Verwaltungsgebäude, Kapelle.

nen überragte auch ein mittlerer Turm, dessen auskragendes Obergeschoss auf jeder Seite eine Dreierarkade und eine Uhr zierten, diesen Wirtschaftskomplex.

Alle Bauteile der Anlage wurden mit gelbem Ziegel und roten Ziegelbändern ausgeführt sowie mit Dekorum aus Terrakotten ausgestattet.[168] Das Beamtenwohnhaus und das Verwaltungsgebäude erhielten etwas reicheren Terrakottaschmuck von der Tonfabrik March aus Charlottenburg.[169] Den Mittelrisalit des

168 Die Terrakotten stammten teils aus der Tonfabrik March in Berlin-Charlottenburg, teils aus der (ehemaligen) Friedenthal'schen Ziegelei in Tschauschwitz bei Neisse, vgl. Blankenstein und Ideler, Beschreibung, S. 45.
169 Ebd.

Verwaltungsbaus schmückten vier Reliefporträts[170] bedeutender „Irrenärzte", darunter Philippe Pinel (1745–1826)[171], Johann Gottfried Langermann (1768–1832)[172], Wilhelm Griesinger (1817–1868)[173] und Carl Wilhelm Ideler d.Ä. (1793–1860)[174].

Diese im Gegensatz zu Eberswalde aufwändigere ornamentale Ausschmückung setzte sich ebenso in der reicheren Gestaltung der Fensterrahmungen und -brüstungen fort. In diesen baukünstlerischen Details war trotz der Weiterführung und Veränderung des Projektes durch Blankenstein immer noch der Einfluss und Charakter von Gropius und Schmieden nachvollziehbar. Hierzu trugen auch die überhängenden Dächer mit englischer Schieferdeckung bei, die bis auf das Verwaltungsgebäude, das Beamtenwohnhaus und das Leichenhaus alle übrigen Bauten besaßen.

Geradezu frappierend war die übereinstimmende Gestaltung der Kapellenräume in Eberwalde und in Dalldorf. So schien die Kassettendecke des Kirchensaales im Dalldorfer Verwaltungsgebäude direkt aus Eberswalde übernommen. Auch die Triumphbogenrahmung der Apsisnische[175] orientierte sich in ihren Profilierungen und den Rosetten in den Zwickeln unmittelbar an ihrem kurmärkischen Vorbild, das heute zwar nicht mehr in situ zu bewundern, aber durch den in der Prachtschrift von 1869 publizierten Entwurf von Gropius überliefert ist.[176]

Der Innenraum der Anstalt war frei von Abgrenzungen. Nur die Gärten der unruhigen Kranken waren mit drei Meter hohen Mauern umgeben. Allerdings war der mittlere Teil des Anstaltshofes nur zum gelegentlichen Spazieren gehen der Insassen gedacht, er hatte hauptsächlich repräsentativen Schmuckcharakter.[177]

Zwar gab es zwischen den einzelnen Gebäuden keine parzellierenden Verbindungsgänge mehr, das Krankenhaus und die Dienstgebäude waren freigestellt. Allerdings bewahrte sich die Dalldorfer Anlage durch die strenge Symmetrie und die um einen Hof gruppierten Bauten eine Verwandtschaft zu älteren Systemen wie Eberswalde.

Die neue aufgelockerte Bauweise, die sich seit den 1870er Jahren im allgemeinen Krankenhausbau durchzusetzen begann, fand so auch im Anstaltbau Berücksichtigung. Allerdings war das ursprüngliche Pavillonsystem, wie es in Friedrichshain gebaut wurde, nur für eine kleinere Anzahl von Kranken geeignet. Die Dalldorfer „Pavillons" mussten hingegen nicht nur eine hohe Zahl an Patienten aufnehmen, sondern auch verschiedene Funktionen unter-

---

170 Ausgeführt von March nach Entwurf von Professor Luerssen, vgl. ebd.
171 Pinel wurde stets als derjenige französische „Irrenarzt" der Revolutionszeit gerühmt, der 1793 als erster den Geisteskranken der Pariser „Irrenhauses" Salpêtrière ihre Ketten abnahm. Diese legendäre Situation hatte knapp ein Jahrhundert später Joseph Nicolas Fleury in einem Ölgemälde festgehalten, das seither unzählige Male publiziert wurde.
172 Zu Langermann vgl. Kirchhoff, Deutsche Irrenärzte, Bd. 1, S. 42–51.
173 Zu Griesinger vgl. Kirchhoff, Deutsche Irrenärzte, Bd. 2, S. 1–14.
174 Ideler d. Ä. leitete die psychiatrische Klinik der Berliner Charité ab 1840 bis zu seinem Tode 1860, vgl. Kirchhoff, Deutsche Irrenärzte, Bd. 1, S. 152–157, hier S. 153. Er ist nicht zu verwechseln mit seinem Sohn C. L. Ideler, der ebenfalls „Irrenarzt" war, bis 1880 der Berliner „Irrenverpflegungsanstalt" in der Wallstraße vorstand und als erster Direktor die „Irrenanstalt" zu Dalldorf zwischen 1880 und 1887 leitete.
175 Vgl. die Abbildung in 100 Jahre Karl-Bonhoeffer-Nervenklinik, S. 53.
176 Gropius, Provinzial-Irrenanstalt, Bl. 4.
177 Blankenstein und Ideler, Beschreibung, S. 35.

bringen. „Für die allgemeine Gestaltung der Irrenanstalt war von vorn herein das Pavillon-System als das den heutigen Anforderungen allein entsprechende in Aussicht genommen. Nachdem man sich aber entschlossen hatte, dieselbe für eine so große Zahl von Kranken zu bemessen, wie thatsächlich geschehen [i.e.: 1 000 Betten], mussten den einzelnen Gebäuden […] solche Abmessungen gegeben werden, dass sie den Namen „Pavillon" kaum noch verdienen."[178]

Mit seinem in der Publikation über Eberswalde angedeuteten Richtungswechsel in der Architektur hin zu aufgelockerten Bauensembles, die den Anstalten eine stärker ländlich-malerische, denn eine monumentale Prägung verliehen, schien Gropius die Wirkung seines Planes für Dalldorf bereits vorweggenommen zu haben: „Wenn […] der Charakter der Anstalt ein malerischer genannt werden muss, so beruht dies, neben der Lage in Gärten und Baumpflanzungen, in der Verschiedenartigkeit der Gebäude und ihrer vorwiegend ländlichen Architektur."[179]

178 Ebd.
179 Ebd.

Schlussbetrachtung

Die von Martin Gropius errichtete „Land-Irrenanstalt" Eberswalde war durch die sehr lange Planungsphase, die bis in die 1840er Jahre zurückreichte, geprägt. Die sich ändernden politischen, medizinischen und architektonischen Faktoren beeinflussten das Projekt maßgeblich.

Bereits bei der Vorläufereinrichtung der Eberswalder Anstalt, dem 1801 eröffneten „Land-Irrenhaus" in Neuruppin, zeigte sich der starke Einfluss von Medizin- und Sozialpolitik. Die Verbindung von aufklärerischen Vorstellungen einer humanen Behandlung der „Irren" mit spätabsolutistischen Ordnungsvorstellungen und patriarchalischem Verantwortungsgefühl prägte die Einrichtung. Der Anspruch, ausdrücklich die Heilung und nicht die Detention zu fördern, konnte im Folgenden jedoch nicht eingelöst werden. Durch die wachsenden Patientenzahlen und der daraus resultierenden Überbelegung entfernte sich die Neuruppiner Anstalt immer mehr von ihrem ursprünglich formulierten Anspruch.

Die sich bildende Reformpsychiatrie entwickelte im Vormärz schließlich Behandlungskonzepte, die in einem neuen Anstaltstyp – der „relativ verbundenen" Heil- und Pflegeanstalt – mündeten. Geisteskrankheit wurde hier als ein soziales und damit gesellschaftliches Problem definiert, zu dessen Lösung die Anstaltspsychiatrie im öffentlichen Interesse beitragen sollte. Man nahm an, dass in einer von „schädlichen" äußeren Einflüssen abgeschlossenen Anstaltswelt die größten Heilerfolge zu erzielen seien. Eine repressive Kontrolle und Ausgrenzung des nicht „Normalen" aus der Gesellschaft war deshalb in diesem neuen Anstaltstypus mit angelegt.

Erstmalig wurde der Typ der „relativ verbundenen" Pflege- und Heilanstalt 1842 in der von Friedrich Wilhelm Roller konzipierten Anlage im badischen Illenau ausgeführt. Für Preußen sollte jedoch die kurz darauf, 1844, eröffnete Musteranstalt von Heinrich Damerow in Halle vorbildhaft werden. Beide Anlagen zeichneten sich durch eine introvertierte Gesamtkonfiguration aus. Das Konzept der „heilsamen Gegenwelt" wurde konsequent verfolgt und angewandt: Die „Tobsüchtigen" waren an jene Orte verwiesen, an dem sie durch ihr Verhalten den Normalbetrieb am wenigsten stören konnten.

Den Anlagen lag grundsätzlich eine klar gegliederte, symmetrische Struktur zugrunde: Getrennt von einem administrativen Kernbereich, der gleichsam die Verbindung zur Außenwelt darstellt, wurden die Abteilungen für Frauen und Männer spiegelbildlich angeordnet. Ausgehend vom zentralen Verwaltungsbau folgte die Unterbringung der Krankengruppen nach einem medizinischen und sozialen Schlüssel. Dabei galt, dass die Patienten umso weiter entfernt von dieser Mittelachse waren, je „unnormaler" und „störender" ihr Krankheitszustand war. Daher war es nur konsequent, dass Patienten mit höherem sozialen

Stand näher am administrativen Zentrum untergebracht wurden. Dieses hierarchische Gliederungsschema traf auch auf die grundsätzliche Trennung der Teilbereiche Heilanstalt und Pflegeanstalt zu. Während erstere an das Administrationsgebäude anschloss, lag die Pflegeanstalt weiter entfernt.

Aufgrund ihrer sehr komplexen Raumschemata waren die Anstalten nur mit dem Sachverstand der Mediziner zu konzipieren und zu betreiben. Sie lösten nach und nach die Verwaltungsbeamten und Inspektoren ab, denen bislang die Führung der Anstalten oblag, und beförderten so die Institutionalisierung der Psychiatrie. Die Einrichtungen in Illenau und Halle waren die gebauten Manifestationen dieser medizinischen und sozialpolitischen Konzepte, die wesentlich den Aufstieg der Anstaltspsychiatrie als bestimmende und vorherrschende Form der psychiatrischen Versorgung im zweiten Drittel des 19. Jahrhunderts beförderten. Diese Entwicklung führte besonders in der zweiten Jahrhunderthälfte zu immer größeren Anstaltskomplexen.

Ausgehend von der Entwicklung des ambitionierten Neubauprojektes unter der Federführung von Wallis im Jahre 1845 stellt sich der Verlauf des Geschehens zugleich als Lehrstück über den Kampf um Zuständigkeiten und Einflusssphären zwischen den einzelnen Verwaltungsinstanzen dar. Dabei ließen sich keine fest gefügten Frontlinien beobachten, sondern eher wechselnde Interessenkoalitionen und -konflikte ausmachen. Nur die fehlenden Haushaltsmittel, die bereits 1845 eine Ausführung verhinderten, blieben eine Konstante, die auch in den folgenden Jahren das Hauptargument gegen einen wie auch immer gearteten Neubau sein sollte. Gerade die von Damerow propagierte Idee einer Zentralisation und Vereinheitlichung des gesamten preußischen Medizinalwesens wurde von den Landständen misstrauisch beäugt und schließlich abgelehnt. Auch das Projekt einer gemeinsamen Provinzialanstalt für Berlin und die Kurmark war damit zum Scheitern verurteilt.

Doch nicht nur die kurmärkischen Landstände opponierten gegen die von übergeordneten Instanzen propagierte gemeinsame Anstalt für Berlin und die Provinz. Auch die Stadt Berlin weigerte sich standhaft, Eingriffe in ihren Einflussbereich zuzulassen, oder diesen mit anderen teilen zu müssen. Zumal beide Institutionen für das Vorhaben zahlen sollten, aber gleichzeitig Kompetenzen verloren hätten. Das Problem stellte sich besonders im Falle der Beteiligung der Charité. Hier wäre die staatliche Einflussmöglichkeit, die Damerow immer gefordert hatte, praktisch durch die Hintertür erfolgt. Dies stand dem Verständnis kommunaler Selbstverwaltung konträr gegenüber.

Das 1845 von Wallis und Steudener entwickelte Neubauprojekt war sehr ambitioniert. Dem medizinischen Kenntnisstand der Zeit entsprechend projektierte Wallis eine „relativ verbundene" Heil- und Pflegeanstalt mit einem hochkomplexen Anstaltsmechanismus. Zwar erhielten die Kranken je nach Symptomen grundsätzlich die gleiche medizinische Behandlung, wurden aber entsprechend den gesellschaftlichen Realitäten nach ihrem sozialen Status differenziert untergebracht. Der Widerspruch in diesem „Sozialsystem" wurde besonders dort deutlich, wo Wallis die gesonderte Unterbringung der höheren Stände zunächst mit besseren Heilungschancen zu begründen suchte, diese Aussage gleichwohl aber mit dem Verweis relativiert, dass selbstverständlich auch diese Krankengruppe nach den gleichen medizinischen Methoden diagnostiziert und behandelt werden müsste – wie alle anderen Kranken auch.

Das Projekt konnte nicht ausgeführt werden, doch bildete es die konzeptionelle Keimzelle, aus der 1862 der Eberswalder Bau entstehen sollte. Durch den Aufstieg in der ersten Hälfte des 19. Jahrhunderts von einem Provinzstädtchen inmitten der protoindustriellen Gewerbestandorte des Finowtals zu einem regionalem Verwaltungszentrum mit überregionalen Ambitionen zeigte sich die Stadt hinsichtlich ihrer weiteren wirtschaftlichen Entwicklung bemüht, nicht allein auf die umliegende Industrie zu vertrauen. Aufgrund der weit zurückreichenden Tradition als gewerblich-industrieller Standort konnte die Stadt nicht nur eine gute Infrastruktur vorweisen, sondern war auch bei der Beschaffung des Baumaterials, zum Beispiel durch die Ziegeleien am Ort oder die umliegenden Forstgebiete im Vorteil. Man konnte nicht zuletzt, da die städtische Kasse gut gefüllt war, einer der wichtigsten Forderungen, nämlich der unentgeltlichen Bereitstellung des Baugeländes, entsprechen.

Gestützt auf die Vorarbeiten von Wallis konnte der Direktor der Neuruppiner – und designierter Leiter der Eberswalder – Anstalt, Dr. Sponholz, in Zusammenarbeit mit den profilierten Anstaltsmedizinern, Carl Flemming und besonders Heinrich Laehr, relativ schnell ein tragfähiges Konzept für den Neubau erarbeiten.

Martin Gropius war zwar früh als Bausachverständiger an der Standortfrage beteiligt, wurde aber erst nach Aufstellung des allgemeinen Bauprogramms durch die Mediziner mit der Umsetzung der funktionalen und technischen Bedingungen betraut. Die sehr selbstbewusst auftretenden Fachärzte sahen im „Herrn Architekten" mitunter lediglich den technisch versierten Ausführenden ihres Plangedankens. Dennoch war die Realität des Bau- und Planungsvorganges differenzierter als es die Ärzte darstellten. Denn in betriebstechnischen Fragen der zweckmäßigen und sinnvollen Einrichtung der Anlage, der Organisation der Baumassen und der Gestaltung blieb man auf den Architekten angewiesen.

In seiner Publikation über den Bau von 1869 stellte Gropius diese Vorgänge so dar, dass eine stringente Planungs- und Baugeschichte entstand. Er war dabei bemüht, den Einfluss und die Vorgaben der Mediziner abzumildern und seine Rolle – wenn auch moderat – zu betonen. Nichtsdestotrotz determinierte das medizinische Programm den funktionalen Kern der Eberswalder Anlage.

Im Rahmen der Bauplanung unternahmen Sponholz und Gropius auch eine gemeinsame Reise zu vergleichbaren Anstalten im deutschsprachigen Raum. Dabei richtete sich ihr Interesse höchstwahrscheinlich mehr auf die Funktion und die technische Ausstattung der Anstalten, denn auf die architektonische Gestaltung der Bauten, die zumeist von lokalen bzw. regionalen Traditionen bestimmt war. Obgleich die genaue Route – und damit ein unmittelbarer Einfluss der besuchten Bauten respektive ihrer Konzeptionen – nicht zu eruieren ist, lassen sich sehr wohl indirekte Spuren verfolgen, die eine Beziehung zu älteren Anlagen herstellen.

Die stark symmetrische Anlage von Eberswalde nahm aufgrund der medizinischen Konzeption Bezug auf die Musterbauten in Illenau und Halle. Besonders das zentral angeordnete Ökonomiegebäude, das sprichwörtlich den Kern der Anlage darstellte, ging unmittelbar auf das Damerowsche Konzept in Halle zurück. Die gedeckten Gänge hatten zum einen die Aufgabe, die Erschließung und Bewirtschaftung aller Teile der Anstalt zu ermöglichen; zum anderen dienten sie nach dem Leitbild „verbinden, aber trennen" der Aufteilung in Heil- und Pflegeanstalt.

Im Vergleich zur sehr stringent durchexerzierten Hallenser Lösung, wurde das Kommunikations- und Kontrollsystem in Illenau weniger prägnant gelöst. Die badische Anstalt schien aus der primär festgelegten Grundrissstruktur, deren großer Ehrenhof historisch Bezug auf den barocken Schlossbau nahm, entwickelt worden zu sein, der sich die modernen Funktionen unterzuordnen hatten. Im Falle des Ehrenhofes erwies sich dies als eher hinderlich. Durch diese Zäsur gewannen die jeweiligen Geschlechterseiten eine gewisse Eigenständigkeit, zudem war die Aufteilung der Verwaltungs- und der Wirtschaftsbereiche auf die beiden Torbauten des Ehrenhofes nicht so „funktional". Die Hallenser Lösung schien in viel stärkerem Maße den medizinischen und betriebswirtschaftlichen Anforderungen gerecht zu werden. Dies traf auch für die beiden Nachfolgeeinrichtungen in Allenberg und Schwetz zu.

Die Grundlage der baulichen Organisation dieser Anlagen der 1840/50er Jahre, die selbst noch in der ein Jahrzehnt später errichteten Anstalt in Lengerich formal stark ausgeprägt war, verlor allerdings in Eberswalde, bedingt durch die Topographie des Bauplatzes und die finanziellen Vorgaben, an Bedeutung. Da sich das medizinische Konzept der differenzierten Unterbringung der Patienten nach Stand, Geschlecht und Krankheitsverlauf nicht änderte, machte die Anpassung der Anlagen ein ausgeklügeltes Erschließungssystem notwendig. Die Anforderungen des in den 1830er Jahren entwickelten Konzeptes der „relativ verbundenen" Anstalten gerieten aber nicht nur durch die Zwänge der Baupraxis unter Veränderungsdruck.

Auch von medizinischer Seite wurde das Anstaltssystem von zwei Seiten in Frage gestellt: Zum einen forderte man die Auflockerung der introvertierten Anstaltsgrundrisse, verbunden mit einer Dezentralisierung der Funktionen. Zum anderen gewann die Methode des „no restraint" an Bedeutung, die den Patienten trotz strenger Separierung mehr Freizügigkeit gewährte. Die Anlage von so genannten Tobhäusern war diesen reformerischen Ideen konträr. Sie verkörperten die älteren Prinzipien der psychiatrischen Lehrmeinung, die zwar zögerlich, aber kontinuierlich seit den 1860er Jahren an Einfluss verloren. In Eberswalde war der Bau der „Tobhäuser" noch selbstverständlicher Bestandteil der Gesamtkonzeption. Die nachfolgenden Anlagen seit den 1870er Jahren besaßen keine solchen Isolierhäuser mehr, sondern nur noch so genannte Isolierzimmer auf den Abteilungen. Mit dem endgültigen Verschwinden der Tobhäuser wurden die medizinischen Konzepte der ersten Hälfte des Jahrhunderts, wie sie von Roller in Illenau und Damerow in Halle baulich umgesetzt worden waren, obsolet.

Der Einfluss der Ärzte und medizinischer Konzepte auf den Anstaltsbau wurde nicht zuletzt auch in den Auseinandersetzungen nach der Jahrhundertmitte um Differenzierung der Krankenversorgung, Aufwertung der klinischen Psychiatrie und die Durchsetzung kleinerer Versorgungseinheiten deutlich.

Diese Reformvorstellungen hatten bei der Planung und Ausführung von Eberswalde keine Rolle gespielt. Mit Heinrich Laehr war zudem ein ausgewiesener Gegner der Reformen an der Aufstellung des Bauprogramms beteiligt. Die Konzeption der Eberswalder Anstalt spiegelte somit die Haltung der Vertreter der Anstaltspsychiatrie wieder, deren Konzepte im Vormärz entstanden und die in den 1860er Jahren zunehmend in die Kritik gerieten.

Anlagen wie Eberswalde, Göttingen und Osnabrück blieben trotz einiger Ansätze, die auf eine Auflockerung der introvertierten Bauanlage im Korridorsystem deuteten, dem System der „relativ-verbundenen" Anstaltsmedizin verpflichtet. Ein Paradigmenwechsel kam erst durch die Reformdiskussionen – wie sie besonders Wilhelm Griesinger anstieß – und den neuen architektonischen Möglichkeiten des Pavillonsystems zustande. Die Kombination beider Faktoren ermöglichte eine neue Bauform und eine differenzierte Funktionalität der „Irrenanstalten".

Das Architekturbüro Gropius und Schmieden spielte bei diesem Paradigmenwechsel eine wichtige Rolle. Bereits kurz nach Eberswalde konnten sie mit dem Städtischen Krankenhaus im Friedrichshain das neue Pavillonsystem erstmalig in Deutschland umsetzen. Die Erfahrungen nutzten sie auch beim Entwurf für Dalldorf, der einer der ersten war, bei dem das neue Bausystem auf die Bedürfnisse des Anstaltsbaus übertragen wurde. Obwohl nicht von Gropius und Schmieden ausgeführt, blieb ihr Entwurf für die durch Hermann Blankenstein verwirklichte Anlage maßgebend.

Waren die großen Staatsaufträge wie der provisorische Reichstag, das Gewandhaus in Leipzig oder das Kunstgewerbemuseum in Berlin der baukünstlerische Höhepunkt im Œuvre von Gropius und Schmieden, so standen die Krankenhausbauten als weniger repräsentative und spektakuläre Zweckbauten auf einer anderen Ebene. Gleichwohl bildeten sie die ökonomische Grundlage der erfolgreichen Architekturfirma, die sich überhaupt erst über den Krankenhausbau konstituierte. Die Land-Irrenanstalt Eberswalde stand am Anfang dieser Entwicklung und war für Gropius die Basis, auf der alle folgenden Projekte aufbauten.

Quellen

Geheimes Staatsarchiv Preußischer Kulturbesitz (GStA PK)

I. HA., Rep. 76, VIII A, Nr. 3452, 3462, 3463, 3465, 3506, 3507, 3508, 3509, 3510, 3526, 3527, 3549, 3550, 3554, 3556, 3580, 3642, 3665, 3666, 3667, 3668, 3672, 3678, 3679, 3680.

I. HA., Rep. 76, VIII B, Nr. 1808, 1852, 1853, 1854, 1902.

I. HA., Rep. 77, tit. 2790, Nr. 1 und Nr. 4.

I. HA., Rep. 77, tit. 781, Nr. 4, Bd. 1.

I. HA., Rep. 89, Sign. 2.2.1, Nr. 24362.

I. HA., Rep. 93 B, Nr. 354 und Nr. 355.

II. HA., Generaldirektorium Kurmark, Tit. CCII, Sect. c, Nr. 26, vol. I.

Brandenburgisches Landeshauptarchiv (BLHA)

Rep. 1 Oberpräsident, 777/35.

Rep. 2 A Regierung Potsdam, I Hb 1680 Nr. 1a.

Rep. 23 A Kurmärkische Stände, F. 7, F. 8, F. 9, F. 10, F. 61, F. 103, F. 104.

Rep. 23 A Kurmärkische Stände, G. 6.

Rep. 55 Provinzialverband, Abt. I Nr. 28-31 und Nr. 217-236.

Rep. 55 Provinzialverband, Abt. IX Nr. 370, 371, 375, 379, 690, 875, 876.

unverzeichnet: Bestandszeichnung (1928), Landesirrenanstalt Eberswalde, Verwaltungsgebäude, Eb. 40, Bl. 2.

Kreisarchiv Barnim

Kreisarchiv Barnim, Nr. 277, 593, 594, 595, 603, 607, 3479, 7068, 8413, 8820, 9798.

Auswahlbibliografie

100 Jahre Karl-Bonhoeffer-Nervenklinik. 1880–1980, hrsg. von der Karl-Bonhoeffer-Nervenklinik, Berlin 1980.

Adamy, Kurt und Kristina Hübener (Hrsg.): Geschichte der Brandenburgischen Landtage (= Brandenburgische Historische Studien, Bd. 3), Potsdam 1998.

Adamy, Kurt (unter Mitarbeit von Kristina Hübener): Die preußische Provinz Brandenburg im Deutschen Kaiserreich (1871–1918), in: Brandenburgische Geschichte, hrsg. von Ingo Materna und Wolfgang Ribbe, Berlin 1995, S. 503–560.

Andreae, August Heinrich: Beschreibung des neuen Krankenhauses der Stadt, in: Hannoversche Annalen für die gesamte Heilkunde 1, 1836, S. 1–11.

Augustin, Frank (Hrsg.): Mythos Bauakademie. Die Schinkelsche Bauakademie und ihre Bedeutung für die Mitte Berlins, Berlin 1997.

Bahners, Patrick und Gerd Roellecke: Preussische Stile. Ein Staat als Kunststück, Stuttgart 2001.

Baier, Christof: Baubeamter und Architekt im Widerstreit. Zum Beispiel der Geheime Oberbaurat François Philipp Berson, in: Mathematisches Calcul und Sinn für Ästhetik. Die Preußische Bauverwaltung 1770–1848, Ausstellung des Geheimen Staatsarchiv Preußischer Kulturbesitz in Zusammenarbeit mit der Kunstbibliothek der Staatlichen Museen zu Berlin, Preußischer Kulturbesitz, Berlin 2000, S. 37–48.

Ders.: Neuruppin. Das „Land-Irrenhaus" (1796–1801), in: Brandenburgische Denkmalpflege 9, 2000, H. 1, S. 66–77.

Ders.: François Philipp Berson. Ein preußischer Architekt und Baubeamter zwischen Praxis und Theorie, Magisterarbeit (Humboldt-Universität Berlin, Mschr., Berlin 1996).

Über den Bau von Irrenanstalten mit besonderer Rücksicht auf die Bauten der Stadt Berlin, in: Deutsche Bauzeitung 26, 1892, S. 54 f.

Über den Bau und die Organisation der Irrenanstalten, in: Allgemeine Bauzeitung 20, 1855, S. 309–336.

Bauausführungen des Preußischen Staates. Bd. II: Die Irren-Heilanstalt zu Owinsk im Großherzogtum Posen, hrsg. vom Königlichen Ministerium für Handel, Gewerbe und öffentliche Arbeiten, Berlin 1851.

Baudenkmale in Berlin, Bezirk Friedrichshain, hrsg. vom Senator für Stadtentwicklung und Umweltschutz, Berlin 1996.

Beck, Friedrich, Die brandenburgischen Provinzialstände 1823–1872/75, in: Kurt Adamy und Kristina Hübener (Hrsg.), Geschichte der brandenburgischen Landtage. Von den Anfängen 1823 bis in die Gegenwart (= Brandenburgische Historische Studien, Bd. 3), Potsdam 1998, S. 6.

Beck, Friedrich: Die kommunalständischen Verhältnisse der Provinz Brandenburg in neuerer Zeit, in: Heimatkunde und Landesgeschichte. Zum 65. Geburtstag von Rudolf Lehmann (= Veröffentlichungen des Brandenburgischen Landeshauptarchivs, Bd. 2), Weimar 1958, S. 106–134.

Bellin, Karen: Der Aufbau des medizinischen Betreuungssystems für psychisch Kranke in Preußen in der ersten Hälfte des 19. Jahrhunderts, in: Psychiatrie, Neurologie und medizinische Psychologie, Jg. 41, Berlin 1989, S. 730–736.

Dies.: Der Aufbau des medizinischen Betreuungssystems für psychisch Kranke in Preußen in der ersten Hälfte des 19. Jahrhunderts unter besonderer Berücksichtigung der ersten kurmärkischen Irrenanstalt in Neuruppin 1801–1865, Habil.-Schrift, Leipzig 1990.

Bennholdt-Thomsen und Alfred Guzzoni: Der Irrenhausbesuch. Ein Topos in der Literatur um 1800, in: Aurora. Jahrbuch der Eichendorff-Gesellschaft 42, 1982, S. 82–110.

Berens, Cornelia: Das Hauptproblem war niemals die Heilung. Zur Entstehung der psychiatrischen Großkrankenhäuser in der zweiten Hälfte des 19. Jahrhunderts, in: Eckstein. Journal für Geschichte 5, 1994, S. 27–30.

Bergmann, J. H.: August Zinn (20.08.1825 bis 17.11.1897). Ein Begründer und Pionier der modernen Psychiatrie, in: Eberswalder Jahrbuch für Heimat-, Kultur- und Naturgeschichte 2000/ 2001, S. 139–144.

Berlin und seine Bauten, bearbeitet und hrsg. vom Architekten-Verein zu Berlin und der Vereinigung Berliner Architekten, Berlin 1877.

Berlin und seine Bauten. T. 7, Bd. A, Krankenhäuser, hrsg. vom Architekten- und Ingenieur-Verein Berlin, Berlin 1997.

Bienert, Andreas: Gefängnis als Bedeutungsträger. Ikonologische Studie zur Geschichte der Strafarchitektur (= Europäische Hochschulschriften, Reihe XXXVII Architektur, Bd. 20, zugleich Diss. Univ. Marburg 1992), Frankfurt am Main u. a. 1996.

Blankenstein, Hermann: Karl Boetticher, sein Leben und Wirken, in: Zentralblatt der Bauverwaltung 9, 1889, S. 315 ff., S. 326–329.

Ders. und Carl Ideler (d. J.): Beschreibung der neu erbauten Irrenanstalt zu Dalldorf, Berlin 1883.

Ders.: Die Lazarethbaracke im Krieg und im Frieden, in: Deutsche Bauzeitung 4, 1870, S. 257–259, S. 263–265, S. 267.

Ders.: Ueber Anordnung der Barackenlazarethe, in: Zeitschrift für Bauwesen 18, 1868, S. 307–309.

Blasius, Dirk: Einfache Seelenstörung. Geschichte der deutschen Psychiatrie 1800–1945, Frankfurt am Main 1994.

Ders.: Umgang mit Unheilbarem. Studien zur Sozialgeschichte der Psychiatrie, Bonn 1986.

Ders.: Der verwaltete Wahnsinn. Eine Sozialgeschichte des Irrenhauses, Frankfurt am Main 1980.

Bloch, Peter, Sybille Einholz und Jutta von Simson (Hrsg.): Ethos und Pathos. Die Berliner Bildhauerschule 1786–1914, Berlin 1990.

Blotevogel, Hans Heinrich: Kommunale Leistungsverwaltung und Stadtentwicklung vom Vormärz bis zur Weimarer Republik (= Städteforschung, Bd. A 30), Köln und Wien 1990.

Bodenschatz, Harald, Werner Lorenz und Carsten Seifert: Das Finowtal im Barnim. Wiege der brandenburgisch-preußischen Industrie, Berlin 2000.

Bodenschatz, Harald: Der rote Kasten. Zur Bedeutung, Wirkung und Zukunft von Schinkels Bauakademie, Berlin 1996.

Börsch-Supan, Eva: Berliner Baukunst nach Schinkel 1840–1870 (= Studien zur Kunst des neunzehnten Jahrhunderts, Bd. 25), München 1977.

Dies.: Der Renaissancebegriff der Berliner Schule im Vergleich zu Semper, in: Gottfried Semper und die Mitte des 19. Jahrhunderts. Symposium vom 2.–6. Dezember 1974 veranstaltet durch das Institut für Geschichte und Theorie der Architektur an der Eidgenössischen Technischen Hochschule Zürich (= Geschichte und Theorie der Architektur, Bd. 18), Basel, 1976, S. 153–173.

Boetticher, Carl: Die Tektonik der Hellenen. 2 Bde., Potsdam 1852, 2. neu bearb. Ausg., Berlin 1874–1881.

Ders.: C. F. Schinkel und sein baukünstlerisches Vermächtnis. Eine Mahnung an seine Nachfolger in der Zeit in drei Reden und drei Toasten an den Tagen der Geburtstagsfeier des Verewigten gesprochen von Carl Boetticher, Berlin 1857.

Ders.: Das Prinzip der hellenischen und germanischen Bauweise hinsichtlich der Übertragung in die Bauweise unserer Tage, in: Allgemeine Bauzeitung 11, 1846, S. 111–125.

Ders.: Proffessor Stiers Beiträge zur Feststellung des Prinzipes der Baukunst in der Gegenwart, in: Allgemeine Bauzeitung 10, 1845, Literaturblatt, S. 281.

Bohle-Heintzenberg, Sabine und Manfred Hamm: Architektur und Schönheit. Die Schinkelschule in Berlin und Brandenburg, Berlin 1997.

Bolenz, Eckhard: Baubeamte in Preußen 1799–1930. Aufstieg und Niedergang einer technischen Elite, in: Technikgeschichte 60, 1993, S. 87–106.

Ders.: Vom Baubeamten zum freiberuflichen Architekten. Technische Berufe im Bauwesen (Preußen/ Deutschland 1799–1931), Frankfurt am Main u.a. 1991.

Brandenburgs Landeskliniken in staatlicher Hand. Geschichte – Gegenwart – Zukunftsperspektiven (= Schriftenreihe zur Medizin-Geschichte des Landes Brandenburg, Bd. 1), hrsg. vom Landesamt für Soziales und Versorgung für die Landeskliniken Brandenburg/ Havel, Eberswalde, Lübben und Teupitz, Potsdam 2001.

Bratz, E.: Festschrift zum 50jährigen Bestehen der Anstalt Dalldorf (Hauptanstalt der Wittenauer Heilstätten), Berlin 1929.

Bresler, Johannes (Hrsg.): Deutsche Heil- und Pflegeanstalten für Psychischkranke in Wort und Bild. 2 Bde., Halle an der Saale 1910–1912.

Brix, Michael und Monika Steinhäuser (Hrsg.): Geschichte allein ist zeitgemäß. Historismus in Deutschland, Giessen 1978.

Damerow, Heinrich: Zur Geschichte des Neubaues der Ständischen Irrenheil- und Pflege-Anstalt für die Preussische Provinz Sachsen bei Halle an der Saale, in: Allgemeine Zeitschrift für Psychiatrie und psychisch-gerichtliche Medizin 12, 1855, S. 97–112.

Ders.: Statistische Nachrichten über die im preussischen Staate bestehenden öffentlichen und Privat-Irren-Heilanstalten für das Jahr 1850, in: Allgemeine Zeitschrift für Psychiatrie und psychisch-gerichtliche Medizin 9, 1852, S. 330–344.

Ders.: Einleitung, in: Allgemeine Zeitschrift für Psychiatrie und psychisch-gerichtliche Medizin 1, 1844, o. S.

Damm, Sabine und Norbert Emmerich: Die Irrenanstalt Dalldorf-Wittenau bis 1933, in: Totgeschwiegen 1933_1945. Zur Geschichte der Wittenauer Heilstätten, seit 1957 Karl-Bonhoeffer-Nervenklinik (= Reihe Deutsche Vergangenheit „Stätten der Geschichte Berlins", Bd. 17), hrsg. von der Arbeitsgruppe zur Erforschung der Geschichte der Karl-Bonhoeffer-Nervenklinik, wiss. Beratung Götz Aly, Berlin 2002, S. 11–48.

Dies.: Theorie und Realität. Das öffentliche Berliner Irrenwesen von den Anfängen bis 1919, in: Maison de Santé. Ehemalige Kur- und Irrenanstalt, Ausstellungskatalog hrsg. vom Bezirksamt Schöneberg, Berlin 1989, S. 35–49.

Denkmale in Berlin, Ortsteil Mitte, (Denkmaltopographie Bundesrepublik Deutschland), hrsg. vom Landesdenkmalamt Berlin, Petersberg 2003, S. 479 ff.

Deutsches Bauhandbuch. Eine systematische Zusammenstellung der Resultate der Bauwissenschaften mit allen Hülfswissenschaften in ihrer Anwendung auf das Entwerfen und die Ausführung der Bauten, veranstaltet von den Herausgebern der Deutschen Bauzeitung und des Deutschen Baukalenders, Bd. II.: Baukunde des Architekten (2. T.), Berlin 1884.

Deutschle, Gabriela u.a. (Hrsg.): Wissen und Irren. Psychiatriegeschichte aus zwei Jahrhunderten - Eberbach und Eichberg (= Historische Schriftenreihe des Landeswohlfahrtsverbandes Hessen, Quellen und Studien, Bd. 6), Kassel 1999.

Dietrich, Richard: Verfassung und Verwaltung, in: Berlin und die Provinz Bandenburg im 19. und 20. Jahrhundert (= Veröffentlichungen der Historischen Kommission zu Berlin, Bd. 25), Berlin 1968.

Dinges, Martin: Frühneuzeitliche Armenfürsorge als Sozialdisziplinierung? Probleme mit einem Konzept, in Geschichte und Gesellschaft 17, 1991, S. 5–29.

Dörner, Klaus: Bürger und Irre, Frankfurt am Main 1984.

Dolgner, Dieter: Stellung und Funktion des Architekten in der bürgerlichen Gesellschaft des 19. Jahrhunderts, in: Kunstverhältnisse. Ein Paradigma kunstwissenschaftlicher Forschung, Berlin 1988, S. 88–93.

Dreher-Eiswirth, Ulrike: Krankheitskonzepte und ärztliche Praxis der Psychiatrie im 19. Jahrhundert, rekonstruiert aus der Allgemeinen Zeitschrift für Psychiatrie und psychisch-gerichtlichen Medizin und dem Archiv für Pathologie und Klinische Medizin und Physiologie, Diss., Heidelberg 1993.

Einrichtung von Irrenanstalten, in: Allgemeine Bauzeitung 16, 1851, Literaturbeilage S. 161.

Engelhardt, Dietrich von und Fritz Hartmann: Biografische Enzyklopädie deutschsprachiger Mediziner. 2 Bde., München 2002.

Dies. (Hrsg.): Klassiker der Medizin. Bd. 2: Von Philippe Pinel bis Viktor von Weizsäcker, München 1991.

Esse, Carl Heinrich: Krankenhäuser. Ihre Einrichtung und Verwaltung, Berlin 1857.

Ders.: Das Barackenlazarett der Königlichen Charité zu Berlin, Berlin 1868.

Fehlauer, Jens: Theodor Goecke und die Architektur „socialer Wohlfahrts-Anstalten". Die Erweiterungsbauten der Provinzial-Irrenanstalt Eberswalde (1905–1911), in: Architektur und Psychiatrie im Wandel. Beiträge zum Martin-Gropius-Bau der Landesklinik Eberswalde, hrsg. v. Angelika Grimmberger und Jens Fehlauer (= Schriftenreihe zur Medizin-Geschichte des Landes Brandenburg, Bd. 5), Berlin 2004, S. 51–83.

Ders.: Die Landesklinik Eberswalde, in: Zeitzeichen. Eberswalde - Geschichte und Geschichten, hrsg. von der Stadtverwaltung Eberswalde, Eberswalde 2003, S. 94–97.

Ders.: Der Baumeister Martin Carl Philipp Gropius, in: Gropius in Eberswalde. Der Martin-Gropius-Bau der Landesklinik Eberswalde, hrsg. von der Landesklinik Eberswalde, Berlin 2002, S. 55–62.

Ders.: Antworten auf die soziale Frage. Die Erweiterungsbauten der Landesklinik bis zum Ersten Weltkrieg, in: Gropius in Eberswalde. Der Martin-Gropius-Bau der Landesklinik Eberswalde, hrsg. von der Landesklinik Eberswalde, Berlin 2002, S. 109–130.

Ders.: „Der Gesammtcharakter der zu erbauenden Anstalt ist in seiner ganzen Eigenthümlichkeit im Programm vorbedingt". Der Martin-Gropius-Bau der Landesklinik Eberswalde, in: Eberswalder Jahrbuch für Heimat-, Kultur- und Naturgeschichte 2001/2002, S. 197–206.

Fehlauer, Jens und Kristina Hübener: Den Baumeister zum Meister seiner Kunst erheben. Überlegungen zur Bau- und Nutzungsgeschichte der heutigen Landesklinik Eberswalde, in: Brandenburgs Landeskliniken in staatlicher Hand. Geschichte – Gegenwart – Zukunftsperspektiven, hrsg. vom Landesamt für Soziales und Versorgung (= Schriftenreihe zur Medizin-Geschichte des Landes Brandenburg, Bd. 1), Potsdam 2001, S. 51–66.

Festschrift anlässlich des 50jährigen Bestehens der Provinzial-Irren-Anstalt zu Nietleben bei Halle a. S. von früheren und jetzigen Ärzten der Anstalt, Leipzig 1897.

Fischer, Ingrid und Klaus Rohlfien: Die Verpflichtungen der Stadtgemeinde bei der Landesirrenanstalt in Eberswalde, in: Eberswalder Jahrbuch für Heimat-, Kultur- und Naturgeschichte 2001/2002, S. 107–115.

Fischer, Max: Die Entwicklung des Bauwesens der Irrenanstalten, in: Allgemeine Zeitschrift für Psychiatrie und psychisch-gerichtliche Medizin 70, 1913, S. 480–524.

Ders.: Christian Friedrich Wilhelm Roller – 100. Geburtstag, Halle 1902.

Foucault, Michel: Wahnsinn und Gesellschaft. Eine Geschichte des Wahns im Zeitalter der Vernunft, Frankfurt am Main 1996.

Ders.: Überwachen und Strafen. Die Geburt des Gefängnisses, Frankfurt am Main 1977.

Fritsch, Karl Emil Otto: Zur Erinnerung an Eduard Jacobsthal, in: Deutsche Bauzeitung 36, 1902, S. 18 f., S. 22 ff., S. 34 fl, S. 38 ff., S. 45–52.

Ders.: Die Schüler Schinkels, in: Deutsche Bauzeitung 18, 1884, S. 402 ff.

Ders.: Die klinischen Universitäts-Anstalten in der Ziegelstrasse 5–9, in: Deutsche Bauzeitung 16, 1882, S. 219 ff., S. 255 f.

Ders.: Das Kunstgewerbe-Museum in Berlin, in: Zentralblatt der Bauverwaltung 2, 1882, S. 74, S. 380 ff., S. 432 ff., S. 442 ff.

Ders.: Martin Gropius' Entwurf zur Thomaskirche in Berlin, in: Deutsche Bauzeitung 15, 1881, S. 269.

Ders.: Die neue Kunstschule zu Berlin, in: Deutsche Bauzeitung 4, 1870, S. 103 ff.

Ders.: Für Wilhelm Stier. Zur Feier seines Gedächtnisses am 8. Mai 1866 im Verein „Motiv" gesprochen, Berlin 1866.

Funk, Adolf: Die Irrenanstalt zu Osnabrück, in: Zeitschrift des Architekten- und Ingenieurvereins zu Hannover 22, 1876, Sp. 17–132, Bl. 219 ff.

Funk, Adolf und Julius Rasch: Pläne der neuen Irrenanstalten zu Göttingen und Osnabrück, in: Zeitschrift des Architekten- und Ingenieurvereins zu Hannover 8, 1862, Sp. 17–132, Bl. 216–225.

Dies.: Die Landes-Irrenanstalt zu Göttingen, insbesondere die Küchen- und Wirtschaftsgebäude derselben, in: Zeitschrift des Architekten- und Ingenieurvereins zu Hannover 13, 1867, Sp. 328–356, Bl. 380–385.

Das neue Garnison-Lazareth zu Tempelhof bei Berlin, in: Deutsche Bauzeitung 11, 1877, S. 373–376.

Goecke, Theodor: Allgemeine Grundsätze für die Aufstellung städtischer Bebauungspläne, in: Der Städtebau 3, 1906, S. 2.

Goecke, Theodor: Sociale Aufgaben der Architektur, Darmstadt 1895.

Goldtammer: Krankenhäuser, in: Hermann Eulenberg (Hrsg.): Handbuch des öffentlichen Gesundheitswesens, Bd. 1, Berlin 1868, S. 258–304.

Grimmberger, Angelika und Jens Fehlauer (Hrsg.): Architektur und Psychiatrie im Wandel. Beiträge zum Martin-Gropius-Bau der Landesklinik Eberswalde (= Schriftenreihe zur Medizin-Geschichte des Landes Brandenburg, Bd. 5), Berlin 2004.

Griesinger, Wilhelm: Zur Kenntnis der heutigen Psychiatrie in Deutschland. Eine Streitschrift gegen Dr. Laehr, Leipzig 1868.

Gropius in Eberswalde. Der Martin-Gropius-Bau der Landesklinik Eberswalde, hrsg. von der Landesklinik Eberswalde, Berlin 2002.

Gropius, Martin: Capitäl einer eisernen Säule an der Irrenanstalt zu Eberswalde, in: Architektonisches Skizzenbuch, H. 2, 1881, Bl. 6.

Ders.: Archiv für ornamentale Kunst, hrsg. auf Veranlassung des deutschen Gewerbe-Museums zu Berlin. Mit einl. Texten von Ludwig Lohde, fortgesetzt von Paul Lehfeld, Berlin 1871–1879.

Ders.: Carl Friedrich Schinkel. Dekoration innerer Räume, 2 Bde., Berlin 1869–1872.

Ders.: Trinkhalle in Paris von Martin Gropius, in: Architektonisches Skizzenbuch, H. 89, 1868, Bl. 3, und H. 3, 1871, Bl. 1.

Ders.: Die Provinzial-Irren-Anstalt zu Neustadt-Eberswalde, Berlin 1869.

Ders.: Die Provinzial-Irren-Anstalt zu Neustadt-Eberswalde, in: Zeitschrift für Bauwesen 19, 1869, S. 147–190, Bl. 1–13.

Ders.: Die vier neuen Irrenanstalten um Paris, in: Allgemeine Zeitschrift für Psychiatrie und psychisch-gerichtliche Medizin 44, 1868, S. 444.

Ders.: Trinkhalle für Selter- und Sodawasser in Berlin, in: Architektonisches Skizzenbuch, H. 51, 1861, Bl. 4.

Gropius, Martin und Heino Schmieden: Das zweite Garnisons-Lazareth für Berlin-bei Tempelhof, , in: Zeitschrift für Bauwesen 29, 1879, S. 172–212, Tafel 17–23.

Dies.: Carl Friedrich Schinkel. Dekorationen innerer Räume, 3 Bde., Berlin 1877–1881.

Dies.: Das neue Garnison-Lazareth zu Tempelhof bei Berlin, in: Deutsche Bauzeitung 11, 1877, S. 373–377.

Dies.: Das städtische Allgemeine Krankenhaus in Berlin im Friedrichshain, Text bearbeitet von Viktor von Weltzien, Berlin 1876.

Dies.: Der Bau des Krankenhauses in Wiesbaden, in: Deutsche Bauzeitung 10, 1876, S. 121.

Dies.: Das städtische Allgemeine Krankenhaus in Berlin im Friedrichshain, in: Zeitschrift für Bauwesen 25, 1875, S. 131–144, S. 442–453, Bl. 24–32, Bl. 42–47, Bl. 66 ff. und Jg. 26, 1876, S. 6–36, S. 153–180, Bl. 10–13, Bl. 27–30.

Dies.: Der Evacuations-Pavillon für die Kranken-Anstalt Bethanien in Berlin, in: Zeitschrift für Bauwesen 23, 1873, S. 131–136, Bl. 20.

Gropius, Martin, Heino Schmieden und Victor von Weltzien: Das neue Universitätsgebäude in Kiel, in: Zeitschrift für Bauwesen 34, 1884, Sp. 25–30.

Ohne Autor: M. Gropius †, in: Kunstchronik, Beiblatt zur Zeitschrift für bildende Kunst 16, 1880/81, Sp. 185 f.

Ohne Autor: Martin Gropius †, in Wochenblatt für Architekten und Ingenieure, 2, 1880, S. 458 f.

Gropius, Richard: Genealogie der Familie Gropius, Görlitz 1919.

Guttstadt, Albert: Krankenhauslexikon für das Deutschen Reich. Die Anstaltsfürsorge für Kranke und Gebrechliche und die hygienischen Einrichtungen der Städte im Deutschen Reich am Anfang des Zwanzigsten Jahrhunderts, Berlin 1900.

ders. (Hrsg.): Krankenhaus-Lexikon für das Königreich Preußen. Die Anstalten für Kranke, Gebrechliche und das Krankenhaus-, Irren-, Blinden- und Taubstummenwesen, 2 Bde., Berlin 1885/1886.

Ders.: Die Geisteskranken in den Irrenanstalten während der Zeit von 1852 bis 1872 und ihre Zählung vom 1. Dezember 1871 nebst Vorschlägen zur Gewinnung einer deutschen Irrenstatistik nach amtlichen Quellen, Berlin 1874.

Härtel, Christian (Hrsg.): Landschaftspark Finowtal. Ein Industriegebiet im Wandel, Berlin 2000.

Hagemeyer, A.: Das neue Krankenhaus der Stadt Berlin am Urban, seine Einrichtung und Verwaltung, Berlin 1894.

Ders.: Das allgemeine Krankenhaus der Stadt Berlin im Friedrichshain, seine Einrichtung und Verwaltung, Berlin 1879.

Hahn, Peter Michael: Die Neumark als Beispiel für die Verwaltung der Provinz Brandenburg vor 1815, in: Verwaltungsgeschichte Ostdeutschlands 1815-1945, hrsg. von Gerd Heinrich, Friedrich-Wilhelm Henning und Kurt G. A. Jeserich, Stuttgart 1993, S. 681–707.

Haiko, Peter, Harald Leupold-Löwenthal und Mara Reissberger: Die Weisse Stadt - der Steinhof in Wien. Architektur als Reflex der Einstellung zur Geisteskrankheit, in: Kritische Berichte 9, 1981, H. 6, S. 10ff.

Hammerschmidt, Valentin Wolfgang: Anspruch und Ausdruck in der Architektur des späten Historismus in Deutschland (1860–1914) (= Europäische Hochschulschriften, Reihe XXXVII, Architektur 3), Frankfurt am Main u.a. 1985.

Handbuch der Architektur. 5. Halbbd., Gebäude für Heil- und sonstige Wohlfahrtsanstalten, H. 2, Verschiedene Heil- und Pflegeanstalten, hrsg. von Josef Durm, 2. Aufl., Stuttgart 1903.

Handbuch der historischen Stätten Deutschlands. Bd. 10: Berlin und Brandenburg mit Neumark und Grenzmark Posen-Westpreußen, hrsg. von Gerd Heinrich, 3. überarb. und erg. Aufl., Stuttgart 1995.

Die Heil- und Pflegeanstalt Illenau, nebst einem Anhang. Die früheren Irren- und Siechenanstalten zu Heidelberg und Pforzheim, die jetzige Heil- und Pflegeanstalt zu Pforzheim, die Geisteskranken außerhalb der Anstalten (= Beiträge zur Statistik der inneren Verwaltung des Großherzogtums Baden, H. 22), hrsg. vom Handelsministerium, bearbeitet von der Direktion der Heil- und Pflegeanstalt Illenau und dem statistischen Bureau des Handelsministeriums, Karlsruhe 1866.

Heinrich, Gerd: Geschichte Preußens. Staat und Dynastie, Frankfurt am Main u.a. 1984.

Hesekiel, Friedrich Christoph: Das neue Hospital und Krankenhaus zu Halle in seiner Begründung und gegenwärtigen Verfassung betrachtet, Halle 1827.

Hildemann, Klaus D., Kaminsky, Uwe und Ferdinand Wagen: Pastoralgehilfenanstalt – Diakonieanstalt – Theodor Fliedners Werk, 150 Jahre Diakoniegeschichte (= Schriftenreihe des Vereins für Rheinische Kirchengeschichte, Bd. 114), Köln 1994.

Hirt, Aloys: Die Geschichte der Baukunst bei den Alten. 3 Bde., Berlin 1821–1827.

Ders.: Die Baukunst nach den Grundsätzen der Alten, Berlin 1809.

Ders.: Das Krankenhaus (Bethanien), in: Zeitschrift für Bauhandwerker 14, 1870, S. 131, Bl. 20.

Hübener, Dieter: „Die Architektur soll die erziehliche und ärztliche Thätigkeit unterstützen…". Der Baumeister Theodor Goecke, in: Landesklinik Teupitz. Geschichte – Architektur – Perspektiven, hrsg. von der Landesklinik Teupitz, Berlin 2003, S. 9–22.

Hübener, Kristina (Hrsg.): Brandenburgische Heil- und Pflegeanstalten in der NS-Zeit (= Schriftenreihe zur Medizingeschichte des Landes Brandenburg, Bd. 3), Berlin 2002.

Dies.: Zum Wohl und Wesen vieler Unglücklichen. Das soziale Engagement der kurmärkischen Stände in Eberswalde, in: Gropius in Eberswalde. Der Martin-Gropius-Bau der Landesklinik Eberswalde, hrsg. von der Landesklinik Eberswalde, Berlin 2002, S. 31–54.

Dies.: Leistende Verwaltung und Anstaltsfürsorge in der Provinz Brandenburg (1876–1933), in: Brandenburgs Landeskliniken in staatlicher Hand. Geschichte – Gegenwart – Zukunftsperspektiven (= Schriftenreihe zur Medizin-Geschichte des Landes Brandenburg, Bd. 1), hrsg. vom Landesamt für Soziales und Versorgung für die Landeskliniken Brandenburg/Havel, Eberswalde, Lübben und Teupitz, Potsdam 2001, S. 13–28.

Dies.: Brandenburgs provinziale Anstaltsfürsorge und Fürsorgebauten im 19. und 20. Jahrhundert. Ein Überblick, in: Brandenburgische Denkmalpflege 4, 1995, H. 2, S. 4–18.

Dies.: Adel in der leistenden Verwaltung der Provinz Brandenburg. Die Landesdirektoren und das Beispiel der Anstaltsfürsorge (1876–1930), in: Adel und Staatsverwaltung in Brandenburg im 19. und 20. Jahrhundert, Analyse und historischer Vergleich (= Potsdamer Historische Studien, Bd. 2), hrsg. von Kurt Adamy und Kristina Hübener, Berlin 1996, S. 145–166.

Dies.: Die Entwicklung der Anstaltsfürsorge in der preußischen Provinz Brandenburg, in: Archiv für Kommunalwissenschaften, H. 2, 1993, S. 263–279.

Dies.: Das Fürsorgewesen als Verwaltungsaufgabe des brandenburgischen Provinzialverbandes im Kaiserreich, in: Jahrbuch für Berlin-Brandenburgische Kirchengeschichte 58, 1991, S. 327–331.

Hübener, Kristina und Wolfgang Rose: Planung und Bau der Heil- und Pflegeanstalt durch Theodor Goecke, in: Landesklinik Teupitz. Geschichte – Architektur - Perspektiven, hrsg. von der Landesklinik Teupitz, Berlin 2003, S. 23–44.

Hübsch, Heinrich: In welchem Style sollen wir bauen? Karlsruhe 1828, Reprint Karlsruhe 1984.

Huerkamp, Claudia: Der Aufstieg der Ärzte im 19. Jahrhundert. Vom gelehrten Stand zum professionellen Experten, Das Beispiel Preußens, Göttingen 1985.

Ideler, Carl L.: Mitteilung über den projectirten Bau einer Irren-Siechenanstalt im Anschluss an die bereits im Bau begriffene städtische Irrenanstalt zu Dalldorf, in: Allgemeine Zeitschrift für Psychiatrie und psychisch-gerichtliche Medizin 35, 1879, S. 370–373.

Isaacs, Reginald R., Walter Gropius. Der Mensch und sein Werk, 2 Bde., Frankfurt am Main, Berlin und Wien 1985.

Isolierpavillon des jüdischen Krankenhauses in Berlin, Auguststrasse 14 von Gropius und Schmieden, in: Deutsche Bauzeitung 15, 1881, S. 243.

Jacobi, Maximilian: Die Irrenheilanstalt zu Siegburg und ihre Gegner, Bonn 1841.

Ders.: Über die Einrichtung der Irrenanstalten, Berlin 1838.

Ders.: Über die Anlegung und Einrichtung von Irren-Heilanstalten, mit ausführlicher Darstellung der Irren-Heilanstalt zu Siegburg, Berlin 1834.

Jacobsthal, Johann Eduard: Feier zur Übergabe der Büste des verstorbenen Prof. Dr. Karl Boetticher in der Halle der Kgl. Technischen Hochschule zu Berlin am 30. November 1894. Ansprachen gehalten von Jacobsthal und Slaby, Berlin 1894.

Ders.: Rückblick auf die baukünstlerischen Prinzipien Schinkels und Boettichers. Rede zum Geburtstage S.M. des Kaisers und Königs Wilhelm II. in der Aula der Kgl. Technischen Hochschule zu Berlin am 26. Januar 1890, Berlin 1890.

Ders.: Martin Gropius (Nekrolog), in: Deutsche Bauzeitung 15, 1881, S. 313 ff., S. 323 ff.

Ders.: Die Grammatik der Ornamente. Nach den Grundsätzen von Boetticher's Tektonik der Hellenen, Berlin 1874.

Jeserich, Kurt, H. Pohl und Georg Christoph von Unruh (Hrsg.): Deutsche Verwaltungsgeschichte, 6 Bde., Stuttgart 1983–88.

Jeserich, Kurt, Die preußischen Provinzen, Berlin-Friedenau 1931, S. 198 f.

Jetter, Dieter: Das europäische Hospital. Von der Spätantike bis 1800, Köln 1986.

Ders.: Grundzüge der Geschichte des Irrenhauses, Darmstadt 1981.

Ders.: Grundzüge der Krankenhausgeschichte (1800–1900), Darmstadt 1977.

Ders.: Zur Typologie des Irrenhauses in Frankreich und Deutschland (1780–1840) (= Geschichte des Hospitals, Bd. 2), Wiesbaden 1971.

Ders.: Geschichte des Hospitals. Westdeutschland von den Anfängen bis 1850 (= Sudhoffs Archiv, Beiheft 5), Wiesbaden 1966.

Kaufmann, Doris: Aufklärung, bürgerliche Selbsterfahrung und die Erfindung der Psychiatrie in Deutschland 1770–1850 (zugleich Habil.-Schrift TU Berlin), Göttingen 1995.

Kieling, Uwe: Berliner Privatarchitekten und Eisenbahnbaumeister im 19. Jahrhundert. Biographisches Lexikon (= Miniaturen zur Geschichte, Kultur und Denkmalpflege Berlins, Nr. 26), Berlin 1988.

Ders.: Berlin - Baumeister und Bauten. Von der Gotik bis zum Historismus, Berlin, Leipzig 1987.

Ders.: Berliner Baubeamte und Staatsarchitekten im 19. Jahrhundert. Biographisches Lexikon (= Miniaturen zur Geschichte, Kultur und Denkmalpflege Berlins, Nr. 17), Berlin 1986.

Kirchhoff, Theodor: Deutsche Irrenärzte. Einzelbilder ihres Lebens und Wirkens, 2 Bde., Berlin 1921–1924.

Ders.: Grundriß einer Geschichte der deutschen Irrenpflege, Berlin 1890.

Klinkott, Manfred: Die Backsteinbaukunst der Berliner Schule. Von Karl Friedrich Schinkel bis zum Ausgang des Jahrhunderts (= Die Bauwerke und Kunstdenkmäler von Berlin, Beiheft 15) Berlin 1988.

Ders.: Der Rundbogenstil von Heinrich Hübsch und sein Einwirken auf die Berliner Profanarchitektur, in: Heinrich Hübsch im Prinz Max Palais, Ausstellungskatalog, Karlsruhe 1984, S. 140–151.

Ders.: Die Berliner Backstein- und Terrakotta-Architektur in der zweiten Hälfte des 19. Jahrhunderts, in: Architectura 5, 1975, S. 170–177.

Ders.: Martin Gropius und die Berliner Schule, Diss., Berlin 1971.

Knecht, A.: Die Entwicklung einer geordneten Irrenfürsorge in der Kurmark von ihrem Anfang bis zur Mitte des vorigen Jahrhunderts, in: Psychologisch-Neurologische Wochenschrift 15, 1913, S. 11–20.

Kolb, G.: Sammel-Atlas für den Bau von Irrenanstalten. Ein Handbuch für Behörden, Psychiater und Baubeamte, Teil A, Halle 1907.

Korridor- oder Pavillon-Lazarethe?, in: Deutsche Bauzeitung 9, 1875, S. 39.

Kothe, Julius: Zum Gedächtnis Heinrich Stracks und Karl Boettichers. Vortrag gehalten im Architektenverein zu Berlin am Vorabend des 100. Geburtstages Karl Boettichers am 28. Mai 1906, in: Wochenschrift des Architektenvereins zu Berlin 2, 1907, S. 1–4, S. 9–14.

Das städtische Krankenhaus im Friedrichshain zu Berlin, in: Deutsche Bauzeitung 5, 1871, S. 175.

Krabbe, Wolfgang R.: Kommunalpolitik und Industrialisierung. Die Entfaltung der städtischen Leistungsverwaltung im 19. und frühen 20. Jahrhundert, Stuttgart u.a. 1985.

Krause, E.: Eberswalder Bauwerke, Eberswalde, Kemnitz 1901.

Krüger, Horst: Gedanken zum 125-jährigen Bestehen der Bezirksnervenklinik Eberswalde, in: Heimatkalender für den Kreis Eberswalde 1990, S. 45–49.

Ders: Psychiatrie in Eberswalde (1865–1978), in: Heimatkalender für den Kreis Eberswalde 1980, S. 65 ff.

Kuhn, Oswald F.: Krankenhäuser, in: Handbuch der Architektur, hrsg. von Josef Durm u.a., Stuttgart 1897, 2. Aufl., Stuttgart 1903.

Laehr, Heinrich: Ein Blick rückwärts, in: Allgemeine Zeitschrift für Psychiatrie und psychisch-gerichtliche Medizin 50, 1894, S. 11.

Ders.: Gedenktage der Psychiatrie und ihrer Hilfsdisziplinen in allen Ländern, Berlin 1893.

Ders.: Fortschritt? Rückschritt! Reform-Ideen des Herrn Griesinger in Berlin, Berlin 1868.

Ders.: Carl Wilhelm Ideler (1795–1860) (Nekrolog), in: Allgemeine Zeitschrift für Psychiatrie und psychisch-gerichtliche Medizin 19, 1862, S. 352–361.

Ders.: Zusammenstellung der Irrenanstalten Deutschlands im Jahre 1861, in: Allgemeine Zeitschrift für Psychiatrie und psychisch-gerichtliche Medizin 19, 1862, Supplementbd., S. 1–77.

Ders.: Die Heil- und Pflegeanstalten für Psychisch-Kranke in Deutschland, der Schweiz und den benachbarten deutschen Ländern, Berlin 1853 ff.

Ders.: Ueber Irresein und Irren-Anstalten, Halle 1852.

Laehr, Heinrich und Max Lewald: Die Heil- und Pflegeanstalten für Psychisch-Kranke des deutschen Sprachgebietes am 1. Januar 1898, Berlin 1899.

Landesklinik Teupitz. Geschichte – Architektur – Perspektiven, hrsg. von der Landesklinik Teupitz, Berlin 2003.

Langermann, Johann Gottfried: Ueber die Irrenanstalten im Allgemeinen und die Irrenanstalt Neuruppin insbesondere, Berlin 1810, in: Allgemeine Zeitschrift für Psychiatrie und psychisch-gerichtliche Medizin 44, 1888, S. 146 ff.

Leibbrand, Werner und Annemarie Wettley: Der Wahnsinn. Geschichte der abendländischen Psychopathologie, Freiburg, München 1961.

Leibbrand-Wettley, Annemarie: Die Stellung des Geisteskranken in der Gesellschaft des 19. Jahrhunderts, in: Der Arzt und der Kranke in der Gesellschaft des 19. Jahrhunderts, hrsg. von W. Artelt und W. Rüegg, Stuttgart 1967, S. 50–69.

Lötsch, Gerhard: Von der Menschenwürde zum Lebensunwert. Die Geschichte der Illenau von 1842–1940, Kappelrodeck 2000.

Lohde, Ludwig: Die Tektonik der Hellenen von Karl Bötticher, in: Zeitschrift für Bauwesen 20, 1870, S. 279–286.

Maison de Santé. Ehemalige Kur- und Irrenanstalt, hrsg. vom Bezirksamt Schöneberg, Berlin 1989.

Materna, Ingo und Wolfgang Ribbe (Hrsg.): Brandenburgische Geschichte, Berlin 1995.

Mathematisches Calcul und Sinn für Ästhetik. Die preußische Bauverwaltung 1770–1848, Ausstellung des Geheimen Staatsarchivs Preußischer Kulturbesitz in Zusammenarbeit mit der Kunstbibliothek der Staatlichen Museen zu Berlin, Preußischer Kulturbesitz, Berlin 2000.

Metzler, Matthias: Landkreis Ostprignitz-Ruppin. Teil 1: Stadt Neuruppin (= Denkmaltopographie der Bundesrepublik Deutschland, Denkmale in Brandenburg, Bd. 13.1), Worms am Rhein 1996.

Meyer, Bernhard: „Ewig in der Welt Gedächtnis". Der Mediziner Johann Christian Reil (1759–1813), in: Berlinische Monatsschrift, H. 7, 2000, S. 67–72.

Murken, Axel Hinrich: Vom Armenhospital zum Großklinikum. Die Geschichte des Krankenhauses vom 18. Jahrhundert bis zur Gegenwart, Köln 1991.

Ders.: Grundzüge des deutschen Krankenhauswesens von 1780 bis 1930 unter Berücksichtigung von Schweizer Vorbildern, in: Gesnerus 39, 1982, S. 7–45.

Ders.: Die bauliche Entwicklung des deutschen Allgemeinen Krankenhauses im 19. Jahrhundert (= Studien zur Medizingeschichte des 19. Jahrhunderts, Bd. 9), Göttingen 1979.

Ders.: Das Bild des deutschen Krankenhauses im 19. Jahrhundert (= Studien zur Geschichte des Krankenhauswesens, Bd. 12), Münster 1977.

Nägelke, Hans Dieter: Hochschulbau im Kaiserreich. Historistische Architektur im Prozess bürgerlicher Konsensbildung, Diss., Kiel 2000.

Ders.: Der Gropius-Bau der Kieler Universität. Architektur zwischen regionaler Identität und preußischer Politik, Kiel 1991.

Nerdinger, Winfried: Historismus oder: Von der Wahrheit der Kunst zum richtigen Stil, in: Das Abenteuer der Ideen. Architektur und Philosophie seit der industriellen Revolution, Ausst.-Kat. Neue Nationalgalerie Berlin, Berlin 1984, S. 31–42.

Neumann, Rudolf: Über den Backstein, in: Zeitschrift für Bauwesen 26, 1876, S. 439–450; Jg. 27, 1877, S. 97–112, S. 233–246, S. 399–412, S. 531–544; Jg. 28, 1878, S. 101–114, S. 237–254, S. 449–462, S. 571–578.

Niese, Heinrich: Das kombinierte Pavillon- und Barackensystem beim Bau von Krankenhäusern in Dörfern, kleinen und großen Städten, Altona 1873.

Nightingale, Florence: Bemerkungen über Hospitäler, London 1859, (deutsche Übersetzung von Hugo Senftleben) Memel 1866.

Nipperdey, Thomas: Deutsche Geschichte 1800–1866. Bürgerwelt und starker Staat, München 1998.

Zum Normalkrankenhaus in Berlin, in: Jahrbuch der Baukunst und Bauwissenschaft 3, 1846, S. 170.

Peveling, Franz: Die Landes-Irrenanstalt in Landsberg a. W., in: Zeitschrift für Bauwesen 42, 1892, Sp. 147–160.

Pfammatter, Ulrich: Die Erfindung des modernen Architekten. Ursprung und Entwicklung seiner wissenschaftlich-industriellen Ausbildung, Basel, Boston, Berlin 1997.

Plage, Ernst: Zur Reform des Irrenhauswesens, in: Wochenblatt für Architekten und Ingenieure 4, 1882, S. 213 ff. und S. 223–226.

Ders.: Studien über Krankenhäuser, in: Zeitschrift für Bauwesen 23, 1873, Sp. 311, Atlas Taf. 41.

Ders.: Studien über Krankenhäuser mit Anwendungen der daraus gewonnenen Resultate auf das Programm und die Vorarbeiten des neu zu erbauenden Krankenhauses Wiesbaden, Berlin 1873.

Rasch, Julius: Die Irren-Anstalten zu Göttingen und Osnabrück, insbesondere der Bacon'sche Luftheizungsapparat, in: Wochenblatt des Architektenvereins zu Berlin 1, 1867, S. 17–19.

Ders.: Reisenotizen über die Irrenanstalt in Leubus an der Oder in der Nähe von Breslau, in: Zeitschrift des Architekten- und Ingenieurvereins zu Hannover 11, 1865, Sp. 169–173.

Reil, Johann Christian: Rhapsodieen über die Anwendung der psychischen Curmethode auf Geisteszerrüttungen, Halle 1803.

Ribbe; Wolfgang und Wolfgang Schäche: Baumeister, Architekten, Stadtplaner. Biographien zur baulichen Entwicklung Berlins, Berlin 1987.

Römer, Eduard: Die Irrenanstalt zu Schwetz, in: Zeitschrift für Bauwesen 4, 1854, S. 119–124, Taf. 19 ff.; S. 211–230, Taf. 28–32.

Rohlfien, Klaus: Für zahlende Kranke I. und II. Klasse. Das Verhältnis der Stadtgemeinde zur Provinzial-Irrenanstalt, in: Gropius in Eberswalde. Der Martin-Gropius-Bau der Landesklinik Eberswalde, hrsg. von der Landesklinik Eberswalde, Berlin 2002, S. 99–108.

Rohowski, Ilona: Landkreis Barnim. Teil 1: Stadt Eberswalde (= Denkmaltopographie Bundesrepublik Deutschland, Denkmale in Brandenburg Bd. 5.1), Worms am Rhein 1997.

Dies.: Eberswalde. Die ehemalige Provinzial-Irrenheil- und Pflegeanstalt – Ein Krankenhaus nach den Plänen des Berliner Architekten Martin Gropius, in: Brandenburgische Denkmalpflege 4, 1995, H. 2, S. 19–29.

Roller, Christian Friedrich Wilhelm: Der Nothstand in den beiden Landes-Irrenanstalten und dessen Abhilfe durch Errichtung einer neuen Anstalt sowie das Bedürfniß der Universität Freiburg für den psychiatrischen Unterricht, Karlsruhe 1876.

Ders.: Illenau. Geschichte, Bau, inneres Leben, Natur Hausordnung, Bauaufwand und Finanzzustände der Anstalt, mit Ansichten und Plänen in 26 Blättern, Karlsruhe 1865.

Ders.: Belehrung und Aufforderung wegen Benützung der Großherzoglichen Heil- und Pflegeanstalt Illenau und wegen Behandlung von Seelengestörten in ihrer Heimath, Rastatt 1846.

Ders.: Grundsätze für Errichtung neuer Irrenanstalten insbesondere der Heil- und Pflegeanstalt bei Achern, Karlsruhe 1838.

Ders.: Die Irrenanstalt nach allen ihren Beziehungen, Karlsruhe 1831.

Roller, Christian Friedrich Wilhelm und Franz Fischer: Das Projekt des Neubaues einer zweiten Heil- und Pflegeanstalt im Großherzogthum Baden, vor den Landständen und den beiden medicinischen Fakultäten, Karlsruhe 1865.

Rosenberg, Adolf, Martin Gropius (Nekrolog), in: Kunstchronik, Beiblatt zur Zeitschrift für bildende Kunst 16, 1880/81, Sp. 248f.

Rürup, Reinhard: Deutschland im 19. Jahrhundert 1815–1871 (= Deutsche Geschichte, Bd. 8), Göttingen 1992.

Rüsen, Jörn: Konfigurationen des Historismus. Studien zur deutschen Wissenschaftskultur, Frankfurt am Main 1993.

Sachße, Christoph und Florian Tennstedt: Geschichte der Armenfürsorge in Deutschland. 2 Bde., Stuttgart u.a. 1980–1988.

Dies. (Hrsg.): Soziale Sicherheit und soziale Disziplinierung. Beiträge zu einer historischen Theorie der Sozialpolitik, Frankfurt am Main 1986.

Scharabi, Mohammed: Einfluß der Pariser École des Beaux-Arts auf die Berliner Architektur in der zweiten Hälfte des 19. Jahrhunderts. Nachgewiesen anhand von Entwürfen in der Plansammlung für Architektur an der Technischen Universität Berlin, Diss., Berlin 1968.

Schiffczyk, Dieter: Bauform - Bausystem - Typologie. Zur Geschichte des Krankenhausbaues, in: Bauwelt 97, 1988, S. 514–526.

Ders.: Die intellektuelle Revolution im europäischen Krankenhausbau um 1800. Zur systematischen Entwicklung neuzeitlicher Bauformen vor dem Hintergrund des mittelalterlichen Hospitaltypus (= Europäische Hochschulschriften, Reihe XXXVII, Architektur, Bd. 4), Frankfurt am Main u.a. 1985.

Schliepmann, Hans: Martin Gropius in seiner Bedeutung für die Entwicklung von Architektur und Kunstgewerbe, Berlin 1892.

Schlierholz: Über Irrenhäuser, in: Allgemeine Bauzeitung 39, 1874, S. 65.

Schmidt, Rudolf: Geschichte der Stadt Eberswalde. 2 Bde., Eberswalde 1939–1941, Reprint Eberswalde 2000.

Ders.: Eberswalde im Bild. Eine Wanderung durch die Jahrhunderte, Erste Sammlung (= Mitteilungen des Vereins für Heimatkunde zu Eberswalde 8), Eberswalde 1927.

Ders.: Eberswalder Hospitäler, in: Aus der Heimat, Eberswalde 1913, S. 1100f.

Schmieden, Heino (Hrsg.): Krankenhausbau in neuerer Zeit, Kirchhain N.-L., 1930.

Heino Schmieden (Nekrolog), in: Deutsche Bauzeitung 47, 1913, S. 686f.

Heino Schmieden (Nekrolog), in: Zentralblatt der Bauverwaltung 33, 1913, S. 482 f.

Schüle, H.: Grossherzoglich Badische Heil- und Pflegeanstalt Illenau, in: Johannes Bresler, Deutsche Heil- und Pflegeanstalten für Psychischkranke in Wort und Bild. 2 Bde., Halle an der Saale 1910–1912, hier Bd. 1, S. 2–9.

Schönborn, Carl: Der Einfluß der Ärzte auf den Krankenhausbau. Festrede zur Feier des dreihundertzehnten Stiftungstages der Königlichen Julius-Maximilians-Universität, gehalten am 2. Januar 1892, Würzburg 1892.

Schöne, Richard: Schinkels Bedeutung für die Architektur und über das künstlerische Schaffen von Heinrich Strack und Martin Gropius, in: Deutsche Bauzeitung 15, 1881, S. 141 ff.

Seifert, G.: Die Irrenanstalt in ihren administrativen, technischen und therapeutischen Beziehungen etc., Leipzig, Dresden 1862.

Sitte, Camillo: Der Städtebau nach seinen künstlerischen Grundsätzen, Wien 1889.

Snell, Ludwig: Die neuerbaute Heil- und Pflegeanstalt Eichberg im Herzogtum Nassau, in: Allgemeine Zeitschrift für Psychiatrie und psychisch-gerichtliche Medizin 8, 1851, S. 84.

Sösemann, Bernd (Hrsg.): Gemeingeist und Bürgersinn. Die preußischen Reformen (= Forschungen zur brandenburgischen und preußischen Geschichte, Beiheft 2), Berlin 1993.

Sponholz, Carl Moritz F.: Bericht über die Provinzial-Irrenanstalt zu Neustadt-Eberswalde, in: Allgemeine Zeitschrift für Psychiatrie und psychisch-gerichtliche Medizin 24, 1867, S. 501–530, nebst 3 Tafeln Abbildung.

Ders.: Die Reform der Medicinal-Verfassung Preußens und ihre Finalität, Stralsund 1846.

Spott, Gustav: Die Provinzialanstalt zu Halle an der Saale, in: Zeitschrift des österreichischen Ingenieur- und Architekten-Vereins 5, 1845, S. 153–157, Taf. 31–43.

Städtebuch Brandenburg und Berlin, hrsg. von Evamaria Engel, Lieselotte Enders, Gerd Heinrich und Winfried Schich, Stuttgart u.a. 2000.

Stein, Theodor: Das Krankenhaus der Diakonissen-Anstalt Bethanien zu Berlin, Berlin 1855.

Steudener: Beschreibung der Badeanstalt in der Irrenanstalt zu Owinsk im Grossherzogtum Posen, in: Notizblatt des Architektenvereins zu Berlin 8, 1840, S. 2–5, Bl. 54 f., Fig. 1–14.

Stürzbecher, Manfred: Anfänge einer geregelten Verwahrung von psychisch Kranken, in: 100 Jahre Karl-Bonhoeffer-Nervenklinik. 1880–1980, hrsg. von der Karl-Bonhoeffer-Nervenklinik, Berlin 1980, S. 11–26.

Suckale, Robert: Die Bauakademie nach Schinkel und die sogenannte ‚Berliner Schule‘, in: 1799–1999. Von der Bauakademie zur Technischen Universität Berlin – Geschichte und Zukunft, Eine Ausstellung der Technischen Universität Berlin aus Anlaß des 200. Gründungstages der Bauakademie und des Jubiläums 100 Jahre Promotionsrecht der Technischen Hochschulen, hrsg. von Karl Schwarz, Berlin 2000, S. 75 ff.

Tennstedt, Florian: Sozialgeschichte der Sozialpolitik in Deutschland, Göttingen 1981.

Thom, Achim (Hrsg.): Zur Geschichte der Psychiatrie im 19. Jahrhundert, Berlin 1984.

Verwaltungsgeschichte Ostdeutschlands 1815–1945. Organisation – Aufgaben – Leistungen der Verwaltung, hrsg. von Gerd Heinrich, Friedrich-Wilhelm Henning und Kurt G. A. Jeserich, Stuttgart, Berlin, Köln 1993.

Virchow, Rudolf: Über Lazarette und Baracken, in: Berliner klinische Wochenschrift 8, 1871, S. 109 ff., S. 122 ff., S. 133 ff., S. 157 ff.

Völz, Günter: Von der Provinzial- Irrenanstalt zur Landesklinik. Die Psychiatrie in Eberswalde, in: Eberswalder Jahrbuch für Heimat-, Kultur- und Naturgeschichte 1993, S. 88–94.

Vogel, Werner: Verwaltungsgeschichte der Provinz Brandenburg, in: Kristina Hübener (Hrsg.), Preußische Verwaltungen und ihre Bauten 1800 bis 1945, Potsdam 2001, S. 9–15.

Vogt, Olaf: Theodor Goecke. Provinzialkonservator in Brandenburg von 1908 bis 1919, in: Brandenburgische Denkmalpflege 4, 1995, H. 2, S. 47–52.

Wagnitz, Heinrich Balthasar: Historische Nachrichten und Bemerkungen über die merkwürdigsten Zuchthäuser in Deutschland, nebst einem Anhange über die zweckmäßige Einrichtung der Gefängnisse und Irrenanstalten, 2 Bde., Halle 1794–1801.

Wallé, Peter: Martin Gropius, in: Der Baumeister 2, 1904, S. 49–55.

Wallis, A.: Entwurf zum Neubau einer Provinzial-Irren-Heil- und Pflegeanstalt für die Kurmark Brandenburg, Berlin 1845.

Ders.: Geschichtliche und statistische Nachrichten über die ständische Land-Irrenanstalt der Kurmark zu Neu-Ruppin, in: Allgemeine Zeitschrift für Psychiatrie und psychisch-gerichtliche Medizin 2, 1845, S. 475.

Wegmann, Gustav Albert und Leonhard Zeugheer: Über die Erbauung eines neuen Krankenhauses für den Kanton Zürich, Zürich 1836.

Weiss, Hermann F.: Friedrich von Hardenberg und Johann Gottfried Langermann, in: Zeitschrift für Deutsche Philologie 117, 1998, S. 173–188.

Weltzien, Wolf-Deneke und Fritz Weinthaler: Die bauliche Entwicklung von der Irrenanstalt zur Nervenklinik, in: 100 Jahre Karl-Bonhoeffer-Nervenklinik. 1880–1980, hrsg. von der Karl-Bonhoeffer-Nervenklinik, Berlin 1980, S. 41–50.

Winkelmann, Otto: Der Bau eines zweiten Garnisonslazarettes für Berlin in den Jahren 1875–1878, (= Sonderheft zum 100. Geburtstag Karel Frederik Wenckebachs), in: Berliner Medizin 15, 1964, H. 6, S. 145–148.

Wirth, Irmgard: Die Familie Gropius. Carl Wilhelm und Martin Gropius in Berlin, Berlin [um] 1970.

Wolf, Karl von: Götz von Seckendorff (1889–1914), Hannover 1989.

Zimmermann, W.: Die Entstehung der provinziellen Selbstverwaltung in Preußen 1848–1875, (= Historische Studien, Bd. 216), Berlin 1932.

Zinn, Karl: Brandenburgische Landesirrenanstalt zu Eberswalde bei Berlin, Sonderdruck aus: Heil- und Pflegeanstalten für Psychisch-Kranke in Wort und Bild, I. Bd., red. V. Johannes Bresler, Halle 1914, S. 135–14.

Abbildungsnachweis

Archiv der Landesklinik Eberswalde: 92

Baier, Christof: Neuruppin. Das „Land-Irrenhaus" (1796–1801), in: Brandenburgische Denkmalpflege 9, 2000, H. 1, S. 66–77: 31, 43, 45, 49

Baudenkmale in Berlin, Bezirk Friedrichshain, hrsg. vom Senator für Stadtentwicklung und Umweltschutz, Berlin 1996: 185

Der Baumeister. Monatshefte für Architektur und Baupraxis, II. Jg. H. 5, Berlin
1904: Titel

Berlin und seine Bauten, T. 7, Bd. A, Krankenhäuser, hrsg. vom Architekten-
und Ingenieur-Verein Berlin, Berlin 1997: 152, 192, 193

Birck, Harald: 17, 142

Blankenstein, Hermann und Carl Ideler (d. J.): Beschreibung der neu erbauten Irrenanstalt zu Dalldorf, Berlin 1883: 201, 207

Börsch-Supan, Eva: Berliner Baukunst nach Schinkel 1840–1870 (= Studien
zur Kunst des neunzehnten Jahrhunderts, Bd. 25), München 1977: 196

**Brandenburgisches Landesamt für Denkmalpflege und Archäolo-
gisches Landesmuseum/ Dieter Möller:** 12, 40

Brandenburgisches Landeshauptarchiv: 120, 122, 126, 128, 129, 139,

Bresler, Johannes (Hrsg.): Deutsche Heil- und Pflegeanstalten für Psychisch-
kranke in Wort und Bild. 2 Bde., Halle a. d. Saale 1910–1912: 155/ Bd. 2: 167

Brülls, Holger und Thomas Dietzsch (Hrsg.): Architekturführer Halle a. d.
Saale, Berlin 2000: 159, 160

Engelhardt, Dietrich von und Fritz Hartmann (Hrsg.): Klassiker der Medizin. Bd. 2: Von Philippe Pinel bis Viktor von Weizsäcker, München 1991: 35

Funk, Adolf und Julius Rasch: Die Landes-Irrenanstalten zu Göttingen, insbesondere die Küchen- und Wirtschaftsgebäude derselben, in: Zeitschrift
des Architekten- und Ingenieur-Vereins zu Hannover 13, 1867, Sp. 328–356,
Bl. 380–385: 171

Funk, Adolf: Die Irrenanstalt zu Osnabrück, in: Zeitschrift des Architekten-
und Ingenieurvereins zu Hannover 22, 1876, Sp. 17–132, Bl. 219ff.: 174

Gropius, Martin: Die Provinzial-Irren-Anstalt zu Neustadt-Eberswalde, Berlin 1869: Titel, 117, 123, 125, 128 unten, 137

Gropius, Martin und Heino Schmieden: Das städtische Allgemeine Kran-
kenhaus in Berlin im Friedrichshain, in: Zeitschrift für Bauwesen 25, 1875,
S. 131–144, S. 442–453, Bl. 24–32, Bl. 42–47, Bl. 66ff. und Jg. 26, 1876, S. 6–36,
S. 153–180, Bl. 10–13, Bl. 27–30: 181, 182, 185, 187, 188, 189

Gropius, Martin und Heino Schmieden: Das städtische Allgemeine Krankenhaus in Berlin im Friedrichshain, Text bearbeitet von Viktor von Weltzien, Berlin 1876: 183

Handbuch der Architektur, 5. Halbbd., Gebäude für Heil- und sonstige Wohlfahrtsanstalten, H. 2, Verschiedene Heil- und Pflegeanstalten, hrsg. von Josef Durm, 2. Aufl., Stuttgart 1903: 206

Heinrich, Ulf: 74

Hübener, Kristina: 23

Karl-Bonhoeffer-Nervenklinik (Hrsg.): 100 Jahre Karl-Bonhoeffer-Nervenklinik. 1880–1980, Berlin 1980: 209

Kieling, Uwe: Berlin - Baumeister und Bauten. Von der Gotik bis zum Historismus, Berlin, Leipzig 1987: 14, 105

Kirchhoff, Theodor: Deutsche Irrenärzte. Einzelbilder ihres Lebens und Wirkens, 2 Bde., Berlin 1921–1924, Bd. 1: 26, 27, 32, 54, 98, 153/ Bd. 2: 37, 107

Klinkott, Manfred: Die Backsteinbaukunst der Berliner Schule. Von Karl Friedrich Schinkel bis zum Ausgang des Jahrhunderts (= Die Bauwerke und Kunstdenkmäler von Berlin, Beiheft 15) Berlin 1988: 195, 196, 197

Laehr, Heinrich: Zusammenstellung der Irrenanstalten Deutschlands im Jahre 1861, in: Allgemeine Zeitschrift für Psychiatrie und psychisch-gerichtliche Medizin 19, 1862, Supplementbd., S. 1–77: 158, 162, 165, 170

Lötsch, Gerhard: Von der Menschenwürde zum Lebensunwert. Die Geschichte der Illenau von 1842–1940, Kappelrodeck 2000: 156

Maison de Santé. Ehemalige Kur- und Irrenanstalt, hrsg. vom Bezirksamt Schöneberg, Berlin 1989: 29

Murken, Axel Hinrich: Vom Armenhospital zum Großklinikum. Die Geschichte des Krankenhauses vom 18. Jahrhundert bis zur Gegenwart, Köln 1991: 152, 180, 190

Römer, Eduard: Die Irrenanstalt zu Schwetz, in: Zeitschrift für Bauwesen 4, 1854, S. 119–124, Taf. 19ff.; S. 211–230, Taf. 28–32: 163

Rohowski, Ilona: Landkreis Barnim. Teil 1: Stadt Eberswalde (= Denkmaltopographie Bundesrepublik Deutschland, Denkmale in Brandenburg Bd. 5.1), Worms am Rhein 1997: 77, 119

Sponholz, Carl Moritz F.: Bericht über die Provinzial-Irrenanstalt zu Neustadt-Eberswalde, in: Allgemeine Zeitschrift für Psychiatrie und psychisch-gerichtliche Medizin 24, 1867, S. 501–530: 115, 121

Stadt Eberswalde, Museum in der Adlerapotheke: 91

Wallis, A.: Entwurf zum Neubau einer Provinzial-Irren-Heil- und Pflegeanstalt für die Kurmark Brandenburg, Berlin 1845: 59, 62, 63, 66, 70, 72

Wirth, Irmgard: Die Familie Gropius. Carl Wilhelm und Martin Gropius in Berlin, Berlin [um] 1970: 103

Witt, Sabine: 179

Zentralblatt der Bauverwaltung 33, 1913, S. 483: 179

ARCHITEKTURDENKMAL UND MODERNE KRANKENHAUSNUTZUNG

Angelika Grimmberger
Jens Fehlauer (Hrsg.)

Architektur und Psychiatrie im Wandel

Beiträge zum Martin-Gropius-Bau der Landesklinik in Eberswalde

172 Seiten
80 teils farbige Abbildungen
gebunden
24,90 €
ISBN 3-937233-02-4

Am 30.September 2002 wurde die Landesklinik in Eberswalde, das rekonstruierte wichtigste Frühwerk des Baumeisters Martin Gropius als modernes Krankenhaus für Psychiatrie/Psychotherapie, Neurologie sowie Kinder- und Jugendpsychiatrie eröffnet.

Einhundertvierzig Jahre nach Baubeginn der Provinzial-Irrenanstalt in Neustadt-Eberswalde zeichnen die Autoren die einmalige Architektur der Schinkelschule an diesem Beispiel nach. Darüber hinaus beschreiben sie die baulichen Erweiterungen der Einrichtung durch Theodor Goecke.
Zudem stehen medizinische, diagnostische und therapeutische Aspekte der Krankenhausbehandlung im Mittelpunkt.

be.bra verlag
www.bebraverlag.de

ARCHITEKTURDENKMAL UND BEISPIELHAFTER KRANKENHAUSBAU

Landesklinik Eberswalde (Hrsg.)

Gropius in Eberswalde

Der Martin-Gropius-Bau der Landesklinik Eberswalde

192 Seiten
163 teils farbige Abbildungen
gebunden
29,90 €
ISBN 3-89809-036-1

Der Martin-Gropius-Bau der Landesklinik Eberswalde, die ehemalige Irrenheil- und Pflegeanstalt, gilt als wichtigstes Frühwerk des Baumeisters Martin Gropius. Sie ist zugleich ein für die Architektur-, Medizin- und Sozialgeschichte einmaliges Denkmal. Der Komplex entstand im Blocksystem in den Jahren 1862 bis 1865 und wirkte bahnbrechend für die weitere Entwicklung des Krankenhausbaus in Deutschland.

Bis 1945 wurde der Gropius-Bau als Landesanstalt der Provinz Brandenburg betrieben, dann nutzte ihn die Rote Armee als Hospital. Nach aufwändigen Sanierungsarbeiten dient das jetzige Haupthaus der Landesklinik Eberswalde wieder als Fachkrankenhaus für Psychiatrie und Neurologie.

Der Band dokumentiert die Geschichte dieses Bauwerks. Probleme und Chancen seiner Nutzung als moderne Klinik werden exemplarisch gezeigt. Mit zahlreichen Plänen, einzigartigen Architekturfotos und einem Faksimile der Martin-Gropius-Schrift aus dem Jahr 1869.

be.bra verlag
www.bebraverlag.de